역주 유마힐소설경

維摩詰所說經

김호귀

도서
출판 中道

● 목 차 ●

유마힐소설경 권상

維摩詰所說經¹⁾(一名²⁾不可思議解脫³⁾ 上卷⁴⁾〈卷上?〉)
유마힐소설경⁵⁾(일명 불가사의해탈경) 권상

姚秦三藏⁶⁾鳩摩羅什⁷⁾譯⁸⁾
요진⁹⁾의 삼장 구마라집¹⁰⁾이 번역하다

佛國品第一
불국품¹¹⁾ 제일

---

1) 經+(卷上)【宋】【元】【明】
2) 一名＝亦名【明】
3) 解脫+(經)【明】
4) 〔上卷〕-【宋】【元】【明】【聖】
5) 본 해석은 大正新脩大藏經 제14책 수록본에 의한다.
6) 三藏+(法師)【宋】【元】【明】
7) 鳩摩羅什+(奉詔)【元】【明】
8) 〔姚秦…譯〕九字-【聖】
9) 姚秦(384-417)은 요장(姚萇)·요흥(姚興 : 394-416 재위)의 왕조로서 오호십육국 시대 가운데 하나이다.
10) 鳩摩羅什(Kumarajīva : 344-413)은 중국의 四大譯經家 가운데 한 사람으로 평가받는 인물이다. 龜玆國에서 태어나 카슈가르에서 소승불교를 공부하였고 이후 대승불교의 중관학을 공부하였다. 인도에 유학하여 불법을 공부하여 중국에까지 이름이 알려졌다. 이에 前秦의 符堅이 그 명성을 듣고 장수 呂光과 군사를 보내 구자국을 정벌하여 구마라집을 체포하였지만, 귀국하는 도중에 부견이 姚萇의 쿠데타로 죽었다는 소식을 듣고 여광은 河西에서 자립하여 後梁을 건국하였다. 後秦의 姚興은 여광을 멸망시키고 구마라집을 401년에 長安으로 맞아들였다. 요흥이 예를 갖추어 그를 국사로 봉하고 逍遙園에 머물게 하여 僧肇·僧嚴 등과 함께 역경에 전념하게 했다. 그리하여 그는 403년(후진 弘始 5) 4월부터 『中論』·『百論』·『十二門論』·『般若經』·『法華經』·『大智度論』·『阿彌陀經』·『維摩經』·『十誦律』 등 35부 348권의 경전을 번역하였다.
11) 이 품이 '불국품'이라 불린 것에는 무릇 두 가지 뜻이 있다. 첫째는 장자가 바친 일산을 여래가 국토에 내보였다. 이와 같은 신통이 드러난 것으로부터 명칭을 내세웠기 때문에 불국품이라고 말했다. 둘째는 보적이 청정국토로 가는 수행을 묻자, 여래가 불국의 인과에 대하여 답변하였는데 설법한 것으로부터 칭명을 받음으로써 품명의 제목을 삼았다.

如是我聞

"다음과 같이[12] 나는[13] 들었습니다.[14]"

一時佛在毘耶離菴羅樹園, 與大比丘衆八千人俱, 菩薩三萬二千…衆
所知識, 大智本行, 皆悉成就; 諸佛威神之所建立, 爲護法城, 受持正
法; 能師子吼, 名聞十方; 衆人不請, 友而安之; 紹隆三寶, 能使不絶;
降伏魔怨, 制諸外道, 悉已淸淨, 永離蓋纏; 心常安住, 無礙解脫; 念,
定, 總持, 辯才不斷; 布施, 持戒, 忍辱, 精進, 禪定, 智慧及方便力, 無
不具足; 逮無所得不起法忍, 已能隨順轉不退輪; 善解法相, 知衆生根;
蓋諸大衆得無所畏, 功德智慧, 以修其心; 相好嚴身, 色像第一, 捨諸
世間所有飾好; 名稱高遠, 踰於須彌; 深信堅固, 猶若金剛; 法寶普照,
而雨甘露; 於衆言音, 微妙第一; 深入緣起, 斷諸邪見, 有無二邊, 無復
餘習; 演法無畏, 猶師子吼, 其所講說, 乃如雷震, 無有量, 已過量; 集
衆法寶, 如海導師, 了達諸法深妙之義; 善知衆生往來所趣及心所行;

---

12) 모든 경전의 첫머리에 '다음과 같이[如是]'라는 말을 내세운 것은 불법의 대해는 信으로 능입하고, 智로써 능도한다. 信으로써 가능한 까닭에 곧 이것을 如是라고 말한 것이다. 만약 不信한즉 이것은 不如是라 말한다. 때문에 알아야 한다. 如是는 곧 信이다. 如是는 信體를 지목하는가, 信相에 의지하는가. 信體는 곧 內心이고 外言으로는 如是이다. 그런즉 內心은 誠信을 表한다. 때문에 如是라는 말로 信相을 삼는다.
13) 불법은 무아인데 '나[我]'라고 일컫는 까닭은, 我를 설하는데 3종이 있다. 첫째는 사견심으로 설하는 것이다. 저 범부외도의 경우와 같다. 둘째는 慢心으로 설하는 것이다. 저 모든 학인의 경우와 같다. 셋째는 名字로 설하는 것이다. 저 모든 나한의 경우와 같다. 아난은 실상이 아도 아니고 무아도 아님을 요지하고 있다. 그러나 세속을 따른 까닭에 그것을 일컬어 '我'라고 한 것이므로 곧 무아이면서 아이다. 불문이면서 문이므로 그것을 일컬어서 我聞一時라고 하였다. '여시'는 소위 所聞의 법이고, '아문'은 소위 能傳의 사람이다.
14) '들었습니다[聞]'는 것은 아난이 설법을 듣고 마치 다른 그릇에다 물을 고스란히 쏟는 것과 같다. 첫째는 엎어지지 않는다. 말하자면 산란심이 없다. 둘째는 새지 않는다. 말하자면 망실하지 않는다. 셋째는 냄새가 나지 않는다. 말하자면 전도심이 없다.

近無等等佛自在慧, 十力, 無畏, 十八不共; 關閉一切諸惡趣門, 而生
五道以現其身; 爲大醫王, 善療衆病, 應病與藥, 令得服行; 無量功德
皆成就, 無量佛土皆嚴淨; 其見聞者, 無不蒙益; 諸有所作, 亦不唐捐;
如是一切功德, 皆悉具足…

한때[15] 부처님께서[16] 비야리성의 안에 소재하는 암라수 동산[17]에서

---

15) 다만 때[時]라고만 말하면 되는데 무슨 까닭에 '한때[一時]'라고 일컫는 것인가. 一은 일부의 경과를
말한다. 대개 이것은 일부가 경과된 時를 설한 것이기 때문에 一時라고 말한다. 또한 이것은 중생의
심행으로 정해둔 時로서 一時라고 일컫는 것이다. 또한 이것은 근기와 가르침이 符會되어 차이가 없는
時로서 一時라고 일컫는 것이다. 이것들은 모두 비록 一時라는 두 글자를 해석한 것일지라도 만약 해석에
계합한 사람이라면 곧 時를 인하여 一이 된 것이다. 마치 一日 내지 一歲라고 말한다고 해서 時를 떠나서
달리 一이 있는 것이 아니다.

16) '부처님께서 계셨다[佛在]'는 설교의 主임을 설명한 것이다. 불법에는 五人說이 있다. 첫째는 부처님의
自說이다. 둘째는 제자설이다. 셋째는 제천설이다. 넷째는 선인설이다. 다섯째는 화인설이다. 이
경전(유마경)은 이에 곧 정명이 설법한 것인데도 정명이라고 제명하지 않고, 佛所說이 아니지만 제명에
佛을 붙인 것이다. 만약 정명이라고 標題하면 곧 경전이 성립되지 않는다. 지금은 경전을 성립시키고자
하는 까닭에 佛이라 제명한 것이다. 또한 佛을 표제한 것은 아난이 몸소 부처님으로부터 들은 것이지
외도나 천마의 주변으로부터 들은 것이 아니다. 때문에 佛이라고 표제한 것이다. 범음으로 佛陀라고
일컫는 것은 번역하면 覺이다. 첫째는 自覺인데 저 범부와는 다르다. 둘째는 覺他인데 非小道임을
간별한다. 셋째는 覺道窮極인데 非菩薩임을 간별한다. '在'라는 것은 곧 住이다. 무릇 住에는 두 종류가
있다. 첫째는 內住이다. 둘째는 外住이다. 내주에는 네 가지가 있다. 첫째는 天住인다. 소위 보시와
지계에 住하는 것이다. 둘째는 梵住이다. 사무량심에 주하는 것이다. 셋째는 聖住이다. 공삼매와
무상삼매와 무작삼매에 주하는 것이다. 넷째는 佛住이다. 제법의 실상에 주하는 것이다. 외주에도 또한
네 가지가 있다. 첫째는 化處住이다. 석가모니가 사바국토에 주하는 경우와 같다. 둘째는 異俗住이다.
삼세제불이 세속인의 집에 주하지 않고 모두 가람에 栖止한다. 셋째는 未捨壽分住이다. 佛壽는 무궁하여
마왕의 啓請을 받아도 무량수를 버리지 않고 오직 팔십 겁 동안 머문다. 넷째는 威儀住이다. 소위
행주좌와를 모두 住라 말한다. 지금은 안으로는 실상에 栖하고, 밖으로는 菴蘭에 주한다. 무릇 이것이
무주이면서 주이고 주이면서 무주이기 때문에 住라고 말한다.

17) '비야리성의 안에 소재하는 암라수 동산[毘耶離菴羅樹園]'은 주처를 설명한다. 만약 처소가 없으면 중생은
信受하지 못하기 때문이다. '毘'는 말하자면 好稻이다. 소위 粳糧이 많이 산출되는 것이다. '耶離'는
번역하면 博嚴인데 곧 平博하고 嚴淨이다. 무릇 천축은 小國이므로 그 國은 곧 城이다. 그러나 大國에서는
곧 城과 國을 다르게 부른다. '毘耶離'는 곧 소국이다. 옛적에 바라나왕의 부인이 회임을 하였는데 홀연히
한 조각 고기를 낳았다. 형체가 붉은 무궁화꽃잎과 같았다. 부인이 그릇에다 그것을 담아서 강물에
흘려보냈다. 강변에 어떤 도사가 있었는데 목우인에 의지하여 入住하고 있었다. 그릇을 발견하고는
그것을 가지고 집으로 돌아왔다. 보름이 지나자 한 조각이 홀연히 두 조각이 되었다. 다시 보름이 지나자

대비구중[18] 팔천 명과 함께 계셨다. [19] 그리고 보살[20]은 삼만 이천[21]명이 있었다.

… 그들은 대중에게 널리 알려져 있었는데[22] 智와 本行을 모두 다 성취하

두 조각에 각각 五胞가 생겨났다. 그 후로 보름이 지나자 한 조각은 여자가 되었는데 여자는 은색처럼 하얀 색이었다. 다른 한 조각은 남자가 되었는데 남자는 황금색과 같았다. 도사가 그들은 호념하였는데, 慈力으로 하였기 때문에 양 손에서 우유가 흘러나왔는데 그것을 가지고 그들을 길렀다. 도사는 두 아이들 문제로 목우인에게 상의하여 말하였다. 〈두 아이를 부부로 맺으려면 平博地를 찾아서 그곳에 살도록 해주는 것이 어떻습니까.〉두 아이의 나이가 16세 되었을 때 목우인이 平博地를 찾았는데 너비가 1유순으로 거기에 宮舍를 지어주었다. 이로써 부부가 되어 일남일녀를 낳았다. 이와 같이 하여 16회에 걸쳐 아이를 낳자, 목우인이 그 아들이 많은 것을 보고는 다시 開闊地에 집을 지었는데 무릇 16채의 집이 만들어졌다. 이와 같은 일이 3회에 걸쳐 이루어져 이곳이 開闊되었다. 때문에 이 비야리의 땅을 지목하여 널리 장엄으로 삼은 것이다. '암라수'는 복숭아나무와 비슷하지만 복숭아나무는 아니다. 구역에서는 㮈이라 번역하였는데, 대개 경전에서 어떤 뜻인지 알 수가 없다. 일찍이 한 여인이 있었는데, 菴羅樹에서 태어났다. 용모가 미려하여 세간에서는 絕倫이었다. 사람들이 그 여인을 보려면 三金의 돈을 내야 했다. 암라녀는 암라수원을 희사하여 부처님을 위해 정사를 지었는데, 기타태자의 경우와 마찬가지로 시주한 사람을 가지고 명칭을 標한 것이다.

18) '대비구중'에서 대중에 대하여 말하자면 무릇 네 종류의 사람이 있다. 첫째는 影響眾인데, 자리에 묵연히 있다. 둘째는 發教眾인데, 間道를 擊揚한다. 셋째는 當機眾인데, 교설을 듣고 領悟한다. 넷째는 結緣眾인데, 먼 미래에 이익을 받는다.

19) 六事는 첫째는 如是이고, 둘째는 我聞이며, 셋째는 一時이고, 넷째는 教主이며, 다섯째는 住處이고, 여섯째는 同聞眾이다. 육사의 인연은 다음과 같다. 부처님이 장차 열반하려고 하자 그때 아난이 무릇 네 가지 질문을 하였다. 첫째는 부처님의 멸도 이후에 무엇에 의지하여 행도해야 합니까. 이 질문은 올바른 이해에 대한 것이다. 둘째는 여래가 세상을 떠나면 누구를 스승으로 삼아야 합니까. 이 질문은 올바른 수행에 대한 것이다. 셋째는 惡口를 하는 車匿과 어떻게 共住해야 합니까. 이 질문은 解와 行에 방해되는 인연을 설명한 것이다. 넷째는 경전의 처음 부분에 어떤 말들을 내놓아야 합니까. 이 질문은 解와 行의 가르침을 설명한 것이다. 이들 네 가지 질문에 대하여 부처님께서 답했다. 첫째는 반드시 破除를 관찰하여 번뇌를 破除하라. 이 행도에 의지하라. 둘째는 계율을 수지하여 訓誨로써 스승을 삼아라. 셋째는 악구하는 사람에게는 반드시 묵빈으로 대처하라. 그러면 마음이 저절로 조복된다. 넷째는 불경의 첫머리에는 반드시 '如是我聞 내지 與大眾俱'이라 칭하여라. 무릇 이것이 遺旨의 말씀이다.

20) 여기에서 '보살'은 보살마하살 곧 보리살타마하살타를 가리킨다. 보리살타에서 보리는 道心이고 살타는 眾生으로서 말하자면 도심중생이다. 그리고 마하살타에서 마하는 大이므로 말하자면 대중생이다. 實慧를 갖춘 까닭에 보살이라 말하고, 方便慧를 갖춘 까닭에 마하살이라 말한다. 지혜를 갖춘 까닭에 보살이라 말하고, 복덕을 갖춘 까닭에 마하살이라 말한다. 또한 반야를 갖춘 까닭에 보살이라 말하고, 대비를 갖춘 까닭에 마하살이라 말한다.

21) '삼만 이천'은 因位가 이미 다한 까닭에 본행이 성취된 것이다. 이것은 제불의 위신력으로 건립된 것이다.

22) '眾所知識'은 大士가 處世하면서 慈惠로써 중생을 이롭게 해준 것인데, 마치 해와 달이 하늘에 떠 있는 것과 같아서 그 이익을 감응하는 무리일지라도 어느 누구도 알지 못한다. 또한 멀리 있는 대중은 知이나 不識이고, 近眾은 亦識이기도 하고 知이기도 하다. '知'는 그 내덕을 아는 것이고 '識'은 그 외형을 아는

였고,²³⁾ 제불의 위신력으로 건립되어 호법의 성이 되고 정법을 수지하였으며, 사자후를 하여 명성이 시방에 퍼졌고, 사람들이 청하지 않아도²⁴⁾ 벗이 되어 그들을 위안해주며, 삼보를 이어서 단절되지 않게 하고,²⁵⁾ 魔怨을 다스리고²⁶⁾ 모든 외도를 제어하는 것을 다 완성하여 영원히 번뇌를 떠났으며,²⁷⁾ 마음은 항상 안주하여 걸림없이 해탈하였고, 念과 定과 總持와 辯才에 단절이 없으며,²⁸⁾ 보시와 지계와 인욕과 정진과 선정과 지혜와 방편력을 구족하지 못함이 없고,²⁹⁾ 무소득을 터득하여 법인을 일으킴도 없이 수순하며

것이다. 또한 義를 知한 즉 深이고 義를 識한 즉 淺이다. 또한 衆所知識은 본행을 말미암아 성취된 것이고, 본행의 성취는 불의 위신력을 말미암아 건립된 것이다. 처음에 일어난[起] 것이 建이고 마지막에 성취[成]된 것이 立이다. 또한 밖으로는 제불의 위신력으로 건립되어야만 보살의 내덕이 성립된다.

23) '大智와 … 성취하였다.'는 것은 안으로 行이 성취되었음을 찬미한 것이다. '大智'는 소위 여래의 일체종지이고, '本行'은 육바라밀과 십지인데, 이것은 大智家의 本行이다.

24) '청하지 않아도'에 두 가지가 있다. 첫째는 아직 선법이 없기 때문에 이후로 점차 유인하여 선법을 발생토록 하려는 것이다. 둘째는 비록 과거에 道機가 있었을지라도 현재는 欲樂이 없으므로 방편으로 기발하려는 것이다.

25) '삼보를 … 한다.'는 것은 처음에는 곧 그들을 안주시키는 것으로써 선근을 향하게 하고, 종극에는 그들을 편안케 하는 것으로써 불도를 향하게 한다는 것이다. 앞의 '不請'은 下化를 설명한 것이라면, 이 '紹隆'은 上弘를 변별한 것이다.

26) '紹隆'은 정법을 드러냄[顯正]을 설명한 것이고, '降伏魔怨制'는 방편을 변별한 것이다. 외국에서 일컫는 魔羅는 번역하면 殺者이다. 혜명을 해꼬지하기 때문에 '怨'이라 일컫는다. 무릇 '魔'라고만 설하는 것과는 같지 않은데, 여기에 두 가지가 있다. 첫째는 四魔이다. 둘째는 八魔이다. 사마는 첫째로 번뇌마는 생사의 因이 된다. 둘째로 천마는 생사의 緣이 된다. 셋째의 陰 및 넷째의 死의 二魔는 곧 생사의 果이다. 陰은 그 通이고 死는 그 別이다. 때문에 因에는 內外가 있고, 果에는 通別이 있어서 四가 된다. 八魔는 넷은 위의 四魔의 설명과 같고, 여기에 다시 無常과 無我와 無樂과 無淨의 넷이 있다. 불과의 사덕을 파괴하기 때문에 魔라고 말한다.

27) '蓋'는 곧 五蓋인데, 소위 貪欲·瞋恚·睡眠·掉悔·疑이다. 纏은 十纏인데, 소위 無慚·無愧·忿·覆·慳·嫉·睡·眠·掉·悔이다.

28) '念과 … 없다.'는 것은 이미 항상 正觀에 안주한 즉 덕이 원만하지 않음이 없고, 念이 단절되지 않은 즉 慧가 더욱더 밝아지며, 定이 단절되지 않은 즉 마음이 항상 여일하고, 持가 단절되지 않은 즉 憶識이 강화되며, 辨이 단절되지 않은 즉 교화에 걸림이 없다.

29) '布施 … 없다.'는 것은 이상에서 四德에 대하여 찬미하였는데 지금 여기에서는 십행의 모든 바라밀을 찬탄하는데 橫門과 豎門의 이문을 갖추고 있다. 豎門은 곧 십지에 배대한 것이고, 橫門은 곧 豎門의 각 一位마다 열 가지를 갖추고 있다. 豎門으로 논하자면 초지에서 처음으로 정관을 얻어 처음에 범부를 떠난다. 이에 身命財에서 탐착이 발생하지 않는 까닭에 신명을 버릴 수가 있어서 단바라밀에 배대한다. 또한 단나바라밀을 십행의 머리로 삼는데 흙는 곧 초지이기 때문에 서로 배대된다. 二地는 내심에서 악을

不退輪을 굴리며,[30] 法相을 잘 이해하여 중생의 근기를 알고, 무릇 모든 대중이 무소외와 공덕과 지혜를 얻는 것으로써 그 마음을 닦으며, 상호로 장엄된 신체는 제일가는 色像으로 모든 세간에 존재하는 飾好를 벗어나 있고, 명칭이 고원하여 수미산을 능가하며,[31] 深信이 견고하기가 마치 금강과 같

떠난 것인데, 십선을 수행하기 때문에 지계에 배대한다. 三地는 信忍位가 충만하여 辱을 能忍하기 때문에 忍을 三地에 배대한다. 四地는 修習道品으로서 衆行을 勸策하기 때문에 정진으로써 四地에 배대한다. 五地는 사제를 관찰하고 五明을 수행하여 定이 발생하지 않음이 없기 때문에 禪으로써 五地에 배대한다. 六地는 順忍位가 충만하여 십이인연을 能觀하여 마땅히 반야를 사용하므로 六池에 居在한다. 七地는 공에 즉하여 有로 삼는데 선교의 뜻이 드러나기 때문에 方便을 칠지에 배대한다. 八地는 다시 제불로부터 특이한 법문[異法門]을 받아서 모든 願을 갖추어 일으키기 때문에 팔지에 居한다. 九地는 法師位에 들어가서 四無礙辯을 갖추고 경계에서 일부러 작용을 일으키기 때문에 力을 구지에 둔다. 十地는 因位가 이미 충만하여 결정적으로 의심이 없기 때문에 智로써 십지를 삼는다. 이 경문은 보시로부터 방편에 이르기까지 칠지로 삼고, 力을 팔지로 삼으며, 구족하지 않음이 없어서 願에 즉하여 智가 주어지기 때문에 十이 갖추어진다. 만약 橫門으로 논하자면 곧 一門에 즉하여 正觀하면 십문이 구족된다. 不慳의 뜻을 제일의 檀那라고 말한다. 내지 끝내 의심이 없는 것을 제십의 智라고 일컫는다.

30) '무소득을 … 없다.'는 것은 이상에서는 구족하지 않음이 없기에 그 行의 遠을 찬탄하고 무소득을 체득하였기에 그 位가 高함을 서술하였는데, 大士는 衆行을 갖춘 사람이기 때문이다. 位가 무생인법에 해당하기 때문에 位를 들어서 行을 해석한다. 그것을 체득한 것을 '及'이라 말한다. 마치 사람이 체득하지 못하면 그것을 不及이라 일컫는다. 무소득인 즉 無依이고 無受여서 不著하고 不住한다는 뜻이다. 念이 발동하고 心이 발생하더라도 필경에 적연하면 그것을 '不起'라고 일컫는다. 安耐實相하여 不悔하고 不疑하기 때문에 '忍'이라 일컫는다. 이미 수순하여 不退輪을 굴려서 이상에서는 自悟를 찬미하였지만 지금은 化他를 찬탄한다. 첫째는 實相을 수순하고, 둘째는 機緣을 수순하며, 셋째는 佛旨를 수순한다. 때문에 '隨順'이라 말한다. 또한 부처님은 眞轉이지만, 보살은 未及하여 단지 隨順하여 轉할 뿐으로 自만이 거기에 이르기 때문에 轉이라 말한다. 일단 不失의 경지를 터득하면 不退라고 일컫는다. 무릇 不退에 세 가지가 있다. 첫째는 位不退이다. 말하자면 불퇴는 이승인데, 外凡七心이라고도 하고, 十信七心이라고도 한다. 둘째는 行不退이다. 닦는 수행이 傾動되지 않는데, 그 位는 칠지 이하에 居한다. 셋째는 念不退이다. 팔지보살이 염념에 法流하고 心心에 寂滅하는 것이다. 지금 찬탄하는 것은 바로 셋째의 念不退에 의거한 것이다. '무생법인'은 流演이 圓通하여 어떤 사람에게도 계박되지 않는데 이것이 곧 輪義이다. 法相을 잘 이해하고 중생의 근기를 아는 것인데, 법상을 잘 이해하는 것으로써 중생의 근기를 알기 때문에 불퇴법륜을 굴린다.

31) '명칭이 … 高遠하다.'고 말하는데, 高이지만 不遠이고 遠이지만 不高이다. 이상에서는 그 명성이 시방까지 들린다는 것으로써 그 遠을 취하였는데, 지금 여기에서는 '수미산을 능가한다.'는 것으로써 그 高를 설명하였다.

으며,[32] 법보가 널리 비추어 감로를 비내리고,[33] 모든 言音 가운데서 가장 미묘하며, 깊이 연기에 들어가 모든 사견과 유무의 二邊을 단절하여 다시는 餘習이 없고, 법을 연설하되 無畏하여 마치 사자후와 같아서 그 강설은 이에 雷震[34]처럼 한량이 없이 過量하였으며, 모든 법보를 수집함은 마치 항해를 안내하는 선장과 같이 제법의 심묘한 뜻을 요달하고, 중생이 왕래하며 나아가는 곳[35]과 마음의 소행을 잘 알며,[36] 무등등한 부처님의 자재한 지혜와 십력과 무외와 십팔불공법을 친근하고, 일체의 제악취문을 닫아버리고 오도에 태어남으로써 그 몸을 나타내며,[37] 대의왕이 되어 모든 병을 잘 치

---

32) '深信이 … 같기' 때문에 德樹라는 명칭이 흐르고, 深信을 말미암아 더욱더 견고해진다. 信에 두 가지가 있다. 첫째는 聞信인데 약에 대하여 듣고 치병하는 경우와 같다. 둘째는 證信인데 약을 먹고 병을 치유하여 약이 좋은 줄을 체험하는 경우와 같다. 지금 여기에서 찬탄하는 것은 둘째의 證信에 해당한다. 물질로써는 파괴할 수 없는 것이 마치 금강을 말미암은 것과 같다.

33) '법보가 … 비내리는 것'에서 深信은 금강과 같음을 비유하고, 明解는 神寶와 같음을 비유하며, 마치 바다에서 妙寶가 발생하는 것과 같고, 광명을 내어서 '감로를 비내리는 것'이 곧 여의주와 같다. 법보도 또한 그러하여 慧光을 내고 법의 감로를 비내리는데 갖가지 言音의 微妙함이 제일이다. 이상에서는 形과 心[몸과 마음]을 찬미하였는데 지금 여기에서는 구업을 찬탄한다. 따라서 부류가 널리 동일함을 따르는 것에 그치지 않고, 나아가서 다시 그 미묘함이 제일이다. 연기에 깊이 들어가서 모든 사견 및 유무의 이변을 단제하여 다시는 餘習이 없다. 이상에서는 삼업의 덕이 원만함을 찬미하였지만 지금 여기에서는 結習을 이미 벗어났음을 찬미한다.

34) 우레의 비유에는 다섯 가지가 있다. 첫째는 자운으로 넓게 덮는다. 둘째는 지혜의 비가 흐르면서 적신다. 셋째는 법음이 멀리까지 들린다. 넷째는 무명의 혼침을 일깨운다. 다섯째는 선근을 생장시키는 데 헤아릴 수가 없고 이미 과량하였다.

35) '왕래하며 나아가는 곳'은 果를 비추어보는 것을 말한다.

36) '심소행을 아는 것'은 곧 因을 아는 것이다.

37) '무등등한 … 나타내며'에 대해서 이상에서는 보살의 이혜를 찬탄하는 것으로 결론을 맺었지만, 지금 찬미하는 것은 극과에 이웃하는 것이기 때문에 친근[近]이라 말한다. '무등등'은 곧 친근한 果의 명칭으로서 諸佛無等은 唯佛與佛等이다. 이런 까닭에 불을 호칭하여 무등등이라 한다. 또한 實相無等은 唯佛與實相等이므로 無等等이라 말한다. '부처님의 자재한 지혜' 이하는 친근한 것[所近]에서 나온다. 곧 과덕이 空과 有를 照盡하므로 '자재한 지혜'라 말한다. '십력'은 천마를 항복시키는 것이고, '무외'는 외도를 제어하는 것이며, '십팔불공'은 이승과 분명하게 다르다는 것인데, 이상의 삼과는 이미 要門이기 때문에 별도로 설한 것이다. '일체의 제악취문을 닫아버리고 오도에 태어남으로써 그 몸을 나타내며'는 것은 이상에서는 극과에 이웃하기 때문에 歎仰하였지만 여기에서는 群生을 符順함을 찬미한 것이다. 대저 법신은 무생이지만 처소가 없으면 태어나지 않는다. 무생이기 때문에 제악취문을 닫아버리고, 처소가 없으면 발생하지 않지만 오도에 태어난다.

료하여 병에 상응하여 약을 주어 服行하도록 해주고, 무량한 공덕이 다 성
취되어 무량한 불국토가 다 엄정되며,[38] 그들을 보거나 듣는 사람은 이익을
받지 않는 사람이 없고,[39] 諸有의 所作도 또한 헛됨이 없는데,[40] 이와 같은
일체의 공덕을 모두 다 구족하였다. …

其名曰; 等觀菩薩, 不等觀菩薩, 等不等觀菩薩, 定自在王菩薩, 法自
在王菩薩, 法相菩薩, 光相菩薩, 光嚴菩薩, 大嚴菩薩, 寶積菩薩, 辯積
菩薩, 寶手菩薩, 寶印手菩薩, 常擧手菩薩, 常下手菩薩, 常慘菩薩, 喜
根菩薩, 喜王菩薩, 辯音菩薩, 虛空藏菩薩, 執寶炬菩薩, 寶勇菩薩, 寶
見菩薩, 帝網菩薩, 明網菩薩, 無緣觀菩薩, 慧積菩薩, 寶勝菩薩, 天王
菩薩, 壞魔菩薩, 電德菩薩, 自在王菩薩, 功德相嚴菩薩, 師子吼菩薩,
雷音菩薩, 山相擊音菩薩, 香象菩薩, 白香象菩薩, 常精進菩薩, 不休
息菩薩, 妙生菩薩, 華嚴菩薩, 觀世音菩薩, 得大勢菩薩, 梵網菩薩, 寶
杖菩薩, 無勝菩薩, 嚴土菩薩, 金髻菩薩, 珠髻菩薩, 彌勒菩薩, 文殊師
利法王子菩薩, 如是等三萬二千人.

그들의 이름은 등관보살·부등관보살·등부등관보살[41]·정자재왕보살[42]·법

---

38) '무량한 공덕'은 正果의 德을 결론지은 것이고, '무량한 불국토가 모두 엄정되었다'는 것은 依果의 行滿을
결론지은 것이다.
39) '그것을 … 없다.'는 것은 形과 聲으로 중생을 이롭게 해준다는 것을 찬탄한 것이다.
40) '제유의 … 없다.'는 것은 삼업으로 세간을 이롭게 한다는 것을 찬미한 것이다.
41) '그 이름이 … 等不等觀菩薩'에서 이것은 넷째로 명칭을 나열한 것이다. 이상에서는 비록 총체적으로
덕을 찬탄하였는데, 지금은 마땅히 개별적인 명칭을 내기 때문에 四等으로써 중생을 관찰하여 등관이라
하고, 지혜로 제법을 분별함으로써 不等觀이라고 말한다. 이 두 가지 뜻을 갖추는 것을 等·不等觀이라고
말한다.
42) 모든 선정문에서 入과 住와 出이 자재무애한 것이다.

자재왕보살[43] · 법상보살[44] · 광상보살[45] · 광엄보살[46] · 대엄보살 · 보적보살[47] ·

변적보살[48] · 보수보살[49] · 보인수보살[50] · 상거수보살[51] · 상하수보살[52] · 상참보

살[53] · 희근보살[54] · 희왕보살[55] · 변음보살[56] · 허공장보살[57] · 집보거보살[58] · 보

용보살[59] · 보견보살[60] · 제망보살[61] · 명망보살[62] · 무연관보살[63] · 혜적보살[64] ·

보승보살[65] · 천왕보살[66] · 괴마보살[67] · 전덕보살[68] · 자재왕보살 · 공덕상엄보

---

43) 지혜문으로써 설법이 자재한 것이다.
44) 공덕의 법상을 몸에 나타낸 것이다.
45) 광명의 형상을 몸에 나타낸 것이다.
46) 광명으로써 몸을 장엄한 것이다.
47) 지혜의 보배가 적취되어 있는 것이다.
48) 사변이 적취된 것이다.
49) 손 안에서 무량한 보배를 내는 것이다.
50) 손에 수인이 있는 것이다. 또한 印을 해석하면 相인데, 손에서 보배의 相을 내기 때문이다.
51) 위로 열반을 내보여 중생을 즐겁게 해준다.
52) 아래로 생사의 과환을 내보여 중생에게 그것을 싫어하도록 해준다.
53) 중생이 苦輪을 항상 굴리기 때문에 대사가 비심으로 항상 단절시켜준다.
54) 실상에 대하여 안으로 喜를 발생한다.
55) 喜에 두 가지가 있는데, 첫째는 부정이고, 둘째는 청정이다. 지금은 청정이기 때문에 王이라고 말한다.
56) 사변에 대하여 안으로 辭로부터 변득한 명칭이다.
57) 실상의 지혜를 藏한 것이 허공과 같다.
58) 慧寶의 炬를 잡고 모든 어둠을 제거한다.
59) 덕보를 날쌔게 활용하여 또한 보배를 얻는다.
60) 혜보로써 모든 법을 본다.
61) 『환술경』에서는 제망이라 말하는데, 이것은 대사의 신통변화가 자재하여 마치 환화와 같기 때문에 제망을 빌려서 그것을 명칭으로 삼은 것이다.
62) 손에 縵網을 가지고 광명을 낸다.
63) 실상을 관찰할 때 안팎이 모두 어두워 緣과 觀이 모두 고요하다.
64) 지혜를 적취한 것이다.
65) 공덕의 보배가 세간을 초승한다.
66) 天에 네 가지가 있다. 첫째는 假名天인데 人王이 그것이다. 둘째는 生天인데 사천왕으로부터 비상천에 이르는 것이 그것이다. 셋째는 淨天인데 그 밖의 모든 현성이 그것이다. 넷째는 第一義天인데 십지보살이 그것이다. 지금 여기에서는 넷째에 해당하기 때문에 천왕이라 말한다.
67) 魔道를 行壞한다.
68) 雷電光을 인하여 도를 터득하였기 때문에 그로부터 명칭을 얻은 것이다.

살·사자후보살·뇌음보살·산상격음보살[69]·향상보살[70]·백향상보살[71]·상정진보살[72]·불휴식보살[73]·묘생보살[74]·화엄보살[75]·관세음보살[76]·득대세보살[77]·범망보살[78]·보장보살[79]·무승보살·엄토보살·금계보살·주계보살[80]·미륵보살[81]·문수사리법왕자보살[82]인데, 이와 같은 등등 삼만 이천 명이었다.[83]

復有萬梵天王尸棄等, 從餘四天下, 來詣佛所, 而[84]聽法; 復有萬二千天帝, 亦從餘四天下, 來在會坐; 幷餘大威力諸天, 龍神, 夜叉, 乾闥婆, 阿脩羅, 迦樓羅, 緊那羅, 摩睺羅伽等, 悉來會坐; 諸比丘, 比丘尼,

---

69) 뇌음 및 산상격음보살은 대법음으로써 强剛을 消伏시키고 음성으로 震擊하는 것이다. 만약 두 산이 相搏할 때면 두 우레가 相搏한다.
70) 푸른 香象[큰 코끼리]이다. 몸에서 향기바람을 내는데 보살의 몸에서 나오는 향기바람도 또한 그와 같다.
71) 그 향기가 최승인데 대사의 몸에서 나오는 향기도 또한 그와 같다.
72) 처음부터 끝까지 물러남이 없다.
73) 이상에서는 德으로부터 호칭을 받은 것이었지만, 여기에서는 허물을 벗어난 것을 인하여 명칭된 것이다.
74) 태어날 때 미묘한 상서가 있었다.
75) 삼매력으로써 온갖 꽃을 드러내어 허공 가득히 대장엄을 한다.
76) '관세음보살'은 무릇 네 가지 명칭이 있다. 첫째는 중생의 구업을 관찰하여 해탈시켜주므로 관세음이라 말한다. 둘째는 신업을 관찰하므로 관세신이라 말한다. 셋째는 의업을 관찰하므로 관세의라고 말한다. 넷째는 관세자재라 말하는데 삼업을 總鑒한다.
77) 대세력이 있어서 대신력으로써 시방을 날아다니는데 도착한 국토에서 여섯 가지로 震動시켜 악취를 그치게 한다.
78) 범은 四梵行이고 망은 그것이 많음을 말한다.
79) 의지하는 지팡이가 법보이기 때문에 보장이라 말한다.
80) '무승보살'과 '엄토보살'과 '금계보살'은 閻浮檀金이 상투에 있고, '주계보살'은 여의보주가 그 상투 안에 있어서 시방세계 및 중생의 행업과 과보와 인연을 모두 본다.
81) 번역하면 慈인데 이것은 그 姓이고, 자는 아일다이며, 남천축 바라문의 아들이다.
82) 번역하면 묘덕이다.
83) 삼만 이천 명의 보살을 다 수록할 수는 없다. 때문에 미륵과 문수의 두 사람으로써 그것을 섭수한다. 미륵보살은 此土의 대사이고 문수보살은 他方의 보살이다. 또한 미륵은 장차 정각을 성취할 것이고, 문수는 일찍이 부처가 되었다. 또한 미륵은 佛位를 받고, 문수는 佛位를 받지 않기 때문에 王子라 말한다. 이 세 가지[三雙]로써 일체를 總收한다.
84) 而+(爲)【元】【明】

優婆塞, 優婆夷, 俱來會坐. 彼時佛與無量百千之衆, 恭敬圍繞, 而爲說
法, 譬如須彌山王顯于大海, 安處衆寶師子之座, 蔽於一切諸來大衆.

또한 만 명의 범천왕 및 시기 등이 다른 사천하로부터 부처님 처소에 찾
아와서 법문을 들었고, 또한 만 이천 명의 天帝들도 역시 다른 사천하로부
터 와서 법회에 앉았으며, 아울러 그밖에도 대위력의 제천 · 용85) · 신86) · 야
차87) · 건달바88) · 아수라89) · 가루라90) · 긴나라91) · 마후라가92) 등이 모두 법

---

85) '용'에 두 가지가 있다. 첫째는 地住의 용이고, 둘째는 空住의 용이다. 地住의 용은 축생인데, 道에 대하여
말하자면 귀신에 미치지 못한다. 天住의 용은 다음과 같다. 첫째, 과보의 세력이 請主가 되었을 때 용왕이
千佛의 經藏을 수호한다. 셋째, 용이 구름을 일으켜 비를 내리고 음양을 적절하게 조절하여 중생에게
이익을 주기 때문에 다음으로 天에 있는 용을 내세웠다.
86) '神'에 대하여 나집은 '선악의 잡보를 받아서 人天과 비슷하지만 人天은 아니다.'고 말한다.
87) '야차'는 번역하면 輕捷인데, 또한 貴人이라고도 번역한다. 야차에는 무릇 세 가지가 있다. 첫째는
在居地이고, 둘째는 空住이며, 셋째는 在天上이다. 부처님이 초전법륜 때에 地夜叉가 唱하여 고하자
空夜叉가 들었다. 空夜叉가 唱하자 天夜叉가 들었다. 이와 같이 展轉하여 梵世에 이르렀다. 때문에 이
삼품이 있다. 처음에는 단지 餘物만 보시하였기 때문에 비행할 수가 없었다. 다음으로 牛車를 보시하였기
때문에 허공을 유행할 수 있었다. 그 다음의 수행이 점차 뛰어남을 인하여 天과 同住하면서 城 · 池 · 宮舍
등을 수호하였다.
88) '건달바'는 번역하면 香陰인데 말하자면 향기로써 음식을 삼고, 내지 몸에서 향기를 내는데 이들은 제천의
樂神이다. 향산에 머물면서 제천의 心念을 모름지기 즐겁게 해주는데 그 몸이 특이한 相으로서 곧 하늘을
飛上하면서 奏樂을 한다.
89) '아수라'는 번역하면 無酒神인데, 무릇 두 가지 설이 있다. 첫째는 과거에 불음주계를 수지하였기에 이
神을 얻었다고 한다. 둘째는 현세에 꽃을 채취하여 釀海로 술을 빚었지만 끝내 술이 되지 않아서 바다가
변하여 苦醎이 되었다고 한다. 때문에 無酒라고 일컫는다. 『대비바사론』에서는 不端正이라고 번역하는데,
남자 아수라는 추하지만 여자 아수라는 예쁘다고 한다.
90) '가루라'는 번역하면 金翅鳥인데, 鳳皇이라고도 번역한다. 四生을 갖추고 있어서 식사할 때 四生의 용을
먹는다. 난생의 금시조는 단지 난생의 용만 먹는다. 태생의 금시조는 난생과 태생의 龍을 먹는다. 습생의
금시조는 난생과 태생과 습생의 龍을 씹어먹지만 화생의 용은 먹지 못한다. 화생의 금시조는 난생과
태생과 습생과 화생의 용을 모두 먹는다.
91) '긴나라'는 번역하면 疑神이다. 머리에 一角이 있고 얼굴은 사람과 비슷하기 때문에 그 모습을 보는 사람은
'사람인가, 사람이 아닌가'를 의심한다. 때문에 疑神이라고 한다. 또한 긴나라는 제천의 樂神이기도 하여
건달바와 함께 교대로 오르락내리락 하는데 건달바보다는 약간 하열하다.
92) '마후라가'는 번역하면 地龍인데, 大蟒蛇라고도 하고, 또한 腹行이라고도 한다. 이들 팔부는 모두 사람의
모습으로 변하여 이 법회자리에 찾아와서 청법한다.

회에 와서 앉았고, 모든 비구·비구니·우바새·우바이들도 모두 법회에 와서 앉았다.[93]

그때 부처님이 무량한 백천의 대중에게 공경하게 위요되어 설법을 하였다. 비유하면 마치 수미산왕이 대해에 나타난 것처럼 갖가지 보배의 사자좌에 安處하자 찾아온 일체의 모든 대중을 압도하였다.

爾時毘耶離城有長者子, 名曰寶積, 與五百長者子, 俱持七寶蓋, 來詣佛所, 頭面禮足, 各以其蓋共供養佛. 佛之威神, 令諸寶蓋合成一蓋, 遍覆三千大千世界, 而此世界廣長之相, 悉於中現; 又此三千大千世界諸須彌山, 雪山, 目眞隣陀山, 摩訶目眞隣陀山, 香山, 寶山, 金山[94], 黑山, 鐵圍山, 大鐵圍山, 大海江河, 川流泉源, 及日月星辰, 天宮, 龍宮, 諸尊神宮, 悉現於寶蓋中; 又十方諸佛, 諸佛說法, 亦現於寶蓋中.

그때 비야리성에 장자의 아들이 있었는데 이름이 寶積이었다.[95] 다른 장

---

[93] 이상에서는 幽衆을 나열하였지만 지금부터는 顯衆에 대하여 설명한다. '비구'는 걸사이고, '尼'는 여성이다. '우바새'는 청신사이고, '우바이'는 청신녀이다. 비구니와 우바이가 비록 다르지만 모두 여성이다. 다만 道와 俗의 다름으로 나누었기 때문에 역경자가 둘로 내놓은 것이다.

[94] 〔寶山金山〕-〔明〕

[95] 서분은 二章으로 되어 있다. 증신서는 이미 마쳤고, 지금 이 대목은 발기서이다. 증신서는 또한 통서라고도 말한다. 通은 곧 동일하다는 뜻이다. 如是 등 六事는 衆經이 大同하기 때문에 通이라고 말한다. 발기서는 또한 별서라고도 말한다. 衆經이 각각 다르다가 되지만, 저 『승만경』의 경우는 부모가 보낸 편지가 발기서가 되지만, 이 『유마경』에서는 장자 아들의 獻蓋가 발기서가 된다. 이를 말미암아 각각 다르기 때문에 별서라고 말한다. 또 통서라고 말한 것은 經後序라고도 말한다. 당시 경을 설할 때는 아직 통서를 안배하지 않았지만 장차 열반에 들어가려는 즈음에 바야흐로 다시 나중에 비로소 성립되었기 때문이다. 그리고 별서는 經前序라고도 말한다. 장차 경을 설하기 전에 그에 대한 由致가 있었기 때문에 經前序라고 말한다. 또 경후서는 미래서라고도 말한다. 미래에 경전을 통해서 믿음을 발생토록 하기 때문이다. 경전서는 현재서라고도 말한다. 현재의 이익을 위하기 때문이다. 그래서 땅이 진동하고 꽃이 비내리면서 실로 四義를 포함하는데 단지 一名에만 따라 의지한다.

자의 아들 오백 명과 더불어 모두 칠보로 꾸민 일산을 가지고 부처님 처소에 찾아와서 頭面禮足하고 각자 그 일산을 다 부처님께 공양하였다. 부처님은 위신력으로 모든 보배 일산을 합쳐서 하나의 일산으로 만들어[96] 삼천대천세계를 두루 덮으니 이 세계의 廣長의 모습이 온통 그 가운데 나타나고, 또한 이 삼천대천세계에 있는 모든 수미산 · 설산 · 목진린타산 · 마하목진린다산 · 향산 · 보산 · 금산 · 흑산 · 철위산 · 대철위산[97] · 大海 · 江 · 河 · 川 · 流 · 泉 · 源[98] 그리고 해 · 달 · 별 · 천궁 · 용궁 · 모든 尊神宮이 전부 보배일산 가운데 나타나며,[99] 또한 시방의 제불과 제불의 설법도 역시 보배 일산 가운데 나타났다.[100]

---

96) 蓋가 합쳐져 하나가 되는 것에는 다섯 가지 인연이 있다. 하나는 事에 즉하여 수용하는 것이다. 네 발우를 합쳐서 하나의 발우가 되는 것과 같기 때문이다. 둘은 합쳐서 하나의 蓋를 성립시킨 것이다. 모든 불국토를 드러내어 그로 인하여 청정국토의 법문을 설할 수가 있는 것이다. 셋은 不思議宗을 열어주려는 것이다. 蓋는 넓지 않지만 대천세계를 덮는데, 국토가 좁지 않는데도 그 안에 다 드러난다. 석가모니는 간략하게 먼저 천명하고 정명은 자세하게 나중에 펼친다. 相成의 도가 이미 드러나자 신해의 마음이 오랫동안 굳건해진다. 넷은 諸法의 無決定相을 설명하려는 것이다. 多는 多로 정해지지 않아서 多는 一이 될 수가 있고, 一은 一로 정해지지 않아서 一은 多가 될 수가 있다. 실상을 슈悟하면 일찍이 多와 一이 없다. 다섯은 모든 장자가 현재 함께 무생을 깨달았음을 表한다. 미래에 함께 일법신과를 성취하는 것이 마치 蓋가 널리 덮는 것과 같다. 그래서 이 세계의 廣長한 모습이 다 그 가운데 드러난다. 이상 蓋가 대천세계를 덮는 것에 대하여 설명하였다. 이것은 청정국토가 그 안에 드러남을 변별한 것이다.

97) '또한 … 대철위산' 등 이것은 세계의 모든 산을 설명한 것이다. 보개 안에 드러낸 大山에 열 가지가 있다. 수미산은 가장 높아서 그들 사이에 처해 있다. 나머지 아홉 산은 점차 작아진 것인데 수미산을 둘러싸고 있다.

98) '大海 … 源'에서 泉과 둂 등은 이미 모든 사람이 기뻐하는 것이 때문에 山 다음으로 水를 차례로 나열하였다.

99) '그리고 … 나타나며'에서 山과 水는 그 지역의 처소를 설명한 것이다. 이 경문은 '천궁'에 이어서 배열된다. 해 · 달 · 별은 소위 三光이고, '제존의 신궁'은 팔부의 주처이다.

100) '또한 … 나타났다.'는 대목에 대하여 이상은 娑婆一界에 대해서만 차례로 나열하였지만, 이로부터 이하는 널리 시방의 불국토를 드러낸다. 모든 장자의 아들이 비록 도심을 일으켰지만 아직 청정국토를 닦지 못하였다. 따라서 기쁘게 공양하려는 마음과 청정국토를 열려는 뜻을 원하였다. 때문에 그 蓋를 인하여 널리 시방의 淨穢佛土를 드러내어서 穢心을 버리고 청정국토행을 닦도록 하기 위한 것이다. 삼천대천세계가 一世界이다. 이와 같이 헤아려서 항사에 이르면 一世界가 된다. 恒沙一世界가 一世界海가 된다. 恒沙世界海가 一世界種이 된다. 恒沙世界種이 一佛世界가 된다.

爾時一切大衆. 覩佛神力, 歎未曾有! 合掌禮佛, 瞻仰尊顔, 目不暫捨.
於是[101]長者子寶積卽於佛前, 以偈頌曰;

그때 일체대중이 부처님의 신력을 보고서 미증유의 일이라고 찬탄하고 합
장하여 부처님께 예배하며 부처님의 존안을 우러러보고 눈길을 잠시도 돌
리지 않았다. 이에 장자의 아들인 보적이 부처님 앞에서 게송으로 설하여
말하였다.[102]

目淨脩廣如靑蓮, 心淨已度諸禪定,
久積淨業稱無量, 導衆以寂故稽首.

맑은 눈은 길고 넓기 푸른 연꽃과 같고[103]

---

101) 〔於是〕-【宋】【元】【明】【宮】

102) '이에 … 말하였다.'에서 이상은 통서로서 대중이 환희한 것이었다. 이 대목부터는 별도로 보적이
稱嘆하여 설한 게송을 설명한 것인데, 무릇 두 가지 뜻이 있다. 첫째는 간략한 언설로써 부처님의
衆德을 섭수한다. 둘째는 언사의 교묘함을 들은 자로 하여금 기쁜 마음을 갖도록 한다. 질문하는
언설의 수의 少多를 막론하고 요컨대 사구를 갖추어야 바야흐로 게송이 성립된다. 게는 곧 범음이고,
송은 중국의 말인데 둘을 합쳐서 설명한 것이다. 때문에 게로써 찬탄한 것에는 네 가지 인연이 있다.
첫째는 蓋를 바친 것인데 재물공양을 설명한 것이다. 게를 설하여 찬탄한 것은 법공양을 변별한
것이다. 둘째는 위에서는 신업으로 공경하였는데, 지금은 구업으로 공양한 것이다. 셋째는 앞에서
설명한 몸의 공경[形敬]으로는 부족하기에 마음으로 옮겨가서[寫心] 지금은 心思 및 妙言을 입으로써
영탄한 것이므로 즉 삼업을 갖추었다. 넷째는 여래에게 법을 설하고 신통력을 드러내주시기를 바라는
것이다. 대중이 비록 喜敬하며 모였지만 그 所由에 대해서는 통달하지 못하였다. 때문에 게송을 설하여
찬탄함으로써 時會의 대중을 領悟시켜달라는 것이다. 偈에는 五章이 있다. 첫째는 本德을 찬탄하는
대목이다. 둘째는 迹用을 찬미하는 대목이다. 셋째는 거듭 본덕을 찬탄하는 대목이다. 넷째는 거듭
적용을 찬미하는 대목이다. 다섯째는 총결하여 찬탄하는 대목이다.

103) '맑은 … 같고'라는 이 구절은 佛形을 찬탄한 것이다. 形에는 五根이 있다. 目은 그 으뜸이 되므로 처음에
내놓아 찬탄하였다. 또한 세속에서는 항상 7척의 몸 가운데 1척의 面만한 것이 없고, 1척의 얼굴은 1촌의
眼만한 것이 없다고 말한다. 때문에 頭는 一身에서 가장 높은데, 目이 一面의 標이므로 勝에 나아가서

청정한 마음은 모든 선정 초월하였으며[104]
오랫동안 쌓은 청정한 행위는 무량하고[105]
중생을 적멸로 이끄는 분께 계수합니다[106]

旣見大聖以神變, 普現十方無量土,
其中諸佛演說法, 於是一切悉見聞.

대성인께서는 신통한 변화를 잘 부려서
널리 시방의 무량국토에 드러냄을 보고
그런 가운데서 제불께서 연설하신 법을
이에 일체중생이 모두 보고 들었습니다[107]

찬탄한 것이다. 또한 부처님은 慈眼으로써 중생을 평등하게 본다. 慈는 德의 근본이기 때문에 근본에 나아가서 찬탄한 것이다. 또한 보적은 瞻顔하며 頌을 지었기 때문에 眼을 찬탄한 것이다. 『대지도론』에서 '육지에서 나는 것으로는 須曼이 최고이고, 물에서 나는 것으로는 靑蓮이 제일이다.'고 말한다. 천축에 청련화가 있는데 그 잎은 두텁고 넓고 청백이 분명하며 대인의 눈과 같은 모습이 있기 때문에 그것을 빌려서 비유를 삼은 것이다.

104) '청정한 … 초월하였으며'라는 구절은 目이 청정한 까닭으로써 形을 찬탄한 것이고 心이 청정한 까닭으로써 德을 찬탄한 것이다. 目은 五情의 처음이고, 心은 萬德의 근본이기 때문에 心을 찬탄한 것이다. 또한 心이 청정한 즉 目이 밝으므로 心을 들어서 그것으로써 目을 증명한 것이다. 선정이 깊고 넓은 것은 대해와 같음을 비유하였다. 오직 부처님의 청정한 마음만이 이에 그 언덕을 窮할 수가 있다.

105) '오랫동안 … 무량하고'는 形과 德이 모두 미묘한 것은 반드시 오랫동안 쌓은 청정한 삼업을 말미암은 것이다. 이것은 인행을 들어서 과덕을 해석한 것이다. 그래서 이미 因果가 미묘하면 곧 십호가 밖으로 소문이 난다. 때문에 무량하다고 칭탄한 것이다.

106) '중생을 … 계수합니다'는 구절은 德樹의 명칭으로부터 나온 것이다. 중생을 인도하는 법은 말하자면 적멸무위이다. 『법화경』에서 '구경의 열반은 항상 적멸상이다.'고 말한다. 무릇 이것은 제법의 실체이기 때문에 널리 그렇게 설한 것이다. 이것은 一嘆을 마치는 것이므로 계수라고 하였다. 또한 이상에서는 구업이었지만 지금은 신업으로 공경하는 것이다. 이 게송의 시종을 합치면 五對가 있는데, 말하자면 形心·因果·德名·自他·讚敬이다.

107) '대성인께서는 … 들었습니다'는 것은 신통의 작용을 迹으로 삼은 까닭에 처음(제1게송)에는 德本을 찬탄하였지만, 지금(제2게송)은 迹用을 찬미한 것이다.

法王法力超群生[108], 常以法財施一切,
能善分別諸法相, 於第一義而不動,
已於諸法得自在, 是故稽首此法王.

　법왕이 설법하는 능력은 군생을 초월해
　항상 법재로 일체의 중생에게 보시하고[109]
　일체법이 존재하는 모습을 잘 분별해도
　저 제일의제는 전혀 움직이지 않습니다[110]
　이미 제법에 대하여 자재함을 얻었기에
　이런 까닭에 그 대법왕에게 계수합니다[111]

---

108) 生＝至【元】
109) '법왕이 … 보시하고' 이하는 거듭 본덕을 찬탄한 것이다. 이 경문의 내용을 보면 무릇 다섯 가지 찬탄이 있다. 첫째(2계송 반, 제3계송-제4·5계송)는 法王을 찬탄한 것이고, 둘째(3계송, 제4·5계송-제7·5계송)는 法海를 찬탄한 것이며, 셋째(반계송, 제7·5-8계송)는 山王을 찬탄한 것이고, 넷째(제9계송의 제1구)는 虛空을 찬탄한 것이며, 다섯째(제9계송의 제2구)는 人寶를 찬탄한 것이다. 법왕을 찬탄한 것에서 앞에서는 신통을 찬탄하였는데 지금은 설법을 찬미한 것이다. 신통은 중생으로 하여금 복덕을 생장시켜주고, 설법은 곧 중생으로 하여금 지혜를 발생시켜준다. 또한 신통은 중생으로 하여금 신심을 발생시켜주고, 설법은 중생으로 하여금 慧解를 발생시켜준다. 세속의 왕은 세속의 권력으로써 백성을 勝하기 때문에 그 은혜를 일국에 미칠 수가 있지만, 법왕은 법력으로써 중생을 超하기 때문에 道로써 경계가 없이 제도해준다.
110) '일체법이 … 않습니다"는 위에서는 법왕을 標하였지만 지금은 그것을 해석한 것이다. 법은 이에 무궁하지만 二諦를 벗어나지 않는다. 때문에 이제에 나아가서 그것으로써 법왕을 해석한 것이다. 속제를 잘 분별하여 진제에 어긋나지 않기 때문에 부동이라 한다.
111) '이미 … 계수합니다'는 법왕을 삼문으로 찬탄한 것이다. 첫째는 標하고, 둘째는 해석하였는데, 지금 셋째는 그것을 결론짓는다. 세속왕은 곧 백성에 대하여 자재하고, 법왕은 곧 법에 대하여 자재하다. 법에는 定相이 없으므로 중생을 따라서 그것을 변별하고, 널리 이치를 따라서 근기에 상응하기 때문에 자재라 칭한다. 또한 곧 위에서는 속제를 설하면서도 진제에 부동하였지만, 지금은 진제를 談하면서도 속제에 어긋나지 않는데 곧 이것이 자재이다. 二句로 찬탄을 마치는 까닭에 계수한 것이다.

說法不有亦不無, 以因緣故諸法生,
無我無造無受者, 善惡之業亦不亡.

　존재도 아니고 또한 무존재도 아니므로[112]
　인연으로 말미암아 또 제법이 발생하며[113]
　무아이므로 업을 지음도 받음도 없지만
　선악업은 역시 없지 않다고 설해주시네[114]

始在佛樹力降魔, 得甘露滅覺道成,
已無心意無受行, 而悉摧伏諸外道.

　처음에는 佛樹에서 힘써 마를 다스려서[115]
　감로와 열반을 얻어 깨달음을 성취하여[116]
　이미 心과 意가 없고 受와 行도 없어져

---

112) '존재도 … 아니므로'는 위에서는 속제를 설하면서도 진제에 어긋나지 않음을 찬탄하였다.
113) '인연으로 … 발생하며'은 이미 정해진 有無를 벗어나 있는데 곧 그것이 인연생이다. 정해진 유무를
　　벗어나 있는 것이 소위 破邪이다. 인연소생을 顯正이라고 말한다.
114) '무아이므로 … 설해주시네'는 앞에서는 單으로 법에 대해서만 비유비무를 설명하였다. 그러나
　　여기에서는 合으로 人과 法에 대해서 비유비무를 변별하였다. 我와 人이 없는 까닭에 非有이고, 인과를
　　상실하지 않은 까닭에 非無이다.
115) '처음에는 … 다스려서'는 법해에 대하여 찬탄한 것이다. 이상에서는 부처님이 암라원에서 연설한 대법을
　　찬탄하였는데, 이하에서는 往昔의 차례를 따라서 소승교를 설한다. 만약 차제대로 말하자면 마땅히 먼저
　　소승교를 나열[序]해야 하고 나중에 대승교를 서술해야 한다. 그러나 단지 即事에 의거하여 찬탄하는
　　까닭에 먼저 대승교를 설하고 나중에 소승교를 설한 것이다.
116) '감로와 … 성취하여'는 위에서는 항마에 대하여 설명하였는데 이 대목은 성불을 변별한 것이다.
　　적멸법은 감로와 같음을 비유한 것이다. 그 법을 터득한 까닭에 대각이 도를 성취하였다.

모든 외도를 남김없이 꺾어 다스립니다[117)

三轉法輪於大千, 其輪本來常淸淨,
天人得道此爲證, 三寶於是現世間.

중생계에 사성제를 세 차례 전법륜하니[118)
그 법륜은 본래부터 청정한 것이었는데[119)
천상 인간의 득도를 이것으로 증명하니[120)
이에 삼보가 중생의 세간에 드러났다네[121)

---

117) '이미 … 다스립니다'는 것에 대하여 僧叡는 '이 구절은 마땅히 降魔의 앞에 두어야 한다.'고 말했다. 그러나 이 대목을 뒤에다 나열한 것은 무릇 성불한 이후에 正悟가 이미 드러난 즉 이전의 고행을 보여서 邪를 항복받은 뜻을 드러낸 것이다.

118) '중생계 … 전법륜하니'에서 '세 차례 전법륜한다'는 것은 다음과 같다. 첫째는 示轉인데, 소위 이것은 곧 苦이고 이것은 곧 集이며 이것은 곧 滅이고 이것은 곧 道이다. 둘째는 勸轉인데, 苦는 마땅히 알아야 할 것이고, 集은 마땅히 단절해야 할 것이며, 滅은 마땅히 증득해야 할 것이고, 道는 마땅히 닦아야 할 것이다. 셋째는 證轉인데, 苦我는 이미 안 것으로서 다시는 더 알 것이 없는 것이고, 集我는 이미 단제한 것으로서 다시는 더 단제할 것이 없는 것이며, 滅我는 이미 증득한 것으로서 다시는 더 증득할 것이 없는 것이고, 道我는 이미 닦은 것으로서 다시는 더 닦을 것이 없는 것이다. 一轉하여 발생한 眼智로써 四心을 明覺한다. 그래서 三轉하여 발생한 十二心을 十二行法輪이라 말한다. 阿毘曇의 뜻에 의거하면 三根人에 의거한 것이기 때문에 十二行이 있다는 것이다. 그리고 성론에 의거하면 초전으로 문혜가 발생하고, 次轉으로 思慧가 발생하며, 三轉으로 修慧가 발생한다는 것이다.

119) '그 법륜은 … 것이었는데'에서 처음에 녹야원에서 비록 거듭해서 삼전했지만 실로 轉한 것이 없었다. 때문에 '본래부터 청정한[常淨]'이라고 말한다. 법륜은 無漏이고 無相이기 때문에 體는 일찍이 增損이 없지만 有佛 즉 轉이고 無佛 즉 癢이다. 그 用과 捨는 사람에게 달려 있을 뿐 性과 相은 달라지는 것이 없다.

120) '천상 … 증명하니'에서 '天'은 염마천자로서 팔만의 天이고, '人'은 곧 陳如 등 다섯 명인데 전법륜을 듣고 初道를 증득한 것이다. 길장의 말에 의하면 5인 가운데 단지 陳如 한 사람만 初道를 터득하였고 나머지 4인은 그때 사선근에 주하였다가 夏初에 이르러서 바야흐로 이에 得道하였다.

121) '이에 … 드러났다네'에서 覺道가 이미 성취된 것이 불보이고, 법륜이 이미 轉된 것이 법보이며, 5인이 출가하여 得道한 것이 승보이다. 이것은 삼보의 시작을 말한 것이다.

以斯妙法濟群生, 一受不退常寂然,
度老病死大醫王, 當禮法海德無邊.

　그 오묘한 법으로 군생을 제도해주시니
　일단 수용하면 불퇴로써 항상 적연하여[122]
　늙음 병듦 죽음을 제도하는 대의왕에게[123]
　法海 공덕의 무변에 마땅히 예배합니다[124]

毀譽不動如須彌, 於善不善等以慈,
心行平等如虛空, 孰聞人寶不敬承.

　비방과 찬탄에 수미산처럼 흔들림 없이[125]

---

122) '그 오묘한 … 적연하여'는 앞에서는 천상과 인간이 聖道를 성취하였다고 변별하였는데, 이 구절에서는
　　이교 및 외도[異外道]를 간별하였다. 96종은 道의 上者들이고 또한 번뇌를 단절하여 무색천에 태어났다.
　　다만 그 도가 眞이 아니어서 요컨대 다시 三塗에 떨어진다. 부처님이 사제의 묘법으로써 삼승의 군생을
　　제도하였지만 그것을 수용하지 않아서 다시 생사에 떨어진 자들이다. 때문에 '일단 수용하면 불퇴로써
　　항상 적연하다'고 말한다.
123) '늙음 … 대의왕에게'에서 老·病·死의 연못은 깊고 넓어서 건너가기 어렵다. 오직 부처님만이 彼와
　　我를 모두 건너가도록 해주기 때문에 대의왕이라 칭한다.
124) '法海 … 예배합니다'에서 법륜의 연못은 넓은데 그것을 바다와 같다고 비유하였다. 흘러서 끝없이
　　적셔주는 것을 덕이 무변하다고 말한다. 여기에서 일단 찬탄을 마치기 때문에 다시 '禮'라고 칭한다.
125) '비방과 … 흔들림 없이'에서 이 부분은 산왕을 찬탄한 것이다. 이미 세간에 처한 설법에는 반드시 팔풍이
　　있다. 앞의 경문을 이어서 이 찬탄이 발생한 것이다. 利·衰·毀·譽·稱·譏·苦·樂의 팔법의 바람도
　　부처님을 요동시키지 못한다. 마치 四風이 불어와도 수미산을 무너뜨리지 못하는 것과 같다. 利와 衰는
　　재물[財]에 의거한 것이다. 榮潤해주는 것은 利이고, 侵奪하는 衰이다. 毀·譽·稱·譏의 네 가지는 口에
　　의거한 것이다. 罵辱은 毀이고, 과분한 찬탄은 譽이며, 善을 당하여 善으로 인도해주는 것은 稱이고,
　　악을 당하여 惡으로 이끌어주는 것은 譏이다. 苦와 樂은 身에 대한 것이다. 身命을 훼손하는 것은
　　苦이고, 身命에 도움을 주는 것은 樂이다. 그러나 利 등의 넷은 貪心을 발생하고, 衰 등의 넷은 瞋心을
　　발생한다. 이미 貪과 瞋이 있으면 반드시 癡使가 뒤따른다. 그러나 부처님은 이미 삼독을 단제하였기

선과 불선에 평등하게 자비를 베푸시어[126]
마음의 씀씀이 평등하여 허공과 같으니[127]
人寶를 듣고 누군들 경승하지 않으리요[128]

今奉世尊此微蓋, 於中現我三千界,
諸天龍神所居宮, 乾闥婆等及夜叉,
悉見世間諸[129]所有, 十力哀現是化變,

지금 세존에게 미미한 보배일산 드리니
거기에 삼천대천세계를 드러내보이시어
모든 하늘의 용 및 신들이 사는 궁전과
건달바 아수라 마후라가 기타 야차들은
모두 세간의 일체존재가 드러난 것인데
십력으로 자비롭게 化變해 보인 것이네

때문에 팔풍에 흔들림이 없다.
126) '선과 … 베푸시어'에서 손이 잘려도 슬퍼하지 않고, 발을 붙여줘도 기뻐하지 않으며, 선악과 自彼에 대하여 자비가 불이를 감싸주고 있다.
127) '마음의 … 같으니'는 허공을 찬탄한 것이다. 때문에 선악에 부동한 사람은 마음 씀씀이가 허공과 같기 때문이다. 이상의 뜻을 해석하자면 대저 有心인 즉 봉쇄이고 봉쇄인 즉 보편하지 못하다. 그러나 부처님의 마음은 무심이기 때문에 공평한 것이 허공과 같다.
128) '人寶를 … 않으리요'는 人寶를 찬탄한 것이다. 마음 씀씀이가 허공과 같은 즉 人外에 초월하기 때문에 人의 寶가 된다. 天上에 있으면 天寶이고, 人에 있으면 人寶이다. 천상과 인간에서 보배이므로 중생으로서 공경하지 않을 수가 없다.
129) 諸=之【聖】

衆覩希有皆歎佛, 今我稽首三界尊.
大聖法王衆所歸, 淨心觀佛靡不欣.
各見世尊在其前, 斯則神力不共法.

　대중이 보고 희유하다고 모두 歎佛하니
　지금 저희도 삼계의 세존께 계수합니다[130]
　대성인 법왕은 중생이 귀의할 곳이오니
　정심으로 觀佛하면 기쁘지 않음이 없어
　각자 바로 앞에서 세존을 친견하였으니
　이것은 곧 세존 신통력으로 불공법이네[131]

佛以一音演說法, 衆生隨類各得解,
皆謂世尊同其語, 斯則神力不共法.

　부처님께서 일음으로 법을 펴서 설하면
　중생들은 분수에 따라서 각자 이해해도
　모두 세존의 그 말씀 한 가지라 말하니

---

130) '지금 세존에게 … 계수합니다'의 여섯 게송(제9 · 5게송—제15 · 5게송)은 거듭 迹用을 찬탄한 대목이다.
　　경문은 두 부분이 있다. 첫째(2게송)는 은혜가 깊어서 보답하기 어려움을 찬탄한 것이다. 둘째(4게송)는
　　三密이 難思함을 찬탄한 것이다. 앞의 2게송 가운데서 제1구는 스스로 받든 것이 지극히 미묘함을
　　진술한 것이고, 제2구는 드러남 것이 지극히 위대함을 변별한 것이며, 제3구—제6구는 자애가 드러남을
　　설명한 것이고, 제7구—제8구는 계수하여 칭탄한 것이다.
131) '대성인 법왕은 … 불공법이네'의 이하 4게송은 三密이 難思함을 찬탄한 것이다. 첫째(제11 · 5게송-
　　12 · 5게송)는 신밀을 찬탄한 것이고, 둘째(제12 · 5게송—제15 · 5게송)는 구밀을 찬탄한 것이다.

이것은 곧 세존 신통력으로 불공법이네[132]

佛以一音演說法, 衆生各各隨所解,
普得受行獲其利, 斯則神力不共法.

　부처님께서 일음으로 법을 펴서 설하면
　중생들은 제각각 능력을 따라 이해해도
　널리 수용하고 실천하여 이익을 얻으니
　이것은 곧 세존 신통력으로 불공법이네[133]

佛以一音演說法, 或有恐畏或歡喜,
或生厭離或斷疑[134], 斯則神力不共法.

　부처님께서 일음으로 법을 펴서 설하면
　혹자는 두려워하고 또 혹자는 환희하며
　혹자는 싫어하고 혹자는 의심을 끊으니

---

132) '부처님께서 … 불공법이네"의 이하 3게송(12 · 5게송-15 · 5게송)은 구밀을 찬탄한 것이다. 이하 경문은
　　세 부분이 있다. 첫째(12 · 5게송-13 · 5게송)는 중생을 따르면서 일음을 토해내더라도 만류가 각각
　　다르게 이해하는 것을 설명하는 것이다. 둘째(13 · 5게송-14 · 5게송)는 제자리에서 일음을 설하더라도
　　뜻에 따라 널리 실천하는 것을 변별하는 것이다. 셋째(14 · 5게송-15 · 5게송)는 동일하게 事를
　　설하더라도 기뻐함과 근심이 함께 발생함을 설명하는 것이다.
133) '부처님께서 … 불공법이네"의 사구는 제자리에서 일음을 설하더라도 뜻에 따라서 널리 실천하는 것을
　　설명한 것이다. 그래서 보시를 좋아하는 사람은 보시의 의미로 듣게 하고 지계를 좋아하는 사람은
　　지계의 의미로 듣게 하여 각각 이익을 준다.
134) 疑＝法【聖】

이것은 곧 세존 신통력으로 불공법이네[135]

稽首十力[136]大精進, 稽首已得無所畏,
稽首住於不共法, 稽首一切大導師.

십력과 대정진을 갖춘 분께 계수합니다
이미 사무소외를 갖춘 분께 계수합니다
불공법을 모두 갖추신 분께 계수합니다
일체의 大導師가 되는 분께 계수합니다[137]

稽首能斷衆結縛, 稽首已到於彼岸,
稽首能度諸世間, 稽首永離生死道.

모든 번뇌를 단제하신 분께 계수합니다

---

135) '부처님께서 … 불공법이네'의 사구는 동일하게 事를 설하더라도 기뻐함과 근심이 함께 발생함을 설명한 것이다. 어떤 사람은 苦에 대한 설법을 듣고 怖畏를 발생한다고 말하고, 어떤 사람은 苦에 대한 설법을 듣고 苦는 苦가 된다는 것을 알아차린 즉 환희를 발생한다고 말하며, 어떤 사람은 苦에 대한 설법을 듣고 생사를 厭患한다고 말하고, 어떤 사람은 苦에 대한 설법을 듣고 실로 그것이 苦임을 알아차려 疑網心을 단제한다고 말한다. 어떤 사람은 '異法을 듣고 사종심을 발생한다.'고 말한다. 三塗苦를 들은 즉 怖畏하고, 인천의 묘락을 들은 즉 환희를 발생하며, 不淨을 들은 즉 염리하고, 인과를 들은 즉 斷疑한다. 이 가운데 제2구에서 두려워하는 恐畏는 무서워서 두려운 것이 아니라 부처님의 위대함에 경외하는 마음이고, 싫어하는 厭離는 더러워서 벗어나려는 것이 아니라 번뇌 등의 마음을 멀리 여의려는 마음이다.
136) 力=方【明】
137) '십력과 … 계수합니다'의 3게송 반(제15 · 5게송-제18게송)은 총체적으로 찬탄한 것이다. 앞에서는 身密과 口密을 말했는데, 이것은 意密이다.

이미 피안에 도달하신 분께 계수합니다

모든 세간을 건져주신 분께 계수합니다

영원히 생사도를 벗긴 분께 계수합니다[138]

悉知衆生來去[139]相, 善於諸法得解脫,

不著世間如蓮華, 常善入於空寂行,

達[140]諸法相無罣礙, 稽首如空無所依.

중생이 윤회로 오고 가는 모습 다 알고[141]

제법에 대해 여법하게 해탈토록 해주며[142]

세간의 오염에 집착하지 않는 연꽃처럼[143]

항상 공적한 행위에 여법하게 들어가며[144]

모든 법상에 통달하여 걸림이 없으시니[145]

---

138) '모든 … 계수합니다'의 사구는 삼계를 벗어남을 찬탄한 것이다. 벗어남을 찬탄한 가운데도 또한 둘이 있다. 첫째는 自離를 찬탄한 것으로서 '모든 세간'을 제도하는 것이다. 둘째는 타인으로 하여금 벗어나도록 하는 것을 찬탄한 것이다. 타인을 벗어나도록 하는 가운데에서는 果의 患을 벗어나는 것이고, 스스로 벗어나는 가운데에서는 총체적으로 因의 患과 果의 患을 모두 벗어나는 것이다.

139) 來去=去來【聖】

140) 達=遠【聖】

141) '중생이 … 알고'는 空有門에 대하여 찬탄한 것이다. 처음은 유문에 의거한 것이다. 중생이 업행으로 육취에 왕래하면서 마음이 시비가 치달리는데 모두 그것을 아는 것이다.

142) '제법에 … 해주며'에서 我가 제법에 염오되기 때문에 제법이 아를 계박하지만, 我心이 염오되지 않은 즉 萬縛이 이로부터 벗어난다. 중생이 왕래하기 때문에 그것이 계박이지만 體를 깨치고보면 필경에 온[來] 것이 없기 때문에 해탈을 터득한다. 유상과 무상은 왕래를 찾아보아도 그것이 없기 때문에 다시 왕래할 것이 없은 즉 곧 계박으로부터 벗어나 있다.

143) '세간의 … 연꽃처럼'은 空門에 나아가서 찬탄한 것이다.

144) '항상 … 들어가며'는 세간에 집착하지 않음을 찬탄한 것이다. 공적에 잘 들어간 연후에는 그 마음을 버린다. 때문에 세간에 집착하지 않는다.

145) '모든 … 없으시니'에서 비록 유이지만 항상 공이고 비록 공이지만 항상 유이기 때문에 無礙이다.

허공처럼 所依가 없는 분께 계수합니다[146]

爾時長者子寶積說此偈已, 白佛言; 「世尊! 是五百長者子, 皆已[147]發
阿耨多羅三藐三菩提心, 願聞得佛國土淸淨, 唯願世尊說諸菩薩淨土
之行!」

　그때 장자의 아들 보적이 이 게송을 설하고나서 부처님께 아뢰어 말했다.
"세존이시여, 저희 오백 명 장자의 아들은 모두 이미 아뇩다라삼먁삼보리
심을 일으켰으니,[148] 바라건대 불국토의 청정을 얻는 것에 대하여 듣고자 합
니다. 바라건대 세존께서는 제보살이 청정국토로 가는 수행에 대하여 설해
주십시오."

佛言; 「善哉! 寶積! 乃能爲諸菩薩, 問於如來淨土之行. 諦聽, 諦聽!
善思念之, 當爲汝說!」於是寶積及五百長者子受敎而聽.

　부처님께서 말씀하셨다.
"훌륭하구나, 보적이여, 이에 제보살을 위하여 여래의 청정국토로 가는

---

146) '허공처럼 … 계수합니다'에서 心과 境에 의지함이 없는데 마치 허공이 의지함이 없는 것과 같다. 이것은
　　공문에 대하여 찬탄한 것이다. 所依가 없다는 것은 부처님의 지혜는 독존적이므로 누구의 어디에도
　　의지함이 없다는 것을 가리킨다.
147) 已＝以【聖】
148) "그때 … 일으켰으니"에서 서분은 앞에서 마쳤고, 지금부터는 곧 정설이다. '아뇩다라'는 번역하면
　　無上이고, '삼먁삼'은 번역하면 正遍知이며, '보리'는 번역하면 道이다. 말하자면 그 道는 眞正하여 모르는
　　법이 없어서 正遍知이다.

수행에 대하여 물었구나. 자세히 듣고 자세히 듣거라. 그것에 대하여 잘 생각하고 그것을 유념하라.[149] 반드시 그대를 위해 설해주겠다."

이에 보적과 오백 명 장자의 아들이 그 가르침을 받들어 귀를 기울였다.

佛言;「寶積! 衆生之類是菩薩佛土. 所以者何. 菩薩隨所化衆生而取佛土, 隨所調伏衆生而取佛土, 隨諸衆生應以何國入佛智慧而取佛土, 隨諸衆生應以何國起菩薩根而取佛土. 所以者何. 菩薩取於淨國, 皆爲饒益諸衆生故. 譬如有人, 欲於空地, 造立宮室, 隨意無礙; 若於虛空, 終不能成! 菩薩如是, 爲成就衆生故, 願取佛國, 願取佛國者, 非於空也.

부처님께서 말씀하셨다. "보적이여, 중생의 부류가 곧 보살의 불국토[150]이

---

149) '諦聽諦聽'이라고 諦聽을 거듭 말한 것은 그들에게 마음을 기울여서 설법을 듣고 三慧를 발생시키라는 것이다. '諦聽'은 문혜이고, '善思'는 사혜이며, 그것을 念하는 것은 수혜이다. '반드시 그대를 위해 설해주겠다'는 것은 설법을 허락한다는 것이다.

150) 불국토에는 무릇 5종이 있다. 첫째는 淨이고, 둘째는 不淨이며, 셋째는 不淨淨이고, 넷째는 淨不淨이며, 다섯째는 雜土이다. 소위 '淨'이란 보살이 선법으로 중생을 교화하고 중생이 선법을 具受하여 함께 善緣을 구축하여 純淨土를 터득하였다. '不淨'이란 말은 만약 중생이 악연을 지으면 예토를 받는 것이다. '淨不淨'이란 처음에는 곧 정토였지만 그 衆緣이 다하고나면 후에 惡이 衆來한 즉 국토가 변하여 不淨이 성취된다. '不淨淨'이란 不淨의 연이 다하고나면 이후에 淨이 衆來한 즉 국토가 변하여 淨이 성취되는데, 미륵이 그것을 일으킨 것과 같다. '雜土'란 중생이 다같이 선악의 이업을 일으키기 때문에 淨穢의 雜土를 받는다. 이들 5종은 모두 중생의 자업에서 일어난 것이므로 마땅히 중생국토라 말해야 한다. 다만 부처에게는 중생을 교화한 功이 있기 때문에 불국토라 말할 뿐이다. 그러나 報土가 이미 5종이라면 應土도 또한 그럴 것이다. 報는 중생의 업감에 의거한 것이고, 應은 여래가 드러낸 것이다. 때문에 합치면 10국토가 있다. 정토에 대해서도 다시 열어보면 四位가 된다. 첫째는 凡聖同居土이다. 저 미륵이 출세하는 시대에는 범성이 함께 정토 안에 거주하는데, 또한 서방의 구품에 왕생하는 것은 凡이 된다. 다시 三乘의 賢聖이 있다. 둘째는 大小同住土이다. 말하자면 羅漢과 辟支 및 大力菩薩이 삼계의 분단신을 버리고 삼계 밖의 정토에 태어나는 것이다. 셋째는 獨菩薩所住土이다. 말하자면 보살은 도가 이승을 능가하므로 거주하는 국토 또한 다르다. 향적세계에는 이승이라는 명칭이 없는 것과 같고,

다.[151] 왜냐하면 보살은 교화하는 중생을 따라서 불국토를 취하고, 조복하는 중생을 따라서 불국토를 취하며,[152] 모든 중생이 반드시 어떤 국토로써 불지혜에 들어갈 것인지에 따라서 불국토를 취하고, 모든 중생이 반드시 어떤 국토로써 보살의 근기를 일으킬 것인지에 따라서 불국토를 취하기 때문이다.[153]

왜냐하면, 보살이 청정한 국토를 취하는 것은 모두 모든 중생을 요익하려는 까닭이기 때문이다. 비유하면 어떤 사람이 공터에다 궁실을 짓는 것은 마음대로 걸림이 없겠지만, 만약 허공에다는 끝내 성취할 수 없는 경우와 같다. 보살도 그와 같이 중생을 성취시키려고 불국토를 취하고자 한다. 불국토를 취하고자 원한다면 허공으로는 불가능하다.

「寶積當知! 直心是菩薩淨土, 菩薩成佛時, 不諂衆生來生其國; 深心是菩薩淨土, 菩薩成佛時, 具足功德衆生來生其國; 菩提心是菩薩淨土, 菩薩成佛時, 大乘衆生來生其國; 布施是菩薩淨土, 菩薩成佛時, 一切能捨衆生來生其國; 持戒是菩薩淨土, 菩薩成佛時, 行十善道滿願衆生來生其國; 忍辱是菩薩淨土, 菩薩成佛時, 三十二相

또한 저 칠보세계의 純諸菩薩과 같다. 넷째는 諸佛獨居土이다. 저 『인왕경』에서 '삼현과 십성은 果報에 거주하고, 오직 佛 한 사람만이 정토에 거주한다.'고 말한다. 모든 정토의 거주는 이 넷을 벗어나지 않는다. 곧 이것은 하열한 것으로부터 수승한 것에 이르는 것을 차제로 삼는다.

151) '중생의 … 불국토이다.'는 것은 국토를 취한 뜻을 標한 것이다. 보살이 국토를 취한 것은 대비를 말미암아 일어나고, 대비는 중생을 말미암아 일어난다. 그래서 중생이 곧 국토를 취한 인연이므로 연 가운데 과가 있다.

152) '교화하는 … 취하고'는 선을 발생하는 深淺을 설명한 것이고, '조복하는 중생을 따라서 불국토를 취하며'는 악을 소멸하는 多少를 설명한 것이다. 이들은 報土를 취한 뜻에 해당한다.

153) 이 二句는 應土를 취한 뜻에 해당한다. '불지혜에 들어간다'는 것은 肇公에 의하면 제칠지에서 터득한 무생지혜이다. '보살의 근기를 일으킨다'는 것은 육주 이하의 보리심이다.

莊嚴眾生[154] 來生其國; 精進是菩薩淨土, 菩薩成佛時, 勤修一切功德眾生來生其國; 禪定是菩薩淨土, 菩薩成佛時, 攝心不亂眾生來生其國; 智慧是菩薩淨土, 菩薩成佛時, 正定眾生來生其國; 四無量心是菩薩淨土, 菩薩成佛時, 成就慈悲喜捨眾生來生其國; 四攝法是菩薩淨土, 菩薩成佛時, 解脫所攝眾生來生其國; 方便是菩薩淨土, 菩薩成佛時, 於一切法方便無礙眾生來生其國; 三十七道品是菩薩淨土, 菩薩成佛時, 念處, 正勤, 神足, 根, 力, 覺, 道眾生來生其國; 迴向心是菩薩淨土, 菩薩成佛時, 得一切具足功德國土; 說除八難是菩薩淨土, 菩薩成佛時, 國土無有三惡八難; 自守戒行, 不譏彼闕是菩薩淨土, 菩薩成佛時, 國土無有犯禁之名; 十善是菩薩淨土, 菩薩成佛時, 命不中夭, 大富梵行, 所言誠諦, 常以軟語, 眷屬不離, 善和諍訟, 言必饒益, 不嫉不恚, 正見眾生來生其國.

보적이여, 반드시 알아야 한다. 直心이 곧 보살의 청정국토이니,[155] 보살이 성불할 때는 사특하지 않는 중생이 그 국토에 와서 태어난다.[156]

深心이 곧 보살의 청정국토이니, 보살이 성불할 때는 공덕을 구족한 중생이 와서 그 국토에 태어난다.

菩提心이 곧 보살의 청정한 국토이니, 보살이 성불할 때는 대승의 중생이 와서 그 국토에 태어난다.

布施가 곧 보살의 청정한 국토이니, 보살이 성불할 때는 일체를 놓아버린

---

154) 眾生+(其身柔和)【聖】
155) '보적이여, … 청정국토이니'에서 이상으로 국토를 취하는 뜻의 설명은 마친다. 이후로는 청정국토의 인과에 대한 질문에 본격적으로 답변한다.
156) '보살이 … 태어난다.'는 것은 먼저 직심을 설명하여 청정국토의 因에 대한 질문에 답변한 것이다. 이 대목은 청정국토의 果에 대한 질문에 답변한 것이다.

중생이 와서 그 국토에 태어난다.

持戒가 곧 보살의 청정한 국토이니, 보살이 성불할 때는 十善道를 실천하여 소원이 만족된 중생이 와서 그 국토에 태어난다.

忍辱이 곧 보살의 청정한 국토이니, 보살이 성불할 때는 삼십이상을 장엄한 중생이 와서 그 국토에 태어난다.

精進이 곧 보살의 청정한 국토이니, 보살이 성불할 때는 일체의 공덕을 勤修하는 중생이 와서 그 국토에 태어난다.

禪定이 곧 보살의 청정한 국토이니, 보살이 성불할 때는 섭심하여 산란하지 않는 중생이 와서 그 국토에 태어난다.

智慧가 곧 보살의 청정한 불국토이니, 보살이 성불할 때는 正定의 중생이 와서 그 국토에 태어난다.

四無量心이 곧 보살의 청정한 불국토이니, 보살이 성불할 때는 慈·悲·喜·捨를 성취한 중생이 와서 그 국토에 태어난다.

四攝法이 곧 보살의 청정한 불국토이니, 보살이 성불할 때는 해탈을 섭수한 중생이 와서 그 국토에 태어난다.[157]

方便이 곧 보살의 청정한 불국토이니, 보살이 성불할 때는 일체법의 방편에서 걸림이 없는 중생이 와서 그 국토에 태어난다.

三十七助道品[158]이 곧 보살의 청정한 불국토이니, 보살이 성불할 때는 사

---

157) 사무량심[四等]은 곧 중생을 제도하는 마음이고, 사섭은 중생을 교화하기 위한 행위[事]로서 내외가 不同한 까닭에 차례로 설한다. 말한 바 '四'는 소위 布施·愛語·利益·同事이다. 이 사법을 행하여 중생을 섭취하여 그들로 하여금 이치에 머물도록 하는 까닭에 이름하여 攝이라 한다. 布施와 攝은 다른데, 직접 재물을 捨하여 사람에게 베풀어주는 것을 보시라 말하고, 베풀어줌으로써 중생을 섭수하여 그들로 하여금 도에 들어가도록 하는 것을 가리켜서 攝이라 한다.

158) 삼십칠도품은 三·四, 二·五, 單七, 隻八 등을 합치면 37이다. 3·4는 사념처, 사정근, 사여의족이고, 2·5는 소위 오근과 오력이며, 單七은 칠각지이고, 隻八은 팔정도이다. 道品이라 칭한 것에서 道는 보리를 말하고, 品은 품류이다. 이 37가지는 모두 보리행에 나아가는 것이지만 품류에 不同이 있다.

념처 · 사정근 · 사신족 · 오근 · 오력 · 칠각지 · 팔정도의 중생이 와서 그 국토에 태어난다.

廻向心[159]이 곧 보살의 청정한 불국토이니, 보살이 성불할 때는 일체를 구족한 공덕의 국토를 얻는다.

설법으로 八難을 단제하는 것이 곧 보살의 청정한 불국토이니, 보살이 성불할 때는 국토에 삼악과 팔난이 없다.[160] 스스로 계행을 수지하고 남의 허물을 비방하지 않는 것이 곧 보살의 청정한 불국토이니, 보살이 성불할 때는 국토에 犯禁이라는 명칭도 없다.

---

159) 선교방편을 가지고 도품을 행한 즉 이미 이승에 떨어지지 않고 다시 이 선근으로 廻하고 불도로 向하기 때문에 삼십칠품의 다음에 廻向을 설명한다. 또한 범부의 공덕은 삼유를 향하게 되고, 소승심의 작선은 이승을 향하게 되어 이들은 작은 과보를 초래한다. 그러나 지금 그 범부와 소승심의 두 가지 善을 廻하여 불도를 向하도록 하면 곧 大果를 얻게 된다. 때문에 後文에서 설하는 廻向은 大利가 된다. 또한 廻向이란 자기의 선근을 廻하여 중생에게 向하기 때문에 회향이라 말한다. 獨善인 즉 복이 적지만 兼濟인 즉 利가 많다. 또한 자기의 선근을 廻하여 實相을 向하기 때문에 회향이라 말한다. 앞의 삼십칠에서는 비록 向佛하고 向人하였을지라도 만약 取相分別하면 그 과보가 곧 적다. 그러나 만약 一毫의 善이라도 실상을 向한다면 實相은 是理이고 善解는 實理로서 곧 복이 허공과 같게 된다.

160) 청정국토를 닦는데 무릇 두 가지 수행이 있다. 첫째는 선법을 닦는 것이다. 말하자면 청정국토행을 일으키는 것이다. 둘째는 팔난의 제거를 설하고 악법을 벗어나는 것을 해명하는 것이다. 말하자면 穢土行을 버리는 것이다. 이상에서는 청정국토행을 마쳤고, 이 대목은 예토행을 설명한 것이다. 팔난은 다음과 같다. 三塗(三惡道)의 難이 곧 세 가지이다. 그리고 인간세계에 네 가지 難이 있다. 그리고 천상세계에 태어나는 것이 한 가지이다. 곧 넷째(인간세계의 첫째)는 盲聾으로 태어나는 것인데, 이것은 苦報이다. 다섯째(인간세계의 둘째)는 世智의 辨聰을 가졌지만 邪見으로 煩惱하는 것이다. 첫째의 고보와 둘째의 번뇌 이 두 가지는 바로 難의 體이다. 여섯째(인간세계의 셋째)는 부처님 전후에 태어나는 것인데 이것은 時爲難를 설명한 것이다. 일곱째(인간세계의 넷째)는 북방에 태어나는 것인데 이것은 界爲難이다. 이상이 네 가지이다. 여덟째(천상세계의 첫째) 長壽天에 태어나는 것인데 또한 處爲難이다. 이상이 한 가지이다. 이처럼 곧 8난에는 수라를 뺀 五道에 갖추어져 있음을 알 수가 있다. '설법으로 팔난을 단제한다'는 것은 『성실론』에 의하면 四輪으로 그것을 다스린다. 첫째는 住善處輪으로서 三塗와 북울단원과 장수천 등 모두 다섯 가지 난을 다스린다. 둘째는 依善人輪으로서 부처님 전후에 태어나는 난을 다스린다. 셋째는 스스로 自發正願輪으로서 정견심에 즉하여 世智辨聰의 難을 다스린다. 넷째는 宿植善根輪으로서 盲聾으로 태어나는 難을 다스린다. 만약 수행에 의거하여 팔난을 다스린다면, 淨戒를 수지하여 三塗의 難을 다스리고, 法施를 좋아하여 聾盲의 難을 다스리며, 正法을 닦아서 世智辨聰의 難을 다스리고, 제불에게 공양하여 부처님 전후에 태어나는 난을 다스리며, 정관을 修集하여 北方에 태어나는 난과 長壽天에 태어나는 난을 다스린다.

十善이 곧 보살의 청정한 불국토이니,[161] 보살이 성불할 때는 단명하는 자가 없고 大富와 梵行으로 언행이 진실하며 항상 부드러운 언행을 쓰고 권속이 흩어지지 않으며 諍訟을 절 화합하고 언행은 반드시 남을 이익토록 하며 질투와 성냄이 없고 정견의 중생이 와서 그 국토에 태어난다.

如是, 寶積! 菩薩隨其直心, 則能發行; 隨其發行, 則得深心; 隨其深心, 則意調伏; 隨意[162]調伏, 則如說行; 隨如說行, 則能迴向; 隨其迴向, 則有方便; 隨其方便, 則成就衆生; 隨成就衆生, 則佛土淨; 隨佛土淨, 則說法淨; 隨說法淨, 則智慧淨; 隨智慧淨, 則其心淨; 隨其心淨, 則一切功德淨. 是故寶積! 若菩薩欲得淨土, 當淨其心; 隨其心淨, 則佛土淨」

이와 같이 보적이여, 보살은 그 직심을 따라서 곧 발행하고,[163] 그 발행을 따라서 곧 심심을 얻으며,[164] 그 심심을 따라서 곧 번뇌의 마음을 조복하

---

161) '十善이 … 불국토이니'에서 앞에서는 자수계행을 설명하였는데 소위 持出家戒이고, 지금 여기에서 십행을 행하는 것은 곧 在家戒이다. '보살이 성불할 때는 단명하는 자가 없고'는 불살생의 과보이다. '大富'는 불투도의 과보이다. '梵行'은 불음의 과보이다. '언행이 진실하며'는 불망어의 과보이다. '항상 부드러운 언행을 쓰고'는 불악구의 과보이다. '권속이 흩어지지 않으며 諍訟을 절 화합하고'는 불양설의 과보이다. '언행은 반드시 남을 이익토록 하며'는 불기어의 과보이다. '질투와 성냄이 없고 정견의 중생이 와서 그 국토에 태어난다.'는 이것은 탐 · 진 · 치의 意業의 세 가지 과보를 설명한 것이다. 최후로 십선을 설하는 까닭은 會上의 衆行을 아울러서 身 · 口 · 意의 청정을 성취하는 것이 국토의 근본이기 때문이다.
162) 意=其【宋】【元】【明】
163) 이상에서는 정토행을 닦는 것에 대하여 본격적으로 설명하였는데, 이하부터는 수행의 차제를 변별한다. '그 직심을 따라서'라는 것은 말하자면 正信心이다. 이미 正信心이 있으면 곧 중행을 발기할 수 있기 때문이다.
164) '그 발행을 … 얻으며'는 이미 衆善을 발행한 즉 正觀이 더욱 밝아지기 때문에 심심이라 말한다.

고,¹⁶⁵⁾ 그 번뇌의 마음의 조복을 따라서 곧 여설하게 실천하며,¹⁶⁶⁾ 그 여설한 실천을 따라서 곧 회향하고,¹⁶⁷⁾ 그 회향을 따라서 곧 방편이 있으며,¹⁶⁸⁾ 그 방편을 따라서 곧 중생을 성취하고,¹⁶⁹⁾ 중생의 성취를 따라서 곧 불국토가 청정해지며,¹⁷⁰⁾ 불국토의 청정을 따라서 곧 설법이 청정하지고,¹⁷¹⁾ 설법의 청정을 따라서 곧 지혜가 청정해지며,¹⁷²⁾ 지혜의 청정을 따라서 곧 그 마음이 청정해지고,¹⁷³⁾ 그 마음의 청정을 따라서 곧 일체공덕이 청정해진다.¹⁷⁴⁾ 이런 까닭에 보적이여, 만약 보살이 청정한 국토를 얻고자 하면 반드시 그 마음을 청정하게 해야 한다. 그 마음이 청정함을 따라서 곧 불국토가 청정해진다."

爾時舍利弗承佛威神作是念;「若菩薩心淨, 則佛土淨者, 我世尊本爲菩薩時, 意豈不淨, 而是佛土不淨若此」

그때 사리불이 부처님의 위신력을 받들어 다음과 같이 생각하였다.

---

165) '그 심심은 … 조복하고'는 관심이 이미 밝아진 즉 악을 버리고 선을 따르는데 그것을 조복이라 말한다.
166) '그 번뇌의 … 실천하며'는 마음을 이미 조복하면 곧 佛說대로 수행한다.
167) '그 여설한 … 회향하고'는 이미 佛說대로 수행한 즉 그 所行대로 迴할 수 있어 불도에 趣向한다.
168) '그 회향을 … 있으며'는 이미 불도에 迴向할 수 있은 즉 삼유에 떨어지지 않기 때문에 巧方便이라 말한다.
169) '그 방편을 … 성취하고'에 대해서 나집공은 '방편에 세 가지가 있다. 첫째는 자행을 잘하여 取相하지 않는 것이다. 둘째는 取證하지 않는 것이다. 셋째는 중생을 잘 교화하는 것이다.'고 말한다.
170) '중생의 … 청정해지며'는 중생이 이미 청정해지면 곧 예토가 없다.
171) '불국토의 청정을 따라서 곧 설법이 청정하지고'는 이미 청정국토에 처한 즉 雜敎를 설하지 않는 것을 說法淨이라 말한다.
172) '설법의 … 청정해지며'는 이미 淨說이 있은 즉 淨智慧生이 있다.
173) '지혜의 … 청정해지고'는 淨智가 이미 발생한 즉 마음이 청정하다.[心淨] 지혜의 근본은 곧 그 마음이기 때문에 마음이 청정하다[心淨]고 말한다.
174) '그 마음의 … 청정해진다'는 것은 마음의 청정이 곧 근본인데 근본이 청정하기 때문에 일체가 청정하다.

"만약 보살의 마음이 청정하면 곧 불국토가 청정하다면, 우리 세존께서 과거에 보살이었을 때 마음이 얼마나 不淨하였길래 이 불국토가 이와 같이 不淨한 것일까."

佛知其念, 卽告之言; 「於意云何? · 日月豈不淨耶? 而盲者不見」

부처님께서 그 생각을 알고서 곧 사리불에게 고하여 말씀하셨다.
"어떻게 생각하느냐. 해와 달이 얼마나 不淨하길래 맹인은 보지 못하는가."

對曰; 「不也, 世尊! 是盲者過, 非日月咎」

사리불이 대답하여 말했다.
"아닙니다, 세존이시여, 그것은 맹인의 허물이지 해와 달의 허물이 아닙니다."

「舍利弗! 衆生罪故, 不見如來佛土[175]嚴淨, 非如來咎; 舍利弗! 我此土淨, 而汝不見」

---

175) 佛土＝國土【宋】【元】【明】, ＝佛國【聖】

"사리불이여, 중생이 죄업 때문에 여래의 불국토가 엄정함을 보지 못하는 것이지 여래의 허물이 아니다. 사리불이여, 나의 이 국토는 청정하지만 그대가 보지 못하는 것이다."

爾時螺髻梵王語舍利弗; 「勿作是意[176], 謂此佛土以爲不淨. 所以者何? 我見釋迦牟尼佛土淸淨, 譬如自在天宮」

그때 나계범왕이 사리불에게 말했다.
"말하자면 이 불국토가 부정하다는 그런 생각을 하지 마시오. 왜냐하면 내가 보기에 석가모니의 불국토는 청정한데, 비유하면 자재천궁과 같기 때문입니다."

舍利弗言; 「我見此土丘陵 坑坎, 荊棘沙礫, 土石諸山, 穢惡充滿」

사리불이 말했다.
"내가 보니 이 국토는 구릉지와 구덩이와 가시와 모래와 자갈과 흙과 돌과 모든 산 등 더러운 것으로 충만합니다."

螺髻梵[177]王言; 「仁者心有高下, 不依佛慧, 故見此土爲不淨耳! 舍利

---

176) 意=念【元】【明】
177) 梵+(王)【元】【明】【CB】

弗! 菩薩於一切衆生, 悉皆平等, 深心淸淨, 依佛智慧, 則能見此佛土
淸淨」

나계범왕이 말했다.

"그대의 마음에 높고 낮음이 있어서 부처님의 지혜에 의지하지 못한 까닭
에 이 국토가 부정한 것으로 보일 뿐입니다. 사리불이여, 보살이 일체중생
에 대하여 모두 다 평등하고 深心이 청정하여 부처님의 지혜에 의지한즉 이
불국토가 청정함을 볼 것입니다."

於是佛以足指按地, 卽時三千大千世界, 若干百千珍寶嚴飾, 譬如寶
莊嚴佛, 無量功德寶莊嚴土, 一切大衆歎未曾有! 而皆自見坐寶蓮華.
佛告舍利弗；「汝且觀是佛土嚴淨」

이에 부처님께서 발가락을 대지에 대자 즉시 삼천대천세계가 약간의 백
천 가지 진보로 엄식되었다. 비유하면 보장엄불의 무량한 공덕보배로 장엄
된 국토와 같았다. 그러자 일체대중이 미증유라고 찬탄하며, 모두 자신이
보련화에 앉아 있음을 보았다.

부처님께서 사리불에게 말씀하셨다.

"그대도 또한 이 불국토의 장엄을 보았는가."

舍利弗言；「唯然, 世尊! 本所不見, 本所不聞, 今佛國土嚴淨悉現」

사리불이 말씀드렸다.

"그렇습니다, 세존이시여, 예전에는 본 적도 없고 예전에는 들은 적도 없던 것이 지금은 불국토의 엄정이 모두 드러나 있습니다."

佛語[178]舍利弗; 「我佛國土常淨若此, 爲欲度斯下劣人故, 示是衆惡不淨土耳! 譬如諸天, 共寶器食, 隨其福德, 飯色有異. 如是, 舍利弗! 若人心淨, 便見此土功德莊嚴」

부처님께서 사리불에게 말씀하셨다.

"나의 불국토는 항상 이와 같이 청정하다. 그러나 여기 하열한 사람들을 제도하기 위한 까닭에 이처럼 열악하고 부정한 국토를 내보일 뿐이다. 비유하면 제천이 같은 보배그릇에 밥을 먹지만 그 복덕에 따라서 밥의 색깔이 달라지는 것과 같다. 이와 같이 사리불이여, 만약 사람의 마음이 청정하면 곧 이 국토의 공덕과 장엄을 볼 것이다."

當佛現此國土嚴淨之時, 寶積所將五百長者子皆得無生法忍, 八萬四千人皆發阿耨多羅三藐三菩提心. 佛攝神足, 於是世界還復如故; 求聲聞乘[179]三萬二千天[180]及人, 知有爲法皆悉無常, 遠塵離垢, 得法眼淨; 八千比丘, 不受諸法, 漏盡意解.

---

178) 語＝告【元】【明】
179) 乘＋(者)【宋】【元】【明】
180) (諸)＋天【元】【明】

부처님께서 이 국토가 엄정됨을 보도록 해주었던 바로 그때[181] 보적이 이끄는 오백 명 장자의 아들이 모두 無生法忍을 터득하고,[182] 팔만사천의 사람들이 모두 아뇩다라삼먁삼보리심을 일으켰다. 부처님께서 신통구족을 거두어들이자 그 세계가 다시 이전과 같아졌고,[183] 성문승을 추구하는 삼만 이천의 제천과 사람들은 유위법이 모두 다 무상함을 알았고, 塵垢를 멀리 떠나서 法眼淨을 터득하였으며,[184] 팔천 명의 비구는 제법에 집착이 없어졌고 漏盡意가 이해되었다.[185]

---

181) 이하는 당시의 대중이 得道한 것을 설명한다.

182) '무생인을 얻는다'는 것은 국토는 본래 청정한데 염오는 妄情에서 출현함을 알고 일체법도 또한 그와 같음을 깨치기 때문에 무생을 터득한다. 또한 국토는 일찍이 淨穢가 없지만 淨穢는 兩緣으로부터 출현하고 일체제법은 정해진 有無가 없고 유무는 妄에서 발생한 줄을 아는 것을 '무생을 얻었다'고 말한다.

183) '그 세계가 ⋯ 같아진다'의 이하에서는 소승의 이익 얻음을 설명한 것이다. 분수에 맞지 않는 것은 오래갈 수 없기 때문에 다시 그들이 반드시 보아야 할 것으로 돌아갔다. 또한 예토가 변하여 청정국토가 된 것은 대승인의 이익을 위함이다. 청정국토가 다시 예토가 된 것은 小道를 위한 이익이다. 이로써 유위법은 모두 다 무상함을 알 것이다. 국토가 더럽지만 청정해질 수 있고 청정하지만 다시 더러워지는 것은 無常을 알아차린[悟] 까닭이다.

184) '법안정을 얻었다'는 것은 사성제를 본 것이다. 처음으로 사성제[法]를 보았기 때문에 眼이라 말하고, 八十八結을 단제한 것을 遠塵離垢라 말하는데 그것을 淨이라 일컫는다. 또 해석하자면 외경에 집착하지 않는 것이 遠離이고, 안으로 아견이 없는 것이 離垢이다. 사제를 분명하게 보는 것을 법안정이라 말한다.

185) '제법에 ⋯ 이해되었다'는 것은 위에서는 淺益을 설명하였는데, 지금은 深利를 변별한다. 국토가 무상함을 안 까닭에 제법을 貪取하지 않는 것을 집착이 없다[不受]고 말한다. 八十八結의 諸漏가 이미 다하면 마음에[意] 해탈을 얻어 아라한이 성취된다.

維摩詰所說[186]經[187] 方便品第二

유마힐소설경 방편품[188] 제이

爾時毘耶離大城中有長者, 名維摩詰, 已曾供養無量諸佛, 深植[189]善本, 得無生忍; 辯才無礙, 遊戲神通, 逮諸總持; 獲無所畏, 降魔勞怨; 入深法門, 善於智度, 通達方便, 大願成就; 明了衆生心之所趣, 又能分別諸根利鈍, 久於佛道, 心已純淑, 決定大乘; 諸有所作, 能善思量; 住佛威儀, 心大如海, 諸佛咨嗟! 弟子, 釋, 梵, 世主所敬. 欲度人故, 以善方便, 居毘耶離; 資財無量, 攝諸貧民; 奉戒清淨, 攝諸毀禁; 以忍調行, 攝諸恚怒; 以大精進, 攝諸懈怠; 一心禪寂[190], 攝諸亂意; 以決定慧, 攝諸無智; 雖爲白衣, 奉持沙門淸淨律行; 雖處居家, 不著三界; 示有妻子, 常修梵行; 現有眷屬, 常樂遠離; 雖服寶飾, 而以相好嚴身; 雖復[191]飮食, 而以禪悅爲味; 若至博[奕>弈]戱處, 輒以度人; 受諸異道,

---

186) 〔所說〕－【宋】[1, 2]
187) 〔維摩…經〕六字－【明】【聖】
188) 방편이라는 명칭에는 離가 있고 合이 있다. 말한 바 離는 중생이 所緣하는 구역을 方이라 말하고, 至人이 適化하는 法을 便이라 일컫는다. 무릇 병을 인하여 약을 주고 方에 따라 便을 베풀어준다. 이처럼 機와 敎의 둘을 언급하기 때문에 방편이라 일컫는다. 말한 바 合은 梵音으로는 漚和拘舍羅인데 번역하면 方便勝智이다. 方便은 곧 善巧의 名이고, 勝智는 결단의 稱이다. 무릇 權巧에 세 가지가 있다. 첫째는 身權巧인데, 중생에 맞추어 형상을 드러낸다. 둘째는 口權巧인데, 근기에 따라서 敎를 연설한다. 셋째는 意權巧인데, 미묘하게 病과 藥을 다한다. 通으로 논하자면 삼업의 선교가 모두 방편이다. 그러나 別에 나아가 말하자면 바로 병을 내보임으로써 방편을 삼은 것이다. 오백장자는 정명과 더불어 호법의 성을 위한 等侶가 되었는데 그 밖의 사람은 이미 이르렀지만 거사가 오지 않았는데, 바로 병에 걸렸기 때문이다. 그러나 그 병은 곧 實報가 아니다. 무릇 善巧로써 중생을 위한 것이었기 때문에 방편이라 말한다.
189) 植＝殖【宋】【元】【明】【聖】下同
190) 禪寂＝禪定【聖】
191) 復＝服【聖】

不毀正信; 雖明世典, 常樂佛法; 一切見敬, 爲供養中最; 執持正法, 攝諸長幼[192]; 一切治生諧偶, 雖獲俗利, 不以喜悅; 遊諸四衢, 饒益衆生; 入治政[193]法, 救護一切; 入講論處, 導以大乘; 入諸學堂, 誘開童蒙[194]; 入諸婬舍, 示欲之過; 入諸酒肆, 能立其志; 若在長者, 長者中尊, 爲說勝法; 若在居士, 居士中尊, 斷其貪著; 若在刹利, 刹利中尊, 敎以忍辱; 若在婆羅門, 婆羅門中尊, 除其我慢; 若在大臣, 大臣中尊, 敎以正法; 若在王子, 王子中尊, 示以忠孝; 若在內官, 內官中尊, 化政宮女; 若在庶民, 庶民中尊, 令興福力; 若在梵天, 梵天中尊, 誨以勝慧; 若在帝釋, 帝釋中尊, 示現無常; 若在護世, 護世中尊, 護諸衆生. 長者維摩詰, 以如是等無量方便饒益衆生.

그때 비야리대성 안에[195] 어떤 장자가 있는데[196] 그 이름은 유마힐이었

---

192) 幼=幻【明】

193) 政=正【元】【明】【聖】[1]

194) 蒙=矇【聖】

195) 이 경전은 二處四會이다. 암라원이 처음 집회한 곳인데 이미 앞에서 마쳤다. 지금이 대목은 제이처 방장의 첫째 법회로서 앞의 경우와 같지 않는데, 무릇 열 가지 차이가 있다. 첫째는 처소의 차이이다. 위에서는 암라원처였지만 지금은 방장처이다. 둘째는 화주의 차이이다. 위에서는 佛이 화주였지만 지금은 보살이 화주이다. 셋째는 敎의 차이이다. 위에서는 청정국토의 인과를 설명하였지만 지금은 법신이 인과를 변별한다. 넷째는 徒의 차이이다. 위에서는 道俗 및 幽顯의 대중에게 공통으로 설명하였지만 지금은 다만 俗衆 뿐이다. 다섯째는 득익의 차이이다. 위에서는 大小 및 淺深의 이익을 통체적으로 설명하였지만 지금은 다만 발심한 사람에게 淺의 이익만 설명한다. 여섯째는 통별의 차이이다. 위에서는 다만 석가의 일시적인 교화였지만 지금은 정명이 시종 선교함을 通序한다. 일곱째는 도속의 차이이다. 위에서는 출가방편을 설명하였지만 지금은 재속의 선교를 설명한다. 여덟째는 빈주의 차이이다. 위에서는 석가가 잠시 머물렀던 암라원에서 손님이었음을 설명하였지만 지금은 정명이 예전에 머물렀던 비야리에서 주인임을 변별한다. 아홉째는 疾과 不疾의 차이이다. 위에서는 不疾의 방편을 설명하였지만 지금은 示病의 善巧를 설명한다. 열째는 時의 차이이다. 위에서는 암라원에서 처음 집회한 것이었지만 지금은 方丈에 있을 때의 事를 序한다.

196) '어떤 장자가 있는데'에서 이것은 둘째로 그 位를 標한 것이다.

다.[197] 일찍이 무량한 제불을 공양하고[198] 깊이 선의 뿌리를 심어서 무생법인을 터득하며[199] 변재가 걸림이 없고 신통으로 유희하며 모든 총지에 이르고[200] 무소외를 획득하여 魔의 재앙을 다스리며,[201] 깊은 법문에 들어가서 지혜바라밀에 뛰어나고 방편에 통달하며 대원을 성취하고, 중생의 마음이 나아가는 곳을 분명하게 요해하였다.[202] 또한 諸根의 利鈍을 잘 분별하고 오랫동안 불도에 대하여 마음이 이미 순수하고 맑으며 대승으로 결정되어 있어서 諸有에서 하는 행위에 잘 사량하고 부처님의 위의에 주하여 마음이 바다처럼 크며[203] 제불이 찬탄하고 제자와 제석천과 범천과 대자재천[世主]이 공경하였다.[204]

---

197) '그 이름은 유마힐이었다.'는 셋째로 그 名을 내보인 것이다.

198) '일찍이 … 공양하고'는 넷째로 그 덕을 찬탄한 것이다.

199) '得無生忍'은 위에서 찬탄한 공덕인데, 지금은 지혜를 찬미한 것으로 곧 복덕과 지혜의 二嚴이다.

200) 모든 총지에 이르게 되면 두 가지 힘[二力]을 지니게 된다. 첫째는 善을 잃지 않고, 둘째는 惡이 발생하지 않는다. 위에서는 所得을 찬탄하였지만, 지금은 所離를 찬미한다.

201) 무소외를 획득함으로써 能持의 功이 있는데 또한 所持의 덕도 갖추게 된다. 그래서 곧 대중에 처해도 두려움이 없고 魔와 勢와 怨을 항복받는다. 四魔는 我를 피로하게 만들기 때문에 怨이라 일컫는다. 깊은 법문에 들어가면 제법이 심심한데 무량한 문이 있다. 得과 離가 이미 원만하면 모두 善에 들어간다. 지혜바라밀에 뛰어나고 방편에 통달한다. 그래서 법문에 능입한 사람은 二慧의 구비를 말미암기 때문이다. 實智로 언덕에 도달하고, 善智로 건너가는 것이다. 운용에 무방해야 방편에 통달하여 대원을 성취한다.

202) '중생의 … 분별하고'는 行과 願이 이미 성취되었기 때문에 육도의 심소행 및 삼승의 근기의 이둔을 요해하여 오랫동안 불도에서 마음이 純淑하여 대승으로 결정되었다. 위에서는 아래로 중생을 아는 것[下識衆生]을 찬탄하였는데, 여기에서는 위로 불도를 깨달은 것[上悟佛道]을 설명한다.

203) 마음이 바다처럼 크다는 것에 대해서는, 바다에 다섯 가지 덕이 있다. 첫째는 맑고 깨끗하여 死屍를 받아들이지 않는다. 둘째는 妙寶가 많이 출현한다. 셋째는 大龍이 비를 뿌리는데 물방울이 車軸과 같지만 아무리 받아들여도 넘치지 않는다. 넷째는 바람과 태양도 다 말리지 못한다. 다섯째는 바닥이 깊어서 헤아릴 수가 없다. 大士의 마음도 청정하여 毁戒의 屍를 받아들이지 않고, 慧明의 寶를 내며, 佛說의 大法雨를 아무리 받아들여도 넘치지 않고, 魔와 邪와 風과 日이 虧損하지 못하며, 그 지혜의 바닥이 깊어서 헤아릴 수가 없다. 때문에 마음이 바다와 같다고 말한다.

204) '제불이 … 공경하였다.'는 것은 모두 최상의 衆德이기 때문에 제불이 칭탄하고 인천이 공경한다는 것이다. 이상에서는 청정한 덕이 안으로 충만되었음을 찬탄하였는데, 지금은 그 嘉聲이 밖으로 충만되었음을 찬미하는데 곧 이것은 淨名을 해석한 것이다.

사람들을 제도하려는 까닭에 훌륭한 방편으로써 비야리성에 거주하였다.[205] 資財가 무량하여 모든 빈민자를 섭수하고, 청정하계 계를 받들어 모든 훼금자를 섭수하며, 인욕으로 행동을 조절하여 모든 恚怒者를 섭수하고, 대정진으로써 모든 懈怠者를 섭수하며, 일심의 禪寂으로써 모든 亂意者를 섭수하고, 결정지혜로써 모든 無智者를 섭수하고,[206] 비록 재가인이지만 사문의 청정한 율행을 받들었으며,[207] 비록 가정에 살고 있지만 삼계에 집착하지 않고,[208] 처자가 있음을 보이지만 항상 梵行을 닦으며,[209] 권속이 있음을 드러내지만 항상 遠離를 즐기고,[210] 비록 보배장식을 걸쳤지만 상호로 그 몸을 장엄하며,[211] 비록 음식을 먹지만 禪悅로 맛을 삼았다.[212] 만약 바둑으

---

205) '사람들을 … 거주하였다.'는 것은 迹用을 찬탄한 것이다. 本을 찬탄한 즉 곧 그것은 實을 찬탄한 것이고, 迹을 찬탄한 것은 소위 방편을 찬탄한 것이다.

206) '資財가 … 섭수하고'라는 대목은 道로써 俗을 섭수함을 설명한 것인데 自行은 이 여섯 가지이다. 지금 다시 그들을 가르친다. 또한 지인은 行함도 없고 不行함도 없으며, 또한 六行도 없고 不六行도 없으면서 육바라밀을 드러내는 것은 六蔽의 중생을 섭수하기 위함이다.

207) '비록 … 받들었으며'의 이것은 俗을 인하여 道에 통함을 찬탄한 것이다. 경문에는 네 종류의 권실이 있다. 첫째는 形이고, 둘째는 處이며, 셋째는 人이고, 넷째는 物이다. 비록 백의이지만 그 形은 방편이다. 사문을 奉持하는 것은 形의 俗을 인함으로써 道에 通하는 實이다. 사문은 출가의 總名이다. 이 말은 勤行으로서 소위 衆善을 勤行하여 열반에 나아가는 것이다. 또한 사문은 乞那라고도 말하고, 道人이라고도 말하는데, 모두 正道를 탐하지만 오직 자신이 득도를 탐하는 것만 단제하기 때문에 乞那라 말한다. 또한 사문은 息心인데, 일체의 유소득의 心을 息하여 본원청정에 도달한다.

208) '비록 … 않고'는 處의 權實을 설명한 것이다. 성문은 心은 삼계를 초월하고 形은 居家를 멀리한다. 범부는 形은 거가에 있고 心은 삼계에 염오되어 있다. 대사는 身은 거가에 있기 때문에 小道와 다르고 心이 삼계를 초월한 즉 속인과 다르다. 또한 心이 삼계를 초월하기 때문에 항상 도를 행하고, 身이 거가에 처하기 때문에 항상 俗을 수순한다.

209) '처자가 … 닦으며'라는 二句는 人의 權實을 설명한 것이다. 남들과 같은 五情이기 때문에 처자가 있음을 내보이고, 남들과 다르기 때문에 항상 梵行을 닦는다. 梵은 번역하면 淨인데 말하자면 淸淨無欲行이다.

210) '권속이 … 즐기고'는 外護의 伏物을 드러내기 때문에 권속이 있고, 가정에 있어도 들판에 있는 것처럼 행동하기 때문에 항상 遠離를 즐긴다. 遠離를 즐기는 것은 권속의 굴레로부터 벗어나 한적한 마음을 즐기는 것을 말한다.

211) '비록 … 장엄하며'에는 二句가 있다. 첫째는 재물에 의거하여 방편을 설명한다. 둘째는 겉의 복장은 속복을 걸쳤지만 안으로는 相好를 닦는다.

212) '비록 … 삼았다'는 것은 밖으로는 세간의 밥을 먹지만 안으로는 선열을 달게 받는다.

로 유희장에 이르면 곧 그들을 제도하고,[213] 모든 이교도의 가르침을 받아
도 正信을 훼손하지 않으며,[214] 비록 世典에 밝지만 항상 불법을 좋아하며,
일체중생을 보고 공경하는 것이 공양 가운데 최고이고,[215] 정법을 執持하여
모든 노인과 어린이를 섭수하며,[216] 일체를 치생함에 뜻에 합당하여 비록 세
속의 이익을 얻어도 기뻐하지 않고,[217] 모든 네거리에 노닐어도 중생에 이
익을 주며,[218] 정법을 다스림에 들어가서는 일체중생을 구호하고,[219] 강론하
는 자리에 들어가서는 대승으로 이끌어주며,[220] 모든 학당에 들어가서는 童
蒙을 열어서 유도하고,[221] 모든 姪舍에 들어가서는 음욕의 허물을 보여주

---

213) '만약 … 제도하고'에서 위에서는 處方便을 찬탄하였는데, 이 대목은 出方便을 찬탄한다. 남을 위한
    수행이 축적되었기 때문에 방편의 出과 處가 모두 중생을 이롭게 하는데 바둑을 가지고 바둑에 즉한다.
    무릇 유희를 인하여 유희를 그치려는 까닭에 사람을 제도할 수가 있다.

214) '모든 … 않으며'는 대사는 다른 사람에 대해서도 동등하게 대하여 다른 사람까지도 나와 동등하게
    해주려고 한다. 그래서 正信을 毁하지 못한다.

215) '비록 … 최고이고'에서 일체가 정명을 보는 자는 그를 공경하지 않음이 없기 때문에 '일체가 보고
    공경한다'고 말한다. 모든 유덕자는 공양을 받을만하고 또한 정명에게 공양하는 까닭에 공양 가운데
    최고라고 말한다. '一切見敬'에 대하여 경문에서는 '(정명이) 일체중생을 보고 공경하는 것'의 의미인데,
    吉藏은 '일체가 (정명을) 보고 공경한다'는 의미로 해석하고 있다.

216) '정법을 … 섭수하며'에서 외국의 諸部典에서는 모두 三老를 내세운다. 유덕자는 법을 집지하는 사람이
    되어 鄕訟을 판결해주고 노인과 어린이를 섭수해준다. 정명이 속법의 집지를 드러낸 것은 그대로 도법을
    인한 것이다.

217) '일체를 … 않고'에서 법신대사에게는 瓦礫조차도 모두 寶玉이다. 만약 그렇다면 사람들이 그 은혜를
    귀하게 간주하지 않기 때문에 함께 이익을 드러낸 것이므로 그것이 有임을 기뻐한다.

218) '모든 … 주며'는 사방으로 통하는 길을 衢라고 말한다. 要路處에서 널리 群機를 관찰하면서 그들을
    따라서 化益한다.

219) '정법을 … 구호하고'에서 正法으로 治政하는 律官이다. 그래서 正法으로 인도하여 백성들로 하여금
    偏枉이 없도록 하여 일체를 구호한다. 여기에서 正法은 이하에서 길장의 해석에 따르면 치국의
    정법이다.

220) '강론하는 … 이끌어주며'에서 천축에서는 수많은 여러 異道가 각각 자기네가 뛰어나다고 말한다.
    때문에 그 나라마다 별도로 立論堂이 있는데 그 우열을 변별하려고 한다. 자기네 道를 설명하려고 하는
    모든 사람은 곧 북을 울려 사람을 모아서 입론당에 나아가 토론을 벌이는데, 이긴 사람은 스승이 되고
    진 사람은 제자가 된다. 정명은 이미 이 입론당에 올라서 외도를 攝伏한 연후에 대승으로 인도하여 그
    스승이 되었다.

221) '모든 … 유도하고'에서 석가보살처럼 학당에 들어가서 梵書를 설명하자 범천이 내려와서 증명하고
    대중이 信受한 것이 바로 그 부류이다.

며,[222] 모든 酒肆에 들어가서는 그 의지를 잘 세우고,[223] 만약 장자와 함께 있으면 장자한테 존중받아 훌륭하게 설법하며,[224] 만약 거사와 함께 있으면 거사한테 존중받아 그 탐착을 단제하고,[225] 만약 찰제리와 함께 있으면 찰제리한테 존중받아 인욕을 가르치며,[226] 만약 바라문과 함께 있으면 바라문한테 존중받아 그 아만을 없애고,[227] 만약 대신과 함께 있으면 대신한테 존중받아 정법으로 가르치며,[228] 만약 왕자와 함께 있으면 왕자한테 존중받아 충효로써 내보이고,[229] 만약 내관과 함께 있으면 내관한테 존중받아 바르게

---

222) '모든 … 보여주며'에서 외국에서 婬人은 별도로 취락을 짓는다. 범부와 소승의 부류[凡預士流]는 눈으로 잠시도 돌아보지 않지만, 대사는 그들 욕망과 함께한 연후에 그 허물을 보여준다.

223) '모든 … 세우고'에서 酒는 志를 상실시키고 방일한 문을 열게 된다.

224) '만약 … 설법하며'에서 이하에서는 둘째로 多身方便을 설명한다. 長子는 지금의 사성 가운데 호족이다. 凡人은 위력으로 따르게 하는 것은 쉽지만 이치로 따르게 하기는 어렵다. 大士는 모든 곳에서 그 범인들을 존중함으로써 크게 풍미하여 교화해준다. 장자는 호족으로서 이미 존중받지만 대부분 세간을 교화하려고 스스로 머물기 때문에 출세가 뛰어남을 설한다.

225) '만약 … 단제하고'에서 『대지도론』에서는 다음과 같이 말한다. '거사에 두 종류가 있다. 첫째는 집에 머무는 사람이기 때문에 居士라 말한다. 이 경우를 통상 거사라 한다. 둘째는 재물을 일억 지닌 사람을 거사라 말한다. 이미 수많은 재보를 축적했기 때문에 탐착심이 매우 깊다.' 때문에 대사는 그들이 축적한 재물과 함께하며 탐착의 번뇌를 단제해 준다.

226) '만약 … 가르치며'에서 나집은 '刹利는 胡音으로서 두 가지 뜻을 담고 있다. 첫째는 인욕을 말하고, 둘째는 진에를 말한다.'고 말한다. 말하자면 이 사람[찰리]은 큰 세력이 있지만 크게 진에를 내므로 고통을 忍受해도 剛强해도 다스리기 어려운데 그것을 인하여 姓을 삼은 것이다. 釋肇는 '찰리는 王者의 종성이다.'고 말한다. 번역해서 말하면 田主이다. 겁초에는 사람들이 地味를 먹었는데 轉展하여 자연히 粳米를 먹게 되었다. 후대에 사람들의 마음이 점차 거짓을 하게 되자 각자 封殖하게 되자 마침내 有德者를 내세워 공평하게 밭을 나누게 되었다. 이것이 王者의 시초이다. 때문에 그것이 相乘되어 田主라 말하게 되었다. 그들은 尊高하고 自在한데 대부분 폭력을 마음대로 구사하여 忍和할 수 없게 되었기 때문에 인욕으로써 그들을 가르치게 되었다.

227) '만약 … 없애고'에서 바라문은 번역하면 外意이다. 겁초의 시대에 이미 세상 사람들이 貪과 瞋으로 투쟁하는 것을 보고 곧 염오를 일으켜서 입산하여 구도하였다. 마음[意]이 사람들의 밖으로 벗어나 있기 때문에 그 種이 별도로 경서에 있다. 세세토록 상승하면서 도학을 업으로 삼았는데 혹 재가이기도 하고 혹 출가이기도 하며 고행하면서 대부분 자기의 도술을 믿어서 스스로 아만이 있는 사람들이다.

228) '만약 … 가르치며'에서 正法은 치국의 정법이다. 이미 正治의 법으로 가르치고 道佐의 시절로써 兼하였다.

229) '만약 … 내보이고'에서 이미 신하가 되었으므로 마땅히 충과 효의 二行을 갖추어야 한다.

궁녀를 교화하며,[230] 만약 서민과 함께 있으면 서민한테 존중받아 복력을 일으키게 하고,[231] 만약 범천과 함께 있으면 범천한테 존중받아 뛰어난 지혜로써 가르쳐주며,[232] 만약 제석과 함께 있으면 제석한테 존중받아 無常을 시현하고,[233] 만약 護世의 사천왕과 함께 있으면 호세한테 존중받아 모든 중생을 보호하였다.[234] 장자 유마힐은 이와 같이 무량한 방편으로 중생을 이롭게 하였다.[235]

其以方便, 現身有疾. 以其疾故, 國王大臣, 長者居士, 婆羅門等, 及諸王子幷餘官屬, 無數千人, 皆往問疾. 其往者, 維摩詰因以身疾, 廣爲說法;「諸仁者! 是身無常, 無强, 無力, 無堅, 速朽之法, 不可信也! 爲苦, 爲惱, 衆病所集. 諸仁者! 如此身, 明智者所不怙; 是身如聚沫, 不可撮摩; 是身如泡, 不得久立; 是身如炎, 從渴愛生; 是身如芭蕉, 中無有堅; 是身如幻, 從顚倒起; 是身如夢, 爲虛妄見; 是身如影, 從業緣現; 是身如響, 屬諸因緣; 是身如浮雲, 須臾變滅; 是身如電, 念

---

230) '만약 … 교화하며'에서 나집은 '오늘날과 같은 內官이 아니다.'고 말한다. 외국의 법에서는 歷世로 忠良한 耆長의 有德者를 뽑아서하여 내관으로 활용하여 宮女를 化正한다.

231) '만약 … 하고'에서 복력이 미천하기 때문에 서민을 가르치는데 활용된 것이다.

232) '만약 … 가르쳐주며'에서 이상은 人方便을 내어서 上으로써 下를 섭수하였는데, 이 경문에서는 天方便을 내보여서 뛰어난 경지에 머물면서 하열한 대상을 교화한다.

233) '만약 … 시현하고'에서 천제는 도리천궁에 處하는데 오욕에 스스로 誤導되어 東을 보면 西를 잊고 西를 보면 東을 잊어서 대부분 無常을 생각하지 못한다. 대사가 或時에 불이 일어남을 시현하여 그 궁전을 불살라버린다.

234) '만약 … 보호하였다'에서 護世는 사천왕인데, 각각 一方을 맡아서 그 곳의 部類를 보호하여 모든 악귀신으로 하여금 중생을 침해하지 못하도록 해준다.

235) '장자 … 하였다'는 총결이다. 법신은 원융하고 그 迹은 無方이기 때문에 무량이라 일컫는다. 위에서는 그것을 간략하게 말하였을 뿐이므로 이미 그것을 다하지 못하였다. 때문에 모름지기 그것을 총결해야 한다. 그럼으로써 방편으로 몸에 병이 있음을 드러내었다. 이상으로 通方便의 序를 마친다. 이하부터는 別方便을 설명한다.

念不住; 是身無主, 爲如地; 是身無我, 爲如火; 是身無壽, 爲如風; 是身無人, 爲如水; 是身不實, 四大爲家; 是身爲空, 離我我所; 是身無知, 如草木瓦礫; 是身無作, 風力所轉; 是身不淨, 穢惡充滿; 是身爲虛僞, 雖假以澡浴衣食, 必歸磨滅; 是身爲災, 百一病惱; 是身如丘井, 爲老所逼; 是身無定, 爲要當死; 是身如毒蛇, 如怨賊, 如空聚, 陰界諸入所共合成.

유마힐은 방편으로써 몸에 병이 있음을 드러냈다. 유마힐이 병에 걸렸기 때문에 국왕 · 대신 · 장자 · 거사 · 바라문 등, 그리고 모든 왕자와 그 밖의 官屬, 무수천 명이 모두 가서 문병하였다. 문병을 간 자들에게 유마힐은 자신의 병을 가지고 널리 설법하였다.

"그대들이여, 이 몸은 無常하고 無强하며 無力하고 無堅하여 금방 썩어버리는 법으로 믿을 것이 못되며,[236] 苦이고 惱이며 갖가지 병이 모여 있는 것입니다.[237]

그대들이여, 이와 같은 몸에 대하여 지혜가 밝은 사람은 믿지 않습니다.

---

236) '그대들이여, … 無常하고'에서 무상은 공에 들어가는 초문이다. 또한 중생이 널리 근심하기 때문에 먼저 그것을 설한다. '無强'은 지금 병에 걸린 즉 弱하기 때문에 무강인 줄 안다. '無力'은 노병사가 도래하여 排拒할 수 없기 때문에 무력이라 말한다. '無堅'은 말하자면 體에 實이 없는 것이다. '금방 썩어버리는 법으로 믿을 것이 못되며'는 비록 무강하고 무력할지라도 오래 머문다는 것은 받아들이고자 하기 때문에 금방 썩는다고 말한다. 그것이 금방 썩기 때문에 永固함을 믿을 수가 없다.

237) '苦이고 … 것입니다'에서 이것은 둘째로 이어서 苦觀을 설명한 것이다. 무상이기 때문에 苦이고, 苦이기 때문에 번뇌가 발생한다. 또한 苦는 말하자면 팔고인데, 또한 무량한 고가 있다. 惱는 말하자면 九惱인데 또한 무량한 뇌이다. 병은 四百四種의 병이다. 九惱는 九儺이라고도 한다. 곧 석가모니부처님이 세상에 있을 때에 겪은 아홉 가지 재난을 말한다. 음탕한 여인 孫陀利에게 비방을 받은 것, 旃遮 바라문 여인에게 비방을 받은 것, 提婆達多에게 엄지발가락을 상한 것, 나무에 다리를 찔린 것, 毘樓璃 왕 때문에 두통을 앓은 것, 阿耆達多婆羅門 때문에 馬麥을 받아먹은 것, 찬바람으로 말미암아 등창을 앓은 것, 도를 이루기 전에 6년 동안 고행한 것, 바라문의 마을에 들어가 먹을 것을 구걸했으나 얻지 못한 것 등이다.

이 몸은 물거품[沫]이 모인 것과 같아서 만져볼 수가 없습니다.[238] 이 몸은 물거품[泡]과 같아서 오래 머물지 못합니다.[239] 이 몸은 불꽃과 같은데 갈애로부터 발생한 것입니다.[240] 이 몸은 파초와 같아서 가운데 견고함이 없습니다.[241] 이 몸은 허깨비와 같은데 顚倒로부터 일어난 것입니다.[242] 이 몸은 꿈과 같이 허망한 견해입니다.[243] 이 몸은 그림자와 같은데 업연으로부터 드러난 것입니다.[244] 이 몸은 메아리와 같아서 諸因緣에 속합니다.[245] 이 몸은 뜬구름과 같아서 수유지간에 변멸합니다.[246] 이 몸은 번개와 같아서 염념에 머물지 않습니다.[247] 이 몸은 주인이 없는 것이 땅과 같습니다.[248] 이 몸은

---

238) '이 몸은 … 없습니다'는 것은 공을 설명한 것인데, 무릇 십구가 있다. 처음의 오구는 개별적으로 오음에 의거하여 공을 설명한 것이고, 나중의 오구는 총체적으로 그 공을 설명한 것이다.

239) '이 몸은 … 못합니다'는 것은 마찬가지로 무상의 뜻을 설명한 것이다. 그래서 물 위의 거품은 體가 비어서 實이 없는 것이 마치 공의 뜻과 같다.

240) '이 몸은 … 것입니다'에서 渴로써 아지랑이가 보이는데 惑하여 그것을 물로 삼고, 愛로써 사대를 보는데 迷하여 그것을 몸으로 삼는다. 『섭대승론』에서는 陽炎을 鹿渴이라 한다. 이것은 사슴이 渴乏 때문에 아지랑이를 보고 물로 간주하기 때문이다.

241) '이 몸은 … 없습니다'에서 파초라는 풀은 단지 皮葉만 있을 뿐이지 眞實이 없다.

242) '이 몸은 … 것입니다'에서 허깨비를 사람으로 삼고 사대를 몸으로 삼는 견해를 말하는데 그것은 모두 顚倒이다.

243) '이 몸은 … 견해입니다'에서 夢心을 말미암기 때문에 夢事를 보는 것과 같다. 실제로 夢事는 없는데 몸도 또한 그와 같다. 전도심을 말미암아 이 몸이 있다고 보는데 실제로 몸이 없다.

244) '이 몸은 … 것입니다'에서 위의 경우에는 번뇌심에 의거한 까닭에 몸이 있었는데, 지금은 과거의 業影을 말미암은 까닭에 현재의 몸이 있다. 또한 빛을 막기 때문에 그림자가 있고, 正을 막고 빛을 보기 때문에 몸의 그림자가 있다.

245) '이 몸은 … 속합니다'에서 과거는 혹업의 인연에 의지하고, 현재는 부모의 유체를 말미암는다. 그리고 衣과 食 등은 체적으로 諸事이기 때문에 제인연에 속한다고 말한다.

246) '이 몸은 … 변멸합니다'에서 뜬구름은 삽시간에 다른 색으로 기울고, 수유지간에 변하여 흩어진다. 몸도 또한 그와 같이 눈 깜짝할 사이에 젊었다가 커졌다가 어른이 되었다가 수유지간에 늙어가고 병에 걸리며 死滅한다.

247) '이 몸은 … 않습니다'에서 구름은 번개와 더불어 실로 무상하다. 지금은 그 虛僞와 不眞을 취하기 때문에 速滅하여 머물지 않는데 마치 공의 뜻을 해석한 것과 같다.

248) '이 몸은 … 같습니다'에서 이것은 무아관을 설명한 것으로, 이하의 팔구가 해당한다. 앞의 사구는 개별적으로 사대의 의거하여 무아를 설명한 것이고, 뒤의 사구는 총체적으로 사대의 의거하여 무아를 설명한 것이다.

자아가 없어서 불과 같습니다.[249) 이 몸은 壽가 없어서 바람과 같습니다.250)
이 몸은 개체[人]가 없어서 물과 같습니다.251) 이 몸은 實이 없어서 사대로
집을 삼습니다.252) 이 몸은 공하여 아와 아소를 벗어나 있습니다.253) 이 몸
은 지각[知]이 없어서 草木瓦礫과 같습니다.254) 이 몸은 조작[作]이 없이 호
흡의 힘[風力]에 의하여 굴러가는 것입니다.255) 이 몸은 부정하여 더러움으
로 충만합니다.256) 이 몸은 虛僞로서 비록 임시로 목욕하고 옷 입고 밥 먹어

---

249) '이 몸은 … 같습니다'에서 마음대로 자재한 것을 소위 我라고 하는데, 불[火]은 섶을 말미암기 때문에
자재하지 못하다. 섶이 작으면 불이 작고 섶이 많으면 불이 크며, 섶이 있은 즉 불이 있고, 섶이 없은 즉
불은 없다. 몸도 또한 그와 같아서 擧動하고 興造하면 만사에 아가 있는 듯하다. 그래서 무릇 衆緣으로
성립된 것이라서 병이 도래하면 번뇌하고 죽음이 이르면 곧 소멸하여 자재하지 못하기 때문에 아가
없다.
250) '이 몸은 … 같습니다'에서 부채로 바람을 일으키거나 북을 치거나 가거나 오거나 하는 그것은 기가
무여서 유동한 것이지 存生의 主가 아니다. 몸도 또한 그와 같아서 호흡을 토납하고 행동하고 말을 하는
것도 또한 기에 의지하여 움직이는 것뿐이지 거기에 壽가 있는 것이 아니다.
251) '이 몸은 … 같습니다'는 것은 물이 澄潔하고 淸明해도 거기에 세탁을 하면 때 묻고 더러워지는
것과 같다. 曲直이 반연을 좇고 方圓이 그릇에 따르듯이 고요하게 그것을 추구해보아도 개체[人]는
없다. 몸도 또한 그와 같아서 알고 보며 나아가고 머무는 경우에 事에 응하여 움직이고 數를 가지고
운용하며(주역의 점괘 내지 사주풀이 등) 그 所因을 자세하게 해보아도 개체[人]는 없다.
252) '이 몸은 … 삼습니다'에서 위에서는 개별적으로 사대에 대하여 그것을 무아라고 설명하였는데, 지금은
총체적으로 사대에 대하여 그것이 무아임을 설명한다.
253) '이 몸은 … 있습니다'에서 아와 아소에 무릇 세 가지가 있다. 첫째는 내신으로써 아를 삼는 것이다.
외국에서는 재물과 처자를 아소라고 말한다. 둘째는 내신에 대하여 總別로 그것을 나눈다. 총체적인
작용으로는 我이고, 오음의 개별로는 아소이다. 셋째는 陰의 분별에 대하여 색은 아이고 그 밖의
것은 아소로 계탁한다. 展轉하여 그것을 지으면 아가 없는 것은 곧 인공이고, 아소가 없는 것은 소위
법공이다.
254) '이 몸은 … 같습니다'에서 위에서는 무아의 체를 설명하였는데, 이 대목은 무아의 용을 변별한다.
身은 비록 能觸해도 無知이고, 識은 비록 能知해도 無觸이다. 총체적으로 二種을 추구해도 필경에
無知라면 어찌 瓦礫과 다르겠는가. 무릇 무지에도 또한 두 가지가 있다. 첫째는 無自性知이고, 둘째는
無假名知이다.
255) '이 몸은 … 것입니다'에서 위에서는 심법에 대하여 무아의 용을 설명하였는데, 이 대목은 색법에 대하여
무아의 용을 설명한다. 비록 造作과 施爲가 있을지라도 무릇 그것은 호흡의 힘[풍력]이지 我의 작용이
아니다.
256) '이 몸은 … 충만합니다'에서 이것은 부정관을 설명한 것이다. 무릇 팔구가 있다. 처음의 초구는 바로
不淨을 나타내고, 이하의 칠구는 그 밖의 법을 들어서 不淨을 나타낸다. 모두 삼십육물이 갖추어진 것을
더러움[穢惡]이 충만했다고 말한다.

도 반드시 마멸로 돌아갑니다. 이 몸은 災로서 백 한 가지 病惱가 있습니다.[257] 이 몸은 丘井과 같아서 늙음이 핍박합니다.[258] 이 몸은 고정되어 있지 않아서 요컨대 죽음에 다다릅니다.[259] 이 몸은 毒蛇와 같고 怨賊과 같으며 텅 빈 취락과 같아서 오음과 십팔계와 십이입[諸入]이 함께 모여 성취된 것입니다.[260]

「諸仁者! 此可患厭, 當樂佛身. 所以者何? 佛身者卽法身也; 從無量功德智慧生, 從戒, 定, 慧[261], 解脫, 解脫知見生, 從慈, 悲, 喜, 捨生, 從布施, 持戒, 忍辱, 柔和, 勤行精進, 禪定, 解脫, 三昧, 多聞, 智慧諸波羅蜜生, 從方便生, 從六通生, 從三明生, 從三十七道品生, 從止[262]觀生, 從十力, 四無所畏, 十八不共法生, 從斷一切不善法, 集一切善法生, 從眞實生, 從不放逸生; 從如是無量淸淨法生如來身. 諸仁者! 欲得佛身, 斷一切衆生病者, 當發阿耨多羅三藐三菩提心」

그대들이여, 이 몸은 患厭이므로 반드시 佛身을 좋아해야 합니다.[263] 왜

---

257) '이 몸은 … 있습니다'에서 일대가 增損한 즉 백 한 가지 병이 발생하고 사대가 增損한 즉 사백사종의 병이 동시에 俱作하기 때문에 몸은 災聚이다.

258) '이 몸은 … 핍박합니다'에서 어떤 사람은 높은 언덕은 반드시 무너지고 깊은 우물은 반드시 가득 찬다고 말한다. 몸이 있으면 반드시 늙는다.

259) '이 몸은 … 다다릅니다'에서 천수는 비록 정해져 있지 않지만 死事는 정해져 있다.

260) '이 몸은 … 것입니다'에서 사대는 四蛇와 같고, 오음은 五賊에 비유되며, 六情은 空聚와 같다.

261) (智)+慧【聖】

262) 止=正【聖】

263) '그대들이여, … 합니다'에서 이상에서는 첫째로 생사의 과환을 설하였는데, 이 대목은 둘째로 이어서 법신의 공덕을 차탄한다. 厭에 세 가지가 있다. 하근은 비록 身을 厭하지만 身을 樂이기 때문에 버리지 않는다. 중근은 身에 대하여 厭을 내지만 열반을 취하려고 한다. 상근은 身에 대하여 厭을 내지만 중생을 교화할 수가 있다. 지금은 안으로 身에 대하여 厭을 낼까 두려워하여 곧 열반을 취한다. 그래서 그것을

냐하면 佛身이란 곧 법신이기 때문입니다.[264] 무량한 공덕과 지혜로부터 발생한 것이고,[265] 戒·定·慧·解脫·解脫知見으로부터 발생한 것이며, 慈·悲·喜·捨로부터 발생한 것이고, 布施·持戒·忍辱·柔和·勤行·精進·禪定·解脫·三昧·多聞·智慧 등 제바라밀로부터 발생한 것이며, 方便으로부터 발생한 것이고, 六通으로부터 발생한 것이며, 三明으로부터 발생한 것이고, 三十七道品으로부터 발생한 것이며, 止觀으로부터 발생한 것이고, 十力·四無所畏·十八不共法으로부터 발생한 것이며, 斷一切不善法·集一切善法으로부터 발생한 것이고, 眞實로부터 발생한 것이며, 不放逸로부터 발생한 것이고, 이와 같은 무량한 청정법에서 발생한 것이 如來身이기 때문입니다.

그대들이여, 佛身을 얻어서 일체중생의 병을 단제하고자 하면 반드시 아뇩다라삼먁삼보리심을 발생해야 합니다."

如是長者維摩詰, 爲諸問疾[266]者, 如應說法, 令無數千人皆發阿耨多羅三藐三菩提心.

이와 같이 장자 유마힐은 모든 문병자를 위하여 如應說法하여 무수천 명에게 모두 아뇩다라삼먁삼보리심을 발생하게 하였다.

正으로 되돌리기 때문에 佛身을 좋아한다고 말한다.

264) '왜냐하면 … 때문입니다'에서 淺識의 부류는 비록 장차 佛身을 좋아한다는 말을 들을지라도 바로 그런 소견과 같아질까 두려워하여 생멸을 벗어나지 못한다. 이런 까닭에 해석하여 佛身이란 곧 법신이라고 말한다.

265) '무량한 … 것이고'는 이미 極妙의 果가 있고 마음에는 極妙의 因이 있는 까닭에 이하부터는 因을 들어서 果를 해석한다.

266) 疾=病【聖】

維摩詰所說經弟子品第三
유마힐소설경 제자품[267] 제삼

爾時長者維摩詰, 自念; 「寢疾于床, 世尊大慈, 寧不垂愍」

그때 장자 유마힐은 스스로 다음과 같이 염려하였다.

"병으로 침상에 누워있는데 세존께서는 어째서 대자비를 내려서 위로하지 않는 것일까."[268]

---

267) 제자는 스승을 아버지처럼 간주하여 스스로 자식처럼 처신하고 스승은 제자를 아우처럼 간주하여 스스로 형처럼 처신하여 공경함과 보호함을 논하기 때문에 제자라 말한다. 속뜻[內義]에 의하자면 수행[學]이 부처[在佛] 이후이기 때문에 弟이고 佛口에서 태어났으므로 子이다. 佛이 중생의 慧命을 낳았으므로 父이고 중생[在物] 이전에 깨쳤기 때문에 母이라 일컫는다. 때문에 『법화경』에서 세간의 아버지라고 말하거나 친구의 집에 도착한다고 말한 것이 그 증거이다. 네 차례의 법회[四會]로 말하자면 두 차례의 集은 이미 마쳤다. 이 경문 이후로 「향적불품」까지는 셋째로 방장에서 重會한 것[第三重會方丈]으로서 앞의 법회와 다른 점은 무릇 일곱 가지 뜻이 있다. 첫째, 대중에 대하여 말하자면 앞에서는 俗衆이 問疾했던 것인데 지금은 道衆이 擊揚한 것이다. 둘째, 앞에서는 近衆으로서 小衆이었는데 지금은 遠衆으로서 多衆이다. 셋째, 敎에 의거해서 말하자면 앞에서는 略說의 法門이었는데 지금은 廣宣의 妙道이다. 넷째, 만약 이익에 대하여 말하자면 앞에서는 단지 淺益뿐이었는데 지금은 深益과 淺益을 모두 갖춘다. 다섯째, 二衆에 의거하여 말하자면 앞에서는 무릇 凡을 타파하였는데 지금은 무릇 聖만 배척한다. 여섯째, 한 바 但이란 有所得으로서 定性의 凡과 聖을 말한다. 일곱째, 만약 古今에 대하여 말하자면 앞에서는 說이었는데 지금은 法이다.

268) '그때 … 것일까.'에서 오백장자는 모두 부처님 곁에서 설법을 들었지만, 정명은 병 때문에 법회에 참여할 수가 없게 되자 그런 이치에서 상해하였는데 이런 까닭에 스스로 염려하였다. 또한 정명은 중생을 위하여 병을 드러냈는데 부처님의 영향이 아니라면 교화도 곧 성취되지 않기 때문에 모름지기 세존께서 대자로써 어찌 위로하지 않는 것일까 하고 스스로 염려하였다. 대저 병에 걸린 사람은 반드시 약을 쓰지 않으면 고통이 있다. 세존은 대자로써 제자를 파견하여 위문하여 반드시 與樂拔苦하기 때문에 上句에서 慈라고 말하고 下句에서 愍이라 일컫는다. 또한 중생이 병에 걸린 까닭에 보살이 병에 걸리자 세존은 대자로써 반드시 찾아가 문병하는데 그것을 인하여 홍도하여 제도받은 사람이 진실로 많은 즉 중생의 병이 치유되자 보살도 또한 치유된다. 곧 이것이야말로 자비의 뜻[旨]이고 병을 드러낸 本意다.

佛知其意, 卽告舍利弗;「汝行詣維摩詰問疾」

부처님께서는 그 마음을 아시고 곧 사리불에게 말씀하셨다.
"그대가 가서 유마힐을 문병하여라."[269]

---

269) '부처님께서는 … 문병하여라.'에서 지금 성문에 대해서 말하자면 두 부분이 있다. 먼저 열 명에게
명하고, 나중에 오백 명에게 명한다. 진실로 오백 명이 승당하고 열 명이 입실한다. 열 명의 덕행자를
논하자면 처음에 말하는 사대성문은 사리불의 지혜, 목련의 신통, 가섭의 고행, 선길의 공해인데,
이것은 定과 慧와 行과 解로써 사대성문을 삼는다. 다음으로 세 명이 있는데 미묘하게 삼장에 통달하는
것으로 삼대법사를 삼는다. 부루나는 毘曇을 精究하고, 가전연은 經藏을 善解하며, 우팔리는 毘尼를
妙體한다. 다음으로 부처님의 친속에 무릇 세 명이 있다. 那律은 天眼이고, 羅雲은 秉戒이며, 阿難은
總持이다. 여기에서 먼저 보살에게 명하지 않고, 나중에 성문에게 명하는 까닭은 다음과 같다. 첫째로
병을 타파하는 차제에 대하여 말하자면, [방편품]에서는 범부를 타파하고, [제자품]에서는 성문을
타파하며, [보살품]에서를 大士를 가책한다. 둘째로 勝劣의 차제에 대하여 말하자면 성문의 경우
形에는 法과 儀를 갖추고 心에는 智와 斷을 갖추기 때문에 心과 形의 둘이 모두 勝이기 때문에 먼저
그들에게 명한다. 보살의 경우 비록 心으로는 道를 알지만 形에는 定方이 없어서 心은 勝이지만 形은
劣이기 때문에 그 다음에 명한다. 나집의 설명처럼 성문법에서는 나한은 무루지혜가 勝이고 보살은
세속지혜가 勝이며, 대승법에서는 보살은 무루지혜와 세속지혜가 모두 勝이다. 지금은 성문법을
활용하는 까닭에 먼저 제자에게 명한다. 다시 뜻에 의거하여 말하자면, 성문의 要法을 가책하고
보살도의 문을 보여준다. 먼저 사리불을 배척한 것은 성스러운 침묵[默然]이어야 함을 가책한 것이다.
다음으로 목련을 힐난한 것은 설법은 성스럽지 않다는 것이다. 이 두 가지는 부처님의 常勅으로서
성문이 통달하지 못하기 때문에 먼저 그것을 가책한 것이다. 다음으로 가섭의 행길[行]을 꾸짖었고,
다음으로 선길의 공에 대한 이해[解]를 꾸짖어서 성문인에게 대승의 解와 行이 없음을 나타낸 것이다.
다음으로 滿願(부루나미다라니자)에 대하여 꾸짖었는데 항상 남을 위한다는 것으로 설해야지 중생의
근기를 차별하여 보아서는 안된다는 것이다. 가전연은 항상 부처님의 강설을 반복하였지만 教意를
몰랐고, 아나율은 천안을 얻었을지라도 회통에 도달하지 못하였으며, 우팔리는 율에 뛰어났지만 대승의
法律을 이해하지 못하였고, 라후라[羅雲]은 성문으로서 세속을 버렸을지라도 대승의 출가를 이해하지
못하였으며, 아난은 항상 여래를 시봉하였지만 부처님의 本과 迹을 알지 못하였다. 이미 성문의
十失을 꾸짖은 즉 대승의 十得이 나타났다. 또 다시 뜻의 전후에 의거하여 말하자면, 아홉 명은 佛因을
설명하였고, 열 번째 사람은 佛果를 변별한 것은 곧 인과의 차제이다. 아홉 명 가운데서도 처음 여덟
명은 수행을 설명하였고, 아홉 번째의 마지막 한 명은 出家에 대하여 변별한 것은 說門에 의거하여
전후를 설명한 것이다. 여덟 명 가운데서도 앞의 일곱 명은 修善을 설명하였고, 여덟 번째의 마지막 한
명은 滅惡에 대하여 변별하였다. 일곱 명 가운데서도 앞의 여섯 명은 修道行을 설명함으로써 行體를
삼았고, 여섯 번째의 마지막 한 사람은 起道行을 파별함으로써 行用을 삼았다. 여섯 명 가운데서도
첫째는 定이 慧의 本임을 설명하였고, 둘째는 慧가 定으로부터 발생함을 변별하였으며, 셋째는 解를
말미암아 行을 일으킴을 설명하였고, 넷째에 대한 설명은 없고, 다섯째와 여섯째의 뒤의 두 명은 行에
의지하여 解를 발생함을 설명하였다.

舍利弗白佛言;「世尊! 我不堪任詣彼問疾. 所以者何? 憶念我昔, 曾 於林中宴坐樹下, 時維摩詰來謂我言;『唯, 舍利弗! 不必是坐, 爲宴 坐也. 夫宴坐者, 不於三界現身[270]意, 是爲宴坐; 不起滅定而現諸威 儀, 是爲宴坐; 不捨道法而現凡夫事, 是爲宴坐; 心不住内亦不在外, 是爲宴坐; 於諸見不動, 而修行三十七<道+?>品, 是爲宴坐; 不斷煩 惱而入涅槃, 是爲宴坐. 若能如是坐者, 佛所印可』時我, 世尊! 聞說 是語[271], 默然而止, 不能加報! 故我不任詣彼問疾」

사리불[272]이 부처님께 사뢰어 말씀드렸다.

"세존이시여, 저는 그에게 문병하러 가는 것을 감당할 수가 없습니다.[273] 왜냐하면 억념해보면 제가 옛적에 일찍이 원림의 나무아래서 좌선[宴坐][274] 하고 있었습니다. 그때 유마힐이 와서 저한테 말했습니다.

'저, 사리불이여, 앉아있다고 해서 그것이 반드시 좌선이 되는 것은 아닙 니다.[275] 무릇 좌선이란 삼계에 몸[身]과 마음[意]을 드러내지 않는 것이 곧

---

270) 身+(口)【聖】
271) 語+(已)【聖】
272) 사리불은 왕사성마가다국 출신이다. 아버지를 따라서 名字를 내세웠는데 이름이 優波提舍이다. 優波는 곧 별[星]의 명칭이다. 提舍는 곧 아버지를 따라 작명한 것이기 때문에 이름이 提舍이다. 舍利는 말하자면 身인데, 이것은 그 어머니 이름이다. 눈이 舍利라는 새를 닮았기 때문에 舍利라 이름하였다. 弗은 말하자면 子이므로 소위 身子이다. 아버지로부터 이름을 받은 것이 아니라 어머니를 인하여 명칭한 것이다. 여기에는 두 가지 인연이 있다. 첫째는 과거의 서원으로부터 立名한 것이다. 釋迦가 과거에 발원하였는데, 바라건대 내가 작불한다면 右面의 弟子의 이름은 舍利弗일 것이다. 둘째는 여인이 총명한 것은 세상에서 希有해서 당시 사람들이 그 어머니를 귀중하게 간주한 까닭에 사리불이라 명칭하였다.
273) '감당하지 못한다'는 뜻에도 세 가지 인연이 있다. 첫째는 소승의 지혜는 하열하기 때문에 擊揚菩薩을 감당하지 못한다. 둘째는 예전에 굴욕을 당한 적이 있은 즉 우열이 정해져 있기 때문에 감당하지 못한다. 셋째는 서로 교화해줄 경우에 屈과 申으로 중생을 따르는 법이다. 지금은 정명의 덕을 현창하려고 (짐짓) 문수행을 나타낸 것이기 때문에 감당하지 못한다.
274) 宴坐는 소위 安이고 默으로서, 무릇 閑居한 모습이다.
275) '앉아있다고 … 아닙니다'에서 성문인들은 '坐法이란 반드시 林澤에 은신하여 滅定으로 息心해야 한다.'고 말한다. 지금은 대승으로써 그것을 보자면 반드시 그렇지만은 않다. 반드시 그런 것은 아니라는 것은

좌선입니다.²⁷⁶⁾ 멸정을 일으키지 않으면서 모든 위의를 드러내는 것이 곧 좌선입니다.²⁷⁷⁾ 道法을 버리지 않고 범부사를 드러내는 것이 곧 좌선입니다.²⁷⁸⁾ 마음을 안에도 머물러두지 않고 또한 밖에도 머물러두지 않는 것이 곧 좌선입니다.²⁷⁹⁾ 모든 견해에 부동하면서 삼십칠품을 닦는 것이 곧 좌선

非와 是를 말하는 것이 아니라 그냥 반드시 그런 것이 아니라는 것이다. 非와 是를 말하는 것이 아니라는 것은 이승의 좌법으로서 이에 가히 대승의 선정을 추구할 수가 있다고 설명할 뿐이다. 만약 그렇다면 앉아만 있다면 그것은 眞極의 坐法이 아니다.

276) '무릇 … 좌선입니다.'에서 이것은 둘째로 보살의 좌법을 내보이는[出] 것이다. 用에 즉하여 이승을 가책하는 데에 무릇 여섯 쌍이 있다. 첫째는 身과 心이 모두 안온함을 변별한다. 둘째는 靜과 散에 雙遊함을 설명한다. 셋째는 道와 俗을 함께 觀한다. 넷째는 內와 外가 모두 그윽하다. 다섯째는 解와 惑이 평등하다. 여섯째는 生死와 涅槃이 不二이다. 약설한 六門은 보살의 연좌이다. 첫째의 身과 心이 모두 안온함은 성문의 좌법이다. 林間에 隱身해도 身이 그대로 드러나지만 滅定으로 息心해도 在心에서 마침내 소멸한다. 이런 즉 한편으로는[身] 隱이지만 한편으로는[心] 不隱이기 때문에 가책을 받게 된다. 보살은 법신으로 身을 삼기 때문에 비록 處해도 삼계가 아니고, 妙慧로 心을 삼기 때문에 비록 緣해도 항상 적멸하다. 이런 즉 身과 心이 모두 안온하여 반드시 妙定이 되기 때문에 저 이승의 경우와 다르다. 또한 성문은 身과 心이 不隱임을 보기 때문에 身과 心을 숨기려고 한다. 그러나 大士는 숨지 않음도 없음을 알고 있는데 어디에 숨겠는가. 때문에 삼계에 身과 意를 드러내지 않는다.

277) '멸정을 … 좌선입니다.'에서 이것은 靜과 散에 雙遊함을 설명한 것이다. 멸진정이란 『아비담』에서는 心과 法이 이미 소멸해도 非色과 非心의 법이 있으므로 滅定으로써 心處를 補한다. 『성실론』에서는 空과 心의 二處滅에서 첫째[空]는 멸진정 때에 소멸한다. 둘째[心]는 무여열반에 들어갈 때 소멸하는데 멸진정은 곧 無法이라고 말한다. 이와 같은 두 가지 해석은 모두 소승이다. 멸진정에 들어간 즉 形이 枯木과 같아서 運用할 능력이 없다. 보살의 멸진정에 대해서 『대지도론』에서 멸진정은 곧 波若의 氣分과 같은 부류라고 말한다. 그 마음을 깨달으면 곧 實相으로서 본래적멸이기 때문에 形이 팔극에 충만하여 應과 會가 無方하다. 이것은 곧 不壞의 假名으로서 실상을 설하자면 不動의 眞際로서 제법을 건립한다. 앞 대목에서는 삼계에 현신하지 않음을 변별하였는데, 지금의 대목은 諸威儀를 드러낸 것에 대하여 설명한다. 대저 드러내지 않음[無現]으로써 곧 드러내지 못함이 없었기[無不現] 때문에 앞에서는 動而寂이었는데, 이 대목은 곧 寂而動이다.

278) '道法을 … 좌선입니다.'에서 이것은 道와 俗이 함께 觀하는 것이다. 소승은 생사에 障隔하여 和光하지 못하지만, 大士는 선악을 똑같이 대하고 도속을 하나로 관찰하기 때문에 종일토록 범부이지만 종일토록 법을 말한다. 정명이 居家한 것이 바로 그 증거이다.

279) '마음을 … 좌선입니다.'에서 이것은 內와 外가 모두 그윽한[冥] 것이다. 현성이 攝心하는 것을 內라 말하고, 범부가 馳想하는 것을 外라 말한다. 대사는 그 모두와 다르기 때문에 내외가 없다. 또한 마음이 인연에 의하여 발생하는 경우에 因은 곧 육근으로서 內이고 緣은 곧 육진으로서 外이다. 또한 증상연을 인하여 발생하는 것이 內이고 緣緣에 의하여 발생하는 것이 外이다. 대사는 내외가 모두 공임을 알기 때문에 무소의이다. 만약 마음이 내외로 치달려서 내외가 동란하면 그것은 연좌가 아니지만, 만약 내외로 치달리지 않으면 비로소 靜一이라 말하고 연좌라 일컫는다. 앞의 삼구에서는 이승의 멸진정을 가책하고 보살의 멸진정을 설명하였는데, 지금의 이 일구는 이승의 다른 선정을 가책하여 보살의 靜心을

입니다.[280] 번뇌를 단제하지 않고 열반에 들어가는 것이 곧 좌선입니다.[281] 만약 이와 같이 앉아있는 사람이라면 부처님께서 인가하실 것입니다.'[282]

세존이시여, 그때 저는 그 말을 듣고 묵연하게 가만히 있을 뿐으로 더 보탤 것이 없었습니다.[283] 때문에 저는 그에게 문병하러 가는 것을 맡을 수가 없습니다."

佛告大目犍連; 「汝行詣維摩詰問疾」

부처님께서 목건련[284]에게 말씀하셨다.
"그대가 가서 유마힐을 문병하여라."

변별한 것이다.

280) '모든 … 좌선입니다.'에서 이것은 解와 惑이 평등함을 설명한 것이다. 소승은 세 가지의 사념처와 사정근과 사여의족 및 오근과 오력으로써 諸見을 다스리고 칠각지와 팔정도를 활용하여 諸見을 단제한다. 때문에 지견을 動하여 도품을 행한다. 動은 結斷의 명칭이다. 그러나 대사는 제견의 실성이 곧 도품임을 관찰하기 때문에 不動이라 말한다. 이후의 경문에서 설하듯이 제불의 해탈은 육십이견 가운데서 추구한 것이 곧 그 증거이다.

281) '번뇌를 … 좌선입니다.'에서 이것은 生死와 涅槃이 不二임을 설명한 것이다. 번뇌의 그 자성이 곧 열반임을 알고서 단제한 연후에 열반에 들어가는 것이 아니다.

282) '만약 … 것입니다.'에서 이것은 총결이다. 평등한 좌법은 실상에 어긋나지 않고 다시 불심을 따르므로 대승의 근거라 일컫는다. 이 삼문을 갖추기 때문에 부처님이 인가한 것이다. 그러나 이승은 그것에 반하므로 가책을 받는다.

283) '세존이시여, … 없었습니다.'에서 이것은 셋째로 굴복을 수용함을 설명한 것이다. 이치에서 의외가 발생한 까닭에 어떤 대답을 할지 알지 못하였다. '때문에 저는 그에게 문병하러 가는 것을 맡을 수가 없습니다.'에서 감당하지 못하는 것에 세 가지가 있음은 標함과 해석[釋]에서 이미 마쳤으므로, 지금은 총결한 것이다.

284) 목련은 성이다. 번역하면 食豆이다. 上古에 仙人이 있었는데 다른 것은 먹지 않고 오직 콩만 먹은 것을 인하여 성이 되었다. 목련은 그 종족이다. 字인 拘律陀는 곧 樹神의 이름이다. 그 집에는 아이가 없어서 이 나무에 기도하여 아들을 얻었다. 때문에 그로 인하여 拘律陀라는 字를 삼았다. 목련은 왕사성마가다국 재상의 아들로서 사리불과 더불어 같이 염세를 느끼고 출가하여 구도하였다. 사리불은 右面으로 智慧第一이고, 목련은 左面으로 神足無儔이다.

目連白佛言；「世尊！我不堪任詣彼問疾. 所以者何? 憶念我昔入毘
耶離大城, 於里巷中爲諸居士說法. 時維摩詰來謂我言；『唯, 大目
連！爲白衣居士說法, 不當如仁者所說. 夫說法者, 當如法說. 法無衆
生, 離衆生垢故；法無有我, 離我垢故；法無壽命, 離生死故；法無有
人, 前後際斷故；法常寂然, 滅諸相故；法離於相, 無所緣故；法無名
字, 言語斷故；法無有說, 離覺觀故；法無形相, 如虛空故；法無戲論,
畢竟空故；法無我所, 離我所故；法無分別, 離諸識故；法無有比, 無相
待故；法不屬因, 不在緣故；法同法性, 入諸法故；法隨於如, 無所隨
故；法住實際, 諸邊不動故；法無動搖, 不依六塵故；法無去來, 常不住
故；法順空, 隨無相, 應無作；法離好醜, 法無增損, 法無生滅, 法無所
歸；法過眼耳鼻舌身心；法無高下, 法常住不動, 法離一切觀行. 唯, 大
目連！法相如是, 豈可說乎? 夫說法者, 無說無示；其聽法者, 無聞無
得. 譬如幻士, 爲幻人說法. 當建是意, 而爲說法. 當了衆生根有利鈍,
善於知見無所罣礙, 以大悲心讚于大乘, 念報佛恩不斷三寶, 然後說
法』維摩詰說是法時, 八百居士發阿耨多羅三藐三菩提心. 我無此辯,
是故不任詣彼問疾」

목건련이 부처님께 말씀드렸다.

"세존이시여, 저는 그에게 문병하러 가는 것을 감당할 수가 없습니다. 왜
냐하면 억념해보면 제가 옛적에 비야리대성에 들어가 거리에서 많은 거사
들에게 설법한 적이 있습니다. 그때 유마힐이 다가와서 저한테 다음과 같이
말했습니다.

'저, 대목련이시여, 백의거사들을 위한 설법에는 결코 그대와 같이 설해

서는 안됩니다.[285] 무릇 설법이란 반드시 여법하게 설해야 합니다.[286] 법에는 중생이 없는데 중생의 번뇌를 떠나있기 때문입니다.[287] 법에는 有我가 없는데 그것은 아의 번뇌를 떠나 있기 때문입니다.[288] 법에는 壽命이 없는데 生死를 떠나있기 때문입니다.[289] 법에는 人이 없는데 전후제를 단절해 있기 때문입니다.[290] 법은 항상 적연한데 諸相을 소멸해 있기 때문입니다.[291] 법

---

285) '결코 … 안됩니다'에서 결코 안된다는 것은 결코 상응되지 않는다는 것인데, 무릇 네 가지 뜻이 있다. 첫째는 機는 大인데 敎가 小이기 때문에 機가 계당하지 않는다는 것이다. 둘째는 실상은 人法이 아닌데 지금의 설에는 人法이 있기 때문에 실상에 계당하지 않는다. 셋째는 제불은 機를 보고 見을 보는데 지금은 理에 어긋나고 機에 어둡기 때문에 佛意에 계당하지 않는다. 넷째는 결코 계당하지 않는 사람은 마음과 근기의 뜻에 칭합되지 않는다.

286) '무릇 … 합니다.'에서 이하는 보살의 演敎로써 소승의 失을 상대시킴을 설명한다. 여법하게 설한다는 것은 다섯 가지를 말한다. 첫째는 연설된 법을 설명한다. 둘째는 聽說의 방법을 변별한다. 셋째는 중생의 근기를 잘 안다. 넷째는 지견에 뛰어나다. 다섯째는 설교한 대의를 변별한다.

287) '법에는 … 때문입니다.'에서 중생이란 陰과 界와 入 등 諸事가 모여서 발생한다. 心은 주재로서 하나[一] 뿐인 主이다. 法은 실상법이다. 실상의 법에는 본래 중생이 없다. 만약 중생이 있음을 본다면 곧 실성에 어그러지기 때문에 垢라 일컫는다. 만약 실상을 깨치면 곧 그 垢는 저절로 떨어져나간다. 법에 我 없는 것은 我의 垢를 떠나기 때문이다. 我는 곧 자재의 뜻이다. 그래서 실상의 법에는 이 我가 없다.

288) '법에는 … 때문입니다.'에서 我는 곧 자재의 뜻이다. 그래서 실상의 법에는 이 我가 없다.

289) '법에는 … 때문입니다.'에서 色과 心이 연속하여 유지되는 것이 命이다. 백 년 동안 상속되어 오랫동안 명을 받으면 壽가 된다. 외도는 이 壽와 命에는 별도의 법이 있다고 계탁한다. 때문에 壽라고 말한다. 命은 태어나는 것이 壽의 시작이고, 죽는 것이 壽의 끝이다. 이미 생사가 없는데 어찌 壽와 命이 있겠는가. 壽命이 없다고 말하지 않고 生死가 없다고 말하는 것은 생사가 곧 命의 始이고 終이기 때문이다. 始와 終을 이미 떠난 즉 그 수명이 없다. 또한 수명은 곧 사람이 애착하는 것이다. 만약 수명을 떠났음을 듣는다면 반드시 樂할 수가 없을 것이다. 死는 사람이 싫어하는 것이다. 만약 死를 떠났음을 듣는다면 반드시 欣習할 것이다.

290) '법에는 … 때문입니다.'에 대하여 『대지도론』에서 '법을 실천하는 사람이기 때문에 그것을 人이라 말한다.'고 말한다. 때문에 靈이 있어서 초목과 다르다. 因을 행하여 果를 받아서 생사에 왕래하며 영원히 朽滅이 없는데 그 때문에 외도는 그것을 常이라 말한다. 그렇지만 전제가 이미 단절되어 因을 짓는 사람이 없고 후제도 또한 단절되어 果를 받는 사람도 없기 때문에 이렇게 말한다.

291) '법은 … 때문입니다.'에서 위에 있었던 사구는 중생공을 설명하였는데, 이하의 이십육구는 법공을 설명한다. 중생공은 이해가 쉽기 때문에 약설했다. 그러나 법공은 이해가 어렵다. 때문에 자세하게 설명한다. 만약 實이 假를 능가하고 空이 實을 능가한다면 저 성실론사들의 말처럼 常寂然이 아니다. 본성이 청정한 것을 常寂然이라 말하지만, 비록 법이 적연할지라도 무릇 取相하여 有로 삼으면 그렇지 않다고 말한다. 때문에 모름지기 소멸한다. 그래서 諸相을 소멸해 있기 때문입니다.'는 이것은 법공의 시작이다. 때문에 迷悟의 大宗을 간략하게 든다.

은 相을 떠나있는데 所緣이 없기 때문입니다.[292] 법에는 名字가 없는데 語言을 단절해 있기 때문입니다.[293] 법에는 說이 없는데 覺觀을 떠나있기 때문입니다.[294] 법에는 形相이 없는데 허공과 같기 때문입니다.[295] 법에는 戱論이 없는데 필경공이기 때문입니다.[296] 법에는 我所가 없는데 我가 머물 곳을 떠나있기 때문입니다. 법에는 분별이 없는데 諸識을 떠나있기 때문입니다. 법에는 比가 없는데 相待가 없기 때문입니다.[297] 법은 因에 속하지 않는데 緣에 있지 않기 때문입니다.[298] 법은 모두 法性인데 제법에 들어가 있기 때문입니다. 법은 진여를 따르는데 따라야 할 것이 없기 때문입니다. 법은 實際에 머무는데 諸邊에 부동하기 때문입니다.[299] 법에는 동요가 없는데 六

292) '법은 … 때문입니다.'에서 萬象이 不同한 것이 相이다. 이 相은 곧 心의 소연이다. 법이 이미 無相인 즉 心에 소연이 없다.
293) '법에는 … 때문입니다.'에서 위에서는 心行處滅에 대하여 변별하였는데, 이것은 言語道斷을 설명한 것이다. 名은 言에서 발생하므로 言이 단제된 즉 名은 없다.
294) '법에는 … 때문입니다.'에서 覺과 觀은 곧 言의 本이다. 그런데 이미 覺과 觀이 없은 즉 言은 발생할 근거가 없다. 목련은 覺觀의 心을 작동하여 중생을 위하여 설법하기 때문에 다시 그것을 가책한다.
295) '법에는 … 때문입니다.'에서 아소에 두 가지가 있다. 첫째는 親으로서 소위 오음이다. 둘째는 疎로서 곧 甁衣 등이다.
296) '법에는 … 때문입니다.'에서 분별하면 識이 발생하는데 諸識을 떠나기 때문에 분별이 없다.
297) '법에는 … 때문입니다.'에서 제법은 相待에서 발생한다. 그래서 장단은 비교에서 나온 形이다. 곧 長이 短 가운데 있지 않은 것은 短를 인한 까닭이다. 그렇다고 長이 短 가운데도 있지 않은 것은 相違이기 때문이다. 또한 長短을 합해놓은 가운데에도 있지 않은 것은 二過가 있기 때문이다. 이처럼 장단이 없으므로 相待가 없다.
298) '법은 … 때문입니다.'에서 인연의 명칭은 그 뜻이 일정하지 않다. 처음에 종자가 있어서 능생하는 것이 因이고, 물을 대주어 발생을 돕는 것이 緣이다. 처음에 뿌리에는 果體가 없다. 因에 의지하여 그것을 변별해보면 본디 그 分이 있어서 緣을 의지하여 발생한다. 때문에 서로 유무의 두 가지 뜻을 갖추고 있어서 종자가 인연의 두 가지 명칭을 받는데 因은 近이기 때문에 알기가 어렵고 緣은 遠이기 때문에 이해가 쉽다. 지금은 쉽지만 그 해석은 어렵다. 因은 親이기 때문에 屬이라 말하고, 緣은 疎이기 때문에 在라 말한다.
299) '법은 … 때문입니다.'에서 '法性'과 '如'와 '實際'의 이들 셋은 모두 실상의 異名이다. 여실하여 불변하는 것을 '如'라 말하고, 이것은 제법의 체성이기 때문에 '법성'이라 말하며, 그 際畔을 다하므로[窮] '실제'라 일컫는다. 처음에 법이 여실함[法實]을 보면 마치 멀리서 나무를 보는 것과 같아서 결정적으로 그것이 나무인 줄을 아는 것을 '如'라 말한다. 법이 점점 깊어짐을 보면 마치 가까이서 나무를 보는 것과 같아서 그것이 어떤 나무인지 아는 것을 '법성'이라 말한다. 나무의 뿌리와 줄기와 잎의 수 등을 끝까지 아는

塵에 의지하지 않기 때문입니다.[300] 법에는 거래가 없는데 항상 不住이기 때문입니다.[301] 법은 空을 順하고 無相을 隨하는데 응당 無作이기 때문입니다. 법은 好醜를 떠나있고 법에는 增損이 없으며 법에는 生滅이 없고 법은 돌아갈 속이 없으며, 법은 眼·耳·鼻·舌·身·心을 초월해 있고, 법에는 높고 낮음이 없으며, 법은 항상 부동에 머물고, 법은 一切觀行을 벗어나 있습니다.

저, 대목련이시여, 법상은 이와 같은데 어찌 설할 것이 있겠습니까.[302] 무릇 설법이란 설할 것도 없고 내보일 것도 없으며, 그 청법자도 또한 들음도 없고 얻음도 없습니다.[303] 비유하면 마치 幻士가 幻人에게 설하는 것과 같습니다. 반드시 이러한 마음[意]을 건립해서 설법해야 합니다.[304] 반드시 중생의 근기에 利鈍이 있음을 알아서[305] 지견이 훌륭하여 걸림이 없어야 하

것을 '실제'라 말한다. 이들 셋은 처음부터 나무 아님이 없었지만 見이 다름을 인한 것일 뿐이다. '제법에 들어가 있다'는 것은 제법의 만상에 누가 遍入하겠는가. 제법에 편입한다는 것은 오직 법성뿐이다. '諸邊에 부동하다'는 것은 有와 無의 諸邊이 실제를 요동시키지 못한다는 것이다. 또한 이해하자면 邊은 際의 異名이다. 법이 이미 실제에 주한 즉 邊은 다시는 動이 되지 않는다.

300) '법에는 … 때문입니다.'에서 마음[情]이 육진에 의지하기 때문에 奔逸의 動이 있다. 그러나 법은 본래 의지함이 없기 때문에 동요가 없다.

301) '법에는 … 때문입니다.'에서 만약 법이 잠시라도 住한다면 삼세를 지난 즉 거래가 있다. 그러나 법은 잠시도 住함이 없기 때문에 거래가 없다.

302) '법은 … 있겠습니까.'에서 마음으로도 미칠 수가 없는데 하물며 언설이겠는가.

303) '무릇 … 없습니다.'에서 이것은 聽說의 방법을 내보임으로써 목련 및 거사를 일깨워준 것이다. 설법을 사람에게 내보이는 것을 說示라 말한다. 그런데 설할 것도 없고 내보일 것도 없다고 말한 것은 종일토록 설했지만 일찍이 설한 것이 없다는 것이다. 먼저 법을 듣고 나중에 소득이 있는데도 들은 것도 없고 소득도 없다고 말한 것은 종일토록 들었지만 들은 것이 없다는 것이다.

304) '비유하면 … 합니다.'에서 비록 정명이 연창한 법은 불가설일지라도 그 불가설을 설했다는 것이다. 때문에 지금 정명 자신이 설했다는 것은 마치 幻처럼 설했을 뿐이라는 것이다.

305) '반드시 … 알아서'에서 이것은 셋째로 중생의 근기를 잘 안다는 것이다. 거사가 마땅히 空의 뜻을 들려주었는데도 목련이 有法이라고 설한 것은 목련이 중생의 근기를 이해하지 못함을 말미암은 것이다. 또한 위에서는 비록 대승법을 설하였는데 마땅히 중생의 근기를 잘 관찰해야만 대소를 따라서 가르침을 줄 수가 있는 것이지 오로지 대승법만 설해서는 안된다.

고,306) 대비심으로써 대승을 찬탄하며, 佛恩에 보답할 것을 생각하여 삼보를 단제하지 않고, 그런 후에 설법해야 합니다.'307)

유마힐이 이 법을 설했을 때 팔백 명의 거사가 아뇩다라삼먁삼보리심을 발생하였습니다. 저는 이러한 변재가 없습니다. 이런 까닭에 그에게 문병하러 가는 것을 맡을 수가 없습니다."

佛告大迦葉; 「汝行詣維摩詰問疾」

부처님께서 대가섭에게 말씀하셨다.
"그대가 가서 유마힐을 문병하여라."308)

迦葉白佛言; 「世尊! 我不堪任詣彼問疾. 所以者何? 憶念我昔309), 於
貧里而行乞, 時維摩詰來謂我言; 『唯, 大迦葉! 有慈悲心而不能普捨

---

306) '지견이 … 하고'에서 이것은 지견에 뛰어난 것을 설명한 것이다. 이것은 넷째로 지견에 뛰어남을 설명한 것이다. 목련의 설은 소승이기 때문에 대승을 설명하지 못하는데, 그것은 진실로 지견이 뛰어나지 못함을 말미암은 것이다.

307) '대비심으로써 … 합니다.'에서 이것은 설법의 대의를 설명한 것이다. 대저 설법을 하려면 반드시 다음의 四心을 성취해야 한다. 첫째는 대비심을 건립한다. 둘째는 대승을 찬탄한다. 셋째는 보불의 은혜를 억념한다. 넷째는 삼보를 단절되지 않게 한다. 만약 소승을 찬탄하면 小苦를 없애 제도하므로 小悲라 말한다. 만약 대승을 찬탄하면 大苦를 없애주므로 大悲라 일컫는다. 대비심이라 말한 것은 대승을 찬탄하는 것이다. 이미 대승을 찬탄하면 반드시 佛種을 紹繼하기 때문에 삼보가 단절되지 않는데 이것을 報佛恩이라 말한다. 만약 소승을 설하면 곧 삼보의 종성이 단절되어 회복할 수가 없다.

308) 가섭은 이미 上座인데 제일 먼저 명하지 않은 까닭은 보살이 음식을 받는 것에는 가히 年獵에 의거한 것이다. 마하가섭은 번역하면 大龜인데 이것은 姓이고, 별명은 必鉢羅인데 번역하면 普逐이다. 그는 王舍城 摩訶陀國 婆羅門種으로서 가섭의 부부가 모두 몸이 금색인데 함께 염세하여 출가하여 모두 아라한과를 얻었는데 십대제자 가운데 고행제일이다.

309) 我昔=昔者入【聖】

64 • 역주 유마힐소설경

豪富, 從貧乞. 迦葉! 住平等法, 應次行乞食; 爲不食故, 應行乞食; 爲
壞和合相故, 應取揣食; 爲不受故, 應受彼食; 以空聚想[310], 入於聚落;
所見色與盲等, 所聞聲與響等, 所嗅香與風等, 所食味不分別, 受諸觸
如智證, 知諸法如幻相; 無自性, 無他性; 本自不然, 今則無滅. 迦葉!
若能不捨八邪, 入八解脫, 以邪相入正法; 以一食施一切, 供養諸佛,
及衆賢聖, 然後可食; 如是食者, 非有煩惱, 非離煩惱; 非入定意, 非起
定意; 非住世間, 非住涅槃. 其有施者, 無大福, 無小福; 不爲益, 不爲
損, 是爲正入佛道, 不依聲聞. 迦葉! 若如是食, 爲不空食人之施也」
時我, 世尊! 聞說是語, 得未曾有, 卽於一切菩薩, 深起敬心, 復作是
念; 『斯有家名, 辯才智慧乃能如是! 其誰聞此[311]不發阿耨多羅三藐
三菩提心」我從是來, 不復勸人以聲聞, 辟支佛行. 是故不任詣彼問
疾」

가섭이 부처님께 사뢰어 말씀드렸다.

"세존이시여, 저는 그에게 문병하러 가는 것을 감당할 수가 없습니다. 왜
냐하면 억념해보면 제가 옛적에 가난한 마을에서 행걸할 때 유마힐이 다가
와서 저한테 다음과 같이 말했습니다.

'저, 대가섭이여, 자비심이 있으면서도 펼치지 못하여 부잣집을 버리고 가
난한 집에서 걸행을 하십니다. 가섭이여, 평등법에 주하여 반드시 차례로
걸식을 해야 합니다.[312] 먹기 위함이 아닌 까닭에 반드시 걸식을 해야 합니

---

310) 想=相【聖】
311) 〔聞此〕-【宋】【元】【明】
312) '평등법에 … 합니다.'는 것은 결코 부호를 버리고 빈자를 따라서는 안된다는 것이다.

다.³¹³⁾ 和合相³¹⁴⁾을 파괴하기 위한 까닭에 반드시 음식을 取揣해야 합니다.³¹⁵⁾ 받기 위함이 아닌 까닭에³¹⁶⁾ 반드시 그 음식을 받아야 합니다.³¹⁷⁾ 텅 비어 있는 취락이라는 생각을 가지고 취락에 들어가야 합니다.³¹⁸⁾ 보이는 색에 대해서는 눈이 먼 것과 같이 하고,³¹⁹⁾ 들리는 소리에 대해서는 메아리와 같이 하며, 냄새나는 향기에 대해서는 바람과 같이 하고, 먹는 맛에 대해서는 분별하지 않아야 하며, 모든 촉감은 지혜로 증득한 것과 같이 받아들이

---

313) '먹기 … 합니다.'는 것은 걸식의 뜻에 대하여 설명한 것이다. 성문은 欲食 때문에 걸식을 하는데, 지금은 결코 그래서는 안된다는 것을 설명한 것이다. 먹기 위함이 아니기 때문에 반드시 걸식을 할 뿐이다. '不食'이라고 말한 것은 곧 음식을 먹는 실상인데, 이런 마음을 가지고 걸식을 한다.

314) 화합상은 五陰의 聚集으로 성취된 몸을 가리킨다. 달리 和合識相으로서 阿賴耶識을 가리키기도 한다.

315) '和合相을 … 합니다.'에서 이것은 취식하는 법을 설명한 것이다. 성문은 가려서 음식을 받는데 오음을 자양하기 위함이다. 그런데 지금은 그런 마음에서 받은 取揣를 건립해서는 안된다는 것을 설명한다. 반드시 화합상을 파괴하기 위한 까닭에 음식을 가려야 한다는 것에서 '화합'이란 말하자면 五陰의 聚集인데 이것이 몸을 성취하므로 화합이라 말한다. '가려서 먹는다[揣食]'는 것에서 食에 4종이 있다. 첫째는 揣食이다. 香과 味와 觸이 화합하여 그것이 성취되므로 揣握할 수가 있기 때문에 揣라 말한다. 곧 욕계의 음식이다. 둘째는 願食이다. 아이가 沙囊을 보면 명이 단절되지 않는 것과 같은데 이것이 願食이다. 셋째는 業食이다. 지옥에서는 먹지 않아도 살아난다. 그 죄업을 말미암기 때문인데, 응당 오랫동안 고통을 받는다. 넷째는 識食이다. 무색계의 중생은 식이 상속되므로 명이 단절되지 않는다.

316) 받기 위함이 아닌 까닭은 雜食을 받지 않는 것을 가리킨다.

317) '받기 … 합니다.'에서 이것은 음식 받음을 설명한 것이다. 성문은 人이 能受가 되고 食이 所受가 되어 能受와 所受이기 때문에 受食이라 말한다. 그러나 지금은 人이 能受이고 食이 所受임을 보지 않음을 설명한다. 마땅히 이러한 마음으로 저 음식을 받아야 한다.

318) '텅 비어 … 합니다.'에서 이것은 취락에 들어감을 설명한 것이다. 걸식하려면 반드시 취락에 들어가야 한다. 성문은 有聚相으로써 취락에 들어간다. 때문에 空聚相으로써 취락에 들어가야 할 것을 설명한다. 空聚란 취락의 內가 텅 빈 것으로 貧者와 富人이 없는 것이다. 만약 그렇다면 마땅히 富人을 버리고 빈자를 따라서는 안된다. 또한 聚落이 본래 필경공에 즉한 것을 空聚落이라 말한다. 만약 그럴려면 또한 마땅히 취사심이 있어서는 안된다.

319) '보이는 … 같이 하고'에서 이것은 見聞한 것을 설명한 것이다. 대저 취락에 들어가면 반드시 견문이 있는데, 범부의 見聞은 곧 諸結을 발생하고, 이승의 視聽은 곧 육진을 怖畏한다. 지금은 쌍으로 聖凡을 배척한다. 때문에 보살법을 변별한다.

고,320) 제법은 幻相과 같아서 자성도 없고 타성도 없다고 알아야 하며,321) 본래부터 그러함이 없었고 지금도 곧 소멸이 없습니다.322)

가섭이여, 만약 八邪를 버리지 않고 八解脫에 들어가 邪相으로써 正法에 들어갈 수 있다면323) 一食으로써 일체중생에게 베풀고 제불과 뭇 賢聖에게 공양을 하고난 연후에 먹어야 합니다.324) 이와 같이 먹는 사람은 번뇌가 없고 번뇌를 떠남도 아니며,325) 선정에 들어간 마음[意]도 아니고 선정에서 일어나는 마음[意]도 아니며,326) 세간에 주함도 아니고 열반에 주함도 아닙니

320) '들리는 … 받아들이고'에서 聞聲은 憙怒를 발생하지 않는데 聽聲도 마땅히 그와 같다. 향기를 맡는 것은 바람 등과 함께 하는데 바람이 香林을 스쳐가도 무심하게 받아들인다. 지금 맡는 향기도 또한 마땅히 그와 같다. 음식을 먹는 맛을 분별하지 않는 것은 법에 정해진 모습[定相]이 없기 때문이다. 분별을 말미암아 상에 집착하는데[取相] 그것을 맛[味]이라고 말한다. 만약 분별하지 않은 즉 그것은 맛[味]이 아니다. 諸觸을 받아들임은 智證과 같다. 소승에서는 智證이 소멸할 때 마음에 염오가 없는데 身에서 諸觸을 받아들임도 마땅히 그와 같다.
321) '제법은 … 알아야 하며'에서 제법은 인연으로부터 발생하기 때문에 自性과 他性이 없다. 마치 손가락을 모으면 주먹이 되는 것과 같다. 때문에 주먹에는 자성이 없듯이 손가락도 또한 그와 같다. 때문에 자성과 타성이 없다.
322) '본래부터 … 없습니다.'에서 앞 대목에서 무자성이기 때문에 무타성임을 깨우쳐준 것이다. 燃이 있기 때문에 滅이 있는 것인데 본래부터 燃이 없어서 지금은 곧 滅이 없는 것처럼 본래 自가 있기 때문에 他가 있는 것인데 본래 自가 없거늘 어디서 他가 있겠는가.
323) '가섭이여, … 있다면'에서 이것은 가섭의 正食을 가책하는 것이다. 만약 邪와 正이 不二임을 깨친다면 곧 평등관을 터득하는데, 이에 남에게 음식을 베풀어줄 수가 있다. 팔해탈은 곧 팔배사이다. 팔해탈에 어긋나는 것을 八邪라 말한다. 때문에 널리 이러한 법 등을 설명하는 것은 진실로 가섭을 말미암아 八邪를 버리고 팔해탈을 얻는다고 말한 것이다. 멸진정이 있으면 중생에게 복을 발생시켜주기 때문에 널리 설한다. 邪와 正이 이미 하나로서 곧 서로 어그러지지 않기 때문에 다시 들어간다[入]고 말한다.
324) '一食으로써 … 합니다.'에서 위에서는 그 受食을 보여서 중생의 복전을 삼았는데, 여기에서는 그 受食을 가르쳐서 다시 施主로 삼는다. 이미 邪와 正의 평등관[邪正等觀]을 터득하면 곧 그것이 無礙의 無盡法門이다. 그래서 일식으로써 일체중생에게 베풀어줄 수가 있다. 뒤에 나오는 鉢飯事의 경우와 같다. 만약 眞悟를 터득하지 못한다면 受食의 경우에 마땅히 '위로 삼보를 공양하고 아래로 사생에게 베푼다.'고 작심해야 한다. 이것이 곧 無盡의 無礙心을 건립하는 것이다.
325) '이와 … 아니며'에서 번뇌식이 있으면 범부이고, 번뇌식을 떠나면 이승이다. 지금은 범부와 이승의 둘을 버릴 것을 권장하기 때문에 번뇌의 有와 無가 아니다.
326) '선정에 … 아니며'에서 소승인에게는 二時의 入定이 있다. 첫째는 장차 공양을 하려고 할 때로서 공양 이전의 입정으로 부정관을 짓는다. 연후에 선정에서 일어나 바야흐로 공양을 한다. 둘째는 噉食 이후로서 다시 선정에 들어가서 시주의 복을 발생한다. 이들 二時는 入定하여 곧 不食의 時이고, 食하여 곧 入定하지 않은 時이다. 보살은 무애관을 터득하여 종일토록 食하고 종일토록 定이기 때문에

다.³²⁷⁾ 그처럼 보시하는 사람은 大福도 없고 小福도 없으며 이익도 없고 손해도 없는데³²⁸⁾ 이것이야말로 바로 불도에 들어가는 것으로서 성문에 의지하지 않는 것입니다.³²⁹⁾

가섭이여, 만약 이와 같이 먹는다면 타인의 보시를 헛되지 않게 먹는 것입니다.'³³⁰⁾

세존이시여, 그때 저는 그 법어를 설하는 것을 듣고 미증유를 얻어서 곧 일체보살에게 깊이 공경심을 일으키고 다시 다음과 같이 생각하였습니다.

'이처럼 재가의 이름을 지니고 있으면서도 변재와 지혜가 이에 이와 같은데, 그 누가 그것을 듣고서 아뇩다라삼먁삼보리심을 발생하지 않겠는가.'

저는 그로부터 이래로 다시는 사람들에게 성문행 및 벽지불행을 권유하지 않았습니다.³³¹⁾ 이런 까닭에 그에게 문병하러 가는 것을 맡을 수가 없습니다.''

출입이라는 명칭이 없다. 또한 大士의 體道에는 일찍이 靜과 散이 없기 때문에 선정에 들어감도 없고 선정에서 일어남도 없다.

327) '세간에 … 아닙니다.'에서 범부의 食은 壽命長存하여 住世間을 원한다. 이승이 受食하는 것은 涅槃에 들어가려는 것이다. 또한 성문의 受食은 住世間이라 말하고, 欣 이후에 열반[滅]을 취하는 것을 住涅槃이라 일컫는다. 지금은 모두 범부 및 이승의 그것과 다르기 때문에 兩非이다. 보살은 不食으로써 食하기 때문에 住涅槃이 아니고 食해도 食한 바가 없기 때문에 住世間이 아니다.

328) '그처럼 … 없는데'에서 이것은 복전을 설명한 것이다. 만약 가섭이 평등관을 터득한 즉 밖으로 평등법을 설하여 시주자에게 평등심을 획득토록 하여 복전의 대소 및 자기의 손익을 따지지 않는다. 또한 대소는 이전 사람에 달려 있고 손익은 가섭에 대한 것이라고 이해하기도 한다. 복전이 뛰어난 즉 시주가 대목을 얻고, 복전이 하열한 즉 소복을 획득한다. 음식을 얻은 즉 五事에서 이익을 획득하고, 음식을 얻지 못한 즉 오사에서 손해를 얻기 때문에 손익은 가섭에 달려있다.

329) '이것이야말로 … 것입니다.'에서 이것은 총결이다. 위에서 설명한 것은 곧 평등관의 터득이다. 바로 불도에 들어가는 것은 곧 자리이타이기 때문에 성문이 의지할 수 있는 것이 아니다.

330) '가섭이여, … 것입니다.'에서 이미 正悟가 있은 즉 곧 良田이기 때문에 남에게 보시한 것이 헛되지 않다.

331) '세존이시여, … 않았습니다.'에서 이것은 가섭의 蒙益을 설명한 것이다.

佛告須菩提;「汝行詣維摩詰問疾」

부처님께서 수보리에게 말씀하셨다.[332]
"그대가 가서 유마힐을 문병하여라."

須菩提白佛言;「世尊! 我不堪任詣彼問疾. 所以者何? 憶念我昔, 入
其舍, 從乞食, 時維摩詰取我鉢, 盛滿飯, 謂我言;『唯, 須菩提! 若能
於食等者, 諸法亦等, 諸法等者, 於食亦等; 如是行乞, 乃可取食. 若須
菩提不斷婬怒癡, 亦不與俱; 不壞於身, 而隨一相; 不滅癡愛, 起於明
脫[333]; 以五逆相而得解脫, 亦不解不縛; 不見四諦, 非不見諦; 非得果,
非不得果[334]; 非凡夫, 非離凡夫法; 非聖人, 非不聖人; 雖成就一切法,
而離諸法相, 乃可取食. 若須菩提不見佛, 不聞法, 彼外道六師; 富蘭
那迦葉, 末伽梨拘賖梨子, 刪闍夜毘羅胝子, 阿耆多翅舍欽婆羅, 迦羅
鳩馱迦旃延, 尼犍[335]陀若提子等, 是汝之師. 因其出家, 彼師所墮, 汝
亦隨墮, 乃可取食. 若須菩提入諸邪見, 不到彼岸; 住於八難, 不得無
難; 同於煩惱, 離清淨法; 汝得無諍三昧, 一切衆生亦得是定; 其施汝

---

332) 수보리는 번역하면 空生인데 또한 善吉이라고도 말한다. 수보리가 태어날 때 집 안에 있는 보배창고에
있는 온갖 물품이 텅 비었기 때문에 공생이라 말한다. 부모는 不祥스런 것이라고 말하여 점쟁이를
불러서 그것에 대하여 물었다. 점쟁이가 '唯善唯吉'이라고 말했기 때문에 善吉이라 일컫었다. 어떤
경전에서는 '수보리는 동방세계 靑龍陀佛로서 釋迦에게 영향을 주어 자신이 그 제자가 되었다.
오백 명의 무리는 덕을 遍備하지 못하고 각각 偏能만 있었다. 그런데 무릇 제일이라고 일컬어진
선길 등이었다.'고 말한다. 공양한 사람에게는 現報가 주어지는데 이미 각기 다른 덕이 있기 때문에
四大聲聞이라 말한다.

333) 明脫=解脫【明】
334) 〔非不得果〕-【元】【聖】
335) 犍=揵【宋】【元】【明】, =乾【聖】

者, 不名福田; 供養汝者, 墮三惡道; 爲與衆魔共一手作諸勞侶, 汝與
衆魔, 及諸塵勞, 身等無有異; 於一切衆生而有怨心, 謗諸佛, 毁於法,
不入衆數, 終不得滅度. 汝若如是, 乃可取食」時我, 世尊! 聞此語[336]
茫然, 不識是何言? 不知以何答? 便置鉢欲出其舍. 維摩詰言; 『唯,
須菩提! 取鉢勿懼. 於意云何? 如來所作化人, 若以是事詰, 寧有懼
不」我言; 『不也!』維摩詰言; 『一切諸法, 如幻化相, 汝今不應有
所懼也. 所以者何? 一切言說不離是相; 至於智者, 不著文字, 故無所
懼. 何以故? 文字性離, 無有文字, 是則解脱; 解脱相者, 則諸法也』
維摩詰說是法時, 二百天子得法眼淨, 故我不任詣彼問疾」

　수보리가 부처님께 사뢰어 말씀드렸다.

　"세존이시여, 저는 그에게 문병하러 가는 것을 감당할 수가 없습니다. 왜냐
하면 억념해보면 제가 옛적에 그의 집에 들어가서[337] 걸식을 하였을 때 유마
힐이 제 발우를 취하여 음식을 가득 채우고 저한테 다음과 같이 말했습니다.

　'저, 수보리여, 만약 음식에 평등한 사람은 제법에도 또한 평등하고, 제법
에 평등한 사람은 음식에도 또한 평등합니다. 이와 같이 행걸해야 이에 음

---

336) 〔語〕-【宋】【元】【明】
337) 선길이 정명의 집에 들어간 이유에 무릇 두 가지 뜻이 있다. 첫째는 가섭이 부호를 버리고 빈자를
　　따르고 선길은 빈자를 버리고 부호를 따른 것은 둘 모두 평등의 도에 어그러지기 때문에 모두 가책을
　　받았다. 때문에 빈자를 버리고 부호를 따라서 걸식하는 것은 부귀한 사람은 憍恣하여 無常을 염려하지
　　않아서, 지금은 비록 결의하지만 이후에 반드시 빈고해질 것인데 그 미혹함을 불쌍하게 여긴다. 이에
　　걸식에 나아가는데 집을 건너뛰지 않기 때문에 다음으로 정명의 집에 들어가서 그로 인하여 가책을
　　받는다. 둘째는 거사의 德은 무겁고 깊으며 원대하고, 언설은 기회를 놓치지 않으며, 오백 명의 應眞도
　　감히 그 집을 엿보지 못한다. 그래서 선길은 스스로 '깊이 공의 이치에 들어갔고 말을 함에 막힘이
　　없다.'고 말한다. 때문에 곧장 그 집에 나아가서 그한테서 걸식을 한다. 그리하여 장차 그가 入觀해본 즉
　　마음[心]은 法相을 따르지만, 그 출속에 미친 즉 생각이 事를 따라 굴러서 失을 부르고 屈을 초래한 것은
　　진실로 이것을 말미암은 것이다.

식을 취할 수가 있습니다.[338] 만약 수보리여, 婬·怒·癡를 단제하지도 않고, 또한 그것들과 함께 하지도 않으며,[339] 몸을 파괴하지 않으면서 一相을 따르고,[340] 癡·愛를 소멸하지 않고 明·脫을 일으키며, 五逆의 모습으로써 해탈을 얻지만 또한 解도 없고 縛도 없으며,[341] 사제를 보지 않지만 사제를 보지 못함도 없고,[342] 果를 얻지 않지만[343] 果를 얻지 못함도 없으며, 범부가 아니지만 범부법을 떠나있는 것도 아니고, 성인이 아니지만 성인 아님도 없으며,[344] 비록 일체법을 성취할지라도 제법상을 떠나있어야[345] 이에 음식

---

338) '저, 수보리여, … 있습니다.'에서 음식 등에 대한 것은 곧 부호의 사람의 妙食 및 가난한 집의 穢弊이다. 만약 이 麤食(穢弊) 및 妙食 등이 가능하다면 곧 제법에 대해서도 또한 평등하다. 만약 만법이 모두 평등함에 통달한다면 곧 음식 등에 대해서도 가능하고, 이 평등심을 터득한 즉 그것이 복전이다. '이에 음식을 취할 수가 있다.'는 것에 대하여 만약 그렇다면 빈자를 버리지 않고 부호를 따를 것이다. 만약 빈자를 버리고 부호를 따른다면 곧 음식에 불평등이다. 그리하여 곧 평등하지 않는 것으로 곧 복전이 아니다. 마땅히 음식을 취해서는 안되기 때문에 進과 退에 답하지 못한 것이다.
339) 婬·怒·癡를 단제하는 것은 이승이고, 婬·怒·癡와 함께 하는 것은 범부이다.
340) '몸을 … 따르고'에서 위에서는 유여열반에 대한 것이었는데, 지금은 무여열반에 의거한다. 소승인은 오음신이 파괴된 연후에 열반의 一相을 따른다고 말한다. 지금은 몸이 곧 열반의 일상으로서 파괴를 기다리지 않고 따름을 설명한다. 오음의 몸을 파괴하고 一相을 따르는 사람은 이승이고, 오음의 몸을 따르면서 一相을 모르는 것은 범부이다.
341) '五逆의 … 없으며'에서 위에서는 煩惱와 報를 설명하였는데, 지금은 이어서 업의 평등을 설한다. 소승에서는 오역업에 대하여 반드시 받는 과보가 정해져 있어서 그로부터 벗어날 도리가 없다고 설명한다. 지금은 窮重의 결박이 極上의 해탈과 같음을 설명한다. 왜냐하면 오역의 실상이 곧 해탈인데 어찌 결박과 해탈에 차이가 있겠는가.
342) '사제를 … 없으며'에서 明과 脫을 터득하는 데에는 요컨대 見(보는 행위)과 諦(사제)를 말미암아야 한다. 때문에 이어서 見과 諦마저도 부정한다. 境과 智가 본래 공이기 때문에 사제를 보지 않고, 四倒가 적연하기 때문에 사제를 보지 않음도 없다. 또한 四를 추구해도 從이 없기 때문에 諦를 보지 않고, 또한 四를 보지 않음이 없기 때문에 見이 없지 않다. 또한 사제를 보는 사람은 이승인이고, 사제를 보지 않는 사람은 범부인이다. 지금 대사의 경우는 그와 다르다. 이런 까닭에 모두 배척한다.
343) '果를 얻지 않지만'은 성문은 사제를 봄을 말미암는 까닭에 과를 얻고, 이미 사제를 보지 않은 까닭에 과를 얻지 않으며, 또한 얻는 사람과 소득법을 보지 않는 까닭에 과를 얻지 않는다.
344) '범부가 … 없으며'에서 성문은 과를 얻은 까닭에 범을 버리고 성을 성취하기 때문에 다음으로 그것을 부정한다.[非] 또한 위에서는 法에 나아가고 見을 부정하였는데, 이 대목은 人의 平等에 의거한다. 이미 과를 얻지 못했다면 마땅히 범부이지만 불과를 추구하는 까닭에 범부가 아니다. 그러나 범부가 범부의 실성을 얻지 않은 즉 곧 聖法이기 때문에 범부를 떠남도 없다. 범부를 떠남도 아니기 때문에 성인도 아니다. 그러나 道가 삼계를 초과하는 까닭에 聖 아님도 없다.
345) '비록 … 떠나있어야'에서 이 구는 곧 총결로서 上來의 모든 뜻이었다. '비록 일체법을 성취한다'는 것은

을 취할 수가 있습니다.[346] 수보리여, 만약 부처님을 친견하지 못하고[347] 법을 듣지 못한다면[348] 저 외도의 육사[349] 곧 富蘭那迦葉[350] · 末伽梨拘賒梨子[351] · 刪闍夜毘羅胝子[352] · 阿耆多翅舍欽婆羅[353] · 迦羅鳩馱迦旃延[354] ·

선길이 이미 바로 그 사람이다. 사람이 반드시 법을 성취하려면 말하자면 上來에 밝혀진 일체악법을 버리지 않고 다시 선법을 구족한다. 때문에 일체법을 성취한다고 말한다. 그러나 실로 일찍이 선악이 없기 때문에 제법상을 떠난다. 이에 取食할 수가 있다. 만약 위와 같은 설이 갖추어진 즉 평등관을 얻는데 그것이 곧 복전이기 때문에 마땅히 取食한다.

346) '婬·怒·癡를 단제하지도 않고' 이하 대목은 둘째로 解惑平等門에 나아가서 그 해혹이 불평등함을 가책한 것이다.

347) '만약 … 못하고' 이하는 解惑平等門에 나아가서 그 해혹이 불평등함을 가책한 것이다.

348) '법을 … 못한다면'이란 그 표현된 말은 반대인 것 같지만[似反] 실은 그 이치는 실제로 수순[順]이다. 만약 부처님을 친견할 수 있다면 곧 그것은 有見이기 때문에 진정으로 부처님을 친견하지 못한다.[不見佛] 만약 들은 법이 있다면 곧 그것은 有聞이기 때문에 진정으로 설법을 들은 것이 아니다.[不聞法] 그래서 지금 이 대목에서는 부처님을 친견함이 없어야 이에 진정으로 부처님을 친견함[見佛]이고, 들은 법이 없어야 비로소 진정으로 법을 들음[聞法]임을 설명한다. 무릇 이것이 바로 이승의 有를 배척한 것이다. 이런 까닭에 '無'라고 설한다. 이미 부처님이 非有임을 알게 된즉 부처님의 非無도 알게 된다. 이와 같이 五句에 대하여 受著한 바가 없어야 비로소 법신이고, 이와 같이 다섯 가지를 깨달아야 見佛이라 말한다.

349) 『정관론』에서 邪見이 심히 깊은 자는 곧 여래가 없다고 말한다. 여래는 적멸상으로서 분별유가 또한 아니다. 그러나 저 외도육사와 성문인은 부처님을 친견하고 설법을 들음으로써 곧 부처님을 스승으로 섬기고 자기는 제자가 된다고 말한다. 이처럼 외도와 다른 까닭에 그것을 부정한다. 석가는 출세하여 바로 六師를 만났다. 다만 육사는 동일하지 않는데 무릇 세 부류가 있어서 도합 열여덟 명이고, 여기에 能仁을 충족하면 열아홉 명이 된다. 제일부류는 스스로 一切智라 일컫고 裸形으로 苦行한다. 제이부류는 오신통을 터득한다. 제삼부류는 四種의 베다를 암송한다. 또한 말하자면 이들 세 부류는 修와 思와 聞의 三慧를 닦는데, 삼혜를 따라서 열여덟 명을 발생한다. 지금의 경문에서 설명한 것은 곧 제일부에 속한다.

350) 富蘭那迦葉에서 迦葉은 어머니의 姓이고 富蘭那는 字이다. 이것은 邪見外道로서 만법을 부정한다.[撥無]

351) 末伽梨拘賒梨子에서 末伽梨는 字이고, 拘賒梨는 그 어머니의 이름이다. 이 사람은 중생의 고락은 因得을 말미암지 않고 자연적으로 존재한다[有]는 것을 계탁한다.

352) 刪闍夜毘羅胝子에서 刪闍夜는 字이고 毘羅胝는 그 어머니 이름이다. 이 사람은 道는 추구해서 되는 것이 아니라 생사의 겁수를 지나서 苦가 다하면 저절로 터득된다고 말한다. 마치 高山에 대하여 실타래를 굴리는 것처럼 실타래가 다 풀리면 저절로 그치는 경우와 같은데 어찌 추구할 필요가 있겠는가.

353) 阿耆多翅舍欽婆羅에서 阿耆多는 字이고 翅舍欽婆羅는 麤弊衣의 이름이다. 이 사람은 弊衣를 걸치고 터럭을 뽑으며 五熱로 몸을 지짐으로써 苦行으로 道를 삼는다. 그러면서 今身에서 받는 苦는 後身에서 常樂이 된다고 말한다.

354) 迦羅鳩馱迦旃延에서 姓은 迦旃延이고 字는 迦羅鳩馱이다. 이 중생[物]에 상응하여 見을 일으킨다. 어떤 사람이 有인가 하고 물으면 有라고 답한다. 어떤 사람이 無인가 하고 물으면 無라고 답한다. 때문에

尼³⁵⁵⁾犍陀若提子³⁵⁶⁾ 등이 곧 그대의 스승이어서 그들을 인유해서 출가하여 그 육사가 떨어진 경지에 그대도 또한 따라서 떨어져야만³⁵⁷⁾ 이에 음식을 취할 수 있습니다.³⁵⁸⁾ 만약 수보리여, 모든 사견에 들어간다면 피안에 도달하지 못합니다. 八難에 머물러서 팔난이 없음을 얻지 못하고,³⁵⁹⁾ 번뇌와 함께 하여 청정법을 떠나 있습니다.³⁶⁰⁾ 그대가 얻은 無諍三昧는 일체중생도 또한 그 선정을 얻습니다.³⁶¹⁾ 그대한테 음식을 보시하는 사람은 복전이라 말할 수

제법을 亦有이고 亦無라고 집착한다.

355) 犍＝揵【宋】【元】【明】, ＝乾【聖】

356) 尼犍若提子 등에서 尼犍陀는 出家의 총명칭이다. 마치 불법에서 출가한 사람을 사문이라고 말하는 경우와 같다. 若提子는 어머니의 이름이다. 이 사람은 罪·福·苦·樂은 본래부터 정해진 因이므로 반드시 받는 것이지 行道를 통해서 단제할 수 있는 것이 아니라고 말한다.

357) '이것이 … 떨어져야만'에서 이것은 선길로 하여금 외도를 스승으로 섬겨서 그로 인하여 출가토록 한다는 것이다. 현세에 그 邪法을 받아들인 까닭에 사견에 떨어지는데 후세에 받는 그 과보도 마찬가지이다. 때문에 악도에 떨어져서 이에 取食을 한다. 그러나 만약 육사와 다른 즉 邪와 正의 相異를 보게 되어 곧 等觀이 없기 때문에 음식 받는 것을 감당할 수가 없다. 만약 육사가 곧 법신인 줄을 알아서 육사와 동일시한 즉 그것은 곧 법신과 같아서 곧 등관을 터득한다.

358) '만약 … 못하고' 이하 대목은 셋째로 內外平等門에 나아가서 그 내외가 불평등함을 가책한 것이다.

359) '八難에 … 못하고'라는 것은 이미 사견에 들어가면 곧 팔난이 발생하여 無難處를 얻지 못하게 된다. 때문에 이와 같이 가책하는 것이다. 선길은 스스로 '팔난을 떠남으로써 人身을 얻고, 삼악도 및 장수천을 떠남으로써 염부제에 태어나며, 北鬱單越를 떠남으로써 부처님 세상을 만나고, 佛前과 佛後를 떠남으로써 정도를 얻으며, 世智와 辨聰을 떠남으로써 육근을 구족하여 生盲과 生聾을 떠난다.'고 말한다. 이것은 곧 난과 무난이 둘임을 말한 것이다. 그러나 지금 이 대목에서는 팔난에 도달한 즉 그것이 무난임을 설명한다. 지금 팔난에 주하는 것이야말로 이미 난을 보지 않고 또한 무난도 보지 않는 것이다. 때문에 無難을 얻지 않는다고 말한다.

360) '번뇌와 … 있습니다.'는 것은 사견에 들어간 것이고, 팔난에 있다는 것은 곧 번뇌[結]가 일어남이 없는 것이다. 이미 번뇌[結]가 일어남이 없지만 청정법을 떠나있다. 때문에 이와 같이 가책한 것이다. 선길은 스스로 '번뇌와 달리 청정법을 떠나지 않는다.'고 말한다. 때문에 지금 이 대목에서 번뇌의 체성이 곧 그대로 실상임을 설명한다. 만약 번뇌와 같은 즉 그것은 실상과 같고, 청정법을 떠난 즉 그것은 번뇌를 떠나 있는 것이 아니다.

361) '그대가 … 얻습니다.'에서 선길은 스스로 無諍定을 얻었고 군생은 얻지 못했다고 말한다. 이 무득정으로써 중생을 위한 복전으로 삼으려는 것이다. 이것은 곧 자타가 둘로서 得과 不得이 다르다고 본 것이다. 이런 까닭에 선길이 군생에게 준 것은 자성[性]은 항상 본래부터 동일함을 설명한다. 어찌 무득정을 선길 혼자만 터득하고 군생은 터득하겠는가. 때문에 지금은 不得이 得과 같고 득이 부득과 같아서 득과 부득이 불이이고 자타가 평등이다. 무쟁삼매에는 무릇 두 가지가 있다. 첫째는 안으로 실상을 따르는 것이다. 둘째는 밖으로 중생의 마음을 어기지 않는 것을 무쟁이라 말한다.

가 없습니다. 그대한테 공양하는 사람은 삼악도에 떨어집니다.362) 온갖 魔와 함께 더불어 손을 잡고 모든 勞侶를 지으며, 그대가 온갖 魔 및 모든 塵勞와 함께 평등하여 다름이 없습니다.363) 일체중생에게 怨心이 있고, 제불을 비방하며, 법을 훼손하고, 승가[衆數]에 들어가지 못하며, 끝내 멸도를 얻지 못합니다.364) 만약 그대가 이와 같아야 이에 음식을 취할 수 있습니다.'365)

세존이시여, 그때 저는 그 법어를 듣고 망연하여 무슨 말을 해야 할지 몰랐습니다. 무슨 답변을 해야 할지도 몰랐습니다. 이에 곧 발우를 내려놓고 그 집을 나오려고 하자366) 유마힐이 말했습니다.

'저, 수보리여, 두려워하지 말고 발우를 가져가십시오.367) 어떻게 생각하십니까. 여래께서 만들어낸 化人이 만약 이런 일로 힐난을 받으면 어찌 두려워하겠습니까.'

제가 말했습니다.

'그렇지 않습니다.'

유마힐이 말했습니다.

'일체제법이 幻化의 모습과 같으니, 그대는 이제 결코 두려워하지 마십시

---

362) '그대한테 … 떨어집니다.'에서 이것은 田과 非田이 不二이고 惡道와 善道의 體性이 無別임을 설명한 것이다.

363) '온갖 … 없습니다.'에서 세간의 造物과 所作이 다르지 않는 것을 一手라 말한다. 이 一手가 곧 共히 塵勞와 伴侶가 되기 때문에 魔와 不異이다. 그러나 마와 실상은 불이이다. 이미 마와 더불어 동일하여 불이인즉 실상과도 불이이다.

364) '모든 사견에 들어간다면' 이하 대목은 넷째로 邪正平等門에 나아가서 그 사정이 불평등함을 가책한 것이다.

365) '일체중생에게 … 있습니다.'에서 이것은 怨親이 平等하고 毀譽가 一貫이며 出入이 無別이고 得不得이 均임을 설명한 것이다. 만약 이와 같아야만 이에 取食할 수가 있다.

366) '세존이시여, … 하자'에서 이것은 마땅히 가서는 안되는 곳에 간 것을 설명한 것이다. 거듭 가책을 받게 된 이유가 그것이 어떤 言인지도 모르고 어떻게 쏨해야 할지도 모른다는 것이다.

367) '저, 수보리여, … 가져가십시오.'에서 이것은 거듭 가책을 받은 것이다. 두려워서 답변하지 못하고 발우를 내려놓는 것은 곧 다시 言相에 집착하는 것인데, 지금은 그렇게 막혀있는 것을 풀어주려고 발우를 가지고 가도록 한다. 때문에 먼저 두려워하지 말고 발우를 가져가라고 말한다.

오. 왜냐하면 일체의 언설이 이러한 幻化의 모습을 떠나있지 않고[368] 지혜에 도달한 자는 문자에 집착하지 않기 때문에 두려움이 없습니다. 왜냐하면 문자의 자성을 떠나서는 문자가 없는 그것이 곧 해탈이고 해탈의 모습이 곧 제법이기 때문입니다.'[369]

유마힐이 그렇게 법을 설했을 때 이백의 천자가 법안정을 터득하였습니다. 때문에 저는 그에게 문병하러 가는 것을 맡을 수가 없습니다."[370]

佛告富樓那彌多羅尼子;「汝行詣維摩詰問疾」

부처님께서 부루나미다라니자에게 말씀하셨습니다.
"그대가 가서 유마힐을 문병하여라."[371]

---

368) '어떻게 … 않고'에서 정명이 幻化로써 선길에게 따지는 것에 무릇 세 가지가 있다. 첫째는 聽人이 化와 같은 것이다. 둘째는 말하자면 諸法이 化와 같다는 것이다. 셋째는 언설이 化와 같다는 것이다. 선길 그대는 이미 해공제일이므로 마땅히 化와 같은 줄 알 것이다. 그런데 化로써 化를 듣는다는 것에 어찌 두려움이 있겠는가. 이 相을 떠나지 못한 것이야말로 言說이 幻相을 떠나지 못한 것이다.

369) '지혜에 … 때문입니다.'에서 위에서는 문자가 化와 같음을 설명하였는데, 이 대목은 문자가 곧 해탈로서 문자에 결코 집착해서는 안된다는 것을 설명한다.

370) '유마힐이 … 없습니다.'에서 이것은 다섯째로 시회대중이 얻은 이익을 설명한 것이다.

371) '부처님께서 … 문병하여라.'에서 이것은 부루나에게 명한 것이다. 앞에서 네 명의 대성문에 대해서는 이미 마치고, 지금은 이어서 삼장법사에 대한 것이다. 나집공은 '부루나는 그의 字인데 번역하면 滿이다. 彌多羅尼는 그 어머니 이름인데 번역하면 知識이다. 어머니의 이름과 합쳐서 字를 삼았다.'고 말한다. 진제삼장은 '滿이라 일컬은 까닭은 그 집에 아이가 없었다. 江神에게 기도하여 어머니가 밤에 꿈속에 보니, 보배그릇에 진기한 음식이 盛滿하여 마침내 배 안에 먹어치웠다. 이튿날 아침에 남편에게 그것을 말하자 남편이 말했다. 당신은 아이를 낳을 것인데 지혜가 만족할 것입니다. 이로써 이름은 滿이라고 하였다.'고 말한다. 彌多羅는 번역하면 慈行이다. 『四韋陀論』에 [자행품]이 있는데 그 어머니가 암송하였기 때문에 이름을 慈行이라 하였다. 이들을 합쳐서 말하자면 이름이 滿慈子이다. 십대제자 가운데서 법사제일로서 阿毘曇을 잘 이해하였다.

富樓那白佛言;「世尊! 我不堪任詣彼問疾. 所以者何? 憶念我昔於大林中, 在一樹下爲諸新學比丘說法. 時維摩詰來謂我言;『唯, 富樓那! 先當入定, 觀此人心, 然後說法. 無以穢食置於寶器, 當知是比丘心之所念, 無以琉璃同彼水精. 汝不能知衆生根源[372], 無得發起以小乘法. 彼自無瘡, 勿傷之也; 欲行大道, 莫示小徑; 無以大海, 内於牛跡; 無以日光, 等彼螢火. 富樓那! 此比丘久發大乘心, 中忘此意, 如何以小乘法而敎導之? 我觀小乘智慧微淺, 猶如盲人, 不能分別一切衆生根之利鈍』時維摩詰即入三昧, 令此比丘自識宿命, 曾於五百佛所植衆德本, 迴向阿耨多羅三藐三菩提, 即時豁然, 還得本心. 於是諸比丘稽首禮維摩詰足. 時維摩詰因爲說法, 於阿耨多羅三藐三菩提不復退轉. 我念聲聞不觀人根, 不應說法, 是故不任詣彼問疾」

부루나가 부처님께 사뢰어 말씀드렸다.

"세존이시여, 저는 그에게 문병하러 가는 것을 감당할 수가 없습니다. 왜냐하면 억념해보면 제가 옛적에 大林 가운데 어떤 나무 아래서 많은 신학비구들을 위해서 설법하고 있었습니다.[373] 그때 유마힐이 다가와서 저한테 다음과 같이 말했습니다.

'저, 부루나여, 먼저 반드시 선정에 들어가서 그 사람의 마음을 관찰하고[374] 연후에 설법해야 합니다. 더러움이 없는 음식은 보배그릇에 담아야

---

372) 源=原【聖】

373) 나집공은 '비야리 부근에 園林이 있고 林 안에 水가 있는데 水의 이름은 獼猴池이다. 그리고 園 안에 승방이 있는데 이것은 비야리의 세 精舍 가운데 하나이다. 부루나는 그 안에서 新學들에게 說法하였다.'고 말한다.

374) '먼저 … 관찰하고'는 小乘智는 限과 礙가 있고, 또한 常定할 수가 없다. 무릇 관찰되는 것이 선정에 들어있으면 곧 보이지만 선정에서 나오면 곧 보이지 않으며, 또한 선정의 힘이 깊은 사람은 중생의 근기를 보아 팔만 겁을 다하지만 선정의 힘이 얕은 사람은 몸을 셀 수 있을 뿐이다. 이 신학비구는

합니다.[375] 반드시 그 비구가 마음으로 생각하는 것을 알아야 합니다. 유리를 가지고 저 수정과 동일하게 간주해서는 안됩니다.[376] 그대가 중생의 근원을 모르고서는 소승법을 발기해서는 안됩니다. 그 자체에 상처가 없는 것에 상처를 내지 마십시오.[377] 큰길을 걸어가려고 하면 작은 길을 보아서는 안됩니다. 대해를 소 발자국에 담아서는 안됩니다. 햇볕을 저 반딧불이의 불빛과 같게 보아서는 안됩니다.[378]

부루나여, 이 비구들은 오래전에 대승심을 발생했지만 중간에 그 마음[意]을 잊어버린 것일 뿐인데, 어찌 소승법으로써 그들을 교도하는 것입니까. 제가 관찰하건대 소승은 지혜가 미천하여 마치 맹인과 같아서 일체중생의 근기의 利鈍을 분별하지 못합니다.'[379]

그때 유마힐이 곧 삼매에 들어가서 그 비구들로 하여금 스스로 숙명을 알게 하였는데, 일찍이 오백 부처님 처소에서 갖가지 덕의 근본을 심었고 아뇩다라삼먁삼보리를 회향하였기에[380] 즉시에 활연하게 본심을 터득하였습

근기는 대승이지만 소승법을 설한다. 때문에 그에게 선정에 들어야 할 것이라고 말한다.
375) '더러움이 … 합니다.'에서 穢食은 小法이고, 寶器는 大機이다.
376) '반드시 … 안됩니다.'에서 비구의 마음은 대승인데 그대는 그것을 반드시 알아야 한다. 유리는 貴玉이지만 수정은 賤珍으로서 결코 대승심의 유리가 아니라 소승의 수정과 같다. 반드시 소승 및 대승의 두 근기의 優와 降을 잘 알아야 한다.
377) '그대가 … 마십시오.'에서 이것은 根原에 어긋남을 가책한 것이다. 초구는 직접 根原을 알지 못하고 발기하지 못함을 가책한 것이다. 그가 소승법을 주고 있음을 가책한 것이다. 대승의 근성을 가진 사람을 無瘡과 같음에 비유하는데, 소승을 설하고 대승을 줄이는 것은 그것을 상해하는 것과 같다.
378) '큰길을 … 안됩니다.'에서 이것은 근기와 욕락을 알지 못함을 거듭 가책한 것이다. 대승근기는 원하는[欲]대로 대도를 실천하지만 소승법은 작은 길과 같다. 이 대목은 불도의 추구를 위해 비유를 시설한 것이다. 널리 중생을 제도하려면 마음이 대해와 같아야 한다. 그런데 소승법은 소 발자국과 같다. 대승을 되돌려 소승으로 들어가게 하는 것은 소 발자국 안에 담는 것과 같다. 널리 만행을 닦는 것은 마음이 해와 달과 같고, 소승행을 일으키는 것은 마음이 반딧불이의 불빛과 같아서 그 밝고 어둠이 이미 현격하여 결코 동등하지 않다.
379) '부루나여, … 못합니다.'에서 이것은 根原을 알지 못함을 거듭 가책한 것이다. 지혜가 미천함은 小乘智의 體이고, 분별하지 못함은 小乘智의 用이다.
380) '그때 … 회향하였기에'에서 이것은 시회대중이 얻은 이익을 설명한 것이다. 이 대목은 곧 二敎의

니다. 이에 제비구들이 유마힐의 발에 머리를 숙여 예배하였습니다.[381] 그 때 유마힐의 설법을 인유하여[382] 아뇩다라삼먁삼보리에서 다시는 퇴전하지 않았습니다.[383] 제가 생각해보니 성문은 남의 근기를 관찰하지 못하여 상응하는 설법을 하지 못합니다.[384] 이런 까닭에 저는 그에게 문병하러 가는 것을 맡을 수가 없습니다."

佛告摩訶迦旃延; 「汝行詣維摩詰問疾」

　부처님께서 마하가전연[385]에게 말씀하셨습니다.
"그대가 가서 유마힐을 문병하여라."

迦旃延白佛言; 「世尊! 我不堪任詣彼問疾. 所以者何? 憶念昔者, 佛爲諸比丘略說法要, 我卽於後, 敷演其義, 謂無常義, 苦義, 空義, 無我義, 寂滅義. 時維摩詰來謂我言; 『唯, 迦旃延! 無以生滅心行, 說實相

　　雙盆이다. 二敎는 말하자면 구업과 의업이고, 二[雙]盆은 淺과 深이 같지 않다. 이 대목은 初敎[口業]에 해당한다.

381) '즉시에 … 예배하였습니다.'에서 이것은 初盆[淺盆]이다.
382) '그때 … 인유하여'에서 이것은 둘째의 敎[意業]이다.
383) '아뇩다라삼먁삼보리에서 다시는 퇴전하지 않았습니다.'에서 이것은 둘째의 盆[深盆]이다.
384) '제가 … 못합니다.'에서 이것은 滿慈가 받은 굴복이다.
385) '마하'는 大이다. 가전연은 남천축 바라문의 姓으로서 本姓을 가지고 일컬은 것인데, 별명은 扇繩이다. 아버지가 일찍 돌아가셨지만 어머니는 아들을 사랑하여 재혼하지 않았다. 줄을 사립문에 묶으면 바람이 불어도 움직이지 않은 것과 같기 때문에 이름을 扇繩이라 하였다. 십대제자 가운데 논의제일로서 수다라를 잘 이해하였다. 부처님 재세시에 『昆勒論』을 지었는데 십만 偈頌 삼백이십만 言(字)이다.

法. 迦旃延! 諸法畢竟不生不滅, 是無常義; 五受陰, 洞[386]達空無所起, 是苦義; 諸法究竟無所有, 是空義; 於我, 無我而不二, 是無我義; 法本不然, 今則無滅, 是寂滅義』說是法時, 彼諸比丘心得解脫. 故我不任詣彼問疾」

가전연이 부처님께 사뢰어 말씀드렸다.

"세존이시여, 저는 그에게 문병하러 가는 것을 감당할 수가 없습니다. 왜냐하면 억념해보니, 부처님께서 제비구를 위하여 법요를 약설하시고,[387] 제가 곧 그 후에 그 뜻을 부연하여 '無常의 뜻이고,[388] 苦의 뜻이며, 空의 뜻이고, 無我의 뜻이며, 寂滅의 뜻이다.'고 말했습니다. 그때 유마힐이 다가와서 저한테 다음과 같이 말했습니다.

'저, 가전연이여, 생멸이 없는 마음[心行]으로 실상법을 설해야 합니다.[389]

---

386) 洞=通【聖】

387) 유위법은 無常·苦·空·無我이고, 無爲法은 寂滅·不動이다. 이 유위와 무위의 둘은 일체법을 다 총합하기 때문에 간략하다[略]고 말한다. 부처님은 단지 먼저 이것을 약설했는데 가전연이 나중에 五門과 三印으로 자세하게 펼쳤는데 離·合의 不同이 있다. 無常의 印을 열어서 苦로 삼고, 無我의 (印)을 열어서 空으로 삼으며, 無爲는 곧 寂滅이기 때문에 이것이 무상·고·무아·공·무위 곧 적멸의 五門이다. 이것은 삼법인과 다르지 않는데 이것은 단지 소승일 뿐으로 대승의 무아는 오직 생사에만 있어서 一切法無我라고 말할 수가 없다. 그런데 오문은 곧 소승과 대승에 모두 통한다.

388) '가전연이여, … 뜻입니다.'에서 이것은 개별적으로 오문을 해석한 것이다. 가전연의 실수를 가책한 즉 그것은 대승심을 활용하여 소승으로써 소승을 배척한 것이다. 無常은 명칭이다. 대승과 소승에서는 똑같이 무상이라는 명칭을 변별한다. 다만 무상의 뜻에 대해서는 대승과 소승이 곧 다르다. 가전연은 생멸로써 무상의 뜻을 해석한다. 그러나 정명은 무생멸로써 무상의 뜻을 해석한다. 왜냐하면 부처님이 설한 무상이라는 명칭에 무릇 두 가지 뜻이 있기 때문이다. 첫째는 常을 타파하는 것이고, 둘째는 常에 집착하지 않는 것이기 때문이다. 지금은 이변을 떠나서 중도에 悟入하는 것이다.

389) 부처님이 무상을 요해한 것은 무생이고 무멸로서 곧 실상이다. 그러나 가전연은 무상을 곧 생멸법이라고 말하기 때문에, 부처님이 무생멸심으로써 무상을 설하고 무생멸심에 즉하여 실상을 설한다. 가전연은 생멸법을 듣고 생멸심을 일으켜서 무상을 설하는데, 그것은 생멸심행으로써 실상법을 설한다. 그래서 언설에서 보면 비록 같을지라도 그 마음은 곧 다르다. 때문에 가전연이 가책을 받은 것은 부처님의 허물이 아니다.

가전연이여, 제법은 필경에 불생불멸인데 그것이 無常의 뜻입니다. 오온[五受陰]에서 공을 통달하여 발기가 없는 그것이 곧 苦의 뜻입니다.[390] 제법은 구경에 존재하지 않는 것이 곧 空의 뜻입니다.[391] 我와 無我가 둘이 아님이 곧 무아의 뜻입니다.[392] 법은 본래부터 그러함이 없었고 지금도 곧 소멸이 없는 그것이 곧 寂滅의 뜻입니다.'[393]

그 법어를 설했을 때 그 제비구들이 마음에 해탈을 터득하였습니다.[394] 때문에 저는 그에게 문병하러 가는 것을 맡을 수가 없습니다."

佛告阿那律;「汝行詣維摩詰問疾」

부처님께서 아나율에게 말씀하셨습니다.

"그대가 가서 유마힐을 문병하여라."[395]

---

390) '오온[五受陰]에서 … 뜻입니다.'에서 유루의 오음은 受染의 생사이므로 수음이라 말한다. 소승은 수음이 일어난 즉 갖가지 고가 발생하여 고의 뜻이 된다. 대승은 수음의 내외가 항상 공임을 통달하여 본래 일어남이 없는데 어찌 고가 발생하겠는가.

391) '제법은 … 뜻입니다.'에서 이 句는 소승의 두 가지 뜻에 대한 것이다. 첫째로 毘曇人은 內에 人이 없음을 공으로 삼는데 아직 有法이 남아있기에 이것은 구경공이 아니다. 그러나 대승은 즉 人과 法이 모두 공이기에 비로소 구경공의 뜻이 된다. 둘째는 「성실론」에서는 人과 法이 모두 공인데 有를 제거해도 공은 남아 있기에 이것도 또한 구경공의 뜻이 아니다. 대승은 즉 空과 有가 모두 없기에 비로소 구경공이다.

392) '我와 … 뜻입니다.'에서 유소득인은 아를 타파하고 무아에 머문 즉 아견과 무아가 둘이다. 그러나 지금의 이 대목은 이러한 병을 對斥한 것으로서 아와 무아가 둘이 아님을 설명한 것이다.

393) '법은 … 뜻입니다.'에서 앞의 사구는 생사를 변별하였는데, 지금은 열반을 설명한다. 소승은 생사가 然盡하기 때문에 적멸의 열반이 있다고 말하는데, 대승은 생사가 본래 不燃이고 지금도 즉 불멸이어야 비로소 적멸의 뜻임을 설명한다.

394) '그 법어를 … 터득하였습니다.'에서 이것은 시회대중의 得悟를 설명한다. 만약 常을 없애고 무상에 머문다면 常에서 해탈을 얻을지라도 무상에 계박되고 만다. 만약 정명이 변별한 것처럼 常을 없애고도 무상에 머물지 않게 되면 소연하여 의지함이 없는데 그것을 해탈이라 말한다.

395) '부처님께서 … 문병하여라.'에서 이것은 일곱째로 아나율에게 명한 것이다. 그러나 三藏의 입장에서 그것을 설명하자면 마땅히 다음으로 우팔리에게 명했어야 한다. 그러나 다만 앞의 두 사람 곧 부루나

阿那律白佛言; 「世尊! 我不堪任詣彼問疾. 所以者何? 憶念我昔於
一處經行, 時有梵王, 名曰嚴淨, 與萬梵俱, 放淨光明, 來詣我所, 稽首
作禮問我言; 『幾何阿那律天眼所見』我卽答言; 『仁者! 吾見此釋
迦牟尼佛土三千大千世界, 如觀掌中菴摩勒果』時維摩詰來謂我言;
『唯, 阿那律! 天眼所見, 爲作相耶? 無作相耶? 假使作相, 則與外道
五通等; 若無作相, 卽是無爲, 不應有見』世尊! 我時默然. 彼諸梵聞
其言, 得未曾有! 卽爲作禮而問曰; 『世孰有眞天眼者』維摩詰言;
『有佛, 世尊, 得眞天眼, 常在三昧, 悉見諸佛國, 不以二相』於是嚴
淨梵王及其眷屬五百梵天, 皆發阿耨多羅三藐三菩提心, 禮維摩詰足
已, 忽然不現! 故我不任詣彼問疾」

아나율이 부처님께 사뢰어 말씀드렸다.

"세존이시여, 저는 그에게 문병하러 가는 것을 감당할 수가 없습니다. 왜
냐하면 억념해보니, 제가 옛적에 어떤 곳에서 경행을 하고 있었습니다. 그
때 범왕이 있었습니다. 이름이 엄정이었는데 만 명의 범천과 함께 있으면서

및 가전연에서 이미 설법을 설명하였기에, 지금은 그 다음으로 신통을 변별하는데 서로 질문을 통해서
내보인다. 아나율은 번역하면 如意인데, 또한 無貪이라고도 일컬으며, 또 不滅이라고도 말하는데 거의
동일한 뜻이다. 팔만 겁 이전에 일찍이 벽지불에게 공양하여 선근을 얻었는데 지금도 그것이 소멸되지
않았기 때문에 不滅이라 말한다. 그리고 과보가 마음에 칭합되기 때문에 如意라고 말한다. 師子頰王에게
네 명의 아들이 있었다. 그 첫째 아들은 이름이 淨飯으로서 두 아들을 두었는데 형은 이름이 悉達이고,
동생은 이름이 難陀이다. 師子頰王의 둘째 아들은 이름이 斛飯으로서 두 아들을 두었는데, 형은
이름이 調達이고, 동생은 이름이 阿難이다. 셋째 아들은 白飯王으로서 두 아들을 두었는데 형은
이름이 那律이고, 동생은 이름이 摩訶男이다. 넷째 아들은 甘露飯王으로서 두 아들을 두었는데 형은
이름이 跋提이고, 동생은 이름이 提沙이다. 사자협왕의 딸은 이름이 甘露味로서 아들 하나만 두었는데
이름이 尸陀羅이다. 아나율은 곧 부처님의 從弟로서 天眼第一이다. 천안을 얻은 까닭은 일찍이 어느 때
부처님 곁에서 설법을 듣다가 졸았다. 부처님이 아나율을 가책하여 '螺蜯子[조개]와 같은 녀석'이라고
꾸짖었다. 아나율은 부끄러워서 며칠 동안 잠을 자지 않았는데, 마침내 실명을 하였다. 이에 노파에게
눈을 치료하고자 문의하였는데 노파가 말했다. '눈에는 잠을 자는 것이 밥입니다. 오랫동안 잠을 자지
못하여 눈이 굶어죽은 것입니다. 다시는 치료할 수가 없습니다.' 아나율은 수행을 인하여 천안을 얻었다.

청정한 광명을 비추면서 제가 있는 곳으로 다가와서 계수하여 작례하고 저한테 질문으로 말했습니다.

'아나율의 천안에 보이는 것은 어느 정도입니까.'

제가 곧 답변하여 말했습니다.

'그대들이여, 저는 이 석가모니의 삼천대천세계를 보는데 마치 손바닥 안의 아마륵과396)를 관찰하는 것과 같습니다.'

그때 유마힐이 다가와서 저한테 다음과 같이 말했습니다.

'저, 아나율이여, 천안으로 보는 것은 형상으로 되어 있는 것입니까, 형상으로 되어 있지 않는 것입니까. 가사 형상으로 되어 있는 것이라면 곧 외도의 오신통과 같을 것입니다. 만약 형상으로 되어 있는 것이 아니라면 곧 그것은 無爲로서 결코 볼 수가 없을 것입니다.'

세존이시여, 그때 저는 묵연하였습니다. 저 모든 범왕이 그 말을 듣고 미증유를 터득하였습니다. 이에 곧 작례하고 다음과 같이 물었습니다.

'세간에서 누가 진정한 천안을 가지고 있습니까.'

유마힐이 말했다.

'저 佛世尊께서는 진정한 천안을 가지고 항상 삼매에서 제불국토를 다 보시되 二相으로 보지 않습니다.'

이에 엄정법왕 및 그 권속인 오백 범천이 모두 아뇩다라삼먁삼보리심을 발생하고, 유마힐의 발에 예배를 드리고 나서 홀연히 모습을 감추었습니다.397) 때문에 저는 그에게 문병하러 가는 것을 맡을 수가 없습니다."

---

396) 아마륵과는 형태가 檳榔과 비슷한데 그것을 먹으면 風이 제거되고, 추울 때는 손에 이 아마륵과를 쥐기 때문에 곧 이 아마륵과로써 비유를 삼은 것이다.

397) '이에 … 감추었습니다.'에서 이것은 발심이다. 범왕은 이미 외도와 이승이 진정한 천안이 아님을 듣고 있었다. 그래서 오직 불세존만이 저 聖과 凡을 버리고 불심을 발한다.

佛告優波離[398]; 「汝行詣維摩詰問疾」

부처님께서 우파리[399]에게 말씀하셨다.
"그대가 가서 유마힐을 문병하여라."

優波離白佛言; 「世尊! 我不堪任詣彼問疾. 所以者何? 憶念昔者[400],
有二比丘犯律行, 以爲恥, 不敢問佛, 來問我言; 『唯, 優波離! 我等犯
律, 誠以爲恥, 不敢問佛, 願解疑悔, 得免斯咎!』我卽爲其如法解說.
時維摩詰來謂我言; 『唯, 優波離! 無重增此二比丘罪! 當直除滅, 勿
擾其心. 所以者何? 彼罪性不在內, 不在外, 不在中間, 如佛所說, 心
垢故衆生垢, 心淨故衆生淨. 心亦不在內, 不在外, 不在中間, 如其心
然, 罪垢亦然, 諸法亦然, 不出於如. 如優波離, 以心相得解脫時, 寧有
垢不』我言; 『不也!』維摩詰言; 『一切衆生心相無垢, 亦復如是.

---

398) 優波離＝優婆離【聖】下同
399) 우파리는 왕사성의 천인이었는데 번역하면 上首이다. 모든 석가족 사람의 剃毛師로서 후에 모든 석가족
사람이 부처님에게 나아가서 출가하였을 때 우파리도 따라갔다. 부처님 처소에 도착했을 때 모든
석가종이 보배와 의복과 장식품을 벗고 또한 타는 코끼리까지 모든 것을 우파리에게 주었다. 우파리는
마음속으로 '모든 석가족 사람의 豪貴가 이와 같은데도 오히려 버리고서 출가하는데 나는 어떻게 살아갈
것인가.'를 생각하고 받은 재물을 나무 아래에 안치하고 코끼리를 나무에 매어놓고 다음과 같이 말했다.
'이것을 취하려는 사람에게 나는 모든 것을 주겠다.' 그리고는 마침내 부처님 처소로 갔다. 모든 석가족
사람은 우파리가 찾아온 뜻을 물으니 우파리는 그 까닭을 자세하게 답변하자, 모든 석가족 사람은
크게 기뻐하며 곧 부처님 앞에 예를 드리며[屈前] 그를 제도해줄 것을 청하여 '이 사람은 본래 저희들을
가까이에서 섬겼습니다. 만약 후에 출가한다면 저희들은 이 때문에 경멸받는다 해도 기뻐할 것입니다.
부처님 앞에서 예를 드리고 제도되면 저희들은 마땅히 우파리를 공경하고 섬길 것입니다.'라고 하였다.
모든 석가족 사람들이 함께 작례를 하였다. 그때 대지가 진동하고 허공 속에서 찬탄하는 소리가 들렸다.
'모든 석가족 사람이여, 교만의 산은 무너졌습니다. 우파리는 출가한 후에 毘尼를 잘 이해하여 그로써
세세에 지율할 것을 서원할 것입니다.' 이런 까닭에 지금도 지율제일이다.
400) 者＝時【聖】

唯, 優波離! 妄想是垢, 無妄想是淨; 顚倒是垢, 無顚倒是淨; 取我是垢, 不取我是淨. 優波離! 一切法生滅不住, 如幻如電, 諸法不相待, 乃至一念不住; 諸法皆妄見, 如夢, 如炎, 如水中月, 如鏡中像, 以妄想生. 其知此者, 是名奉律; 其知此者, 是名善解」於是二比丘言; 『上智哉! 是優波離所不能及, 持律之上而不能說」我卽[401]答言; 『自捨如來, 未有聲聞及菩薩, 能制其樂說之辯, 其智慧明達, 爲若此也!」時二比丘疑悔卽除, 發阿耨多羅三藐三菩提心, 作是願言; 『令一切衆生皆得是辯」故我不任詣彼問疾」

우파리가 부처님께 사뢰어 말씀드렸다.

"세존이시여, 저는 그에게 문병하러 가는 것을 감당할 수가 없습니다. 왜냐하면 억념해보니, 옛적에 어떤 두 비구가 율행을 범함으로써 부끄러워서 감히 부처님께 여쭙지 못하고 저한테 찾아와서 다음과 같이 질문을 하였습니다.[402]

'저, 우파리여, 저희들은 율을 범하여 진실로 부끄럽습니다. 감히 부처님께 여쭙지 못하니, 바라건대 疑悔를 풀어주어 이 허물을 벗어나게 해주십시오.'

---

401) 〔卽〕-【宋】【元】【明】【聖】

402) 犯律行者 가운데 한 비구는 似婬戒를 범했고, 다른 비구는 似殺人戒를 범하였는데, 범계사건의 사례[事別]는 경전에 나온다. 어떤 두 비구가 숲속에서 수행을 하고 있었다. 한 비구는 피로하여 벌렁 누운 자세로 깊은 잠이 들었다. 홀연히 어떤 여인이 여인의 몸을 그 비구의 위에 포갰다. 그러자 그 비구가 不淨物을 流出하였다. 잠이 깨서야 비로소 알아차리고 도반에게 그 사실을 털어놓자, 도반이 말했다. '그 여인이 오는지 살펴보기로 하자.' 그 여인이 홀연히 찾아오자 다른 비구가 곧 그 여인을 쫓아갔다. 여인은 무서워서 달리다가 마침내 구덩이에 떨어져서 죽었다. 이것이 似殺人이다. 때문에 犯律行이라 말하는데, 진실로 부끄러워해야 할 것이다. 대저 죄를 범한 사람은 한편으로는 후세에 받을 苦를 두려워하고, 한편으로는 현재에 지은 행위를 두려워해서 감히 부처님에게 여쭙지 못하였다. 부처님은 이미 그들을 존중하고 있었기에 참괴가 다시 깊어졌다. 때문에 감히 여쭙지 못하였다. 또한 부처님은 분명하게 法相을 보아 단죄를 결정한 즉 영원히 淸衆으로부터 방출되기 때문에 감히 부처님께 여쭙지 못하였다. 우파리는 이미 지율의 상수였기에 그로 인하여 의심되는 것을 따졌다.

제가 곧 그들을 위해서 여법하게 해설해주었습니다.[403] 그때 유마힐이 다가와서 저한테 다음과 같이 말했습니다.

'저, 우파리여, 이 두 비구의 죄를 더욱더 무겁게 하지 마십시오. 당장 없애주어 그 마음을 흔들어서는 안됩니다. 왜냐하면 그 죄의 자성은 안에도 없고 밖에도 없으며 중간에도 없습니다.[404] 부처님이 설한 것처럼 마음이 오염되기 때문에 중생이 오염됩니다. 마음이 청정하기 때문에 중생이 청정합니다.[405] 마음은 또한 안에도 없고 밖에도 없으며 중간에도 없습니다. 그 마

---

403) '제가 … 해설해주었습니다.'는 것은 우파리가 律의 篇聚에 의거하여 죄의 경중을 정해준 것인데, 그들을 위해서 허물이 되는 법을 자세하게 설해준 것이다. 篇聚는 五篇七聚를 가리킨다. 五篇은 범한 죄의 결과와 완급의 성격에 따라 다섯 부류로 나누는 것이다. 波羅夷, 僧殘, 波逸提, 提舍尼, 突吉羅이다. 六聚는 오편 가운데 세 번째에다 偸蘭遮를 첨가한 것이고, 七聚는 오편 가운데 돌길라를 惡作과 惡語의 둘로 나눈 것이다. 바라이는 斷頭라 번역하는데 참회가 통하지 않고 비구의 자격을 상실한다. 승잔은 참회하여 비구의 자격을 겨우 유지한다. 바일제는 墮라고 번역하는데 지옥에 떨어진다는 의미이다. 여기에 捨墮와 單墮의 둘이 있다. 사타 原語는 尼薩波逸提인데 재물과 관계되는 행위로서 그 물건을 포기하고 참회하면 용서를 받을 수 있다. 단타는 물질과 관계없는 戒目으로 失言 등을 범한 것인데 참회하면 용서를 받는다. 바라제제사니는 '그에게 참회한다'는 의미인데, 고의로 범한 것이 아니라 완전한 실수로 범한 가벼운 죄목이므로 상대방에게 즉석에서 참회하면 가능하다. 돌길라는 惡作 또는 惡語라고 번역하는데, 일상에서 저지르기 쉬운 실수들을 경계하는 계목이다. 그 수효가 매우 많고 알아 두어야 할 것이므로 衆學 곧 式叉迦羅尼라고 하는데 대표적으로 백 가지를 열거하는 까닭에 百衆學이라고도 한다. 이 죄는 상대방에게 참회하는 뜻을 표시하지 않아도 내심으로 뉘우치기만 하면 되는 계목이다.

404) 대저 죄의 발생은 인연이 있음을 말미암는데, 그 실성을 추구해보면 세 곳[三處 : 內(識, 因)와 外(塵, 緣)와 中間(根, 因緣和合)]에 없다. 세 가지가 없은 즉 죄가 공임을 보고 문득 이치가 진실함 깨치고, 이치가 진실함을 깨친 즉 正觀이 발생하며, 정관이 이미 발생한 즉 번뇌가 이에 소멸된다. 번뇌가 오히려 소멸되는데 죄가 어찌 있겠는가. '안에도 없다'는 것은 내 마음에 없다는 것으로서 결코 밖을 상대하지 말하는 것이다. '밖에도 없다'는 것은 다른 몸에도 없다는 것이다. 만약 다른 것에 있다면 결코 나를 말미암아 일어난 것이 아닐 것이다. '중간에도 없다'는 것은 자타를 합쳐서 죄를 추구해보아도 없다는 것이다. 또한 識은 內이고, 塵은 外이며, 根은 中間으로서 죄는 이 세 곳에 없다. 또한 죄의 因은 內이고, 罪의 緣은 外이며, 내외를 합친 것은 中間이다.

405) '부처님이 … 청정합니다.'에서 이것은 마음이 공임을 변별한 것이다. 대저 죄가 마음을 말미암아 일어난 즉 마음이 죄의 근본이다. 그러나 마음은 본래 일찍부터 공인데 죄가 어찌 있겠는가. 때문에 거꾸로 그 근본을 찾는다. 제일구는 마음에 垢染이 있은 즉 중생은 累를 받는다. 중생이 累를 받으면 곧 그것이 垢累衆生이다. 垢의 뜻은 이미 그러한데 淨의 뜻도 또한 그러하여 마음도 또한 안에도 없고 밖에도 없으며 중간에도 없다. 제이구는 마음이 공임을 설명한 것이다. 만약 마음이 안에 있다면 마음은 마땅히 외경을 말미암지 않을 것이다. 만약 마음이 밖에 있다면 안[內]은 마땅히 무심일 것이다. 이미 마음과

음이 그러한 것처럼 죄의 오염도 또한 그렇습니다.[406] 제법도 또한 그러해서 진여를 벗어나지 않습니다.[407] 저, 우파리여, 心相으로써 해탈을 터득한 경우에는 어찌 오염이 있겠습니까.'

제가 말했습니다.

'그렇지 않습니다.'

유마힐이 말했습니다.

'일체중생의 心相에 오염이 없는 것도 또한 그와 같습니다.[408] 저, 우파리여, 망상이 곧 오염이고, 망상이 없으면 곧 청정입니다. 전도가 곧 오염이고 전도가 없으면 곧 청정입니다. 我에 집착하는 것이 곧 오염이고 我에 집착이 없으면 곧 청정입니다.[409] 우파리여, 일체법이 생멸하여 머물지 않음이 마치 허깨비와 같고 번개와 같으며, 제법에 相待가 없고 내지 일념도 머물지 않습니다.[410] 제법은 모두 망견으로서 마치 꿈과 같고 불꽃과 같으며

경계의 二處가 없는데 어찌 중간이 있겠는가.

406) '그 마음이 … 그렇습니다.'는 제삼구로서 本으로써 末을 나타낸 것인데, 제법도 또한 그렇다. 마음이 죄와 함께 하여 二事가 이미 공인데도 만법이 분분한 것은 모두 마음을 말미암아 일어난 것이다.

407) 마음이 이미 공에 있기 때문에 '제법도 또한 그러해서 진여[如]를 벗어나지 않습니다.'고 말한다. 마음이 죄와 함께 하는 것을 內法空이라고 말한다. 제법도 또한 그러한 것은 外法空이라 말한다. 內가 外와 함께 하는 까닭에 空이란 진실로 진여[如]를 벗어나지 않는다. 진여[如]는 바로 이 공의 異名이다. 때문에 내외도 또한 그러하다. 또한 내외를 파척하지 않는 까닭에 곧 空은 진실로 내외가 본래 이 진여[如]를 말미암은 까닭에 공이다.

408) '유마힐이 … 같습니다.'에서 이것은 상황을 언급한 일례이다. 소승에서는 나한이 在觀하는 때에는 마음이 곧 無垢이지만, 중생이 미혹을 단제하지 못하면 마음이 곧 有垢라고 말한다. 때문에 지금은 이승의 경우 오염이 없는 것을 가지고 범부의 경우 오염이 있다는 것을 비교한 것이다.

409) '저, 우파리여, … 청정입니다.'에서 이것은 자세하게 해석한 것이다. 위에서 비록 죄가 공임을 설명하였지만 미혹한 사람은 다음과 같은 의심을 일으킨다. '만약 죄가 非有라면 어떻게 大小의 經律을 얻어서 중생이 일으키는 죄를 설할 수 있겠는가.' 지금 이 대목에서는 이치가 진실이라는 것에 의거하는 까닭에 妄想과 顚倒와 取我가 없다고 말한다. 이 三科의 차이는 늘어놓자면 分別이다. 妄想이라고 말한 것은 無인데도 불구하고 有라고 말하는 것이고, 이치가 진실함에 翻背하는 것은 顚倒라 일컬으며, 전도가 되는 까닭은 근본적으로 取我를 말미암은 것이다. 또한 妄想은 곧 여덟 가지의 妄[八妄]이다. 顚倒는 곧 세 가지 전도[三倒]이다. 取我는 모든 분별견[衆見]의 근본이다.

410) '우파리여, … 머물지 않습니다.'에서 위에서는 죄는 妄을 말미암아 있다[有]는 것을 설명하였는데,

물속에 비친 달과 같고 거울 속의 영상과 같아서 망상으로써 발생한 것입니다.[411] 이것을 아는 것을 곧 율을 받든다고 말하고, 이것을 아는 것을 곧 잘 이해한다고 말합니다.'[412]

이에 두 비구가 말했습니다.

'최상의 지혜입니다. 이것은 우파리가 미치지 못한 것입니다. 율을 수지하는 것으로는 설할 수 없습니다.'

제가 곧 답변으로 말했습니다.

'여래를 제외하고는 성문과 보살로서 그 樂說之辯을 구사할 수가 없습니다. 유마힐이 지혜에 밝게 통달함이 이와 같습니다.'

그때 두 비구는 疑悔가 곧 사라지고 아뇩다라삼먁삼보리심을 발생하여 다음과 같이 서원을 지어 말했습니다.

'일체중생에게 모두 이 변재를 얻도록 하겠습니다.'[413]

때문에 저는 그에게 문병하러 가는 것을 맡을 수가 없습니다.”

지금은 妄의 있음[有]과 없음[非有]에 대하여 변별한 것인데, 또한 이것은 妄이 있다[有]는 뜻을 해석한 것이다. '相待가 없다'는 것은 이하에서 長短 등의 相待가 없음을 설명하는데, 단지 제법의 無常에 대해서 변별한다. 前心이 後心을 相待하지 않지만 발생이 끝난 연후에 바야흐로 소멸한다. 제법은 不住이므로 또한 발생이 곧 소멸이고, 無住는 곧 幻과 같아서 不實이므로 空이다.

411) '제법은 … 발생한 것입니다.'에서 위에서는 외법의 부주를 설명하였는데, 이 대목은 내심의 망견을 변별한 것으로 모두 공의 뜻을 설명한다. 견해가 허망한 즉 所見에 實이 없는데, 이런 까닭에 공이다. 위의 두 가지 비유[幻과 電]는 그것이 신속한 소멸임을 취한 것이었는데, 이 대목의 네 가지 비유[夢과 炎과 水中月과 鏡中像]는 그것이 妄想임을 비유한 것이다.

412) '이것을 … 말합니다.'에서 죄의 실상에 대하여 아는 것을 잘 이해한다고 말한다. 이것은 이해를 찬탄한 것이다. 처음부터 율을 이해는 하지만 실천하지 않고, 처음부터 율을 실천하지만 이해하지 못하기 때문에 쌍으로 찬탄한 것이다.

413) '이에 … 얻도록 하겠습니다.'에서 이것은 시회대중이 얻은 이익을 설명한 것이다. '최상의 지혜'는 정명의 內智를 찬탄한 것이고, '율을 수지하는 것으로는 설할 수 없다'는 것은 外辯을 찬탄한 것이다.

佛告羅睺羅;「汝行詣維摩詰問疾」

부처님께서 라후라[414]에게 말씀하셨다.

"그대가 가서 유마힐을 문병하여라."

羅睺羅白佛言;「世尊! 我不堪任詣彼問疾. 所以者何? 憶念昔時, 毘
耶離諸長者子來詣我所, 稽首作禮, 問我言;『唯, 羅睺羅! 汝佛之子,
捨轉輪王位, 出家爲道. 其出家者, 有何等利』我卽如法爲說出家功
德之利. 時維摩詰來謂我言;『唯, 羅睺羅! 不應說出家功德之利. 所
以者何? 無利無功德, 是爲出家; 有爲法者, 可說有利有功德. 夫出家
者, 爲無爲法, 無爲法中, 無利無功德. 羅睺羅! 出家[415]者, 無彼無此,
亦無中間; 離六十二見, 處於涅槃; 智者所受; 聖所行處; 降伏衆魔, 度
五道, 淨五眼, 得五力, 立五根; 不惱於彼, 離衆雜惡; 摧諸[416]外道, 超
越假名; 出淤泥, 無繫著; 無我所, 無所受; 無擾亂, 內懷喜; 護彼意, 隨

---

414) 라후라는 번역하면 覆障이다. 말하자면 육년 동안 태속에 있었는데, 태속에 覆障되었던 것을 인하여
이름을 삼았다. 때문에 라후라에 대해서는 다음과 같은 이야기가 있다. '모든 점성가가 4월 8일에
정반왕을 찾아와서 말했다. 〈태자가 만약 오늘 밤에 출가하지 않는다면 내일 칠보가 저절로 도래하고
전륜왕이 될 것입니다.〉 부왕이 밤에 그 기악을 크게 준비하였다. 보살로 하여금 마음을 내주기를
바랐는데, 그날 밤에 耶輪陀羅가 그날 밤에 임신을 하였다. 정거천이 슬퍼하며 말했다. 〈보살이 오욕에
탐착하면 중생은 누가 제도해주겠는가.〉 그로 인하여 출가하였는데, 후에 성도한 날 밤에 비로소
라후라가 태어났다. 때문에 육년 동안 태속에 있었다는 것이다.' 『대지도론』에서는 羅雲이 과거에
왕이었을 때 육일 동안 선인을 굶겼기 때문에 그 과보를 초래하였다고 말한다. 또한 다른 경전에서는
막힌 쥐구멍을 말미암아서 그 과보를 받았다고 말한다. 羅睺는 또한 이름이 宮生이다. 悉達이 출가한
후에 羅睺가 태어났기 때문에 모든 석가족 사람은 부처님 아들이 아니라고 말하며 그를 燒殺하려고
했다. 耶輪가 아들을 품에 안고 서원을 세우고 함께 불속으로 뛰어들자 불이 변하여 연꽃이 되었다. 이에
모든 석가족 사람이 眞宮王이라고 말했다. 이를 인하여 宮生이라는 이름이 되었다.

415) (夫)＋出家【宋】【元】【明】

416) 諸＝伏【聖】

禪定, 離衆過. 若能如是, 是眞出家』於是維摩詰語諸長者子；『汝等
於正法中, 宜共出家. 所以者何？ 佛世難値！』諸長者子言；『居士！
我聞佛言, 父母不聽, 不得出家』維摩詰言；『然！ 汝等便發阿耨多羅
三藐三菩提心, 是卽出家, 是卽具足』爾時三十二長者子皆發阿耨多
羅三藐三菩提心, 故我不任詣彼問疾』

라후라가 부처님께 사뢰어 말씀드렸다.

"세존이시여, 저는 그에게 문병하러 가는 것을 감당할 수가 없습니다. 왜
냐하면 억념해보니, 옛적에 비야리의 모든 장자의 아들이 제가 있는 곳에
찾아와서 계수하여 작례하고 저한테 질문으로 다음과 같이 말했습니다.

'저, 라후라여, 그대는 부처님의 아들입니다. 전륜왕위[417]를 버리고 출가
하여 수도하는데, 그 출가자에게는 어떤 이익이 있습니까.'

제가 곧 여법하게 출가한 공덕의 이익에 대하여 설해주었습니다.[418] 그때
유마힐이 다가와서 저한테 다음과 같이 말했습니다.

---

417) '전륜왕위를 버리고'는 부처님이 출가하지 않았다면 마땅히 금륜성왕이 되어 사천하의 왕이 되었을
것이다. 라후라가 출가하지 않았다면 마땅히 철륜왕이 되어 일천하의 왕이 되었을 것이다. 일천하의
地 및 虛空은 각각 십 유순인데, 거기에 속해 있는 귀신이 급사가 되어 있다. 라후라가 출가한 것은
부처님이 성도를 마치고 본국에 돌아오던 때로서 라후라의 나이는 겨우 여섯 살이었다. 여래가 다음날
본국에 도착하자 천 명의 비구를 모두 부처님의 형상과 같게 변화시켰다. 라후라가 직접 부처님이
계신 곳에 나아가서 만나자 부처님은 그 정수리를 쓰다듬어 주었다. 그리고 다음 날 정사로 돌아갈 때
사리불과 목련에게 라후라를 득도시키라고 시켰다. 처음 출가시킨 직후에는 비구들에게 깔깔거리고
말을 함부로 하며 심부름을 시키자 부처님은 한때 그것을 완전히 없애주겠다고 약속하자, 그로부터
자상하게 꾸짖을 뿐 화를 내지는 않았다. 이에 부처님이 라후라의 인욕과 지계와 밀행이 제일이라고
찬탄하였다. 모든 장자의 아들이 질문한 것은 라후라가 버린 지중한 보배를 보고는 아직 가져본 적이
없는 것이었기 때문에 질문한 것이다.
418) '제가 … 설해주었.'는 것은 『출가공덕경』에 의하면, 어떤 사람은 삼천대천세계의 중생을 살생하고,
어떤 사람은 그들을 구하여 벗어나게 해주며, 어떤 사람은 삼천대천세계의 중생의 눈을 후벼 파고, 어떤
사람은 그 눈을 치료하여 낫게 해주었다. 그것은 출가의 복이 많아서 그들을 구제하고 치유함으로써
공덕에 상응하기에 이러한 이익에 대하여 설한 것이다.

'저, 라후라여, 결코 출가한 공덕의 이익에 대하여 설해서는 안됩니다.[419] 왜냐하면 이익도 없고 공덕도 없는 것이 곧 출가이기 때문입니다. 유위법에는 이익이 있고 공덕이 있다고 설할 수가 있습니다. 그러나 무릇 출가라는 것은 무위법입니다. 무위법에는 이익도 없고 공덕도 없습니다.[420] 라후라여, 출가자에게는 저것도 없고 이것도 없으며 또한 중간도 없습니다.[421] 육십이견을 떠나서 열반에 처합니다.[422] 智者가 수용하는 것이고 성인이 행하는 도리입니다.[423] 衆魔를 다스리고, 五道를 제도하며,[424] 五眼을 청정케 하고, 五力을 터득하며, 五根을 확립합니다. 그것에 괴로워하지 않고,[425] 갖가

---

419) 라후라가 받은 굴복은 그 뜻에 네 가지가 있다. 첫째는 사람의 근기를 보지 못하여 당연히 그 약이 되지 못했다. 둘째는 출가의 공덕이 무량한데 그것을 유한하다고 설한 것이다. 셋째는 실상에 즉해 있는데도 그것을 형상으로써 설한 것이다. 넷째는 출가는 본래 실상과 열반을 위한 것인데도 라후라는 그 근본을 설하지 않았다. 집[家]에 두 가지가 있다. 첫째는 形家인데 말하자면 부·모·처·자 등이다. 둘째는 心家인데 곧 번뇌이다. 모든 장자의 아들은 形家의 뜻을 벗어나지 않았지만 心家의 뜻은 벗어나 있다. 그런데도 라후라는 形家를 벗어난 것만 찬탄하였기에 불사[事]에 이익이 없다. 만약 心家를 벗어났음을 설했다면 곧 이익이 있었을 것이다. 그래서 마땅히 설하지 말아야 할 것은 설하였고 마땅히 설해야 할 것은 설하지 않은 즉 그것이 사람에게 번뇌가 되었기에 굴복을 받은 것이다.

420) '왜냐하면 … 없습니다.'에서 이것은 정명이 설한 출가법이다. 모든 장자의 아들은 바로 유소득을 생각하고서 어떤 사람[人]이 벗어나고 어떤 집[家]을 벗어나며, 家는 過罪이므로 벗어나면 공덕이 있다는 것에 대하여 말한다. 이것은 모두 유소득심인데 곧 유위법으로서 모두 家라고 명칭한다. 그러나 유마힐은 집착심을 타파하는 까닭에 무위법을 찬탄한다. 無爲는 곧 果이고 出家는 因이다. 果가 이미 무위인데 因에 어찌 有著이겠는가. 만약 소연하여 의지함이 없다면 그것이 비로소 출가이다.

421) '라후라여, … 없습니다.'에서 재속은 此이고, 출가는 彼이며 출가의 방편을 중간이라고 말한다. 지금은 그것을 모두 잊은 즉 출가이다.

422) '육십이견을 떠나서 열반에 처합니다.'에서 이미 彼와 此와 中間을 잊고서 다시 제견을 떠나서 곧 열반의 果에 처한다.

423) '智者 … 도리입니다.'에서 地前의 보살이 敎에 의거해서 解를 발생하는 것을 智者라 말한다. 이 법을 믿고 따르는[信順] 것을 受라고 말한다. 십지에 올라서 正理를 이해하는 것을 聖이라 일컫는다. 聖心으로 거기에 노닐기 때문에 행한다[行]고 말한다.

424) '衆魔를 … 제도하며'에서 경전에서 '한 사람이 출가하면 魔宮이 모두 움직인다. 처음에는 마궁이 움직이지만 끝내 반드시 항복한다.'고 말한다. 이미 四魔를 항복시키면 반드시 오도가 제도된다. 범부는 四趣를 벗어나지만 天道는 벗어나지 못한다. 출가하여 멸도를 추구한 즉 五道가 바로 그 度이다.

425) '五眼 … 않고'에서 이승의 출가는 비록 오도를 제도할지라도 오안을 청정케 하지는 못한다. 대승은 속을 떠나서 오안을 청정케 한다. 오안에 두 가지가 있다. 첫째는 다섯 사람에 의거하여 오안이 있다는 것이다. 人에게는 육안이 있고, 天에게는 천안이 있으며, 二乘에게는 혜안이 있고, 菩薩에게는 법안이

지 雜惡을 떠나며, 모든 외도를 물리치고,[426] 假名을 초월합니다.[427] 淤泥를 벗어나고, 繫著이 없으며,[428] 我所가 없고, 수용할 것이 없습니다. 擾亂이 없고,[429] 안으로 홈를 품습니다. 중생의 마음[意]을 보호하고 온갖 허물을 떠

있으며, 佛에게는 불안이 있다. 둘째는 한 사람에게 오안이 있다는 것이다. 한정된 범위 안[障]內만 보는 것은 육안이고, 한정된 범위 밖[障外]까지 보는 것은 천안이며, 실상을 비추는 것은 혜안이고, 이승법이 소멸함을 비추는 것은 법안이라 말하며, 불성을 비추고 아울러 알지 못하는 법이 없는 것을 불안이라 말한다. 지금 이 대목에서는 후자의 오안을 논하기 때문에 청정이라고 말한다. 信과 進과 念과 定과 慧가 다섯인데, 이 다섯 가지가 둔근인의 마음에 있으면 五根이 되지만, 이근인의 마음에 있으면 五力이 된다. 만약 한 사람에게 의거하면 재가인 즉 처자 및 재산이 있어서 인연을 만나면 반드시 그것에 괴로움을 당하지만, 출가인 즉 道가 事外에 벗어나서 괴로움의 因이 저절로 그치기 때문에 그것에 괴로움을 당하지 않는다.

426) '갖가지 … 물리치고'에서 俗에서는 선을 행해도 雜을 말미암은 불선이지만, 출가하여 구도하면 도가 이미 純淨하여 行分이 雜되지 않다. 출가는 제악[物]을 억압하지 않아도 제악이 저절로 소멸되는데, 마치 해가 뜨는 것과 같아서 어둠을 소멸시키려고 기약하지 않아도 어둠이 저절로 소멸되는 것과 같다.

427) '假名을 초월합니다'에서 경전의 설명에는 네 부분이 있다. 첫째는 생사는 곧 가명이지만 열반은 가명이 아니다. 생사는 허공에 幻과 僞로 떠있는 것과 같기 때문에 假이지만 열반은 진실이기 때문에 假가 아니다. 둘째는 열반은 假이지만, 생사는 假가 아니다. 열반은 명칭이 없지만 억지로 명칭을 내세운 까닭에 곧 假이지만, 생사는 본래 名相의 법으로서 억지로 내세운 명칭이 아닌 까닭에 假가 아니다. 셋째는 생사와 열반 모두 假이다. 생사와 열반은 그 인연이 相待이므로 곧 假이다. 저 『화엄경』에서 '생사와 열반 이 둘은 모두 허망하다'고 말한 것과 같다. 넷째는 생사와 열반 모두 假가 아니다. 명칭을 폐하고 법에 나아가보면 법체가 모두 진여[如]인데, 진여는 안으로 언설을 단절한 까닭에 假稱이 아니다. 지금 이 대목은 첫째[初門]에 대한 것으로, 생사는 곧 假名이지만 열반을 얻은 까닭에 초출한다는 것을 설명한다.

428) '淤泥 … 없으며'는 가명을 벗어나고 생사의 果를 떠나는 것이다. 淤泥를 벗어나는 것은 생사의 인을 벗어나는 것이다. 재가의 경우는 愛泥에 빠지고, 외도와 출가는 見泥에 빠진다. 지금은 진정한 출가는 애견을 모두 떠남을 설명한다. 비단 생사의 애견을 떠날 뿐만 아니라 또한 도법에 대해서도 계착이 없다.

429) '我所 … 없고'에서 繫著이 없는 이유는 아소가 없음을 말미암은 까닭이다. 그것[繫著]을 받는 것을 取라 말하는데, 取에 네 가지가 있다. 곧 欲取와 我取와 戒取와 見取이다. 지금 이 대목에는 이 네 가지의 取가 없다 만약 안[內]에 네 가지의 취가 있다면 반드시 擾亂이 있을 것이다. 그러나 마음에 所取가 없는 까닭에 擾亂이 없다. '我所가 없고, 수용할 것이 없다'는 것은 밖으로는 我所가 없고, 안으로는 아무것도 수용할 것이 없다는 것을 가리킨다.

납니다.⁴³⁰⁾ 만약 이와 같이 할 수가 있어야 곧 진정한 출가입니다.'⁴³¹⁾

이에 유마힐이 모든 장자의 아들에게 말했습니다.

'그대들은 정법 가운데서 반드시 함께 출가하십시오. 왜냐하면 부처님은 세간에서 만나기 어렵기 때문입니다.'⁴³²⁾

모든 장자의 아들이 말했습니다.

'거사여, 저희는 부모가 들어주지 않으면 출가할 수가 없다⁴³³⁾는 부처님의 말씀을 들은 적이 있습니다.'

유마힐이 말했습니다.

'그렇습니다. 그대들이 곧 아뇩다라삼먁삼보리심을 발생하면 그것이 바로 출가이고 그것이 바로 구족입니다.'⁴³⁴⁾

그때 삼십이 장자의 아들이 아뇩다라삼먁삼보리심을 발생하였습니다.⁴³⁵⁾

---

430) '안으로 … 떠납니다.'에서 출가인에게는 세 가지 즐거움이 있다. 첫째는 현세에 공덕이 있으므로 저절로 즐거워한다. 둘째는 이후에 열반을 터득하므로 마음이 항상 즐겁다. 셋째는 근심이 없고 기쁨이 없어서 마음에 依著이 없은 즉 참으로 청정하고 미묘하게 즐겁다. 또한 중생을 수순하고 중생의 마음[意]을 거스르지 않기 때문에 중생의 마음을 보호한다고 말한다. 선정을 따르는 사람은 戒가 번뇌를 절복하여 그 번뇌의 세력을 미미하게 만들어주고, 선정이 번뇌를 막아서 곧 미혹이 일어나지 않게 해주며, 지혜가 번뇌를 소멸시켜주므로 필경에 남아 있는 번뇌가 없다. 지금 이 대목에서는 지계가 청정한 즉 결박된 마음이 고요해지고 禪을 相順하기 때문에 따른다고 말한다.

431) '만약 … 출가입니다.'에서 만약 위의 설명을 거스르지 않게 되면 이것이야말로 진정한 출가인데, 이 대목은 그것을 총결한 것이다.

432) '이에 … 때문입니다.'에서 이것은 셋째로 시회대중이 얻은 이익을 설명한 것이다.

433) 『율』에서는 다음과 같이 말한다. '어떤 사람이 僧坊에 나아가자 제비구가 곧 그를 제도해주었다. 그 부모가 크게 근심하고 괴로워하여 정반왕에게 그것을 호소하였다. 정반왕이 말했다. 〈태자도 내가 알지 못하는 사이에 곧 사사롭게 출가하였는데 그것이 나의 근심이고 괴로움이다. 이후부터는 부모가 들어주지 않으면 출가할 수 없다.〉 (그 부모가) 이에 부처님에게 사뢰자, 부처님은 制戒하여 〈만약 부모가 들어주지 않으면 得度에 나아갈 수 없다. 그런 사람은 돌길라죄이다.〉고 말했다.'

434) '유마힐이 구족입니다.'에서 이것은 셋째의 경문이다. 때문에 발심을 권장한 것은 그 몸은 비록 양친에 매여 있을지라도 마음이 삼계를 초월한 즉 그것은 心家를 벗어난 것이다. 이미 心家를 벗어난 즉 몸과 입에 衆惡이 없는데 그것이 곧 구족계이다.

435) '그때 삼 … 발생하였습니다.'에서 이것은 넷째의 경문이다. 모든 장자의 아들에게는 이미 장애가 있어서 몸으로는 출가하지 못하였지만, 재가의 경우에도 心家를 벗어나는 이치가 있음을 들었기 때문에 흔연히 그것을 따랐다.

때문에 저는 그에게 문병하러 가는 것을 맡을 수가 없습니다."

佛告阿難; 「汝行詣維摩詰問疾」

부처님께서 아난에게 말씀하셨다.
"그대가 가서 유마힐을 문병하여라."436)

阿難白佛言; 「世尊! 我不堪任詣彼問疾. 所以者何? 憶念昔時, 世尊
身小有疾, 當用牛乳, 我卽持鉢, 詣大婆羅門家門下立. 時維摩詰來謂
我言; 『唯, 阿難! 何爲晨朝, 持鉢住此』我言; 『居士! 世尊身小有
疾, 當用牛乳, 故來至此』維摩詰言; 『止, 止! 阿難! 莫作是語! 如來
身者, 金剛之體, 諸惡已斷, 衆善普會, 當有何疾? 當有何惱? 默往, 阿
難! 勿謗如來, 莫使異人聞此麤言; 無令大威德諸天, 及他方淨土諸來
菩薩得聞斯語. 阿難! 轉輪聖王, 以少福故, 尙得無病, 豈況如來無量
福會普勝者哉! 行矣, 阿難! 勿使我等受斯恥也. 外道, 梵志, 若聞此
語, 當作是念; 「何名爲師? 自疾不能救, 而能救諸疾」仁437)可密速
去, 勿使人聞. 當知, 阿難! 諸如來身, 卽是法身, 非思欲身. 佛爲世尊,
過於三界; 佛身無漏, 諸漏已盡; 佛身無爲, 不墮諸數. 如此之身, 當有

---

436) '부처님께서 … 문병하여라.'에서 이것은 열째로 아난에게 명한 것이다. 아난은 번역하면 無染이다.
437) 仁＝人【宋】【元】【明】【聖】

何疾？當有何惱[438]』時我，世尊！實懷慚愧，得無近佛而謬聽耶[439]！
卽聞空中聲曰；『阿難！如居士言. 但爲佛出五濁惡世，現行斯法，度
脫衆生. 行矣，阿難！取乳勿慚[440]』世尊！維摩詰智慧辯才，爲若此
也. 是故不任詣彼問疾」

　아난이 부처님께 사뢰어 말씀드렸다.

　"세존이시여, 저는 그에게 문병하러 가는 것을 감당할 수가 없습니다. 왜
냐하면 억념해보니, 옛적에 세존께서 몸에 미미한 병이 생겨[441] 당장 우유
가 필요했습니다.[442] 제가 곧 발우를 들고 대바라문 집으로 가서[443] 문 앞에

---

438) 〔當有何惱〕-【宋】【元】【明】【聖】
439) 耶=也【聖】
440) 慚=漸【明】
441) '몸에 미미한 병이 생겼다'는 것은 병을 마음대로 다스린다는 뜻이므로 일군의 무리 곧 진실로 淺識의
　　부류가 여래에 대하여 耳目으로 취한 것만 믿어서 劣想을 내어서는 안된다. 지금의 이 대목은 아난이
　　통달하지 못하여 혹 衆人과 동일시한 것을 밝힌 것이다. 정명이 크게 가책함으로써 법신의 말씀[唱]을
　　열어서 깨침에 상응시키려는 것이다.
442) '당장 우유가 필요하다'는 것은 부처님이 비야리에서 音樂樹 아래서 설법할 때 身患과 風氣 때문에
　　乳煮麋가 필요했다는 것이다.
443) '대바라문 집으로 갔다'는 것은 비야리에 대바라문이 있었는데 이름이 梵摩耶였다. 이 婆羅門師에게는
　　오백 명의 제자가 있었는데 邪道를 信受하고 불법을 공경하지 않고 매우 慳貪하였다. 지금 이
　　대목에서는 일곱 가지 聖으로써 그를 교화한다. 첫째는 부처님이 병[疾]을 드러낸다. 둘째는 아난이
　　우유를 구걸한다. 셋째는 정명이 찾아와서 가책한다. 넷째는 어미 소가 게송을 설한다. 다섯째는
　　송아지가 게송을 설한다. 여섯째는 化人이 우유를 가져온다. 일곱째는 허공에서 소리로 고한다. 이
　　대바라문은 매우 慳貪하여 그물로 마당과 집을 뒤덮어서 날아다니는 새가 곡식 등을 주워먹지 못하게
　　하였다. 아침에 찾아가서 우유를 구걸하면 바로 그 사람을 만나게 되었는데, 오백 명의 제자와 함께 모두
　　왕을 친견하여 궁궐로 들어가는 길이었다. 그러나 梵志[대바라문]는 묵연히 상대해주지 않고 스스로
　　생각하였다. '만약 우유를 주지 않으면 모든 사람이 내가 인색하다고 말할 것이다. 만약 내가 우유를
　　준다면 다시 내가 한 행위를 구담에게 말할 것이다.' 침묵을 지키고 나서 곧 병에 걸린 소[惡弊牛]를
　　데려와 가리키면서 아난에게 직접 우유를 짜도록 하였다. 대바라문이 이와 같이 한 의도는 다음과
　　같다. 첫째는 구담은 항상 나[대바라문]와 함께 공덕의 뛰어남에 대하여 다투어왔는데 지금 병든 소를
　　그 제자가 죽이게 되면 곧 그 스승을 옥보이게 되므로 衆人들로 하여금 구담을 버리고 나한테 찾아올
　　것임을 해명하려는 것이다. 둘째는 소가 이미 병에 걸렸으므로 결코 우유를 얻지 못할 것이므로
　　나한테는 손해가 없을 것이다. 그때 어떤 化人이 찾아와서 우유를 짜기 위하여 소한테 게송을 설하여

서 있었습니다. 그때 유마힐이 다가와서 저한테 다음과 같이 말했습니다.

'저, 아난이여, 어째서 이른 아침에 발우를 들고 여기에 있는 것입니까.'[444]

제가 말했습니다.

'거사여, 세존께서 몸에 미미한 병이 생겨 당장 우유가 필요하기 때문에 여기에 와 있습니다.'

유마힐이 말했습니다.

'그렇게 말해서는 안됩니다. 아난이여, 그런 말을 해서는 안됩니다.[445] 여래의 몸은 금강체입니다.[446] 모든 악을 이미 단제하였고 모든 선을 널리 모았는데 도대체 어찌 병이 있겠고, 도대체 어찌 번뇌가 있겠습니까.[447] 조용히 가십시오.

아난이여, 여래를 비방하지 마십시오.[448] 이교도들이 이런 불미스러운 말

부처님에게 우유를 보시토록 하려고 말했다. '잠시 송아지와 함께 그 자리에 있다오.' 그러자 송아지가 게송을 설하여 말했다. '모든 것을 여래에게 보시하려고 내가 스스로 풀을 먹는다네.' 이 이야기는 『乳光經』에 나온다.

444) 이른 아침은 걸식하는 시간이 아니기 때문에 그것을 가지고 질문한 것이다.

445) '유마힐이 … 안됩니다.'에서 이것은 가책한 것이다. 경문에는 무릇 세 가지 경계[三誡]와 세 가지 해석[三釋]이 있다. 이 대목은 첫째의 경계[初誡]이다. 우유의 걸식을 중지한 까닭은 부처님이 만약 실제로 병에 걸렸다면 곧 위로는 법신의 덕이 숨어버리고 아래로는 중생의 번뇌가 증장한다. 지금은 이 두 가지 뜻을 단제해주려는 까닭에 중지한 것이다.

446) '여래의 몸은 금강체입니다.'에서 이것은 위의 첫째의 경계[初誡]를 해석한 것이다. 소승인은 뼈는 금강이고 살은 금강이 아니라고 말한다. 대승에서는 여래의 生身은 안팎으로 금강이고 일체에 실로 충만하여 큰 세력이 있어서 병에 걸리지 않는다고 설명한다. 만약 금강으로써 법신을 비유한다면 그것은 저 『열반경』[금강신품]에서 그것에 대하여 설하고 있듯이, 법신은 常으로서 파괴되지 않기 때문에 금강과 같다.

447) '모든 악을 … 있겠습니까.'에서 위에서는 果門에 나아가서 無病을 변별하였는데, 지금 이 대목은 因門에 나아가서 無病을 해석한다. 衆惡을 이미 단제하였기에 병의 因이 없고, 善을 널리 모았기에 병의 因이 없다.

448) '조용히 … 마십시오.'에서 이것은 둘째의 경계[第二誡]이다. '조용히 가라'는 것은 아난에게 돌아가라고 말한 것이다. 병에 걸릴 것이 없음을 밝히면 반드시 우유가 필요하지 않다. 때문에 아난에게 돌아가라고 말한 것이다. 진실로 말하자면 그것이 진실인 즉 부처님을 비방하는 것이다.

을 듣게 해서는 안됩니다.[449] 대위덕의 제천 및 타방정토에서 온 모든 보살들이 그 말을 들어서는 안됩니다.[450] 아난이여, 전륜성왕은 작은 복을 가지고 있는 까닭에 오히려 병이 없는데, 어찌 하물며 여래처럼 무량한 福會와 普勝者이겠습니까.[451] 가십시오.

아난이여, 저희들로 하여금 이처럼 부끄러움을 안겨주지 마십시오.[452] 만약 외도와 범지가 그 말을 들었다면 당장 다음과 같이 생각할 것입니다. 〈어찌 스승이라 말할 것인가. 자기의 병도 구원하지 못하면서 모든 사람의 병을 구원해줄 수 있겠는가.〉[453] 그대는 조용히 속히 가는 것이 좋겠습니다. 남들이 소문을 듣지 않게 하십시오.[454] 반드시 알아야 합니다.

아난이여, 모든 여래의 몸은 곧 그대로 법신입니다.[455] 思와 欲으로 이루

---

449) '이교도들이 … 안됩니다.'에서 병이 장차 다가오게 되는 것은 불미스러움의 極이다. 그것을 듣지 못하도록 한다는 것은 반드시 실제로 병에 걸렸음을 말한다.

450) '대위덕의 … 안됩니다.'에 대하여 나집공은 '다섯째의 정거천 위에는 별도로 대자재천이 있는데 그 십지보살 및 타방의 太士 이 둘이 만약 이 말을 듣는다면 부처님의 방편인 줄 알 것인데, 그대가 통달하지 못한 것이 기이할 뿐이다.'라고 말한다.

451) 전륜왕은 이에 욕계의 제천에도 미치지 못하여 단지 인간계의 작은 복임에도 오히려 무병을 얻는데, 어찌 하물며 普勝三界의 여래에게 병이 있겠는가. 『론』에서 다음과 같이 말한다. '薄俱羅라는 어떤 나한이 있었다. 옛적에 약을 파는 사람이었다. 하안거를 하는 승에게 말했다. 〈만약 약이 필요하면 나한테 와서 구입하시오.〉 대중은 끝내 약이 필요하지 않았다. 오직 한 비구가 작은 병에 걸렸는데 하나의 阿利勒果를 받았는데 그로 인하여 구십일 겁 동안 천인으로 태어나서 무량한 쾌락을 누렸다. 무릇 약의 명칭만 들으면 몸에 微患도 없어진다. 이 생에서 나이가 이미 구십이었는데 또한 일찍이 병에 걸린 적이 없었다.' 하물며 부처님처럼 적선이 무량한 사람에게 병이 무엇을 말미암아 발생하겠는가.

452) '가십시오. … 마십시오.'에서 이것은 셋째의 경계[第三誠]이다. 해석한 부분에서 이미 그랬듯이, 반드시 돌아가라고 하는데도 진실로 돌아가지 않겠다고 고집을 부린다. 이것은 비단 부처님에게 그 비방이 돌아갈 뿐만 아니라 또한 우리들에게도 그 부끄러움을 받게 된다.

453) '만약 … 있겠는가.'에서 위에서는 內學이 받은 부끄러움을 설명하였는데, 지금 이 대목은 외도의 譏謗을 변별한 것이다. 어찌 法의 良醫라고 말하겠느냐 하는 것은 자신의 질병도 구제하지 못하는 주제에 어찌 타인의 마음병을 구제해주겠는가 하는 말이다.

454) '그대는 … 하십시오.'에서 이것은 만약 보살[正士]가 듣는다면 그대는 통달하지 못했다고 말하고, 만약 邪師가 듣는다면 부처님이 실제로 병에 걸렸다고 말한다는 것이다.

455) 나집공은 다음과 같이 말한다. '법신에 세 가지가 있다. 첫째는 法化身인데 금강신이 그것이다. 둘째는 오분법신이다. 셋째는 실상법신이다.' 이것은 화신과 보신과 법신의 삼불의 뜻과 비슷하다. 이들 삼불은

어진 몸이 아닙니다. 부처님께서는 세존이 되어 삼계를 초월했습니다. 부처님 몸은 無漏로서 모든 번뇌를 이미 다하였습니다. 부처님 몸은 無爲로서 諸數에 떨어지지 않습니다.[456] 이와 같은 몸인데 도대체 어떤 병이 있겠고, 도대체 어떤 번뇌가 있겠습니까.'

세존이시여, 그때 저는 실로 부끄러워서 부처님을 가까이 하면서도 잘못 들은 것이 없는지 생각해보았습니다. 그러자 곧 허공에서 다음과 같이 말하는 소리가 들렸습니다.

'아난이여, 거사의 말과 같습니다. 무릇 부처님께서 오탁악세에 출현하여 이러한 법을 현행하는 것은 중생을 도탈하려는 것입니다. 가십시오.

아난이여, 우유를 얻는 것을 부끄러워해서는 안됩니다.'[457]

세존이시여, 유마힐의 지혜와 변재가 이와 같습니다. 이런 까닭에 저는 그에게 문병하러 가는 것을 맡을 수가 없습니다."

모두 實病이 없다. 그리고 思欲身이 아니라는 것은 遮詮의 방식이다. 삼계에 相待로 존재하는 形을 思欲身이라 말한다. 또 해석하자면 思는 業이고 欲은 結로서 結業身이 아니라는 것이다.

456) '부처님 … 않습니다.'에서 이것은 셋째의 쌍[第三雙]으로서 得과 離를 설명한 것이다. 첫째의 句는 離를 설명한 것이다. 비록 삼계를 벗어났을지라도 이것이 最後邊의 身임을 인정하여 곧 有漏法과 같은데 어찌 病을 얻겠는가. 부처님은 이미 無漏인 까닭에 무병이다. 둘째의 句는 得을 설명한 것이다. 비록 무루라고 말했을지라도 곧 유위를 인정하여 유위인 즉 곧 起滅法으로서 병을 벗어날 수가 없다. 그런데 이미 무위이므로 有數에 떨어지지 않는다. 어떤 사람은 思欲身이 아니므로 分段因을 떠났고 삼계를 초과했으므로 分段果를 떠났으며, 佛身은 무루로서 變易因을 떠났고 佛身은 무위로서 變易果를 떠났다고 말한다.

457) '그러자 … 안됩니다.'에서 이것은 둘째로 허공에서 나는 소리이다. 本과 迹의 二身은 정명과 부처님을 합치한 두 사람의 말에 相違가 없는 것이다. '거사의 말과 같다'는 것은 정명의 설을 印定한 것으로 법신을 열어준 것이다. '무릇 부처님께서 오탁악세' 이하는 여래의 말씀을 印定한 것으로 迹身을 변별한 것이다. 법신을 나타남으로써 부처님에게 존중심을 일으키도록 해주고, 迹身을 변별한 즉 간탐을 타파하고 福을 발생시키도록 해준다. 오탁이란 소위 劫濁과 衆生濁과 命濁과 見濁과 煩惱濁이다. 겁탁은 대겁 안에 刀兵과 疾疫과 飢饉의 三小劫이 있는 것을 겁탁이라 말한다. 중생탁은 仁과 義와 禮와 智 등이 없는 諸惡衆生을 중생탁이라 말한다. 명탁은 수명이 짧은 것이 苦이다. 또한 順道를 따르지 않는 것을 명탁이라 말한다. 백 이십 세로부터 내려가서 삼 세이 이르는 것은 모두 명탁이다. 나집공은 사견은 견탁이고 그밖에 九使는 煩惱라고 말한다. 옛날[舊]에는 五見은 見濁이고 五鈍은 煩惱濁이라고 말한다.

如是五百大弟子各各向佛說其本緣, 稱述維摩詰所言, 皆曰; 「不任
詣彼問疾!」

　이와 같이 오백 명의 대제자들이 각각 부처님을 향해서 그 本緣을 설하였
다. 그리고 유마힐의 말에 대하여 칭찬하여 말하였다. 이에 모두 "그에게 문
병하러 가는 것을 맡을 수가 없습니다."라고 말했다.458)

---

458) '이와 같이 … 말했다.'에서 [제자품]은 二章으로 되어 있다. 처음에 열 명에게 명하는 것을 마쳤는데,
　　이하에서는 총체적으로 오백 명이 감당하지 못하겠다는 것을 설명한다. '오백'이란 팔천 명의 아라한
　　안에 오백 명의 高德名聞者가 있다.

維摩詰所說經菩薩品第四
유마힐소설경 보살품[459] 제사

於是佛告彌勒菩薩; 「汝行詣維摩詰問疾」

이에 부처님께서 미륵보살[460]에게 말씀하셨다.

---

459) [보살품]에서 보살에 대하여 다 갖추어진 범음으로는 마땅히 보리살타라고 말해야 한다. 보리는 말하면 道이고, 살타는 말하면 중생이다. 道는 추구되는 법이고, 중생은 추구하는 사람이다. 위에서 弟子라는 호칭에 대하여 공경과 양보를 합해서 논하였는데, 지금 곧 보살의 명칭은 사람과 법[人法]을 함께 언급한 것이다. 이 [보살품]이 초래된 뜻은 다섯 가지 인연이 있다. 첫째는 부처님이 문병을 명한 차제의 인연이다. 위의 [제자품]에서는 곧 소승에게 명하였는데, 여기 [보살품]에서는 이어서 大士에게 명한다. 둘째는 병을 타파한 전후의 인연이다. 위에서는 소승의 미혹을 타파하였는데, 여기에서는 대승의 집착을 가책한다. 셋째는 정명의 덕을 구현하고자 하는 인연이다. 소승은 감당하지 못하여 정명의 도가 높음을 충족되게 드러내지 못하였는데, 지금 대사가 사양하자 비로소 그 덕의 고원함이 나타난다. 넷째는 문수의 덕을 현창하고자 하는 인연이다. 성문은 감당하지 못하였고 보살은 가기를 꺼렸지만 문수만 홀로 擊揚할 수 있었던 것은 곧 정명의 지위가 대소승을 초월했음을 알고서 대중 가운데 처독존의 자리에 처했기 때문이다. 다섯째는 옛날의 법을 서술함으로써 지금의 법회에 도움을 주려는 인연이다. 人에 의거하여 말하자면 [방편품]은 범부를 상대한 것으로써 정명의 덕을 나타낸 것이고, [제자품]은 성문을 상대함으로써 그 덕을 나타낸 것이다. 지금의 [보살품]은 보살을 상대함으로써 그 덕을 나타낸 것이다. 또한 [방편품]에서는 정명 자신이 그 덕을 나타냈고, [제자품]과 [보살품]의 두 품에서는 타인이 덕을 나타낸 것이다.

460) 미륵은 이 나라 말로 번역하면 慈이다. 남천축 바라문의 姓으로써 명칭을 삼았다. 또한 과거에 국왕이었을 때 비구가 慈三昧에 들어감을 봄으로 인하여 열여덟 가지 이익이 있었는데 발원을 인하여 세세에 慈를 행하였고, 또한 어머니가 미륵을 회임한 즉 스스로 慈心이 되었다. 이 두 가지 인연 때문에 이름이 慈가 되었다. 字는 阿逸多인데, 번역하면 無能勝이다. 이는 바라나국 재상의 아들이다. 태어날 때부터 상호를 구족하였기에 바라나국왕이 梵摩達이라는 이름을 지어주었다. 그런데 國位를 찬탈할 것을 염려하여 은밀하게 그를 해치려고 그의 아버지를 찾아가서 미륵을 찾아내도록 하였다. 아버지는 왕의 마음을 알아차리고는 곧 '외가에 갔는데 돌아올 것입니다.'라고 말했다. 그리고는 왕이 모르게 南天竺 婆婆離家로 사람을 보냈다. 미륵의 외가는 성이 婆婆離였는데 머릿카락은 紺色으로 물들었고, 손은 무릎까지 닿았으며,[摩膝相] 총명하여 널리 통달하였다. 때문에 상황을 알아차리고는 미륵에게 아버지의 가르침을 알아들었다. 미륵은 일곱 살이 되었을 때부터 受學하기 시작하였다. 미륵이 하루에 학습한 것은 다른 사람이 일 년 학습한 것보다도 뛰어났다. 마침내 祕奧를 다 학습하자 삼촌은 미륵이 그 덕을 드러낼 것을 바랐다. 이에 無礙大會를 시설하였는데 재물이 적었기 때문에 두 제자를 파견하여 미륵의 집에 가서 재물을 구하여 충족토록 하였다. 두 제자가 도중에 부처님의 명호를 듣고는 고개를 돌려서 부처님을 보다가 호랑이 밥이 되었다. 이와 같은 善을 인한 까닭에 곧 천상에 태어났다. 婆離는

"그대가 가서 유마힐을 문병하여라."

彌勒白佛言;「世尊! 我不堪任詣彼問疾. 所以者何? 憶念我昔爲兜率天王及其眷屬, 說不退轉地之行. 時維摩詰來謂我言;『彌勒! 世尊授仁者記, 一生當得阿耨多羅三藐三菩提. 爲用何生, 得受記[461]乎? 過去耶? 未來耶? 現在耶? 若過去生, 過去生已滅; 若未來生, 未來生未至; 若現在生, 現在生無住. 如佛所說;「比丘! 汝今卽時, 亦生亦老亦滅」若以無生得受記者, 無生卽是正位, 於正位中, 亦無受記, 亦無得阿耨多羅三藐三菩提, 云何彌勒受一生記乎? 爲從如生得受記耶? 爲從如滅得受記耶? 若以如生得受記者, 如無有生; 若以如滅得受記者, 如無有滅. 一切衆生皆如也, 一切法亦如也, 衆聖賢亦如也, 至於彌勒亦如也. 若彌勒得受記者, 一切衆生亦應受記. 所以者何? 夫如者不二不異, 若彌勒得阿耨多羅三藐三菩提者, 一切衆生皆亦應得. 所

오랫동안 기다려도 돌아오지 않자 가재를 털어서 七日大施를 하였다. 마지막 날에 어떤 한 바라문이 찾아와서 재물을 구걸하였는데 재물이 이미 소진되었기에 그 바라문은 헛되이 소득이 없자 크게 화를 내어 婆離에게 말했다. '나는 주력을 지니고 있다. 그대의 머리를 타파하여 일곱 조각을 내버리겠다.' 婆離가 크게 두려워하자 이미 생천한 이전의 두 제자가 허공에서 婆離에게 말했다. '그대는 근심하지 마시오. 지금 부처님이 출현하였습니다. 가서 그한테 의지하여 귀의하시오.' 婆離가 하늘을 향해 물었다. '그대는 누구인가.' 그러자 이전의 상황에 대하여 답해주었다. 그때 婆離는 예전부터 讖書를 읽어왔기에 부처님이 반드시 출세할 것을 알고 있었다. 이에 곧 미륵과 열여섯 명을 파견하여 부처님을 뵈니 확실히 삼십이상과 팔십종호를 지니고 있었다. 머지않아 그들로 하여금 묵념토록 하고 다음과 같은 세 가지를 질문하였다. 첫째 질문은 나는 누구인가. 둘째 질문은 나이는 얼마나 되었는가. 셋째 질문은 몸은 어떤 모습인가. 부처님은 모두 그것을 알아차리고 갖추어서 세 가지 질문에 답하였다. 그때 미륵은 그가 부처님인 줄 확실히 알고서 열여섯 명과 함께 부처님을 따라서 출가하였다. 열여섯 명이 아라한을 터득하였지만 미륵은 누진을 취하지 않고 작불을 願求하자 부처님이 곧 수기하였다.

461) 受記=授記【聖】下同

以者何? 一切衆生卽菩提相. 若彌勒得[462]滅度者, 一切衆生亦應[463]滅度. 所以者何? 諸佛知一切衆生畢竟寂滅, 卽涅槃相, 不復更滅. 是故, 彌勒! 無以此法誘諸天子, 實無發阿耨多羅三藐三菩提心者, 亦無退者. 彌勒! 當令此諸天子, 捨於分別菩提之見. 所以者何? 菩提者不可以身得, 不可以心得; 寂滅是菩提, 滅諸相故; 不觀是菩提, 離諸緣故; 不行是菩提, 無憶念故; 斷是菩提, 捨諸見故; 離是菩提, 離諸妄想故; 障是菩提, 障諸願故; 不入是菩提, 無貪著故; 順是菩提, 順於如故; 住是菩提, 住法性故; 至是菩提, 至實際故; 不二是菩提, 離意法故; 等是菩提, 等虛空故; 無爲是菩提, 無生住滅故; 知是菩提, 了衆生心行故; 不會是菩提, 諸入不會故; 不合是菩提, 離煩惱習故; 無處是菩提, 無形色故; 假名是菩提, 名字空故. 如化是菩提, 無取捨故; 無亂是菩提, 常自靜故; 善寂是菩提, 性清淨故; 無取是菩提, 離攀緣故; 無異是菩提, 諸法等故; 無比是菩提, 無可喩故; 微妙是菩提, 諸法難知故』世尊! 維摩詰說是法時, 二百天子得無生法忍. 故我不任詣彼問疾」

미륵보살이 부처님께 말씀드렸다.

"세존이시여, 저는 그에게 문병하러 가는 것을 감당할 수가 없습니다. 왜냐하면 억념해보니 제가 옛적에 도솔천[464]왕 및 그 권속들에게 불퇴전[465]지의 수행에 대하여 설하였습니다. 그때 유마힐이 다가와서 저한테 다음과 같

---

462) 〔得〕-【聖】

463) 應=當【宋】【元】【明】【聖】

464) 도솔은 번역하면 知足天인데, 그곳의 왕은 이름이 刪이다. 도솔천으로부터 인간세계에 내려와서 설법을 듣는다. 이 도솔천은 미륵이 장차 올라가서 兜率天師가 되기에 미리 최고의 존경[宗敬]을 생각하기 때문에 항상 청법하러 온다.

465) 불퇴전은 곧 無生法忍인데, 말하자면 位不退·行不退·念不退의 세 가지를 노력하기 때문에 不退라 말한다.

은 말을 했습니다.

'미륵이여, 세존께서는 그대한테 일생[466)]에 반드시 아뇩다라삼먁삼보리를 터득할 것이라고 수기를 주셨습니다. 어떤 생을 활용하여 수기를 얻을 것입니까. 과거입니까, 미래입니까, 현재입니까. 만약 과거생이라면 과거생은 이미 소멸해버렸습니다. 만약 미래생이라면 미래생은 아직 도래하지 않았습니다. 만약 현재생이라면 현재생은 머물러 있지 않습니다. 부처님께서〈비구여, 그대는 지금 즉시에 또한 발생하고 또한 늙어가며 또한 소멸한다.〉고 설하신 것처럼 만약 무생으로써 수기를 얻는다면 무생은 곧 그것이 正位입니다. 정위 가운데는 또한 수기도 없고 또한 아뇩다라삼먁삼보리도 없는데, 어떻게 미륵이 일생에 수기를 받는다는 것입니까.[467)] 진여생으로부터 수기를 얻는 것입니까. 진여멸로부터 수기를 얻는 것입니까. 만약 진여생으로써 수기를 얻는다면 진여는 발생이 없고, 만약 진여멸로써 수기를 얻는다면 진여는 소멸이 없습니다.[468)] 일체중생은 모두 진여이고, 일체법도

---

466) '일생'이라는 말은 미륵이 지금은 인간세계에 있지만 이어서 천상에 있다가 이후에 하생하여 성불한다는 것이다. 『대지도론』에 의하면, 이로써 헤아려보면 삼생이 된다. 다만 지금은 인간세계에 있다가 이후에 생을 받는 까닭에 거듭해서 그것을 헤아리지는 않고, 후에 하생하여 성불하여 佛身에 속하므로 또한 헤아리지 않는다. 단지 生天하는 몸의 경우만 취하기 때문에 일생이라고 말할 뿐이다.

467) '만약 … 것입니까.'에서 이것은 무생문에 나아가서 살펴보면 수기가 없음에 대한 것이다. 대저 有生을 논하자면 반드시 삼세가 있어야 한다. 그런데 삼세가 이미 없는 즉 무생이다. 미혹한 사람은 삼세에는 이에 수기가 없고 무생의 안에는 마땅히 수기가 있다고 말한다. 때문에 이어서 그것을 배척한다. 무생인즉 곧 실상이다. 실상은 진실한 법이기 때문에 正이라 말한다. 그리고 邪와 격별한 것을 位라고 일컫는다. 이것은 실상의 이치로서 언설을 잊고 사려를 그치며 四句를 초월하고 百非를 단절하기 때문에 수기를 받음이 없다.

468) '진여생으로부터 … 없습니다.'에서 이것은 진여문으로써 수기를 타파함에 대한 것이다. 나집공은 '이 또한 그것이 존재함을 인하여 그것을 없앤 것이다.'고 말한다. 대저 수기란 요컨대 진여의 터득을 말미암은 것으로 본래는 未得이지만 지금은 得이다. 그래서 진여가 일어남이 있는[有起] 듯하지만 진여가 起인 즉 번뇌가 소멸하고 또한 중생이 있는[有物] 듯하지만 진여 안에서는 소멸한다. 때문에 먼저 그 起滅에 대하여 물었지만 기멸이 없음을 설명하였다. 지금 말하고 있는 위의 二門은 진여의 생과 무생의 두 가지 이치에 대하여 살펴서 수기가 없다는 것이다. 그 가운데 지금은 了悟心을 배척하는 까닭에 또한 수기가 없다. 대저 수기를 얻음에 대하여 논하자면 체가 진여이기 때문에 법인이 발생하고,

또한 진여이며, 온갖 성현도 또한 진여이고, 심지어 미륵도 또한 진여입니다.[469] 만약 미륵이 수기를 얻는다면 일체중생도 또한 반드시 수기를 얻어야 합니다. 왜냐하면 무릇 진여란 不二이고 不異이기 때문입니다.[470] 만약 미륵이 아뇩다라삼먁삼보리를 얻는다면 일체중생도 모두 또한 반드시 얻어야 합니다. 왜냐하면 일체중생이 곧 보리상이기 때문입니다.[471] 만약 미륵이 멸도를 얻는다면 일체중생도 또한 반드시 멸도를 얻어야 합니다. 왜냐하면 제불은 일체중생이 필경에 적멸하여 곧 열반상으로서 다시는 더 이상 소멸하지 않는 줄을 알기 때문입니다.[472] 미륵이여, 이런 까닭에 이런 법으로는 諸天子를 이끌 수가 없습니다. 실로 아뇩다라삼먁삼보리심을 발생한 적도 없고 또한 물러난 적도 없기 때문입니다.[473] 미륵이여, 반드시 그 제천자들로 하여금 보리를 분별하는 견해를 버리도록 해야 합니다. 왜냐하면 보리란 몸을 통해서 터득할 수가 없고 마음을 통해서 터득할 수도 없기 때문입

체가 진여이기 때문에 번뇌가 소멸하는데, 그때 수기를 얻는다. 이런 까닭에 '진여로부터 발생하는가, 진여로부터 소멸하는가.'를 묻는다.

469) '일체중생은 … 진여입니다.'에서 위에서는 진여문에 나아가서 힐난을 일으켰는데,[作難] 지금은 진여문에 나아가서 늘어놓은 것을 시설한[設並] 것이다. 이 대목은 凡·聖·人·法을 언급함으로써 定關한 것이다.

470) '만약 … 때문입니다.'에서 이것은 設並인데, 무릇 三並을 늘어놓는다. 첫째는 수기를 늘어놓는다. 둘째는 보리를 늘어놓는다. 셋째는 열반을 늘어놓는다. 이들 세 가지는 곧 차제이다. 요컨대 먼저 수기를 얻고, 다음으로 보리과를 얻으며, 나중에 열반과를 얻는다. 이들 세 가지는 관문 안에서 모두가 먼저 늘어놓고[先並] 나중에 늘어놓은 것을 해석[後釋並]한다. 범성이 일여이기 때문에 '不二'이고, 진여는 변이가 없으므로 '不異'라 말한다. 이것은 늘어놓은 것을 해석한[釋並] 것이다.

471) '만약 … 때문입니다.'에서 이것은 보리에 대한 것으로써 늘어놓은 것을 시설한[設並] 것이다.

472) '만약 미륵이 … 때문입니다.'에서 이것은 열반에 대한 것으로써 늘어놓은 것을 시설한[設並] 것이다.

473) '미륵이여, … 때문입니다.'에서 이것은 가책을 결론지은 것이다. 평등한 도에는 실로 발심이 없고 또한 물러남도 없다. 그런데 불퇴행으로써 그 발심을 유도하여 그것이 수기임을 보여준 것이 어찌 속임수[誑]가 아니겠는가.

니다.⁴⁷⁴⁾ 寂滅이 그대로 보리인데 제상을 소멸하기 때문입니다.⁴⁷⁵⁾ 不觀이 그대로 보리인데 諸緣⁴⁷⁶⁾을 떠나 있기 때문입니다. 不行이 그대로 보리인데 억념이 없기 때문입니다.⁴⁷⁷⁾ 斷이 그대로 보리인데 諸見을 초월했기[捨] 때문입니다. 離가 그대로 보리인데 諸妄想을 떠나있기 때문입니다. 障이 그대로 보리인데 諸願⁴⁷⁸⁾을 장애하기 때문입니다.⁴⁷⁹⁾ 不入이 그대로 보리인데 탐착이 없기 때문입니다.⁴⁸⁰⁾ 順이 그대로 보리인데 진여에 따르기 때문입니다. 住가 그대로 보리인데 법성에 주하기 때문입니다. 至가 그대로 보리인데 실제에 이르기 때문입니다. 不二가 그대로 보리인데 意와 法⁴⁸¹⁾을 떠나있기 때문입니다. 等이 그대로 보리인데 허공과 평등하기 때문입니다. 無爲가 그대로 보리인데 生과 住와 滅이 없기 때문입니다. 知가 그대로 보리인데 중생의 마음작용[心行]을 요해하기 때문입니다. 不會가 그대로 보리인데 諸入이 不會⁴⁸²⁾이기 때문입니다. 不合이 그대로 보리인데 번뇌습을 떠나

---

474) '미륵이여, … 때문입니다.'에서 이것은 수기에 이어서 보리를 타파한 것이다. 보리는 적멸로써 相을 삼는다. 그런데 제천은 생사를 낮추어보고[卑] 보리를 존중한다.[尊] 비록 뛰어난 것[勝]을 추구한다는 것을 동일할지라도 곧 塵累가 발생한다. 그러므로 正路를 宣開하여 분별을 버리게끔 한 것인데, 어찌 말씀과 기록[道記]으로 내보이고 또한 일찍이 그것을 보았겠는가. 보리는 무릇 부처님[大覺]의 眞智로서 有無의 영역을 초월하고 언설과 형상[言像] 밖에 벗어나 있어서 그것을 무엇이라고 지목해야 할지 몰라서 억지로 보리라고 명칭한 것이다. 때문에 이 보리는 몸과 마음을 통해서 터득할 수 있는 것이 아니다.

475) '寂滅이 … 때문입니다.'에서 위에서는 그 相에 집착하는 것을 타파하였는데, 이 대목은 그 眞道를 내보인 것이다. 보리는 곧 이해하는[能會] 지혜[智]이고, 실상은 계합된[所契] 경계[境]이다. 그런데 경계에 이미 相이 없는데 지혜가 곧 적멸하다. 때문에 적멸이 곧 도량이라고 말한다.

476) 諸緣은 能緣과 所緣을 가리킨다.

477) '不觀이 … 때문입니다.'에서 觀은 반연에서 발생하는데 반연을 떠난 즉 觀이 없고, 行은 망념에서 발생하는데 망념이 없은 즉 行이 없다.

478) 諸願은 밖을 향해서 馳求하는 마음을 가리킨다.

479) '斷이 … 때문입니다.'에서 眞道에는 욕망이 없는데, 障은 諸願을 추구한다.

480) '不入이 그대로 보리인데 탐착이 없기 때문입니다.'에서 入은 말하자면 육진을 받는 것이다.

481) 意法은 제육근의 意와 제육진의 法을 가리킨다.

482) 不會는 번뇌의 습기와 더불어 모이거나 화합하지 않는 것을 가리킨다.

있기 때문입니다.[483] 無處가 그대로 보리인데 형색이 없기 때문입니다. 假名이 그대로 보리인데 名字가 공이기 때문입니다.[484] 如化가 그대로 보리인데 취사가 없기 때문입니다. 無亂이 그대로 보리인데 항상 본래부터 고요하기 때문입니다. 善寂이 그대로 보리인데 자성이 청정하기 때문입니다. 無取가 그대로 보리인데 반연을 떠나있기 때문입니다. 無異가 그대로 보리인데 제법이 평등하기 때문입니다. 無比가 그대로 보리인데 비유할 수가 없기 때문입니다. 微妙가 그대로 보리인데 제법은 알기 어렵기 때문입니다.'[485]

세존이시여, 유마힐이 이런 법을 설했을 때 이백 명의 천자가 무생법인을 터득하였습니다.[486] 때문에 그에게 문병하러 가는 것을 맡을 수가 없습니다."

佛告光嚴童子; 「汝行詣維摩詰問疾」

부처님께서 광엄동자에게 말씀하셨다.
"그대가 가서 유마힐을 문병하여라."[487]

---

483) '順이 … 때문입니다.'에서 諸入은 내외의 육입이고, 내외가 모두 공이기 때문에 不會에 들어간다. 이것을 합쳐서[合] 말하자면 번뇌업의 화합인데 번뇌는 본래 공이기 때문에 합쳐진 것[所合]이 없다. 때문에 '會'는 果를 드러냄에 의거한 것이고 '合'은 그 因에 나아간 것이다.

484) '無處가 … 때문입니다.'에서 밖으로는 형색의 처소가 없고 안으로는 명칭을 붙일 실체가 없다.

485) '如化가 … 때문입니다.'에서 제법은 幽遠하여 헤아리기 어렵다. 그래서 智로도 알 수 있는 것이 아니다. 그러나 보리는 知가 없기 때문에 알지 못할 것이 없다. 知가 없지만 不知도 없는 것이 微妙의 極이다.

486) '세존이시여, … 터득하였습니다.'에서 이것은 셋째로 시회대중이 깨친 도를 설명한 것이다. 미륵은 有를 설함으로써 塵欲을 그치는데, 정명은 空을 설명함으로써 微果를 제거한다. 이로써 제천은 마땅히 悟道를 기대한다.

487) '부처님께서 … 문병하여라.'에서 광엄이 미륵과 같지 않은 점은 미륵은 출가이고 광엄은 곧 재속이다. 때문에 이어서 명한다. 또한 미륵은 深行이지만 光嚴은 곧 始心이다. 또한 수기를 말미암은 까닭에 도량에 앉았기 때문에 위에서는 수기를 가책하였는데, 지금은 도량을 배척한다.

光嚴白佛言；「世尊！我不堪任詣彼問疾. 所以者何？ 憶念我昔出毘
耶離大城, 時維摩詰方入城, 我卽爲作禮而問言；『居士從何所來』
答我言；『吾從道場來』我問；『道場者何所是』答曰；『直心是道
場, 無虛假故；發行是道場, 能辦事故；深心是道場, 增益功德故；菩提
心是道場, 無錯謬故；布施是道場, 不望報故；持戒是道場, 得願具[488]
故；忍辱是道場, 於諸衆生心無礙故；精進是道場, 不懈退[489]故；禪定
是道場, 心調柔故；智慧是道場, 現見諸法故；慈是道場, 等衆生故；悲
是道場, 忍疲苦故；喜是道場, 悅樂法故；捨是道場, 憎愛斷故；神通是
道場, 成就六通故；解脫是道場, 能背捨故；方便是道場, 敎化衆生故；
四攝是道場, 攝衆生故；多聞是道場, 如聞行故；伏心是道場, 正觀諸
法故；三十七品是道場, 捨有爲法故；諦[490]是道場, 不誑世間故；緣起
是道場, 無明乃至老死皆無盡故；諸煩惱是道場, 知如實故；衆生是道
場, 知無我故；一切法是道場, 知諸法空故；降[摩>魔]是道場, 不傾動
故；三界是道場, 無所趣故；師子吼是道場, 無所畏故；力, 無畏, 不共
法是道場, 無諸過故；三明是道場, 無餘礙故；一念知一切法是道場,
成就一切智故. 如是, 善男子！菩薩若應諸波羅蜜敎化衆生, 諸有所作,
擧足下足, 當知皆從道場來, 住於佛法矣！』說是法時, 五百天, 人[491]皆
發阿耨多羅三藐三菩提心. 故我不任詣彼問疾」

　광엄동자가 부처님께 사뢰어 말씀드렸다.

---

488) 具＋(足)【聖】
489) 退＝怠【宋】【元】【明】【聖】
490) (四)＋諦【宋】【元】【明】
491) 天人＝天子【宋】

"세존이시여, 저는 그에게 문병하러 가는 것을 감당할 수가 없습니다. 왜냐하면 억념해보니 제가 옛적에 비야리 대성을 나가는데[492] 그때 유마힐이 성으로 들어왔습니다. 제가 곧 작례[493]를 하고 질문하여 말했습니다.

'거사여, 어디에서 오는 길입니까.'

저한테 답하여 말했습니다.

'저는 도량에서 오는 길입니다.'

제가 물었습니다.

'도량이란 그곳에 어디입니까.'

답하여 말했습니다.

'直心이 곧 도량인데 虛假가 없기 때문입니다.[494] 發行이 곧 도량인데 수행의 행상[事]을 能辦하기 때문입니다. 深心이 곧 도량인데 공덕을 증익하기 때문입니다.[495] 菩提心이 곧 도량인데 錯謬가 없기 때문입니다. 布施가

---

492) 광엄이 성을 나가는 것에 두 가지 뜻이 있다. 첫째는 중생을 이롭게 하려는 까닭에 출성에 의탁한 것이다. 둘째는 광엄이 불도량에 나아가려는 것이다.

493) '작례'는 자취가 『논어』의 [향당편]에서 長幼의 禮법을 닦는 모습이 보인다. 또한 行에 심천이 있기 때문에 존비의 공경이 있다.

494) '질문하여 … 때문입니다.'에서 말한 바 '道'는 無上正遍知의 佛果로서 道를 말한 것이다. 말한 바 '場'에는 무릇 두 가지 뜻이 있다. 첫째는 곧 佛果를 가리키는데, 衆德의 果로써 그 場을 삼는다. 때문에 이 경문에서는 佛地로써 衆德의 用이 場이다. 둘째는 이미 果와 用은 道이고, 因은 場이다. 因은 果를 能感하는 것이 마치 道를 일으키는 처소와 같으므로 道場이라 말한다. 때문에 도량은 萬善의 因으로서 곧 通覺의 所由이고 菩提의 根本이며 修心의 閑地이고 弘道의 淨場이다. '菩提樹下'는 道를 일으킨 처소이므로 도량이라 말하는데, 소위 應迹道場이다. 또한 本을 말미암아 迹이 베풀어져서 本이 迹을 能起하므로 本이야말로 迹의 場이다. '직심'은 소위 안으로는 心이 眞直한 것이고 밖으로는 虛假가 없는 것이다. 직심은 이에 만행이 기초하는 本이고 道에 나아가는 탄탄한 場이다.

495) '發行이 … 때문입니다.'에서 마음이 이미 眞直인 즉 수행을 발기하고, 이미 수행을 발기한 즉 수행의 행상[事]을 변별하지 못할 것이 없다. 그래서 이미 發行(수행을 일으킴)한 즉 樹心이 더욱 깊어지고, 樹心이 더욱 깊어진 즉 공덕이 점점 증장한다. 보리심이 곧 도량으로서 錯謬가 없기 때문이다. 직심으로 行에 들어가 점점 깊어진 즉 그것이 변하여 보리심이 된다. 이것은 진정으로 直心이기 때문에 소견에 오류가 없다. 무릇 弘道라는 것은 요컨대 이 四心(樹心·直心·深心·菩提心)으로부터 비롯된다. 四心이 이미 발생한 즉 六度의 온갖 수행이 성취되지 않음이 없다.

곧 도량인데 과보를 바라는 것이 없기 때문입니다. 持戒가 곧 도량인데 願
具를 얻기 때문입니다. 忍辱이 곧 도량인데 모든 중생의 마음에 대하여 걸
림이 없기 때문입니다. 精進이 곧 도량인데 懈怠가 없기 때문입니다. 禪
定이 곧 도량인데 마음이 調柔하기 때문입니다. 智慧가 곧 도량인데 제법을
現見하기 때문입니다.[496] 慈가 곧 도량인데 중생을 평등하게 대하기 때문입
니다. 悲가 곧 도량인데 疲苦를 인내하기 때문입니다. 喜가 곧 도량인데 법
을 悅樂하기 때문입니다. 捨가 곧 도량인데 憎愛를 단절하기 때문입니다.[497]
神通이 곧 도량인데 육신통을 성취하기 때문입니다. 解脫이 곧 도량인데 번
뇌를 背捨하기 때문입니다. 方便이 곧 도량인데 중생을 교화하기 때문입니
다. 四攝이 곧 도량인데 중생을 섭수하기 때문입니다.[498] 多聞이 곧 도량인
데 如聞하게 실천하기 때문입니다.[499] 伏心이 곧 도량인데 제법을 正觀하기

---

496) '菩提心이 … 때문입니다.'에서 이것은 무소득의 六度로서 아울러 도를 발생시켜주기 때문에 도량이라
말한다.

497) '慈가 … 때문입니다.'에서 이것은 無緣의 사무량심을 변별한 것이다. 慈心은 중생에게 樂을 주려는
것이다. 慈가 비록 假想일지라도 중생에게 樂을 주는 즉 樂은 慈로부터 염려[累]를 일으켜서 중생이 받는
苦를 보는데, 그 마음이 悲惻인 즉 悲心에 들어간다. 그리고 중생이 얻는 樂을 보게 되면 마음에 환희가
발생한다. 때문에 그것을 喜라고 말한다. 그런데 仁慈에서 愛가 발생하고, 愛에서 執著이 발생하며,
집착에서 염려[累]가 발생한다. 그리고 悲에서 근심[憂]이 발생하고, 근심[憂]에서 번뇌[惱]가 발생하며,
번뇌에서 증오[憎]가 발생한다. 이처럼 仁慈와 悲가 비록 善일지라도 염려[累]와 번뇌[惱]가 발생한다.
때문에 이 둘을 버리면 하나로 평등이 되는데 이것을 捨行이라 말한다.

498) '神通이 … 때문입니다.'와 관련하여 나집공은 다음과 같이 말한다. '惠施에 두 가지가 있다.
아랫사람에게는 재물로써 베풀어주고 윗사람에게는 법으로써 베풀어준다. 둘째는 愛語이다. 애어에도
또 두 가지가 있다. 아랫사람에게는 곧 따뜻한 말을 가지고 기쁘게 해주고 윗사람에게는 곧 法語로써
慰喩해주는데 모두 애심으로 하므로 애어라고 말한다. 셋째는 이행이다. 이행에도 또 두 가지가 있다.
아랫사람에게는 곧 방편을 說하여 俗利를 얻게 해주고 윗사람에게는 방편을 作하여 法利를 얻게 해준다.
넷째는 同事이다. 동사에도 또 두 가지가 있다. 악한 사람과 함께 한즉 선법으로써 가르쳐주고 선한
사람과 함께 한즉 선근을 증장토록 해준다. 부류를 따라 그 속에 들어가서 사업[事]을 그들과 함께 하는
까닭에 同事라 말한다.'

499) '多聞이 … 때문입니다.'에서 듣기만 하고 실행하지 못하면 곧 금수와 함께 듣는 것이다.

때문입니다.[500] 삼십칠품이 곧 도량인데 유위법을 초월하기 때문입니다.[501] 四諦가 곧 도량인데 세간을 속이지 않기 때문입니다.[502] 緣起가 곧 도량인데 무명 내지 노사가 다 끝이 없기 때문입니다.[503] 제번뇌가 곧 도량인데 여실하게 알기 때문입니다. 衆生이 곧 도량인데 무아인 줄을 알기 때문입니다. 一切法이 곧 도량인데 제법이 공인 줄 알기 때문입니다.[504] 降魔가 곧 도량인데 魔가 경거망동하지 못하기 때문입니다. 三界가 곧 도량인데 나아갈 趣가 없기 때문입니다. 師子吼가 곧 도량인데 無所畏이기 때문입니다. 力과 無畏와 不共法이 곧 도량인데 諸過가 없기 때문입니다. 三明이 곧 도량인데 남아 있는 장애가 없기 때문입니다.[505] 일념에 일체법을 아는 것이 곧 도량인데 一切智를 성취하기 때문입니다.[506]

---

500) '伏心이 … 때문입니다.'에서 心은 性인데 强剛한 즉 邪라고 관찰하고, 調伏한 즉 正이라고 관찰한다.

501) '삼십칠품이 … 때문입니다.'에서 삼십칠품은 열반에 나아가기 위한 것인데, 이것은 무위의 인이다.

502) '四諦가 … 때문입니다.'에서 소승에서는 四諦를 설하고, 대승에서는 一諦를 설한다. 지금 이 대목에서 말하는 諦는 곧 一諦이다. 一諦는 실상이다. 그러나 俗法은 허망으로서 소위 有라고 말해도 곧 無이고 無라고 말해도 곧 有인데 그것은 誑人이다. 그 밖의 諦를 보더라도 반드시 자기[我]가 惑을 제거했다고 말하지만 망상을 벗어나지 못한 것인데 이 또한 誑이다. 지금 이 대목의 一諦에는 이와 같은 衆過가 없기 때문에 不誑人이다. 一諦로부터 내지 諸法無我에 이르기까지 그것은 제법실상으로서 일제 가운데 卽한다. 異句와 異味는 이 일체를 말미암은 까닭에 불도를 성취한다. 一諦는 곧 佛因이기 때문에 도량이라 말한다.

503) '緣起가 … 때문입니다.'에서 십이연기는 인연으로 서로 발생하여 窮盡이 없다. 그 所由를 깨친 즉 智心이 저절로 밝아진다. 智心이 이미 맑아진 즉 道心이 저절로 성취된다. 그런 즉 道가 성취된다. 이에 연기로써 땅[地]을 삼기 때문에 곧 그것이 도량이다.

504) '제번뇌가 … 때문입니다.'에서 번뇌의 實性과 중생의 無我와 제법의 空이라는 뜻은 모두 道가 발생하는 所由이다.

505) '降魔가 … 때문입니다.'에서 魔兵을 항복시켜 요동침이 없는 것과 삼계에 노닐면서도 그 세계를 따르지 않는 것과 무외의 법음을 연설함에 어려움이 없는 것과 부처님의 삼십이업을 갖추어 하나도 결여됨이 없는 것과 삼명에 통달하여 장애가 없는 것, 이것들이 모두 대도가 발생하는 所由이다.

506) '일념에 … 때문입니다.'에서 이승법은 삼십사심으로써 성도하지만, 대승에서는 오직 일념으로써 활연대오하여 一切智를 갖춘다. 대저 有心인 즉 有封이고, 有封인 즉 有疆이다. 그래서 封과 疆에 이미 有形인 즉 그 智는 有崖이고, 그 智가 有崖인 즉 所照가 넓지 않다. 그러나 至人은 無心이다. 무심인 즉 無封이고, 無封인 즉 無疆이다. 그래서 封과 疆이 이미 無形인 즉 그 智는 無崖이고, 그 智가 無崖인 즉 所照가 끝이 없다. 때문에 일념으로써 일시에 일제법을 안다. 一切智가 비록 因行의 우듬지[標]일지라도

이와 같이 선남자여, 만약 보살이 모든 바라밀에 상응하여 중생을 교화하고 諸有에서 하는 행위와 擧足하고 下足하는 것에 대하여 그것이 모두 도량에서 오는 것임을 반드시 안다면 불법에 주하게 됩니다.'[507]

이러한 법을 설했을 때 오백 명의 天과 人이 모두 아뇩다라삼먁삼보리심을 발생하였습니다.[508] 때문에 그에게 문병하러 가는 것을 맡을 수가 없습니다."

佛告持世菩薩; 「汝行詣維摩詰問疾」

부처님께서 지세보살에게 말씀하셨다.

"그대가 가서 유마힐을 문병하여라."[509]

持世白佛言; 「世尊! 我不堪任詣彼問疾. 所以者何? 憶念我昔, 住於靜室, 時魔波旬, 從萬二千天女, 狀如帝釋, 鼓樂絃歌, 來詣我所. 與其眷屬, 稽首我足, 合掌恭敬, 於一面立. 我意謂是帝釋, 而語之言; 『善來憍尸迦! 雖福應有, 不當自恣. 當觀五欲無常, 以求善本, 於身命財而

무릇 그 또한 만행의 하나일 뿐이다. 만행이 모여서 성취된 것은 오직 無上道 뿐이다. 때문에 위에서 나열된 갖가지 법이 모두 場이다.

507) '이와 같이 … 됩니다.'에서 만약 위의 모든 바라밀[諸度]에 상응함으로써 천하를 교화할 수 있는 사람이라면 그 사람은 나아간[行] 즉 도량에 노닐고 머문[止] 즉 불법에 주한다.

508) '이러한 … 발생하였습니다.'에서 이것은 일곱째로 시회대중이 얻은 이익이다.

509) '부처님께서 … 문병하여라.'에서 이것은 네 명의 보살에게 명한 것으로 두 쌍이다. 미륵과 지세는 출가대사이고, 광엄과 선덕은 재가보살이다. 뜻에 대하여 논하자면 통체적으로는 만행이지만, 세 가지 뜻으로 그것을 논할 수가 있다. 곧 도를 발생시키는 주체[能]를 도량이라 말하고, 정신을 기쁘게 해주는 뜻[義]을 법락이라 일컬으며, 중생을 제도해주는 功을 법시라 말한다.

修堅法』卽語我言;『正士! 受是萬二千天女, 可備掃灑』我言;『憍
尸迦! 無以此非法之物要我沙門釋子, 此非我宜』所言未訖, 時維摩
詰來謂我言;『非帝釋也, 是爲魔來嬈固汝耳!』卽語魔言;『是諸女
等, 可以與我, 如我應受』魔卽驚懼, 念;『維摩詰將無惱我』欲隱形
去, 而不能隱; 盡其神力, 亦不得去. 卽聞空中聲曰;『波旬! 以女與
之, 乃可得去』魔以畏故, 俛仰而與.

지세보살이 부처님께 사뢰어 말씀드렸다.

"세존이시여, 저는 그에게 문병하러 가는 것을 감당할 수가 없습니다. 왜
냐하면 억념해보니 제가 옛적에 고요한 방에 머물고 있었습니다. 그때 魔波
旬이 만 이천 명의 천녀를 데리고 제석의 형상을 하여 악기를 연주하고 노
래를 부르며 제가 있는 곳으로 다가와서 권속들과 함께 제 발에 계수하고
합장하고 공경하고서 한 쪽에 섰습니다. 저는 그것이 제석천이라 생각하고
그한테 다음과 같이 말했습니다.

'잘 오셨습니다. 교시가여, 그대는 비록 복덕을 갖추고 있으면서도 自恣하
지 않고 오욕이 무상함을 잘 관찰함으로써 善의 근본을 추구하여 몸과 목숨
과 재물로 堅法을 닦습니다.'[510]

---

510) '왜냐하면 … 닦습니다.'에서 외국 이름인 파순은 번역하면 殺者이다. 말하자면 항상 다른 사람의 慧命을
단제하려고 하는 것이다. 또한 惡中惡이라고도 말한다. 惡에 세 가지가 있다. 첫째는 惡이고, 둘째는
大惡이며, 셋째는 惡中惡이다. 만약 악을 가하고나면 惡報가 돌아오는데 이것을 惡이라고 말한다. 만약
남이 자기를 공경하지 않는 까닭에 가해한다면 그것을 大惡이라 말한다. 만약 남이 찾아와서 공양하고
공경했는데도 보은을 생각하지 않고 도리어 그를 해꼬지하면 그것을 惡中惡이라 말한다. 악중악은
마왕이 가장 甚하다. 제불은 항상 중생을 안온케 해주려는데 도리어 그것을 壞亂기 때문에 甚이라
말한다. 제외도는 파순을 욕계의 主라고 가르치고, 또한 花箭이라고 말한다. 제석은 불제자인데 그것은
의심할 나위가 없음을 아는 까닭에 제석의 형상으로 변화하여 찾아온다. 그런데 持世는 파순의 의도를
있는 그대로 보는[不作意觀] 까닭에 파순을 보지 못한다. 또 해석하자면, 지세는 육신보살로서 선정에
들어가야 파순을 볼 수 있고 선정에 들어가지 않으면 알지 못한다. '교시가'는 제석의 過去時의 姓이다.

그러자 곧 저한테 다음과 같이 말했습니다.

'正士여, 여기 만 이천 명의 천녀를 받아서 掃灑하는 준비를 하십시오.'[511]

제가 말했습니다.

'교시가여, 이처럼 非法의 물건은 우리 沙門釋子에게는 필요한 것이 아닙니다. 이것은 저한테 마땅하지 않습니다.'[512]

말이 미처 끝나지 않았는데 그때 유마힐이 와서 저한테 다음과 같이 말했습니다.

'그는 제석이 아닙니다. 그것은 魔가 와서 그대를 희롱한 것입니다.'

그리고는 곧 魔에게 말했습니다.

'그 모든 천녀들을 저한테 주신다면 그대로 제가 응당 받겠습니다.'[513]

魔는 곧 놀라서 두려워하며 '유마힐이 장차 나를 괴롭히지 않을까.'라고 생각하였습니다. 이에 형체를 감추고 떠나려고 하였지만 감출 수가 없었고, 그 신통력을 다하였지만 또한 떠나갈 수도 없었습니다. 곧 허공에서 다음과 같은 소리가 들렸습니다.

三堅法이란 소위 身과 命과 財이다. 身은 이미 無常으로서 곧 마땅히 運使해야 선이 된다. 命은 이미 危脆로서 곧 마땅히 죽을 때까지 行道해야 한다. 財에는 五家가 있는데 곧 마땅히 施與에 활용해야 한다. 이것들은 모두 무상하지만 파괴되지 않으므로 소위 堅法이다.

511) '그러자 … 하십시오.'에서 그 설법을 인하는 까닭에 속임수로써 선을 따르게 하지만, 실제로는 천녀로써 제세보살을 혼란시키려고 한다.

512) '제가 … 않습니다.'에서 예전에는 그가 보시행위의 가르침을 받고 그가 이미 그것을 따랐기에 이치상 마땅히 그것을 받았지만, 지금의 경우는 옳은 것이 아니다. 대저 施者[제석으로 변화한 파순]의 생각은 오직 천녀[人]들을 취해달라는 것이었다. 때문에 지세보살은 그와 같은 보시 곧 요컨대 자기에게 받아달라는 그런 말을 해서는 안된다고 말한다. '사문석자'는 자기는 이치상 결코 받아서는 안되는 것이지 진실로 사람의 善을 거역하는 것이 아님을 설명한 것이다.

513) '말이 … 받겠습니다.'에서 가책하는 뜻[旨]은 첫째는 그것은 악마이지 제석이 아님을 설명함으로써 지세가 악마의 邪僞를 알지 못함을 가책한 것이다. 둘째는 정명이 받아들인 모든 천녀는 지세의 경우에는 천녀들에게 선을 발생시켜주지 못한다는 것을 나타낸다. 이 대목은 첫째의 경우에 해당한다. '그대로 제가 응당 받겠습니다'는 것은 나는 白衣이므로 응당 천녀를 보시고 받겠다는 것이다. 또한 보시는 본래 인색함을 제거하고 중생을 이롭게 하는 것이므로 결코 주인을 가려서는 안되는데 이미 보시를 하였으므로 곧 응당 나[정명]한테 주면 내가 그 보시물을 받겠다는 것이다.

'파순이여, 천녀들을 유마힐에게 주어야만 이에 떠나갈 수 있을 것이다.'

魔는 두려웠기 때문에 아래를 굽어보고 위를 우러러보면서 바쳤습니다.[514]

「爾時維摩詰語諸女言; 『魔以汝等與我, 今汝[515]皆當發阿耨多羅三
藐三菩提心』即隨所應而爲說法, 令發道意. 復言; 『汝等已發道意,
有法樂可以自娛, 不應復樂五欲樂也』天女卽問; 『何謂法樂』答言;
『樂常信佛, 樂欲聽法, 樂供養衆, 樂離五欲; 樂觀五陰如怨賊, 樂觀
四大如毒蛇, 樂觀内入如空聚; 樂隨護道意, 樂饒益衆生, 樂敬養[516]
師; 樂廣行施, 樂堅持戒, 樂忍辱柔和, 樂勤集善根, 樂禪定不亂, 樂離
垢明慧; 樂廣菩提心, 樂降伏衆魔, 樂斷諸煩惱, 樂淨佛國土, 樂成就
相好故, 修諸功德; 樂嚴[517]道場; 樂聞深法不畏; 樂三脫門, 不樂非時;
樂近同學, 樂於非同學中, 心無恚礙; 樂將護惡知識, 樂親[518]近善知
識; 樂心喜清淨, 樂修無量道品之法. 是爲菩薩法樂』

그때 유마힐이 모든 천녀들에게 말했습니다.

'魔가 그대들을 나한테 주었다.[519] 이제 그대들은 모두 아뇩다라삼먁삼보
리심을 발생하여라.'

---

514) '魔는 … 바쳤습니다.'에서 악마가 힘을 다하였지만 떠나갈 수가 없었던 것은 곧 악마의 邪力은 하열하고
정명의 道力은 뛰어남을 나타냄으로써 그 경중을 헤아린 것이다. 보시한 천녀에게 뛰어남이 있어서
떠나지 못하는 까닭에 천녀를 정명에게 내어준 것이다.
515) 今汝=汝今【聖】
516) 養=仰【宋】
517) (莊)+嚴【宋】【明】【聖】
518) 〔親〕-【聖】
519) '그때 … 주었다.'에서 이것은 三從之禮를 내보인 것이다. 천녀가 악마에 속한 즉 악마의 가르침을 받아야
하겠지만, 보살에게 속한 보살의 즉 道化를 따라야 한다. 때문에 천녀를 받아들여서 그들을 일깨워준다.

곤 근기의 상응을 따라서 설법하여 보리심[道意]을 발생토록 해주었다.[520]
그리고 다시 말했다.

'그대들은 이미 보리심[道意]을 발생하였다. 법락으로 자신의 즐거움을 삼아야지 다시는 오욕락을 상응해서는 안된다.'[521]

천녀들이 곧 물었다.

'무엇을 법락이라 합니까.'

답하여 말했다.

'항상 信佛을 즐겨하고, 聽法하려는 것을 즐겨하며, 대중에게 공양하는 것을 즐겨하고, 오욕 떠나기를 즐겨하며,[522] 오음은 怨賊과 같다고 관찰하는 것을 즐겨하고, 사대는 독사와 같다고 관찰하는 것을 즐겨하며, 內入을 텅빈 마을처럼 관찰하는 것을 즐겨하고,[523] 보리심[道意]을 隨護하는 것을 즐겨하며,[524] 중생을 이롭게 하는 것을 즐겨하고, 널리 보시하는 것을 즐겨하

---

520) '이제 … 해주었다.'에서 이것은 보살법을 가르친 것이다. 보살법에는 세 가지가 있다. 첫째는 보리심을 내도록 해준다. 둘째는 보살행을 닦도록 해준다. 셋째는 불도를 얻도록 해준다. 지금의 이 대목은 장차 보살행을 내보이려는 것이므로 첫째의 보리심을 내도록 하는 것에 해당한다.

521) '그리고 … 안된다.'에서 이것은 본격적으로 보살행을 설한 것이다. 때문에 법락을 설명하는 것에 무릇 두 가지 뜻이 있다. 첫째는 모든 천녀가 비록 보리심을 일으켜서[發道心] 이미 처음으로 불법에 들어갔지만 아직은 깊이 누리지 못하고 있다. 그래서 만약 오욕을 만나면 다시 옛날의 오욕락을 생각하기 때문에 설법해주는데 법락으로써 오욕락을 대신해준다. 둘째는 여인의 본성은 오직 즐기는 것만 따르는데 마치 물고기가 물에 의지하는 것과 같다. 때문에 법락을 설하여 이미 법락이 깊어짐을 얻은 즉 오욕락의 허물을 보더라도 탐착을 발생하지 않는다.

522) '천녀들이 … 즐겨하며,'에서 여기에는 四句가 있은 즉 四信을 설명한다. 四信은 곧 첫째는 부처님은 良醫임을 믿는 것이다. 둘째는 法이 妙藥임을 믿는 것이다. 셋째는 僧이 看病人임을 믿는 것이다. 넷째는 戒가 禁忌임을 믿는 것이다. 이 네 가지를 갖춘 즉 번뇌의 병이 치유된다. 때문에 첫째로 四信을 설명한 것은 天魔이 正이 本임을 믿지 않으므로 이미 邪를 돌려서 正에 들어가게 한다. 때문에 먼저 信을 설명한다. 樂이 오역을 떠난 즉 그것은 戒를 믿는 것이지만, 애욕이 많은 것은 毁戒 때문이다.

523) '오음은 … 즐겨하고,'에서 모든 천녀는 애욕에 깊이 집착하고 그들의 아름다운 몸을 가지고 놀기 때문에 비록 발심하여 믿음을 발생하도라도 情에 얽매여 그것을 버리기가 어렵다. 때문에 그 陰界를 가책하여 厭心을 발생토록 한다.

524) '보리심[道意]을 隨護하는 것을 즐겨하며'에서 위에서는 誡門을 설명하였는데, 지금 이 대목은 勸敎를 변별한 것이다. 장차 보리심[道意]를 지켜서 삼계 및 이승을 좋아하는 것에 떨어지지 않도록 하려는

며, 굳게 持戒하는 것을 즐겨하며, 인욕과 유화를 즐겨하고, 부지런히 선근 쌓기를 즐겨하며, 선정으로 어지럽지 않는 것을 즐겨하고, 오염을 버리고 지혜 밝히는 것을 즐겨하며, 보리심을 확장하는 것을 즐겨하고,525) 모든 魔를 항복시키는 것을 즐겨하며, 모든 번뇌 단제하는 것을 즐겨하고, 불국 토를 청정케 하는 것을 즐겨하며, 상호의 성취를 즐겨하기 때문에 모든 공덕을 닦고, 도량을 장엄하는 것을 즐겨하며,526) 깊은 법을 듣고도 두려움 없는 것을 즐겨하고, 삼해탈문을 즐겨하며, 非時를 즐겨하지 않고,527) 동학을 친근하는 것을 즐겨하며, 동학이 아닌 가운데서도 마음이 無恚礙하는 것을 즐겨하고, 악지식을 將護하는 것을 즐겨하며, 선지식을 친근하는 것을 즐겨 하며, 마음의 喜가 청정해지는 것을 즐겨하고, 무량한 도품법 닦는 것을 즐 겨하는데, 이런 것이 바로 보살의 법락입니다.'528)

「於是波旬告諸女言; 『我欲與汝俱還天宮』諸女言; 『以我等與此居士, 有法樂, 我等甚樂, 不復樂五欲樂也』魔言; 『居士可捨此女? 一切所有施於彼者, 是爲菩薩』維摩詰言; 『我已捨矣! 汝便將去, 令

것이다.

525) '중생을 … 즐겨하고'에서 위에서는 장차 보리심을 지켜주는 것을 말하자면 自發心이었는데, 지금 이 대목은 남을 발심토록 해주는 까닭에 '넓다'고 말한다.

526) '모든 魔를 … 즐겨하며'에서 도량은 석가모니불이 菩提樹下로서 처음에 성도한 곳으로, 삼천이백 리의 金剛地가 場이다. 제불은 각각 국토의 대소를 따라서 場地의 廣狹을 취하므로 정해진 숫자가 없다.

527) '깊은 법을 … 않고,'에서 삼해탈문은 空解脫門·無相解脫門·無作解脫門이다. 결박되어 있다가 그로부터 벗어나는 것이 解인데 그것을 脫이라고 말하는데, 삼승이 그로부터 말미암은 까닭에 그것을 門이라 말한다. 이승이 해탈문에 들어가서 그 極을 다하지 않아도 中路에서 깨달음을 얻는데 그것을 非時라고 말한다. 이것은 대사가 즐겨하지 않는 것이다.

528) '동학을 … 법락입니다.'에서 첫째는 법락을 標하고, 둘째는 문답으로 그것을 해석했는데, 지금의 대목은 총결이다.

一切衆生得法願具足」於是諸女問維摩詰;『我等云何, 止於魔宮』
維摩詰言;『諸姉! 有法門名無盡燈, 汝等當學. 無盡燈者, 譬如一燈,
燃百千燈, 冥者皆明, 明終不盡. 如是, 諸姉! 夫一菩薩開導百千衆生,
令發阿耨多羅三藐三菩提心, 於其道意亦不滅盡, 隨所說法, 而自增
益一切善法, 是名無盡燈也. 汝等雖住魔宮, 以是無盡燈, 令無數天子
天女, 發阿耨多羅三藐三菩提心者, 爲報佛恩, 亦大饒益一切衆生』
爾時天女頭面禮維摩詰足, 隨魔還宮, 忽然不現. 世尊! 維摩詰有如是
自在神力, 智慧辯才, 故我不任詣彼問疾」

이에 파순이 모든 천녀들에게 말했습니다.

'나는 그대들과 함께 다같이 천궁으로 돌아가고자 한다.'[529]

모든 천녀들이 말했습니다.

'저희들을 이 거사에게 주셨습니다. 많은 법락으로 저희들은 대단히 즐겁
습니다. 다시는 오욕락을 즐기지 않겠습니다.'[530]

魔가 말했습니다.

'거사여, 이 천녀들을 돌려줄[捨] 수 있겠습니까. 일체의 소유를 그들에게
보시하는 것이 곧 보살입니다.'

유마힐이 말했습니다.

'저는 이미 돌려드렸습니다.[捨] 그대는 마음대로 가져가십시오. 일체중생

---

529) '이에 … 한다.'에서 이것은 위에서는 하늘에서 나는 소리를 듣고서 두려워서 '함께[與]'라고 말했는데
그것은 진심이 아니었다. 때문에 함께 돌아가고자 한다. 그러나 돌아가지 않으려고 하지 다시
천궁으로써 그들을 유혹하는데, 천마는 방편[權]이다. 위에서는 정명으로 하여금 그들을 교화시켜주려는
까닭에 그들을 데려왔는데, 지금은 그들로 하여금 교화를 전하도록[傳化] 하려는 까닭에 그들(천녀)을
돌아가도록 요구한다.

530) '모든 … 않겠습니다.'에서 이것은 이미 소속이 있는 사람들이고 또한 법락이 있는데 어째서
돌려보내려는 것인가 하는 것이다.

들로 하여금 불법과 서원을 구족토록 해주십시오.'531)

이에 모든 천녀들이 유마힐에게 물었습니다.

'저희들은 얼마나 魔宮에 머물러야 합니까.'532)

유마힐이 말했습니다.

'모든 자매들이여, 어떤 법문이 있는데 그것을 무진등이라 말합니다. 그대들은 반드시 닦아야 합니다.533) 무진등이란 비유하면 한 등불이 백천 등불에 불을 당기면 어둠이 모두 밝아지고 그 밝음은 끝이 없는 것과 같습니다. 이와 같이 모든 자매들이여, 무릇 한 보살이 백천의 중생들을 開導하여 아뇩다라삼먁삼보리심을 발생시켜주면 그 보리심[道意]도 또한 멸진되지 않아서 가는 곳마다 설법하여 저절로 일체의 선법이 증익되는데 그것을 무진등이라 말합니다. 그대들이 비록 마궁에 주할지라도 그 무진등으로써 무수한 천자와 천녀들로 하여금 아뇩다라삼먁삼보리심을 발생시키는 사람은 불은에 보답하는 것이고 또한 일체중생에게 큰 이익을 주는 것입니다.'

그때 천녀들이 유마힐의 발에 頭面禮를 드리고 魔를 따라서 마궁으로 돌

---

531) '魔가 … 해주십시오.'에서 악마는 정명의 마음에 염착이 없지만 본래 그 천녀들을 교화하기 위한 것이었는데, 지금은 그 천녀들의 교화를 이미 마쳤기 때문에 선택하도록 놓아준 것을 알고 있었다. 정명이 천녀들을 보시한 까닭은 먼저 그 천녀들을 교화하기 위한 까닭에 여자들은 취하였는데, 만약 그것이 정명이 아닌 다른 사람이었다면 교화가 따르지 못했을 것이다. 지금은 모든 천녀로 하여금 천궁에까지 교화를 전하도록 하려는 까닭에 천녀들을 보시한 것이다. 또한 위에서는 복전을 내보이려는 까닭에 천녀들을 취하였지만, 지금은 시주가 되어 있는 즉 놓아준[捨] 것이다. 또한 위에서는[前] 위력을 내보였지만, 지금은[後] 은혜를 입혀주는 것이다. 또한 위에서는[前] 천녀들을 취하여 수행하도록 하였는데, 지금은[後] 천녀들을 보시하여 서원을 일으키는 것이다. 거사가 천녀들을 다시 마궁으로 돌려보낸 즉 악마의 소원이 구족되었기 때문에 그로 인하여 발원함으로써 중생으로 하여금 法과 願을 具足토록 하는 것이다. 이것이 바로 유마의 서원이다.
532) '이에 … 합니까.'에서 옛날에는 마궁에 있으면서 오욕을 즐거움으로 삼았다. 그런데 지금은 보살에 있으면서 법락을 즐거움을 삼고 있다. 이에 다시 마궁에 돌아가면 어떤 修業을 닦아야 하는가.
533) '유마힐이 … 합니다.'에서 이것은 멀리까지 흘러간 대법의 장명등으로써 마궁의 어리석고 어두운 방을 비춘 것이다. 때문에 이 門을 설한다.

아갔는데 홀연히 자취를 감추었습니다.[534] 세존이시여, 유마힐은 이와 같이
자재한 신통력과 지혜와 변재를 지니고 있습니다.[535] 때문에 그에게 문병하
러 가는 것을 맡을 수가 없습니다."

佛告長者子[536] 善德; 「汝行詣維摩詰問疾」

  부처님께서 장자의 아들인 선덕에게 말씀하셨다.
  "그대가 가서 유마힐을 문병하여라."

善德白佛言; 「世尊! 我不堪任詣彼問疾. 所以者何? 憶念我昔自於
父舍設大施會, 供養一切沙門, 婆羅門, 及諸外道, 貧窮, 下賤, 孤獨,
乞人. 期滿七日, 時維摩詰來入會中, 謂我言; 『長者子! 夫大施會不
當如汝所設, 當爲法施之會, 何用是財施會爲』我言; 『居士! 何謂法
施之會』答曰[537]; 『法施會者, 無前無後, 一時供養一切衆生, 是名法
施之會』曰[538]; 『何謂也』『謂以菩提, 起於慈心; 以救衆生, 起大悲
心; 以持正法, 起於喜心; 以攝智慧, 行於捨心; 以攝慳貪, 起檀波羅
蜜; 以化犯戒, 起尸羅波羅蜜; 以無我法, 起羼提波羅蜜; 以離身心相,
起毘梨耶波羅蜜; 以菩提相, 起禪波羅蜜; 以一切智, 起般若波羅蜜.

---

534) '무진등이란 … 감추었습니다.'에서 이것은 가책한 뜻[貶]이다.
535) '세존이시여, … 있습니다.'에서 이것은 정명을 찬탄한 것이다.
536) 善德=善得【聖】[1]
537) 〔答曰〕−【宋】【元】【明】
538) 〔曰〕−【聖】

教化衆生, 而起於空; 不捨有爲法, 而起無相; 示現受生, 而起無作; 護持正法, 起方便力; 以度衆生, 起四攝法; 以敬事一切, 起除慢法; 於身命財, 起三堅法; 於六念中, 起思念法; 於六和敬, 起質直心; 正行善法, 起於淨命; 心淨歡喜, 起近賢聖; 不憎[539]惡人, 起調伏心; 以出家法, 起於深心; 以如說行, 起於多聞; 以無諍法, 起空閑處; 趣向佛慧, 起於宴坐; 解衆生縛, 起修行地; 以具相好, 及淨佛土, 起福德業; 知一切衆生心念, 如應說法, 起於智業; 知一切法, 不取不捨, 入一相門, 起於慧業; 斷一切煩惱, 一切障礙, 一切不善法, 起一切善業; 以得一切智慧, 一切善法, 起於一切助佛道法. 如是, 善男子! 是爲法施之會. 若菩薩住是法施會者, 爲大施主, 亦爲一切世間福田』

선덕이 부처님께 사뢰어 말씀드렸다.

"세존이시여, 저는 그에게 문병하러 가는 것을 감당할 수가 없습니다. 왜냐하면 억념해보니 제가 옛적에 아버지의 집에서[540] 大施會를 시설하여 일체의 사문·바라문 및 모든 외도·빈궁인·하천인·고독인·걸인에게 이레가 다 차도록 공양하였습니다. 그때 유마힐이 와서 법회에 참여하고 저한테 말하였습니다.

'장자의 아들이여, 무릇 大施會는 그대처럼 시설해서는 안됩니다. 반드시

---

539) 憎=增【宋】【元】【明】

540) '아버지의 집에서'란 아버지한테서 얻은 재물로서 비법으로 얻은 재물과는 차별된다. 또한 말하자면 돌아가신 할아버지는 승상이었으므로 이와 같은 보시법을 행하였다. 선덕은 그것을 상속하고 이전의 가업을 이었다. 그와 같은 보시를 행하려고 삼년 동안 재물을 모아서 칠일 동안 大施를 베풀어 四門을 열어두고 높이 幢을 내세우고 천하에 알렸다. 생활에서 필요한 것을 위하여 모두 그 집을 찾아왔다. 연후에는 집안을 기울여 보시하였다. 이와 같이 보시하는 법에는 두 가지가 있다. 첫째는 바라문 및 외도의 書에 있는 작례법을 활용함으로써 梵福을 추구하는 것이다. 둘째는 직접 大布施하는 것이다. 지금 이 대목은 첫째의 법을 활용한 것이다.

法施會가 되어야 하는데 어째서 그것을 財施會로 활용하는 것입니까.'[541]

제가 말했습니다.

'거사여, 法施會란 무엇을 말하는 것입니까.'

유마힐이 답하여 말했습니다.

'법시회란 시작도 없고 끝도 없습니다. 一時[542]에 일체중생에게 공양하는 것을 법시회라고 합니다.'

제가 말했습니다.

'무엇을 말하는 것입니까.'[543]

'말하자면 보리로써 慈心을 일으키는 것이고,[544] 중생을 구제하는 것으로 써 대비심을 일으키는 것이며,[545] 정법을 수지하여 喜心을 일으키는 것이

---

541) '그때 … 것입니까.'에서 이것은 둘째로 가책한 뜻[뜹]이다. 정명은 칠일이 되었을 때에야 찾아와서 가책한 것에는 무릇 세 가지 뜻이 있다. 첫째는 그것은 俗施로 이미 가득차 있는데 장차 법시로 나아가야 한다. 때문에 먼저 그와 같은 보시[俗施]의 시설을 나무람으로써 두 가지 보시의 우열을 설명한다. 둘째는 칠일의 기한이 만기되면 만기가 된즉 공이 성취되어 반드시 特著가 성취되어야 하기 때문에 칠일이 지나서 찾아와 가책한 것이다. 셋째는 선덕과 정명은 모두 중생을 위한다. 선덕은 재물을 보시하고, 정명은 법을 베풀어준다. 만약 먼저 중생을 재물로써 유도하지 못하면 곧 또한 중생을 인도해줄 법도 없다. 때문에 법을 활용하고 재물을 가책한다는 것에 대하여 재시는 육신을 길러주고 법시는 법신을 길러준다. 또한 재시는 단지 욕계의 과보만 얻지만, 법시는 삼계 및 출삼계의 과보를 얻는다. 또한 재시에는 전후가 있지만, 법시에는 전후가 없다. 또한 재시는 다함이 있지만, 법시는 다함이 없다. 또한 재시는 愚人과 智人에 모두 공통적으로 활용할 수 있지만, 법시는 智人이 되어야 바야흐로 이해한다. 때문에 법시로써 재시를 가책한다.

542) 一時는 시분이 따로 정해져 있지 않는 一時이다.

543) 법시란 구체적으로 무엇을 말하는 것인가를 물은 것이다.

544) '제가 … 것이고'에서 위에서는 사무량심[四等心]을 설명하였다. 법시는 곧 慈心으로 시설된 것이기 때문에 먼저 그것을 설명한다. 또한 사무량심은 일시에 널리 법계를 반연하기 때문에 처음에 설명한다. 범부가 자비를 일으키면 범천에 태어난다. 이승은 곧 공덕을 추구하고, 보살은 곧 불도를 추구하여 중생을 도탈시킨다. 지금 그[선덕]로 하여금 불도를 추구하여 자심을 일으키도록 한다. 때문에 菩提相으로써 자심을 일으킨다고 말한다. 또한 慈는 樂을 주려는 것인데, 이것은 부처님을 인연하여 樂을 중생에게 주려는 것이다. 또한 보리로써 일으킨 慈는 반드시 진실한 慈로서 실로 중생을 이롭게 해준다.

545) '중생을 … 것이며'에서 비심의 뜻은 고통을 없애주는 데에 있다. 만약 진실로 추구하는 것이 悲가 된다면 그 悲는 위대하다.

고,546) 지혜를 섭수하여 捨心을 일으키는 것이며,547) 간탐을 섭수함으로써 단바라밀을 일으키는 것이고, 범계를 교화함으로써 시라바라밀을 일으키는 것이며, 무아법으로써 찬제바라밀을 일으키는 것이고, 몸과 마음의 모습을 떠남으로써 비리야바라밀을 일으키는 것이며, 보리상으로써 선바라밀을 일으키는 것이고, 일체지로써 반야바라밀을 일으키는 것입니다.548) 중생을 교화하되 공을 일으켜주고,549) 유위법을 버리지 않고 無相을 일으켜주며,550) 受生을 시현하되 無作을 일으켜주고,551) 정법을 호지하되 방편력을 일으켜주며,552) 중생을 제도함으로써 사섭법을 일으켜주고, 일체를 공경스럽게 섬

---

546) '정법을 … 것이고'에서 남[彼]과 나[我]로 하여금 모두 정법을 수지토록 함으로써 거기에서 喜가 발생한다. 또한 喜는 본래 남이 비법에서 벗어남을 기뻐하는 것인데 이런 뜻이 법에 들어 있다. 만약 정법을 수지함으로써 喜가 된다면 그 喜는 진실하다.

547) '지혜를 … 것이며'에서 범부 및 소승은 怨親을 捨하기 때문에 捨心을 행한다. 그런데 지금 이 대목은 그[선덕]로 하여금 평등과 지혜의 일체를 捨離함으로써 捨心을 행하도록 해준다. 또한 捨心 가운데서는 오직 오직 중생을 무분별상으로 보기 때문에 無明의 경우도 마찬가지로 그 사심 가운데서 지혜를 행하도록 하려는 것이다.

548) '간탐을 … 것입니다.'에서 위에서는 사무량심[四等]을 법시라고 설명하였는데, 지금은 육바라밀을 법시라고 설명한다. 보살이 일으키는 수행은 낱낱의 수행에 모두 세 가지 뜻이 있다. 첫째는 불도를 추구하고, 둘째는 중생을 제도하며, 셋째는 실상을 어기지 않는다. 때문에 이 경문은 육바라밀로써 三雙으로 그것을 변별한다. 처음의 둘[보시와 지계]을 통해서는 중생을 위하여 慳을 타파하여 檀을 일으키고, 犯을 섭수하여 戒를 일으킨다. 다음의 둘[인욕과 정진]을 통해서는 二空으로써 二行을 일으킨다. 무아로써 忍을 일으키는 것은 이것은 인공이다. 身과 心의 相을 떠나서 정진을 일으키는 것은 말하자면 법공이다. 나중의 둘[선정과 지혜]은 二智와 菩提이다. 말하자면 一切種智이기 때문에 禪을 일으키고, 다음으로 一切智이기 때문에 波若을 일으킨다. 반야[波若]은 實慧이기 때문에 薩波若心으로써 波若을 일으킨다. 또한 菩提는 곧 부처님의 복덕장엄이기 때문에 선을 일으키고, 一切智는 곧 부처님의 지혜장엄이기 때문에 반야를 일으킨다. 또한 菩提는 곧 부처님의 止의 수행이기 때문에 그래서 위에서 말한 적멸이 곧 보리인 즉 智는 곧 止의 수행이다. 이에 선을 일으킨 즉 그것은 止이다. 一切智는 곧 부처님의 觀의 수행이기 때문이다. 그래서 파약을 일으킨 즉 그 파약은 곧 觀이다.

549) '중생을 … 일으켜주고'에서 중생이 남아 있는 즉 空義가 어그러지고, 空義가 남아 있는 즉 중생을 저버린다. 법상에 잘 통달하여 그 마음을 텅 비운[空虛] 사람은 종일토록 중생을 교화해도 종일토록 공에 어그러지지 않는다.

550) '유위법을 … 일으켜주며'에서 교화를 따르되 有를 남겨두는 것을 '有爲를 저버리지 않음'이라고 말하고, 有가 상적한 줄 아는 것을 '無相을 일으킴'이라고 말한다.

551) '受生을 … 일으켜주고'에서 有를 따르되 形을 드러내는 것을 '受生을 드러냄'이라 말하고, 생이 무생인 줄 알기 때문에 '無作'이라 말한다.

552) '정법을 … 일으켜주며'에서 대저 정법을 건립코자 하면 반드시 선교방편이 필요하다.

김으로써 아만을 제거하는 법을 일으켜주며, 몸과 목숨과 재물에서 三堅
法을 일으켜주고, 六念 가운데서 思念法을 일으켜주며,[553] 六和敬에서 質直
心을 일으켜주고,[554] 善法을 바르게 실천함으로써 淨命을 일으켜주며,[555] 마
음에 환희를 청정케 하여 賢聖을 친근함을 일으켜주고, 악인을 증오하지 않
음으로써 다스리는 마음을 일으켜주며,[556] 출가법으로써 深心을 일으켜주
고,[557] 如說行으로써 다문을 일으켜주며, 무쟁법으로써 공한처를 일으켜주
고,[558] 佛慧를 趣向함으로써 宴坐를 일으켜주며,[559] 중생의 결박을 풀어줌으
로써 修行地를 일으켜주고, 상호를 갖추고 불국토를 청정케 함으로써 복덕
업을 일으켜주며, 일체중생의 心念을 알아서 상응하는 설법을 해줌으로써
智業을 일으켜주고, 일체법이 不取이고 不捨임을 알아서 一相門에 들어감
으로써 慧業을 일으켜주며,[560] 일체의 번뇌와 일체의 장애와 일체의 불선법

---

553) '중생을 … 일으켜주며'에서 육념이란 佛念·法念·僧念·施念·戒念·天念의 六念에 마음을 집중하는
    것이다.
554) '六和敬에서 … 일으켜주고'에서 慈心으로써 신업·구업·의업을 일으키는 것이 그 세 가지이다.
    넷째는 많은 利養을 얻어서 남들과 그것을 공유하는 것이다. 다섯째는 淨戒를 수지하는 것이다.
    여섯째는 漏盡慧를 닦는 것이다. 그래서 직심이 없으면 육법을 갖출 수가 없고, 육법이 없으면 군중을
    화합할 수가 없으며, 군중이 화합하지 못하면 敬順의 道가 없다. 身·口·意에서 일으키는 慈心은
    곧 內心의 同이다. 함께 함께 지키는 것[同戒]은 말하자면 함께 수행하는 것[行同]이다. 같은 견해를
    갖는 것[同見]은 말하자면 함께 이해하는 것[解同]이다. 함께 이익을 나누는 것[同利]은 곧 함께 재물을
    갖는 것[財同]이고, 함께 수행하고 이해하는 것[同行解]은 말하자면 법을 함께 하는 것[法同]이다. 또한
    같은 견해를 지니는 것[同見]은 말하자면 같은 마음을 갖는 것[心同]이고, 함께 계를 지키는 것[同戒]은
    말하자면 함께 사는 것[身同]이다. 함께 이익을 나누는 것[同利]은 同身과 同心을 북돋아 주는 것이고, 그
    밖의 것은 모두 同行이다. 옛날에는 二衆이 乖諍하였기 때문에 부처님이 이 六和敬을 설하였다.
555) '善法을 … 일으켜주며'에서 무릇 선을 행함에 邪心이 아닌 것이 正命(淨命)이다.
556) '마음에 … 일으켜주며'에서 聖을 친근하여 淨喜가 발생하면 惡을 보아도 憎心이 없다.
557) '출가법으로써 深心을 일으켜주고'에서 출가하면 곧 불법에 깊이 들어가서 淨戒를 갖추어 행할 수가
    있다.
558) '如說行으로써 … 일으켜주고'에서 忿競은 대중이 모여드는 곳에서 발생하지만, 無諍은 空閑處에서
    출현한다.
559) '佛慧를 … 일으켜주며'에서 부처님의 지혜는 深遠한데 선정에서 일어나지 않음이 없다.
560) '상호를 … 일으켜주며'에서 육바라밀을 크게 둘로 판별하자면 앞의 세 가지는 福이고, 뒤의 세 가지는
    慧이다. 만약 福과 慧를 모두 갖추는 것은 수레의 두 바퀴와 같고 새의 두 날개와 같다. 福慧에 대해서

을 단제함으로써 일체의 선업을 일으켜주고,[561] 일체의 지혜와 일체의 선법을 터득함으로써 일체의 불도에 도움이 되는 법을 일으켜주는 것입니다.[562] 이와 같이 선남자여, 이것이 법시회입니다. 만약 보살이 이 법시회에 주한다면 대시주가 되고 또한 일체세간의 복전이 됩니다.'[563]

「世尊! 維摩詰說是法時, 婆羅門衆中二百人, 皆發阿耨多羅三藐三菩提心. 我時心得淸淨, 歎未曾有! 稽首禮維摩詰足, 卽解瓔珞價直百千以上之, 不肯取. 我言; 『居士! 願必納受, 隨意所與』維摩詰乃受瓔珞, 分作二分, 持一分施此會中一最下乞人, 持一分奉彼難勝如來. 一切衆會皆見光明國土難勝如來, 又見珠瓔在彼佛上變成四柱寶臺, 四面嚴飾, 不相障蔽. 時維摩詰現神變已, 作[564]是言; 『若施主等心施一最下乞人, 猶如如來福田之相, 無所分別, 等于大悲, 不求果報, 是則名曰具足法施』城中一最下乞人, 見是神力, 聞其所說, 皆發阿耨多羅三藐三菩提心, 故我不任詣彼問疾」

각각 열어보면 두 가지가 있다. 첫째로 복덕문의 두 가지에서 하나는 안으로 상호를 감득하는 것이고, 둘은 밖으로 정토를 감득하는 것이다. 둘째로 지혜문을 두 가지로 열어보면 하나는 有를 비추어보는 것을 智라 말하고, 空을 비추어보는 것이 慧이다.

561) '일체의 … 일으켜주고'에서 '일체의 번뇌를 단제한다'는 것은 말하자면 번뇌장을 제거하는 것으로서 즉 智慧業이다. 그리고 '一切障閡'은 말하자면 報障이고, '일체의 불선법'은 業障인데, 이 둘은 福德業을 설명한 것이다.

562) '일체의 … 것입니다.'에서 다시 福과 慧를 총결한 것이다.

563) '이와 같이 … 됩니다.'에서 수행을 일으켜서 중생을 이롭게 해주는 것을 施主라고 말하고, 받은 공양을 감당할 만한 것을 복전이라고 말한다. 法施하는 사람은 이 두 가지 덕을 갖추는데, 財施를 행하는 사람은 단지 施主일 뿐 福田은 아니다.

564) (又)+作【宋】【元】【明】

세존이시여, 유마힐이 이러한 법을 설했을 때 바라문의 대중 이백 명이 모두 아뇩다라삼먁삼보리심을 발생하였습니다. 저는 그때 마음에 청정을 터득하고 미증유를 찬탄하였습니다. 유마힐의 발에 계수례를 하고 곧 가치가 백천 이상이나 되는 영락을 풀어서 바쳤지만 그것을 취하지 않았습니다.[565] 제가 말했습니다.

'거사여, 바라건대 꼭 납수하여 마음대로 활용하십시오.'

이에 유마힐이 영락을 받아서 둘로 나누어서 일분을 가지고 그 법회 가운데서 가장 제일 최하의 걸인에게 주고, 일분을 가지고 저 난승여래에게 바쳤습니다.[566] 그러자 일체중회가 모두 광명국토의 난승여래를 친견하였고,[567] 또한 珠瓔마다 그 불국토가 나타났으며, 네 기둥이 寶臺로 변성하였고, 사면이 엄식되었는데 서로 障蔽하지 않았습니다.[568] 그때 유마힐이 신통변화를 드러내고 다음과 같이 말하였습니다.

'만약 시주가 평등심으로 제일 최하의 걸인에게 보시하면 마치 여래의 복전의 모습과 같아서 분별하는 것이 없고 대비를 평등하게 하고 과보를 추구

565) '세존이시여, … 취하지 않았습니다.'에서 이하 대목은 시회대중이 얻은 이익을 설명하는 대목의 경문이다. 칠일 동안 보시하였는데 그 재물이 남아 있는 것은 가장 소중하기 때문이다. 이상에서 유마힐은 법시를 존숭하는 마음을 드러낸다. 또한 정명은 그 칠일 동안의 재물보시는 스스로 다함이 없음을 말미암은 줄 알기 때문에 법시를 설하여 그 보배를 버리도록 한다. 정명은 재물을 받지 않은 것은 본래 설법으로 재물을 가책하기 위함이기 때문이다. 또한 나중에 평등한 보시를 열어줌으로써 아울러 선덕으로 하여금 慇重케 해주려는 까닭에 재물을 받지 않는다.

566) '제가 … 바쳤습니다.'에서 위에서 비록 법시를 보여주었을지라도 아직 선덕에게 재시에 대하여 가르쳐주지 않은 까닭에 極上의 영락을 窮下의 걸인에게 보시한다. 이에 보시하는 마음이 평등함을 설명함으로써 선덕이 재시한 뜻이 성취되었다. 위에서 직접 선덕의 재시와 정명의 법시를 설명하였지만 아직 두 가지 보시의 마음을 운용하지는 않았다. 때문에 極上의 영락을 窮下의 걸인에게 보시하는 것을 보시를 운용하는 마음[運施之心]이라 말한다.

567) '그러자 … 친견하였고'에서 저 부처님의 위덕은 수승하고 국토가 청정하여 장차 衆會를 발기하여 그 뛰어남의 추구를 발생시켜주려는 것이다. 때문에 먼저 奉施하고 연후에 그것을 보게끔 해준다.

568) '또한 … 않았습니다.'에서 선을 얻으면 장래에 과보가 드러남이 이와 같이 미묘하다. '네 기둥이 寶臺'이란 佛果의 사무량심이 높이 솟아서 뒤덮이지 않는 것이다. '장애됨이 없다(障蔽하지 않는다)'는 것은 하나의 덕이 일체의 덕에 걸림이 없다는 것이다.

하지 않으면 그것을 곧 구족법시라고 말합니다.'[569]

　성중에서 제일 최하의 걸인들이 그 신통력을 보고 그 설법을 듣고서 모두 아뇩다라삼먁삼보리심을 발생하였습니다.[570] 때문에 그에게 문병하러 가는 것을 맡을 수가 없습니다."

如是諸菩薩各各向佛說其本緣, 稱述維摩詰所言, 皆曰；「不任詣彼問疾！」

　이와 같이 제보살이 각각 부처님을 향해서 그 本緣으로 설하여 유마힐이 말한 것을 칭찬으로 말하면서 다음과 같이 말했다.
　"문병하러 가는 것을 맡을 수가 없습니다."[571]

維摩詰[572]經卷上[573]

　유마힐경 권상

---

569) '대비를 평등하게 한다'고 일컬음은 것은 尊卑가 나란히 동일한 과보를 받음으로써 평등하게 悲心으로 보시하는 것이다. 지금 이 대목에서는 하천한 걸인에게 보시함으로써 부처님 대비의 모습이 평등하기 때문에 '대비를 평등하게 한다'고 말한다. 이것이야말로 실제로 재시인데도 불구하고 법시라고 일컬은 까닭은 평등관을 얻는 것은 재시로는 불가능하기 때문에 구족법시라고 말한다.
570) '그때 … 발생하였습니다.'에서 이 대목에 이르기까지 또한 이것은 이익을 얻은 경문의 대목[得益文]이다.
571) '이와 같이 … 없습니다.'에서 이것은 둘째로서 삼만 이천 명의 보살이 각각 감당하지 못하겠다고 사양한 것인데, 무릇 경문에서는 다 갖추어 싣지 않았을 뿐이다.
572) (作說)＋經【末】【元】【明】
573) 光明皇后願文【聖】

유마힐소설경 권중

維摩詰所說[574] 經卷中[575]
유마힐소설경 권중

姚秦三藏鳩摩羅什譯
요진의 삼장 구마라집이 번역하다

文殊師利問疾品第五
문수사리문질품[576] 제오

爾時佛告文殊師利; 「汝行詣維摩詰問疾」

---

574) 〔所說〕-【聖】

575) 卷中+(不可思議解脫)【宋】, +(不可思議解說)【元】, 〔卷中〕-【聖】

576) 이 [문수사리문질품]이 유래한 뜻에는 여덟 가지 인연이 있다. 첫째, [제자품]은 성문의 小道였고, [보살품]은 因位에 있는 사람이었기 때문에 모두 問疾을 감당하지 못하였다. 문수사리는 往古에 제불이었기 때문에 문병을 감당할 수가 있다. 둘째, 至人은 變謀가 자재하고, 隱顯에 뛰어난 자취를 보이며, 길고 짧음[修短]에 맘대로 상응하고, 중생을 접하는 마음으로써 기민하게 깨우쳐주었기에 문수에게 부탁한 것이다. 때문에 문수가 찾아가서 문병한 것이다. 셋째, 위에서는 여러 사람에게 명하여 그들에게 있었던 옛날의 설법을 서술한 다음에 문수에게 명하여 그들에게 지금의 설법을 서술해준다. 넷째, 위에서는 명을 감당하지 못하자 그들로 인하여 정명의 덕을 나타냈는데, 지금은 명을 감당할 수 있음을 인하여 정명이 스스로 그 덕을 나타낸다. 다섯째, 위에서는 명을 감당하지 못하여 대부분 정명의 지혜를 설명하였는데, 지금은 명을 감당할 수 있음을 인하여 갖추어서 그 通慧를 나타낸다. 여섯째, 위에서는 명을 감당하지 못하여 삼종의 견해를 타파하였는데, 소위 범부와 이승과 보살이었다. 그러나 지금은 명을 감당할 수 있음을 인하여 비로소 보살의 법문에 들어갈 수가 있다. 일곱째, 위에서는 명을 감당하지 못하여 그 사람들의 尊卑를 설명하였는데, 지금은 질문을 감당할 수 있음을 인하여 그 법이 미묘함을 나타낸다. 여덟째, 여태까지는 그 由序를 변별하였는데, 이 [문수사리문질품] 이후는 그 正說을 설명한다.

그때 부처님께서 문수사리[577]에게 말씀하셨다.

"그대가 가서 유마힐을 문병하여라."

文殊師利白佛言; 「世尊! 彼上人者, 難爲詶對. 深達實相, 善說法要, 辯才無滯, 智慧無礙; 一切菩薩法式悉知, 諸佛祕藏無不得入; 降伏衆魔, 遊戲神通, 其慧方便, 皆已得度. 雖然, 當承佛聖旨, 詣彼問疾」

문수사리가 부처님께 사뢰어 말씀드렸다.

"세존이시여, 그 上人은 詶對하기가 어렵습니다. 깊이 실상에 통달하고,[578] 법요를 잘 설하며,[579] 변재가 막힘이 없고, 지혜가 걸림이 없습니다.[580] 일체보살의 법식을 다 알고, 제불의 비장에 득입하지 못함이 없습니다.[581] 衆魔를 다스리고 신통을 유희하며,[582] 그 지혜와 방편으로 모두 得

---

577) 문수사리는 번역하면 妙德이다. 『수릉엄경』에서는 다음과 같이 말한다. '일찍이 이미 성불하였는데 명호는 龍種尊으로서 오십삼 불 가운데 하나이다. 문수는 곧 歡喜藏摩尼寶積佛로서 북방의 常喜世界에 현재하면서 시현하여 遊方菩薩이 되었다.' 『화엄경』에서는 '동방의 不動智佛로부터 金色世界에 도래하였다.'고 말하고, 또한 '문수는 무량한 제불의 어머니이다.'고도 말한다. 『법화경』에서는 '문수는 석가모니의 九世祖師이다.'고 말한다.

578) "깊이 실상에 통달하고"에서 실상은 헤아리기 어렵다. 이승이 비록 통달할지라도 그 근원에는 다하지 못한 것이 마치 兎馬와 같다. 대사는 邊底까지 미묘하게 다한다. 비유하면 저 馬王과 같다.

579) '법요를 잘 설하며'는 위에서는 안으로 실상에 통달함을 찬탄하였는데, 지금은 밖으로 교묘하게 설법함을 찬미한다. 말하자면 훌륭하게 언설에 의거함으로써 다양한 뜻을 언급하고, 그 훌륭함[善] 찬미하여 설법의 要趣를 얻는 것이다.

580) '변재가 … 없습니다'는 것은 辭辨이 원만하게 상응하여 막힘이 없어서 법요를 잘 설하여 최상을 성취하고, 智慧가 두루 통하여 막힘이 없어서 깊이 실상에 통달하여 최상을 성취하는 것이다.

581) '일체보살의 … 없습니다'는 것은 가까운 것을 아는 보살의 儀式은 말하자면 分內의 이해이고, 멀리까지 깨치는 제불의 祕藏은 말하자면 分外의 이해이다. 身 · 口 · 意의 三種密을 祕藏이라 말한다.

582) '衆魔를 다스리고'는 말하자면 邪를 꺾는 것이고, '신통을 유희하며'는 곧 正을 드러내는 것이다. 신통변화는 곧 遊인데, 중생을 끌어들이고자 하는 것으로 나에게는 진실이 아니기 때문에 戱라고 말한다. 또한 신통이 비록 위대할지라도 能者는 그것을 바꾸는데 나에게는 어려움이 없는 것이

度를 마쳤습니다.583) 비록 그렇지만 당연히 부처님의 聖旨를 받들어 그한테 문병하러 가겠습니다.″584)

於是衆中諸菩薩, 大弟子, 釋, 梵, 四天王等585), 咸作是念; 「今二大士, 文殊師利, 維摩詰共談, 必說妙法!」 卽時八千菩薩, 五百聲聞, 百千天, 人皆欲隨從.

그 대중 가운데 제보살 · 대제자 · 석제환인 · 범천왕 · 사천왕 등이 모두 다음과 같이 생각하였다.

'지금 두 大士인 문수사리와 유마힐이 함께 담론한다면 반드시 묘법을 설할 것이다.'

즉시에 팔천 명의 보살 · 오백 명의 성문 · 백천 명의 天과 人들이 모두 문수사리를 따라가고자 하였다.586)

마치 놀이[戱]와 같다. 또한 유희와 신통으로 중생을 교화하는 것으로써 자신의 오락을 삼기 때문에 놀리[戱]라고 말한다.

583) '그 지혜와 … 마쳤습니다'는 것은 대사의 덕은 다함이 없는 까닭에 끝내 二智를 활용하여 그것을 결론지은 것이다. 慧는 말하자면 實慧이고, 방편은 말하자면 方便慧이다. 실혜의 근원[原]을 다하고, 방편의 바닥[底]을 다하기 때문에 度라 일컫는다.

584) '비록 … 가겠습니다'에서 이것은 둘째로 명을 받들어 찾아가는 것이다. 정명의 덕이 이와 같아서 堪對할 수가 없으므로 마땅히 聖旨를 받든 연후에 찾아가는 것이다.

585) 〔等〕-【宋】【元】【明】

586) '그 대중 … 따라가고자 하였다.'에서 이것은 셋째로 대중이 따라간 것이다. 이미 勝聖이 있어서 반드시 묘법을 설할 것이기 때문에 좇아서 아직까지 들어보지 못한 것을 듣고자 한다. 제자가 대단히 많지만 단지 '오백'이라고만 말한 것은 그 밖의 성문은 오로지 고통을 벗어나는 것에만 마음이 있어서 勝法을 추구하지 않기 때문에 함께 언급하지 않는다. '오백제자'는 지혜에 깊이 들어가서 기꺼이 勝法을 듣기 때문에 함께 간다. 또한 이 '오백'은 곧 안으로는 보살을 감추고 밖으로는 성문을 드러내어 소승을 배척하고 대승을 현양하려는 까닭에 그것을 언급한다.

於是文殊師利與諸菩薩, 大弟子衆及諸天, 人, 恭敬圍繞, 入毘耶離大城.

이에 문수사리가 제보살·대제자들 및 제천·인들이 공경스럽게 위요하며 비야리대성에 들어갔다.[587]

爾時長者維摩詰心念; 「今文殊師利與大衆俱來!」卽以神力空其室內, 除去所有及諸侍者; 唯置一床, 以疾而臥.

그때 장자 유마힐은 마음속으로 다음과 같이 생각하였다.
'지금 문수사리가 대중을 거느리고 함께 오고 있다.'
곧 신통력으로써 그 실내를 비워두고 물건과 모든 시자를 물리치고 오직 평상 하나만 남겨두고 병으로 누워 있었다.[588]

文殊師利旣入其舍, 見其室空, 無諸所有, 獨寢一床. 時維摩詰言; 「善來, 文殊師利! 不來相而來, 不見相而見」

---

587) '이에 … 들어갔다.'에서 이것은 넷째로 문수가 본격적으로 찾아간 것이다. 위로는 佛旨를 따르고, 아래로는 기연을 북돋우려는 까닭에 대중과 더불어 찾아간다.

588) '그때 … 누워 있었다.'에서 이것은 둘째로 오는 모습이 없이 온 것을 설명한다. 방을 비워두고 손님을 맞이한 까닭은 무릇 여섯 가지 뜻이 있다. 첫째는 방을 가지고 여래의 찰토를 견준다. 둘째는 군생을 총섭함으로써 시자가 되려는 것이다. 셋째는 자리를 등왕에게서 빌려온 것이다. 넷째는 널리 색신을 드러내어 물음에 답변한 것이다. 다섯째는 음식을 향적국토에 청한 것이다. 여섯째는 무릇 諸空에 대한 논의가 장황한데 모두가 이것을 말미암은 것이다. 다시 또 뒤에 오는 다섯 품을 발생한다. 空無의 床座은 [부사의품]에 나온다. 空無의 시자는 [관중생품]에 나온다. 천녀의 현신은 그 또한 이런 상황이다. 空無의 권속은 [불도품]에 나온다. 空理가 無二함은 [불이법문품]에 나온다. 空無의 음식은 [향적불품]에 나온다.

문수사리가 이미 그 집에 들어서자 그 방이 비어 있어 모든 물건이 없고 유독 침상 하나만 볼 수가 있었다.[589] 그때 유마힐이 말했다.

"잘 오셨습니다. 문수사리여, 오는 모습이 없이 오셨고 보는 모습이 없이 보셨습니다."[590]

文殊師利言; 「如是! 居士! 若來已, 更不來; 若去已, 更不去. 所以者何? 來者無所從來, 去者無所至, 所可見者, 更不可見. 且置是事, 居士! 是疾寧可忍不? 療治有損, 不至增乎! 世尊慇懃致問無量, 居士是疾, 何所因起? 其生久如? 當云何滅」

문수사리가 말했다.

"그렇습니다. 거사여, 만약 왔다면 다시 올 것이 없고, 만약 갔다면 다시 갈 것이 없습니다. 왜냐하면 왔다고 해도 어디에서 온 것이 없고, 갔다고 해

---

589) '문수사리가 … 볼 수가 있었다.'에서 이것은 둘째로 문수가 마음속으로 이해한 것이다. 위에서는 방을 비워두고 병을 드러냈는데, 그것은 空과 悲의 二道와 權과 實의 兩慧를 나타낸다. 지금 이 대목은 다시 그 뜻을 이해한 것이다.

590) '그때 … 보셨습니다.'에서 이것은 셋째로 정명이 위문한 것이다. '오는 모습이 없이 오셨고'에 대하여 어떤 사람은 법신은 옴이 없지만 응신은 옴이 있기 때문에 오는 모습이 없이 왔다고 말한다. 어떤 사람은 진제에서는 옴이 없지만 세제에서는 옴이 있기 때문에 오는 모습이 없이 왔다고 말한다. 어떤 사람은 實法으로는 옴이 없지만 相續으로는 옴이 있다고 말한다. 어떤 사람은 법계의 體는 옴이 없지만 법계의 用은 옴이 있다고 말한다. 어떤 사람은 中道에서는 옴이 없지만 假名으로는 옴이 있다고 말한다. 지금 이 대목은 가까이로는 賓主가 말을 주고받으면서 서로 위문하는 것일 뿐만 아니라 멀리는 경전 전체를 통하여 갖가지 가르침을 該通하는 것이다. 때문에 먼저 이러한 말로써 그 篇의 서두[首]를 標首한다. 마치 『대품』에서 住함이 없이 住한다는 말과 같고, 『열반경』에서 들음이 없이 듣는다는 말과 같다. 때문에 이런 말로써 標한 것은 당시의 대중을 위한 것인데 말하자면 문수는 암라원으로부터 와서 이에 정명과 상견한 것이다. 지금 이 대목은 문수는 왔지만 그것은 옴이 없이 온 것이고 상견했지만 그것은 봄이 없이 본 것으로 범부와 이승인의 경우와 다르다는 것을 설명한다. 그럼으로써 옴이 없이 올 수가 있고 봄이 없이 볼 수가 있기 때문에 善의 궁극이다.

도 어디로 도달한 곳이 없으며, 보았다는 것도 다시 볼 것이 없기 때문입니다.[591] 그 문제는 차치하고 거사여, 그 병은 어찌 참을 만합니까. 치료가 약해져서 악화된 것은 아닙니까. 세존의 은근한 질문은 무량합니다. 거사여, 그 병은 무엇을 인유하여 일어난 것입니까. 병의 발생은 얼마나 오래되었습니까. 장차 언제 병이 낫는 것입니까.”

維摩詰言;「從癡, 有愛, 則我病生. 以一切衆生病, 是故我病; 若一切衆生[592]病滅[593], 則我病滅. 所以者何? 菩薩爲衆生故入生死, 有生死則有病; 若衆生得離病者, 則菩薩無復病. 譬如長者, 唯有一子, 其子得病, 父母亦病. 若子病愈, 父母亦愈. 菩薩如是, 於諸衆生, 愛之若子; 衆生病則菩薩病, 衆生病愈, 菩薩亦愈. 又言是疾何所因起? 菩薩病[594]者, 以大悲起」

유마힐이 말했다.

“어리석음으로부터 애착이 생겼고 곧 제 병이 발생하였습니다.[595] 일체중

---

591) ‘문수사리가 … 때문입니다.’에서 이것은 넷째로 문수사리가 응수하여 답변한 것으로 정명의 뜻이 성취된 것이다. ‘만약 왔다면 다시 올 것이 없다’는 이것은 三時에 걸쳐서 온 뜻이 없음을 설명한 것이다. 그래서 이미 온즉 옴이 없고, 상황이 이미 지나가버렸기 때문에 옴이 없다. 또한 ‘만약 갔다면 다시 갈 것이 없다’고 말한 것은 암라원에서 방장을 바라본 즉 문수에게 감이 있음을 보고 방장에서 암라원을 바라본 즉 문수에게 옴이 있음을 본다. 때문에 가고 옴의 뜻이 설명된다. ‘왔다고 해도 어디에서 온 것이 없다’는 이것은 암라원이 공임을 설명한 것이다. ‘갔다고 해도 어디로 도달한 곳이 없다’는 이것은 방장이 공임을 설명한 것이다. 오고 감이 이미 그렇듯이 본다는 뜻도 또한 그렇다.

592) 衆生＋(得不)【宋】【元】【明】

593) 滅＝者【明】

594) 病＝疾【宋】【元】【明】

595) 이상에서 여섯 가지 질문이 있었는데, 무릇 뒤의 세 가지 답변이 앞의 세 가지에 대한 답변을 겸한다. 가령 병의 원인 및 얼마나 오래 되었는가에 대한 답변은 첫째 질문의 병의 경중에 대한 답변 및 뒤의

생이 병에 걸렸습니다. 이런 까닭에 저도 병에 걸렸습니다. 만약 일체중생
의 병이 소멸하면 곧 저의 병도 소멸될 것입니다.[596] 왜냐하면 보살은 중생
을 위한 까닭에 생사에 들어가고, 생사가 있으므로 곧 병이 있기 때문입니
다. 만약 중생이 병에서 벗어나면 곧 보살도 또한 병이 없어질 것입니다.[597]
비유하면 장자에게 외아들이 있는데 그 아들이 병에 걸리면 부모도 또한 병
에 걸립니다. 만약 병이 치유되면 부모도 또한 치유됩니다. 보살도 그와 같
아서 모든 중생을 외아들처럼 사랑합니다. 중생이 병에 걸리면 곧 보살이
병에 걸리고, 중생의 병이 치유되면 보살도 또한 치유됩니다.[598] 또 그 병은
무엇을 인유하여 일어났냐고 말했는데,[599] 보살의 병은 대비로써 일어난 것
입니다."[600]

병의 악화에 대한 질문의 답변을 겸하고, 또한 병의 소멸에 대한 질문의 답변은 둘째 병의 약해짐에
대한 질문의 답변을 겸한다. 뒤의 세 가지 질문에 대한 답변은 곧 세 가지로 구별되는데 다만 차제가
같지 않다. 첫째[前]는 둘째의 얼마나 오래 되었는가의 질문에 대한 답변이다. 둘째[次]는 셋째의 병의
소멸의 질문에 대한 답변이다. 셋째[後]는 첫째의 병의 원인의 질문에 대한 답변이다. '어리석음으로부터
애착이 생겼고 곧 제 병이 발생하였습니다'는 것은 중생이 어리석기 때문에 愛를 일으키고, 愛 때문에
몸을 받으며,[受身] 몸 때문에 병이 있으므로 그 병을 불쌍하게 여기는[愍] 까닭에 곧 보살의 병이 있다는
것이다. 중생의 병은 無始로부터 있었지만 보살은 중생을 불쌍하게 여기는[悲] 까닭에 병이 일어난 즉 병
또한 오래 되었다.
596) '일체중생이 … 소멸될 것입니다.'에서 이것은 셋째로 병의 소멸의 질문에 대한 답변이다. 여기에는 法과
譬와 슴이 있다. 보살의 병은 중생을 위하는 까닭에 발생한다. 그래서 중생의 병이 소멸한 즉 나[보살]의
병도 또한 소멸한다.
597) '왜냐하면 … 없어질 것입니다.'에서 대저 법신은 무생인데 하물며 또한 形이 있겠는가. 이미 有形이
없거늘 병이 무엇을 말미암아 일어나겠는가. 그러나 중생을 위하여 생을 받은 까닭에 無形일 수가 없다.
그래서 이미 유형인 즉 無病일 수가 없다. 만약 중생이 병을 벗어나면 보살도 또한 무병일 것이다.
598) '비유하면 … 치유됩니다.'에서 이것은 喩와 슴을 들어서 위의 병의 소멸에 대한 질문을 해석한 것이다.
599) '또 그 병은 … 말했는데'에서 이것은 첫째의 질문에 대한 답변이다. 질문은 본래 앞에 있었지만 지금
뒤에서 답변하는 까닭에 '又焉'이라 일컫는다. 앞에서 답변하지 않은 것은 무릇 병의 발생과 소멸에 대한
말씀은 얼마나 오래 되었는지 설명된 즉 대비가 저절로 드러난 것이다. 이로써 앞에서 발생과 소멸에
대한 답변은 뒤에서 대비에 대한 답변이 된다.
600) '보살의 … 것입니다.'에서 보살은 前悲가 무궁하여 癡愛와 함께 俱生하고, 後悲가 무진하여 群生과 함께
俱滅한다. 무릇 중생병의 근원[原]은 애치에서 발기하고, 보살병의 근본[本]은 대비에서 발생한다.

文殊師利言; 「居士此室, 何以空無侍者」

문수사리가 말했다.

"거사여, 이 방은 어째서 텅 비어 시자가 없는 것입니까."[601]

維摩詰言; 「諸佛國土亦復皆空」

유마힐이 말했다.

"제불의 국토도 또한 모두 비어 있습니다."[602]

又問; 「以何爲空」

---

601) '문수사리가 … 없는 것입니까.'에서 이것은 둘째로 빈 방에 대하여 논의한 것이다. 정명은 첫째로 먼저 빈 방에 대하여 설명하고, 둘째로 연후에 병을 보여준다. 이것은 空을 말미암은 까닭에 悲가 일어남을 설명한 것인데, 즉 실혜가 방편을 발생함을 설한 것이다. 문수가 먼저 대비의 병에 대하여 묻고 나중에 빈 방에 대하여 물은 것은 대비야말로 곧 공임을 보여주고 또한 방편을 말미암는 까닭에 실혜임을 설명해준다. 첫째에 두 질문이 있다. 첫째는 빈 방에 대하여 질문한다. 대저 사람이 머무는 곳에는 응당 자생물이 있어야 한다. 그런데 지금은 확연하게 텅 비어 있다. 무슨 까닭에 그런가. 둘째는 또한 무릇 병에 걸린 사람은 반드시 시중드는 사람이 있어야 도리이다. 그런데 무슨 까닭에 없는가. 때문에 두 가지를 함께 묻는 것은 그것이 모두 두 가지[二事]가 아니기 때문에 합쳐서 그것을 묻는다. 빈 방은 물은 것은 法이 없음을 설명하고, 시자가 없음을 물은 것은 人이 없음을 나타낸다.

602) '유마힐이 … 있습니다.'에서 이것은 두 질문에 답변한 것으로서 곧 둘을 구별한 것이다. 처음의 질문에 대한 답변에 무릇 두 개여야 하는데, 평등한 도에서 보자면 그 이치가 無二이다. 그래서 시방의 국토도 비어 있지 않은 곳이 없는데, 어째서 방 하나의 비어있음에 대해서만 묻느냐는 것이다. 그래서 불국토를 언급한 것에 대하여 惑者는 '중생은 허망하여 그 果에 의거하여 공이지만 불국토는 진실한 즉 공일 수가 없다고 말하고, 또한 중생은 力持가 없는 까닭에 공이지만 부처님은 力持가 있은 즉 응당 불공이어야 한다.'고 말한다. 때문에 지금은 부처님은 자재를 터득했는데도 오히려 자기의 국토[불국토]마저도 有라고 할 수가 없거늘 하물며 중생국토이겠는가.

또 물었다.
"어째서 비어 있습니까."[603]

答曰; 「以空空」

답하여 말했다.
"비어있는 것으로써 비웠습니다."[604]

又問; 「空何用空」

또 물었다.
"비어있는데 어떻게 공을 활용한다는 것입니까."[605]

答曰; 「以無分別空故空」

답하여 말했다.

---

603) '또 물었다. 어째서 비어 있습니까.'에서 이것은 그대의 방은 물건이 없기 때문에 공이지만, 시방의
    불국토는 완연하게 有로 드러나 있는데 어찌 공이냐고 묻는다.
604) '답하여 말했다. 비어있는 것으로써 비웠습니다.'에서 앞의 공은 곧 空慧의 空이고 뒤의 空은 곧 앞에
    펼쳐져 있는 경계[前境]의 空이다. 요컨대 마땅히 공혜로써 그것을 관찰해본 연후의 일체공이라는
    말이지 아무 것도 없는 연후의 공이라는 말이 아니다.
605) '또 물었다. … 것입니까.'에서 법은 본래부터 공인데 어떻게 공혜를 활용한다고 제법이 공이겠는가 하는
    것이다.

"무분별로써 비어있기 때문에 공입니다."606)

又問; 「空可分別耶」

또 물었다.
"공을 가히 분별할 수가 있습니까."607)

答曰; 「分別亦空」

답하여 말했다.
"분별하는 것도 역시 공입니다."608)

又問; 「空當於何求」

---

606) '답하여 … 공입니다.'에서 법이 비록 본래부터 공일지라도 반드시 공혜이어야 한다. 만약 공혜가 없은
즉 나에게는 有가 된다. 그러나 이 무분별의 공혜를 활용하는 까닭에 그 공을 터득하는데, 공을 터득한
즉 나에게는 有가 아니므로 무분별의 공혜라 말한다. 無智의 발생은 분별에서 발기한다. 그러나 제법이
無相인 까닭에 智는 무분별이다. 때문에 무분별지로써 제법이 공임을 관찰한다. 『섭대승론』에서는 바로
空智로써 무분별지를 삼는다.
607) '또 물었다. 공을 가히 분별할 수가 있습니까.'에서 이상까지는 앞에 펼쳐진 경계[前境]의 空을
설명하였는데, 이하부터는 智空을 변별하려고 한다. 공을 체득한[體空] 慧는 이에 분별할 수가 없다.
때문에 제법이 공임을 알게 된즉 그것은 能觀의 慧인데 그것이 有임을 체득한들 분별할 수 있겠는가.
608) '답하여 말했다. 분별하는 것도 역시 공입니다.'에서 이것은 공혜도 또한 공임을 설명한 것이다. 만약
慧가 공과 다른 즉 그것은 분별이다. 慧 또한 공이기 때문에 무분별이다. 때문에 분별도 또한 공이라고
말한다.

또 물었다.

"공인데 장차 어떻게 추구한다는 것입니까."[609]

答曰; 「當於六十二見中求」

답하여 말했다.

"장차 육십이견 가운데서 추구합니다."[610]

又問; 「六十二見當於何求」

또 물었다.

"육십이견은 장차 어디에서 추구하는 것입니까."[611]

答曰; 「當於諸佛解脫中求」

답하여 말했다.

---

609) '또 물었다. 공인데 장차 어떻게 추구한다는 것입니까.'에서 위에서는 정관을 인하여 공을 설명하였다. 惑者는 空義는 正에 있지 邪에 있는 것이 아니라고 말한다. 때문에 空義의 소재에 대하여 질문함으로써 邪正이 불이임을 설명한다.
610) '답하여 말했다. 장차 육십이견 가운데서 추구합니다.'에서 육십이견은 즉 필경공이다. 때문에 제견에 나아가서 공의 소재를 설명한다.
611) '또 물었다. 육십이견은 장차 어디에서 추구하는 것입니까.'에서 위에서는 邪와 正을 없앴는데, 지금은 縛과 解을 똑같이 하는 까닭에 제견을 장차 어디에서 추구하느냐고 묻는다.

"장차 제불의 해탈 가운데서 추구합니다."[612]

又問; 「諸佛解脫當於何求」

또 물었다.
"제불의 해탈은 장차 어디에서 추구합니까."[613]

答曰; 「當於一切衆生心行中求. 又仁所問; 『何無侍者』一切衆魔
及諸外道, 皆吾侍也. 所以者何. 衆魔者樂生死, 菩薩於生死而不捨;
外道者樂諸見, 菩薩於諸見而不動」

답하여 말했다.
"장차 일체중생의 마음작용[心行]에서 추구합니다.[614]
또한 그대는 어째서 시자가 없느냐고 물었습니다. 일체의 衆魔 및 諸外
道가 모두 저의 시자입니다.[615] 왜냐하면 衆魔는 생사를 좋아하지만 보살은

---

612) '답하여 말했다. 장차 제불의 해탈 가운데서 추구합니다.'에서 제불의 해탈은 즉 필경공이기 때문에
제견과 더불어 불이이다. 때문에 해탈에서 제견을 추구한다.
613) '또 물었다. 제불의 해탈은 장차 어디에서 추구합니까.'에서 이것은 중생과 佛이 불이임을 설명한다.
때문에 이런 질문을 발기한다.
614) '답하여 말했다. 장차 일체중생의 마음작용[心行]에서 추구합니다.'에서 惑者는 제불의 해탈은 정관에
있고 중생의 심행은 애견의 번뇌에 있다고 말한다. 때문에 중생과 佛은 본래 無二相으로서 애견의
번뇌가 즉 대열반임을 설명한다. 때문에 중생의 심행 가운데 나아가서 佛의 해탈을 추구한다.
615) '또한 … 시자입니다.'에서 이것은 둘째의 질문에 답변한 것이다. 위에서는 빈 방을 설명함으로써 공을
드러냈는데, 지금은 시자가 없다고 답변함으로써 有를 드러낸다. 왜냐하면 빈 방인 즉 위로는 불국토의
일체가 모두 공임을 섭수함으로써 시자가 없고, 아래로는 군생을 섭수함으로써 시자가 된다. 또한

생사에 대해서도 그것을 不捨하고, 외도는 諸見을 좋아하지만 보살은 제견에 대해서도 不動이기 때문입니다."616)

文殊師利言; 「居士所疾, 爲何等相」

문수사리가 말했다.
"거사의 병은 어떤 증상입니까."617)

維摩詰言; 「我病無形不可見」

유마힐이 말했다.
"저의 병은 형체가 없어서 볼 수가 없습니다."618)

위에서는 빈 방을 설명한 즉 法이 空임을 변별하였는데, 지금은 시자가 없음을 논의한 즉 人이 有임을 설명한다. 法空은 말하자면 실혜이고, 人有는 즉 방편혜이다. 때문에 이 경전은 처음부터 끝까지 모두 二慧를 활용한다.

616) '왜냐하면 … 때문입니다.'에서 악마는 오욕을 좋아하고 집착하여 출세를 추구하지 않기 때문에 생사를 좋아한다[樂生死]고 말한다. 외도는 비록 출세를 추구할지라도 자기와 법[己法]에 집착하기 때문에 제견을 좋아한다[樂諸見]고 말한다. 大士는 생사가 열반과 같음을 관찰하기 때문에 생사를 저버리지 않고, 제견이 정견과 같음을 관찰하기 때문에 제견에 흔들림이 없다. 제견에 흔들림이 없고 생사를 저버리지 않기 때문에 그것을 터득하여 시자로 삼는다.

617) '문수사리가 말했다. 거사의 병은 어떤 증상입니까.'에서 이것은 병의 증상을 논의한 것이다. 증상을 논의한 것은 마땅히 빈 방에 대한 질문보다 앞에 나왔어야 하겠지만, 무릇 지금은 空과 有를 서로 드러내려는 까닭에 먼저 병이 있음을 설명하고, 다음으로 빈 방에 대하여 변별한다. 지금 이 대목에서는 방이 비어 있음을 가지고 병도 또한 비어 있는 것에 비견하려는 것이다. 때문에 병의 증상에 대한 질문을 빈 방에 대한 질문 이후에 내놓는다. 상황에 즉하여 관찰해보면 마치 병이 없는 것과 같지만 병이 있다고 말한 것은 그 증상을 보지 못한 까닭에 그렇게 질문한 것이다. 또한 四百四病은 각각 그 증상이 있는데 대비의 병은 증상이 어떠한가. 이런 까닭에 그것에 대하여 질문한다.

618) '유마힐이 … 없습니다.'에서 대비는 無緣이지만 不緣 아님도 없다. 不緣 아님이 없는 까닭에 중생을

又問; 「此病身合耶? 心合耶」

또 물었다.

"그 병은 몸에 있습니까, 마음에 있습니까."[619]

答曰; 「非身合, 身相離故; 亦非心合, 心如幻故」

답하여 말했다.

"몸에 있는[身合] 것도 아닌데 몸[身相]은 서로 흩어지기 때문입니다. 또한 마음에 있는 것도 아닌데 마음은 허깨비와 같기 때문입니다."[620]

又問; 「地大, 水大, 火大, 風大, 於此四大, 何大之病」

또한 물었다.

"지대 · 수대 · 화대 · 풍대의 그 사대 가운데 어느 大에 병이 든 것입니

상응하여 有病이고 또한 중생을 상응하여 有相이다. 그렇지만 그것이 무연인 즉 나[정명]에게는 無病이고 무병이기 때문에 有相이라고 설명한다. 또한 해석하자면, 중생을 상응한 유병이기 때문에 병에 의탁한 방장이다. 그러나 無實이기 때문에 無形이라고 일컫는다.

619) '또 물었다. … 있습니까.'에서 惑者는 병을 볼 수가 없다는 말을 듣고 장차 心病은 無形으로서 마음과 합치된 까닭에 볼 수가 없다고 말한다. 또한 身病은 미세하여 몸과 합치된 까닭에 볼 수가 없다고 말한다. 때문에 몸과 마음을 합쳐서 질문한다.

620) '답하여 … 때문입니다.'에서 '몸은 흩어진다[身相離]'는 것은 몸이 공임을 설명한 것이다. 離는 곧 空의 이명이다. '마음은 허깨비와 같다[心如幻]'는 것은 마음이 공임을 설명한 것이다. 몸은 곧 외형이기 때문에 흩어진다[離]고 말하고, 마음은 움직여도 방소가 없기 때문에 허깨비[幻]라고 말한다. 몸과 마음도 오히려 없는데 병이 무엇과 더불어 합쳐지겠는가. 병은 합쳐진 것이 없기 때문에 볼 수가 없다.

까."[621]

答曰; 「是病非地大, 亦不離地大; 水, 火, 風大, 亦復如是. 而眾生病, 從四大起, 以其有病, 是故我病」

답하여 말했다.

"이 병은 지대에 든 것도 아니고, 또한 지대를 떠나있는 것도 아닙니다. 수대·화대·풍대도 또한 그와 같습니다.[622] 중생의 병이 사대로부터 일어 나서 그것으로써 병이 있습니다. 이런 까닭에 저도 병이 든 것입니다."[623]

爾時文殊師利問維摩詰言; 「菩薩應云何慰喻有疾菩薩」

그때 문수사리가 유마힐에게 말했다.

---

621) '또한 … 든 것입니까.'에서 몸과 마음은 본래 사대가 합성된 것으로 몸과 마음은 없지만 사대가 있으므로 四百四病은 사대를 인하여 일어난다. 그런데 지금 이것은 어느 大의 병인가. 나집은 '외도는 다만 삼대의 병만 말하고 지대의 병은 말하지 않는다.'고 말한다. 불법에서는 모두 사대가 병을 일으킨다고 설명한다. 때문에 一大가 조화를 잃으면 百一病惱가 되는데 사대를 합쳐서 논하면 四百四病이 있다.

622) '답하여 … 같습니다.'에서 만약 사대에 즉하여 병이 있다면 사대의 각처에 마땅히 병이 있어야 할 것이다. 그런데 사대는 각처일 수가 없는 즉 병이 없다. 때문에 사대에 즉하지 않은 줄 알 것이다. 만약 사대를 떠나서 병이 있다면 사대가 합쳐져도 마땅히 병은 없을 것이다. 그러나 사대가 모이면 마침내 거기에 병이 있는 까닭에 사대를 떠나 있지 않은 줄 알 것이다. 그래서 사대에 즉한 것도 아니고 사대를 떠난 것도 아니며 인연의 화합인 즉 병이 공임을 알 것이다.

623) '중생의 … 것입니다.'에서 보살이 중생 때문에 든 병이므로 모두 사대에 즉한 것도 아니고 사대를 떠난 것도 아니다. 무릇 중생의 병은 사대로부터 일어나고 보살의 병은 중생으로부터 일어나는 것이지 실로 사대가 위반하여 발생하는 것이 아니다.

"보살은 마땅히 어떻게 병에 걸린 보살을 慰喻하는 것입니까."[624]

維摩詰言;「說身無常, 不說厭離於身; 說身有苦, 不說樂於涅槃; 說身無我, 而說教導衆生; 說身空寂, 不說畢竟寂滅; 說悔先罪, 而不說入於過去; 以己之疾, 愍於彼疾; 當識宿世無數劫苦, 當念饒益一切衆生; 憶所修福, 念於淨命, 勿生憂惱, 常起精進; 當作醫王, 療治衆病. 菩薩應如是慰喩有疾菩薩, 令其歡喜」

유마힐이 말했다.

"몸의 무상을 설하되 몸을 厭離하라고 설하지 않고,[625] 몸에 고가 있음을 설하되 열반을 즐기라고 설하지 않으며, 몸의 무아를 설하면서도 중생의 교도를 설하고, 몸의 공적을 설하되 필경에 적멸함을 설하지 않으며,[626] 先

---

624) '그때 … 것입니까.'에서 이것은 둘째로 중생병을 설명한 것이다. 慰喻는 먼저 無病人에 나아가서 有疾者를 安慰하고 曉喻한 것이다. 調伏은 抱病人에 의거하여 스스로 그 마음을 조복하는 것이다. 이미 이 몸을 받아서 다시 병고에 얽힌 즉 生을 연연하고 死를 두려워하면 곧 생사가 증장되어 정관을 수습하지 못한다. 때문에 曉喻하고 安慰하여 몸에 있는 병으로 하여금 自行하고 化他토록 한다. 또한 調伏은 抱病人을 설명한 것인데, 그 마음에 병이 있기 때문에 반드시 스스로 調해야 한다. 또한 慰喻는 그로 하여금 善을 쌓도록 하는 것이고, 調伏은 그로 하여금 惡을 벗어나도록 하는 것이다. 또한 慰喻는 行化를 수습토록 하는 것이고, 調伏은 空解를 깨치도록 하는 것이다. 位分에 의거하자면 慰喻는 곧 外凡夫의 三十心 이전의 사람에 대한 것이고, 調伏은 內凡夫의 三十心 이상의 사람에 대한 것이다. 위에서는 정명의 병에 대하여 초지 이상으로 佛位에 이른다고 변별하였다. 때문에 이 [문수사리문질품]에서는 모두 일체현성에 대하여 설명한다.

625) '몸의 무상을 설한다'는 것은 이것은 常倒를 타파한 점에서 범부와 다르다. 범부인은 이 몸에 탐착하고 生에 연연하며 死를 두려워하여 무상을 관찰하지 않는 까닭에 무상을 설해준다. '몸을 厭離하라고 설하지 않는다'는 것은 無常倒를 타파한 점에서 이승인과 다르다. 이승은 몸이 무상함을 관찰해서 곧 厭離하여 열반에 들어가고자 한다. 때문에 지금 편안한 몸으로 하여금 병들게 하여 스스로 타인을 行化하는 것이지 결코 이승의 증득을 추구하는 것이 아니다.

626) '몸에 … 설하지 않으며'에서 혹 어떤 사람은 무상이라는 말을 들을지라도 오히려 苦가 아니라고 말하기 때문에 苦를 설해준다. 혹 어떤 사람은 비록 고라는 말을 들을지라도 오히려 苦樂에 主가 있다고 말하기

罪의 참회를 설하되 과거로 들어가는 것을 설하지 않고,[627] 자기의 병으로써 중생의 병을 애민하며,[628] 숙세 無數劫의 고를 잘 알지만 반드시 일체중생의 요익을 염원하고,[629] 修福을 억념하여[630] 淨命을 염원하며,[631] 憂惱를 발생하지 말고[632] 항상 정진을 일으키고,[633] 반드시 醫王이 되어 온갖 병을 치료해줍니다.[634] 보살은 반드시 이와 같이 병에 걸린 보살을 慰喩하여 그

때문에 空無我를 설해준다. 비유하면 큰 나무가 도끼질 한 번에 쓰러지지 않는 것은 많은 뿌리가 이미 깊은 것과 같듯이 일법으로 소멸되지 않는 까닭에 네 번이나 常이 아님을 갖추어 설한다. 비록 몸의 苦를 볼지라도 열반락을 즐기지 않고, 비록 무아인 줄을 알지라도 중생은 공이기 때문에 교도를 폐하지 않으며, 비록 몸이 공임을 이해할지라도 열반의 필경공을 취하지 않기 때문에 생사에 안주하여 군생과 더불어 똑같이 병에 걸린다. 때문에 그를 慰喩해주는 사람은 그로 하여금 마땅히 행해야 할 것과 마땅히 행하지 말아야 할 것을 알도록 해준다.

627) '先罪의 … 설하지 않고'에서 위에서는 이근인을 위하여 보살행을 설하였는데, 지금은 둔근하여 깨치지 못한 사람을 위하여 다시 설법한다. 또한 위에서는 八倒를 타파하여 번뇌를 떠나는 문에 나아감으로써 慰喩를 설명하였는데, 지금은 업을 떠나는 문에 나아감으로써 慰喩를 설명한다. 현재의 병은 반드시 이전의 죄를 말미암은 까닭에 그것을 참회토록 해준다. 때문에 이전의 죄를 뉘우치도록 설해준다. 이미 이전의 죄가 있다고 말한 즉 죄업에 본성이 있어서 미래로부터 현재에 이르고 현재로부터 과거에 이른다는 것과 유사하다. 이런 까닭에 지금은 과거로 들어가지 않는다고 설명한다. 과거로 들어가지 않는 것은 죄의 본성이 공이기 때문에 가히 들어갈 죄가 없다.

628) '자기의 병으로써 중생의 병을 애민하며'에서 위에서는 번뇌업문에 나아감으로써 慰喩를 설명하였는데, 지금은 苦報門에 나아가서 慰喩를 설명한다. 그것을 자기에게 추급함으로써 중생을 연민하기[悲] 때문에 지금의 내 미미한 병만으로도 고통은 이토록 크다. 또한 나는 지혜가 있는데도 오히려 疾苦가 있다. 그래서 자기에게 추급하여 중생을 연민한다. 이것은 대사가 중생을 제도하는 마음을 겸하기 때문에 이 법을 들은 즉 生을 연연해하고 死를 두려워함이 없다. 그러므로 마땅히 自行하고 化他해야 한다.

629) '숙세 … 염원하고'에서 무수겁 동안 받은 고통은 무량하고 지금의 고통은 수유이거늘 어찌 그것이 근심이 되겠는가. 무릇 반드시 병을 무릅쓰고 그 고통에서 구원할 뿐이다.

630) '修福을 억념하여'에서 외국법에서는 태어나서 죽을 때까지 복업을 낱낱이 기록하여 장차 임종에 이르렀을 때 곁을 지키는 사람[傍人]에게 설하도록 함으로써 그 복을 믿어 망자의 마음이 憂畏하지 않도록 해준다.

631) '淨命을 염원하며'에서 태어나서 죽을 때까지 항상 正命을 행하여 반드시 善趣에 이를 것을 自念하는데 무슨 근심거리가 있겠는가. 또한 몸의 병을 구원하지 말고, 諸邪業을 짓는 것으로부터 命을 구원하라는 것이다.

632) '憂惱를 발생하지 말고'에서 병자는 근심이 많다. 때문에 헛되이 근심하면 무익할 뿐만 아니라 쓸데없는 괴로움인 줄을 알아야 한다.

633) '항상 정진을 일으키고'에서 병은 해태를 좋아한다. 때문에 정진할 것을 권장한다. 가사 몸이 죽고 명이 단절되더라도 마음[意]은 버려서는 안된다.

634) '반드시 … 치료해줍니다.'에서 위에서는 行門에 나아가서 慰喩를 설명하였다. 지금은 그 병을 인하여

를 환희토록 해야 합니다."[635]

文殊師利言; 「居士! 有疾菩薩云何調伏其心」

문수사리가 말했다.

"거사여, 병에 걸린 보살은 그 마음을 어떻게 다스려야 합니까."[636]

維摩詰言; 「有疾菩薩應作是念; 『今我此病, 皆從前世妄想顚倒諸
煩惱生, 無有實法, 誰受病者! 所以者何? 四大合故, 假名爲身; 四大
無主, 身亦無我; 又此病起, 皆由著我. 是故於我, 不應生著』旣知病
本, 卽除我想及衆生想. 當起法想, 應作是念; 『但以衆法, 合成此身;
起唯法起, 滅唯法滅. 又此法者, 各不相知, 起時不言我起, 滅時不言
我滅』彼有疾菩薩爲滅法想, 當作是念; 『此法想者, 亦是顚倒, 顚倒
者是卽[637]大患, 我應離之』云何爲離? 離我, 我所. 云何離我, 我所?
謂離二法. 云何離二法? 謂不念內外諸法行於平等. 云何平等? 謂[638]
我等, 涅槃等. 所以者何? 我及涅槃, 此二皆空. 以何爲空? 但以名字

弘誓願을 발생함으로써 장차 의왕이 되어 일체 身心의 병을 치료토록 한다.
635) '보살은 … 합니다.'에서 병에 걸린 보살로 하여금 환희토록 하여 그것을 총결한 것이다.
636) '문수사리가 … 합니까.'에서 이것은 調伏을 설명한 것이다. 밖으로는 巧喩가 있고 안으로는 善調가 있은
즉 생사가 다하도록 군생과 더불어 똑같이 아파하면서 辛酸을 다 거치면서도 고통을 여기지 않는다.
이것이 즉 정명이 병을 드러낸 뜻이다. 조복이란 마음은 날뛰는 말과 같아서 제어하기 어렵기 때문에
선교방편으로써 먼저 길들이고[調] 나중에 굴복시키는[伏] 것이다. 지금은 장차 조복하는 법을 설명하기
때문에 먼저 그것에 대하여 질문한다.
637) 是卽=卽是【元】【明】
638) 爲=謂【聖】【麗-CB】【CB】

故空. 如此二法, 無決定性, 得是平等; 無有餘病, 唯有空病; 空病亦空. 是有疾菩薩以無所受而受諸受, 未具佛法, 亦不滅受而取證也.

유마힐이 말했다.

"병에 걸린 보살은 반드시 다음과 같이 생각해야 합니다.

'지금 내가 걸린 이 병은 모두 종전세상의 망상과 전도의 제번뇌에서 발생한 것으로 實法이 없는데 누가 병을 받은 것인가.[639] 왜냐하면 사대가 화합된 까닭에 몸이라고 假名할 뿐이다. 사대에 주인이 없고 몸도 또한 무아이다.[640] 또한 이 병이 일어난 것은 모두 아에 대한 집착을 말미암은 것이다. 이런 까닭에 我에 대하여 집착을 발생해서는 안된다.'[641]

이미 병의 근본을 알았으면 곧 我想 및 衆生想을 단제해야 한다.[642] 장차法想이 일어나면 반드시 다음과 같이 생각해야 한다.[643]

---

639) '유마힐이 … 받을 것인가.'에서 이것은 답변한 것이다. 고는 병을 말미암고 병은 몸을 말미암으며 몸은 망상을 말미암는데, 망상은 이미 실체가 없고 몸도 또한 실체가 없다. 몸이 이미 실체가 없거늘 고가 어찌 실체이겠는가.

640) '왜냐하면 … 무아이다.'에서 이것은 本으로써 末을 견준 것이다. 위에서는 隔世에 나아가서 무아를 미루어 살펴보았는데, 지금은 卽世에 나아가서 무아를 미루어 살펴본 것이다. 또한 위에서는 몸의 因에 대한 것인데, 지금은 사대가 이 몸의 반연이기 때문에 아울러 무아이다. 오직 사대만 볼 수 있을 뿐이지 一主를 볼 수가 없다. 몸에 主가 있은 즉 마땅히 有我이겠지만 실은 그렇지 않기 때문에 無主임을 안다. 사대가 곧 몸의 本으로서 本이 이미 無主이고 몸은 그 末인데 어찌 有我이겠는가.

641) '또한 … 안된다.'에서 이것은 그 過를 드러낸 것이다. 무릇 병의 발기를 논하자면 두 가지가 있다. 첫째는 과거세에 我에 집착하여 생을 갖추어 업을 지은 것이다. 업을 지어서 果가 성숙된 즉 받는 고통이 드러난다. 둘째는 현재에 我에 대한 집착을 말미암은 까닭에 마음이 괴롭다. 마음이 괴로운 즉 병이 증장한다.

642) '이미 … 단제해야 한다.'에서 이것은 我의 단제를 결론지은 것이다. 나집공은 '그 병의 本은 소위 我이다.'고 말한다. 승조공은 '병의 本은 곧 먼저 망상이다. 망상이 있음을 인한 까닭에 我와 衆生을 보게된다. 만약 망상이 전도임을 깨친 즉 我가 없고 衆生도 없다.'고 말한다.

643) '장차 … 생각해야 한다.'에서 이상까지는 거듭해서 무아를 미루어 살펴보았다. 이후부터는 법에 의지하여 아를 타파한다. 비록 空을 병으로 삼고 我를 약으로 삼을지라도 법을 빌려서 아를 제거하는 까닭에 마땅히 이와 같은 생각을 한 것이다.

'무릇 갖가지 법으로써 이 몸이 합성된 것이다. 일어나는 것은 오직 법이 일어날 뿐이고, 소멸되는 것은 오직 법이 소멸될 뿐이다.[644] 또한 이 법은 각자 서로 알지 못하여 일어날 때에도 我가 일어난다고 말하지 않고 소멸할 때에도 我가 소멸한다고 말하지 않는다.'[645]

저 병에 걸린 보살은 法想이 소멸되면 반드시 다음과 같이 생각해야 한다. '이 法想도 또한 곧 전도이다. 전도는 그것이 곧 大患이므로 나는 반드시 그것을 떠나야 한다.'[646]

무엇을 떠나야 하겠습니까. 我와 我所를 떠나야 합니다.[647] 我와 我所를 어떻게 떠나야 하겠습니까. 말하자면 분별법[二法]으로부터 떠나야 합니다. 분별법[二法]을 어떻게 떠나야 하겠습니까. 말하자면 내외의 제법을 분별로 생각하지 말고 평등을 실천해야 합니다.[648] 무엇을 평등이라 하겠습니까. 말하자면 我의 평등과 涅槃의 평등입니다. 왜냐하면 아와 열반의 그 둘은 모두 공이기 때문입니다. 어째서 공이겠습니까. 무릇 名字이기 때문이 공입

---

644) '무릇 … 소멸될 뿐이다.'에서 이것은 法想을 해석한 것이다. 오음의 제법이 임시로 모여서 몸이 형성된 것이므로 발기해도 오직 제법과 함께 발기하고 소멸해도 오직 제법과 함께 소멸하는 것이지, 별도로 진정한 宰主가 있어서 그것이 발기 및 소멸되는 것이 아니다. 이미 我想을 단제하면 오직 연기된 제법만 보이기 때문에 法想이라 말한다.

645) '또한 … 말하지 않는다.'에서 위의 구에서는 오직 법에 대해서만 설명하였는데, 이 句는 人이 발기된 것이 아님을 변별한 것이다. 제법의 연이 합쳐진 즉 有이고 연이 흩어진 즉 離이다. 聚와 散은 미리 정해진 것이 없기 때문에 법과 법은 서로 알지 못한다.

646) '저 병에 … 떠나야 한다.'에서 이하는 법공을 변별한 것이다. 위에서는 法을 빌려서 我를 단제하였는데, 지금 이 法은 我를 藥으로 삼고 空을 病으로 삼아서 그것을 단제한 것이지 실로 法이 있어서 法을 단제한 것이 아니다. 전도된 까닭에 법이 있기 때문에 반드시 그것을 벗어나야 한다.

647) '무엇을 … 떠나야 합니다.'에서 이것은 我가 그 內가 되고, 당연히 外의 제법은 모두 곧 我의 소유이다. 我의 소유는 곧 我에 상대되는 法이다. 我가 이미 無인데 그 소유들은 어찌 독존이겠는가.

648) '我와 … 실천해야 합니다.'에서 內는 我이고 外는 一切法인데 이것은 상대에 즉한 것으로서 분별[二]이다. 말하자면 분별을 생각하지 말고 평등을 행하는 까닭에 떠난다[離]고 일컫는다. 어떤 것이 평등인가. 말하자면 我가 평등이고 열반이 평등이다. 我는 窮下의 人이고, 열반은 極上의 法이다. 極上과 窮下에 대하여 그것을 나란히 동일하게 관찰하기 때문에 平等이라 일컫는다.

니다. 이와 같이 분별법[二法]에는 결정자성이 없습니다.[649] 그 평등을 터득
하면 그 밖의 병은 없습니다. 오직 空病만 있는데 공병도 또한 공입니다.[650]
이것이 바로 병에 걸린 보살이 所受가 없이 諸受를 받고, 불법을 구족하지
않고도 또한 滅受하지 않고 取證하는 것입니다.[651]

「設身有苦, 念惡趣衆生, 起大悲心, 我旣調伏, 亦當調伏一切衆生;
但除其病, 而不除法, 爲斷病本而敎導之. 何謂病本? 謂有攀緣, 從有
攀緣, 則爲病本. 何所攀緣? 謂之三界. 云何斷攀緣? 以無所得, 若無
所得, 則無攀緣. 何謂無所得? 謂離[652]二見. 何謂二見? 謂內見外見,
是無所得. 文殊師利! 是爲有疾菩薩調伏其心, 爲斷老病死苦, 是菩薩
菩提. 若不如是, 己所修治, 爲無慧利. 譬如勝怨, 乃可爲勇. 如是兼除
老病死者, 菩薩之謂也.

   설령 몸에 苦가 있을지라도 악취중생을 생각하여 대비심을 일으켜서 나

---

649) '무엇을 … 결정자성이 없습니다.'에서 열반을 등지는 까닭에 吾我라 말한다. 吾我를 버리는 까닭에
    열반이라 말한다. 분별법[二法]이 相待인 즉 명칭의 발생이 있다. 이미 相待에는 명칭이 있은 즉 결정이
    없기 때문에 공이다.
650) '그 평등을 … 또한 공입니다.'에서 이것은 셋째로 空病 또한 공임을 설명한 것이다. 이상은 有를
    타파하고 空을 설명한 것이다. 유가 이미 성립되지 않으면 공도 또한 따르지 않는데 말하자면 공도
    아니고[非空] 유도 아니어야[非有] 비로소 정관이라 말한다.
651) '이것이 … 取證하는 것입니다.'에서 이하는 스스로 행화하며 타인을 조복함을 설명한 것이다. '所受가
    없다'는 것은 즉 이 공병도 또한 공이기 때문에 마음에 공과 유에 집착을 받지 않는 것이다. '諸受를
    받는다'는 것은 마음에 비록 所受가 없을지라도 중생을 위하여 생을 받고, 또한 중생 가운데서 苦樂
    등으로써 중생을 위하여 생을 받은 즉 衆行을 갖추어 행하는 것을 불법이라 말한다. 만약 衆行을 갖추지
    못하면 즉 또한 三受가 소멸되지 않아서 이승과 열반을 취한다.
652) 〔離〕-【宋】

는 이미 다스렸으므로 또한 반드시 일체중생도 다스려야 합니다. [653] 무릇 그 병만 단제하고 법을 단제하지 못한 경우에는[654] 병의 근본을 단제하여 그들을 교도해야 한다. [655] 병의 근본이 무엇이겠습니까. 말하자면 반연이 있으면 그 반연으로부터 곧 병의 근본이 됩니다. 반연이란 무엇이겠습니까. 말하자면 삼계입니다. [656] 반연을 어떻게 단제하겠습니까. 무소득으로써 단제합니다. 만약 무소득이라면 곧 반연이 없을 터인데 무엇을 무소득이라 말하겠습니까. 말하자면 분별견[二見]을 떠나있는 것입니다. 무엇을 분별견[二見]이라 말하겠습니까. 말하자면 내견과 외견인데 그것이 무소득입니다. [657]

---

653) '설령 … 다스려야 합니다.'에서 이것은 중생을 위해서 고통을 참음을 설명한 것이다. 나에게는 공덕과 지혜의 몸이 있어서 이미 고통조차도 이와 같이 숭상한다. 하물며 악취중생이 받는 고통의 무량함이겠는가. 때문에 비심을 일으킨다. 나는 이미 삼공을 인하여 자신을 調伏하고 또한 마땅히 일체까지도 조복할 것이다.

654) '무릇 … 못한 경우에는'에서 이것은 장차 중생의 병의 근원을 찾으려는 까닭이다. 위에서는 단제하는 뜻을 해석하였는데, 보살이 스스로 아와 공 등 세 가지 병(我와 空[病]과 法)을 단제하였다. 지금 다시 '중생의 세 가지 병을 반드시 단제한다'는 것은 실로 가히 단제할 세 가지 법(我와 空[病]과 法)이 없어서 단지 空 말하자면 病만 제거할 뿐이다. 그것은 마치 眼病 때문에 空華를 보는 것과 같아서, 단지 眼病만 제거할 뿐 空華와 法은 제거할 것이 없다. 때문에 법은 제거하지 않는다고 말한다. 또 한 가지 뜻인 '제거하지 못한다'는 것은 단지 중생이 집착하는 性 및 有 등의 병만 타파할 뿐이지 인연의 가명법은 제거하지 않는다. 때문에 『열반경』에서 '단지 取著만 단제할 뿐이지 아견은 단제하지 않는다. 아견은 곧 불성이다.'고 말한다. 이 둘은 각각 그 뜻이 있으므로 두 가지를 해석하지 않으면 안된다.

655) '병의 … 교도해야 한다.'에서 이것은 중생을 위하여 병을 단제함을 설명한 것이다.

656) '병의 … 삼계입니다.'에서 이것은 病本章門을 해석한 것이다. 위에서는 보살이 스스로 病本을 추구한 것에 대하여 설함으로써 안심에 통하였다.[理] 지금은 중생의 병을 단제해 주기 위하여 그 병의 근원을 살펴본 것인데, 이후는 그 所宜 상응한 것이다. 機와 神이 微動한 즉 마음에 所囑이 있고, 마음에 所囑이 있는 즉 그것을 반연이라 말한다. 반연으로 取相하는 것이 곧 망상의 시작이고 병의 근본이다. 망상을 이미 반연한 즉 아름다움과 추함[美惡]으로 나뉘고, 아름다움과 추함으로 이미 나뉜 즉 憎愛가 또한 치성한다. 때문에 갖가지 번뇌가 內에서 번거롭고 만병이 밖에서 발생한다. 그 能緣心은 이미 망상이고, 所緣境은 삼계를 벗어나지 않는다. 왜냐하면 삼계를 벗어나는 것은 곧 무루이고 무위인데, 망상심은 곧 유소득이기 때문에 유위이고 유루이므로 그것이 삼계이다.

657) '반연을 … 무소득입니다.'에서 이것은 教導로서 病本을 단제하는 章을 해석한 것이다. 病本은 이미 곧 유소득이므로 병을 단제한 즉 무소득이다. 무소득이란 마음에 일체법이 없는[不得] 것이다. 만약 마음에 일체법이 있다면[得] 즉 마음에 所生이 있다. 마음에 所生이 있은 즉 마음에 所縛이 있어서 生 · 老 · 病 · 死 · 憂 · 悲 · 苦 · 惱를 벗어나지 못한다. 만약 마음이 무소득이라면 즉 마음에 所縛이 없다. 때문에 生 · 老 · 病 · 死를 벗어날 수 있다. 말한 바 무소득이란 곧 內外의 분별견[二見]이

문수사리여, 이것이 병에 걸린 보살이 그 마음을 다스리는 것입니다. 老·病·死의 苦를 단제하는 것이 곧 보살의 보리입니다. 만약 이와 같이 할 수가 없다면 자신이 修治한 것에도 지혜의 이익이 없을 것입니다.[658] 비유하면 勝怨과 같아서 이에 勇이 됩니다.[659] 이와 같이 노·병·사를 모두 단제하는 사람을 보살이라 말합니다.[660]

「彼有疾菩薩應復作是念; 『如我此病, 非眞非有, 衆生病亦非眞非有』 作是觀時, 於諸衆生若起愛見大悲, 卽應捨離. 所以者何? 菩薩斷除客塵煩惱而起大悲. 愛見悲者, 則於生死有疲厭心. 若能離此, 無有疲厭, 在在所生, 不爲愛見之所覆也. 所生無縛, 能爲衆生說法解縛, 如佛所說; 『若自有縛, 能解彼縛, 無有是處! 若自無縛, 能解彼縛, 斯有是處』 是故菩薩不應起縛. 何謂縛? 何謂解? 貪著禪味, 是菩薩縛; 以方便生, 是菩薩解. 又無方便慧縛, 有方便慧解; 無慧方便縛, 有慧方便解. 何謂無方便慧縛? 謂菩薩以愛見心莊嚴佛土, 成就衆生; 於

없는[不得] 것을 무소득이라고 말하는 것이지 별도로 무소득이 있다는 것은 아니다. 때문에 내견과 외견을 곧 무소득이라 말한다. 內外란 內에 망상이 있고 外에 제법이 있는 것을 內外라고 말한다.

658) '문수사리여, … 이익이 없을 것입니다.'에서 슴으로서 自行 및 化他의 조복을 설명한 것인데, 法과 譬와 슴이 있다. 저 위에서처럼 自와 他의 病本을 단제한 즉 이것이 自와 他의 마음을 調伏하는 것이다. 病本이 이미 단제된 즉 노·병·사가 제거되고, 아울러 自와 他가 단제된다. 때문에 보살의 보리는 이승과 다르다. 단지 보리라고만 말한 것은 보리의 실익으로써 道를 삼기 때문이다. 만약 아울러 自와 他가 단제된 즉 寂觀을 터득하기 때문에 실익이 있다. 만약 그렇지 않은 즉 자기에게 이익이 없고 중생에게도 은혜가 없다.

659) '비유하면 … 勇이 됩니다.'에서 이것은 譬說이다. 노·병·사 등은 곧 보살의 원수이고 또한 곧 중생의 원수이다. 또한 중생의 원수인 즉 곧 보살의 원수이므로 보살은 중생을 마치 아들처럼 관찰하여 아들의 원수인 즉 아버지의 원수이다. 만약 아들의 원수를 제거하지 못하면 아버지의 원수도 또한 제거되지 않는다.

660) '이와 같이 … 보살이라 말합니다.'에서 이것은 슴과 喩이다. 이승은 단지 자신의 원수만 제거하는데, 보살에게는 즉 그것을 모두 제도하는 道가 있다.

空, 無相, 無作法中, 而自調伏, 是名無方便慧縛. 何謂有方便慧解?
謂不以愛見心莊嚴佛土, 成就衆生, 於空, 無相, 無作法中, 以自調伏,
而不疲厭, 是名有方便慧解. 何謂無慧方便縛? 謂菩薩住貪欲, 瞋恚,
邪見等諸煩惱, 而植[661]衆德本, 是名無慧方便縛. 何謂有慧方便解?
謂離諸貪欲, 瞋恚, 邪見等諸煩惱, 而植衆德本; 迴向阿耨多羅三藐三
菩提, 是名有慧方便解. 文殊師利! 彼有疾菩薩, 應如是觀諸法, 又復
觀身無常, 苦, 空, 非我, 是名爲慧; 雖身有疾, 常在生死, 饒益一切, 而
不厭倦, 是名方便. 又復觀身, 身不離病, 病不離身, 是病是身, 非新非
故, 是名爲慧; 設身有疾, 而不永滅, 是名方便.

저 병에 걸린 보살은 반드시 또 다음과 같이 생각해야 합니다.

"내가 걸린 이 병은 非眞이고 非有이며, 중생의 병도 또한 非眞이고 非
有이다."[662]

이와 같이 관찰할 때에는 모든 중생에 대하여 만약 愛見大悲가 일어난다
고 해도 곧 반드시 捨離해야 합니다.[663] 왜냐하면 보살은 객진번뇌를 단제

---

661) 植=殖【宋】【元】【明】【聖】下同
662) '저 병에 … 非有이다.'에서 이것은 自行 및 化他의 조복에 득실이 있음을 설명한 것이다. '내가 걸린
이 병은 非眞이고 非有이다.'는 것은 보살 자신의 깨침을 서술한 것이다. '중생의 병도 또한 非眞이고
非有이다.'는 것은 중생이 통달하지 못함을 설명한 것이다. 위에서 생·노·사가 곧 身病임을
논의하였는데, 我를 계탁하고 반연하는 것은 곧 그 心病이다. 이들 두 가지 병은 非眞이고 또한
非有이다. 어떤 사람은 '非眞은 즉 非眞諦이고 非有는 즉 非俗諦로서 곧 중도의 정관이다.'고 말한다.
또한 '非眞'이라고 말한 것은 그것이 진실이 아닌 즉 본성도 진실이 아니고, 非有도 또한 인연의 假有가
아니다. 때문에 이 둘은 본성도 아니고 가유도 아니라서 병이 공임을 알고,[悟] 또한 병이 공임을
요해하는[了] 것이다. 만약 병이 실유라면 즉 自와 他의 병을 제거할 수가 없다. 그것이 비진이고
비유이기 때문에 그것을 제거할 수가 있다. 그것을 제거하는 까닭에 悲心이 곧 발생하고 弘誓가
발기한다. 때문에 보살에게는 그것을 모두 제도하는 道가 있다.
663) '이와 같이 … 捨離해야 합니다.'에서 이것은 둘째로 化他의 득실을 설명한 것이다. 만약 위의 경우와
같이 자신의 병 및 중생의 병이 非眞이고 非有임을 요해하여 비심을 일으키는 사람이라면 즉 오직 得
뿐이고 失은 없을 것이다. 무릇 이것은 未純임을 관찰하고 중생을 보고[見] 그 중생을 사랑하여[愛] 悲를

하고 대비를 일으키기 때문입니다.[664] 애견자비란 곧 생사에 대하여 疲厭
心이 있지만 만약 애견자비를 떠나면 피염이 없어서 태어나는 곳마다 애견
에 휩싸이지 않습니다.[665] 태어남에 결박이 없어야 중생을 위해 설법하여 결
박을 해탈시켜줍니다.[666] 부처님께서는 다음과 같이 설하였습니다.

'만약 자신이 결박되어 있으면서 중생의 결박을 해탈시켜준다는 것은 있
을 수 없는 처사이다. 만약 자신이 결박되지 않아야 중생의 결박을 해탈시
켜줄 수가 있다.'

이런 까닭에 보살은 결코 결박이라는 생각을 일으켜서는 안됩니다.[667] 무
엇을 결박한다고 말하고, 무엇을 해탈시켜준다고 말하겠습니까.[668] 선미에
탐착하는 것이 곧 보살의 결박입니다. 방편을 발생하는 것이 곧 보살의 해
탈입니다.[669]

또한 방편이 없는 지혜는 결박이고, 방편이 있는 지혜는 해탈입니다. 지

발기하는 것을 愛見大悲라고 말한다. 견은 즉 見使이고, 愛는 소위 愛使로서 이것이 비록 悲心일지라도
雜의 애견이기 때문에 마땅히 그것을 버려야 한다.
664) '왜냐하면 … 때문입니다.'에서 이것은 위에서 애견을 버려야 한다는 뜻을 해석한 것이다. 마음은 본래
청정하여 塵垢가 없지만 망상의 인연 때문에 애견이 무성하게 발생한다. 때문에 그것을 客塵이라
말한다. 이 객진을 제거하고 悲를 일으킨다는 것이다.
665) '애견자비란 … 휩싸이지 않습니다.'에서 대저 所見이 있으면 반드시 所滯가 있고, 所愛가 있으면 반드시
所憎이 있다. 이것은 유극의 道인데 어찌 무극의 用을 초래하겠는가. 만약 이것을 벗어날 수 있다면 즉
법신이 화생하여 부재하는 곳이 없을 것이니, 생사가 무궁하여 무르는 새에 멀리 퍼져가도 어찌 愛見의
覆과 疲厭의 勞가 있겠는가.
666) '태어남에 … 해탈시켜줍니다.'에서 애견이 이미 제거되고 법신이 이미 성립한 즉 所生에도 결박이 없고
또한 그 결박으로부터 풀려난다.
667) '부처님께서는 … 일으켜서는 안됩니다.'에서 이것은 부처님의 誠言을 인용하여 失의 뜻을 증명한 것으로
결박을 버릴 것을 권장한 것이다.
668) '무엇을 … 말하겠습니까.'에서 위에서는 부처님의 말씀을 인용했는데, 지금은 결박으로부터 풀려나는
것을 해석한 것이다.
669) '선미에 … 해탈입니다.'에서 이것은 정혜의 이문에 의거하여 결박으로부터 풀려나는 章門[縛解章門]을
해석한 것이다.

혜가 없는 방편은 결박이고, 지혜가 있는 방편은 해탈입니다.[670]

방편이 없는 지혜가 결박이라는 것은 무엇을 말하는 것이겠습니까. 말하자면 보살이 애견심으로써 불국토를 장엄하거나 중생을 성취하는 것입니다. 空 · 無相 · 無作의 법 가운데서 스스로 다스리는 것을 곧 방편이 없는 지혜는 결박이라고 말합니다.[671]

방편이 있는 지혜는 해탈이란 무엇을 말하는 것이겠습니까. 말하자면 애견심으로써 불국토를 장엄하거나 중생을 성취하지 않는 것입니다. 공 · 무상 · 무작의 법 가운데서 스스로 다스리되 疲厭하지 않는 것을 곧 방편이 있는 지혜의 해탈이라고 말합니다.[672]

지혜가 없는 방편은 결박이란 무엇을 말하는 것이겠습니까. 말하자면 보살이 貪欲 · 瞋恚 · 邪見 등의 제번뇌에 주하여 갖가지 덕의 근본을 심는 것을 곧 지혜가 없는 방편의 결박이라고 말합니다.[673]

---

670) '또한 … 해탈입니다.'에서 이것은 慧門에 나아가서 결박의 뜻을 해석한 것이다. 위에서는 二章을 標하였다. 慧縛을 풀어준다는 것은 방편이 없기 때문에 慧縛이다. 만약 방편이 있다면 慧便解이고, 방편의 경우도 또한 그렇다. 慧가 없은 즉 방편이 縛이 되지만 慧가 있은 즉 방편이 解가 된다.

671) '방편이 … 결박이라고 말합니다.'에서 먼저 縛을 해석하고 이어서 解를 해석한다. 말한 바 慧와 方便은 그 뜻이 동일하지 않다. 나집의 뜻에 의거하면 다음과 같다. '공이라고 관찰하여 집착[取]하지 않고, 有를 섭렵하되 집착[著]하지 않으면 이 두 가지 門을 方便이라 한다. 제육주 이전에는 아직 무애는 아니지만 마땅히 거기에서 공을 관찰한 즉 取와 著이 없다. 또한 거기에서 관찰을 나타내서 국토를 장엄하고 사람을 교화한 즉 애견이 발생한다. 때문에 涉動은 졸렬하지만 靜觀은 미묘하여 공을 관찰하되 取相이 없다. 비록 이것이 방편일지라도 무릇 慧로부터 받음 명칭이다.'

672) '방편이 … 해탈이라고 말합니다.'에서 이것은 有方便慧解章門이다. 나집공은 말한다. '제칠주 이상에서 並觀을 얻는다. 때문에 動靜不二가 가능한 것을 有方便慧解라고 말한다.'

673) '지혜가 … 결박이라고 말합니다.'에서 이것은 方便縛解章門을 해석한 것이다. 지금 위에서는 縛門을 해석하였다. 만약 이 방편이 慧의 縛解라면 제육주 이전에 대한 것이다. 제칠주 이상에서는 그 縛解에 대하여 논한다. 이 대목은 초발심 이상 및 십지[聖位] 이전에서 그 縛解를 논한다. 또한 처음의 상대는 이승에 의거해서 보살에 상대하여 그 縛解를 논하였는데, 이승은 縛이고 보살은 解이다. 여기의 상대는 범부에 나아가서 보살에 상대하여 그 縛解를 논하였는데, 범부는 縛이고 보살은 解이다. 만약 그렇다면 즉 모두 衆義를 섭수하여 다하지 않음이 없는 셈이다. 이제 먼저 無慧方便縛을 설명하자면 공을 관찰하여 惑을 단제하지 못한 까닭에 無慧라고 말한다. 이로써 有를 섭렵하여 善을 행하므로 有方便이라고 말한다. 이와 같이 수행하는 사람은 無慧로써 有를 섭렵하여 諸使에 염오되기 때문에

지혜가 있는 방편은 해탈이란 무엇을 말하는 것이겠습니까. 말하자면 모든 탐욕·진에·사견 등 제번뇌를 떠나서 갖가지 덕의 근본을 심어서 아뇩다라삼먁삼보리로 회향하는 것을 곧 지혜가 있는 방편은 해탈이라고 말합니다.[674]

문수사리여, 저 병에 걸린 보살은 반드시 이와 같이 제법을 관찰해야 합니다.[675] 또한 다시 몸이 無常·苦·空·非我임을 관찰하는데 그것을 지혜라 말합니다.[676] 비록 몸이 병에 걸려 있지만 항상 생사에 있으면서 일체중생을 요익하되 厭倦하지 않는데 그것을 방편이라 말합니다.[677] 또한 다시 몸을 관찰하되 몸은 병을 떠나있지 않고 병은 몸을 떠나있지 않아서 이 병이 곧 몸으로서 새로운 것도 아니고 이전의 것도 아닌데 그것을 지혜라 말합니다. 설령 몸이 병에 걸렸다고 할지라도 영원히 소멸하지 않는데 그것을 방편이라 말합니다.[678]

方便縛이라고 말한다. 또한 二行에 즉하여 三空에 遊하지 못하는 까닭에 無慧方便縛이라고 말한다.

674) '지혜가 … 해방이라고 말합니다.'에서 이것은 有慧方慧解章門을 해석한 것이다. 이것은 공을 관찰하여 惑을 제거함을 有慧라고 말하고, 有를 섭렵하여 善을 닦음을 方便이라고 말한다는 것을 설명한 것이다. 이와 같이 수행하는 사람은 有慧로써 有行을 인도하되 집착하지 않기 때문에 解라고 말한다.

675) '문수사리여, … 관찰해야 합니다.'에서 종상의 非眞非有는 이 경문에 이르러 마친다. 보살에게 이 경문에 의거하여 관행을 일으킬 것을 권장한다.

676) '또한 … 지혜라 말합니다.'에서 이것은 無我를 慧라고 말함을 설명한다.

677) '비록 … 방편이라 말합니다.'에서 이상의 一周에서는 공유에 의거하여 권실의 이혜를 설명하였는데, 또한 이것은 空과 悲의 二道였다. 지금은 오문관에 나아가서 혜와 방편을 해석한다. 이미 오문관에 의거하여 實慧를 설명한 즉 실혜는 空과 有를 모두 비추어본다.[照] 저 無常苦를 비추어본 즉 有慧이듯이 空無我를 비추어보는 것을 空慧라고 말한다. 때문에 실혜는 공과 유를 모두 비추어보는 것임을 알 것이다.

678) '또한 … 방편이라 말합니다.'에서 이것은 身과 病에 대해서만 偏就함으로써 權實의 이혜를 설명한 것이다. 이것은 바로 病이 身이고 身이 病이다. 그래서 이미 別體가 없는데 무엇으로써 身을 삼겠는가. 그래서 병을 새로운 것[新]이라고 활용해도 이미 새로운 것이 없음을 깨달은 까닭에 곧 病과 새로움[新]이 없고, 곧 실혜에 들어가기 때문에 慧라고 일컫는다. 이미 이와 같은 慧가 있어서 중생과 더불어 같은 병에 걸려서 열반을 취하지 않기 때문에 방편이라고 말한다.

「文殊師利! 有疾菩薩應如是調伏其心, 不住其中, 亦復不住不調伏心. 所以者何? 若住不調伏心, 是愚人法; 若住調伏心, 是聲聞法. 是故菩薩不當住於調伏, 不調伏心, 離此二法, 是菩薩行. 在於生死, 不爲污行; 住於涅槃, 不永滅度, 是菩薩行; 非凡夫行, 非賢聖行, 是菩薩行; 非垢行, 非淨行, 是菩薩行; 雖過魔行, 而現降[679]衆魔, 是菩薩行; 求一切智, 無非時求, 是菩薩行; 雖觀諸法不生, 而不入正位, 是菩薩行; 雖觀十二緣起, 而入諸邪見, 是菩薩行; 雖攝一切衆生, 而不愛著, 是菩薩行; 雖樂遠離, 而不依身心盡, 是菩薩行; 雖行三界, 而不壞法性, 是菩薩行; 雖行於空, 而植衆德本, 是菩薩行; 雖行無相, 而度衆生, 是菩薩行; 雖行無作, 而現受身, 是菩薩行; 雖行無起, 而起一切善行, 是菩薩行; 雖行六波羅蜜, 而遍知衆生心, 心數法, 是菩薩行; 雖行六通, 而不盡漏, 是菩薩行; 雖行四無量心, 而不貪著生於梵世, 是菩薩行; 雖行禪定解脫三昧, 而不隨禪生, 是菩薩行; 雖行四念處, 而不[680]永離身受心法, 是菩薩行; 雖行四正勤, 而不捨[681]身心精進, 是菩薩行; 雖行四如意足, 而得自在神通, 是菩薩行; 雖行五根, 而分別衆生諸根利鈍, 是菩薩行; 雖行五力, 而樂求佛十力, 是菩薩行; 雖行七覺分, 而分別佛之智慧, 是菩薩行; 雖行八聖[682]道, 而樂行無量佛道, 是菩薩行; 雖行止觀助道之法, 而不畢竟墮於寂滅, 是菩薩行; 雖行諸法不生不滅, 而以相好莊嚴其身, 是菩薩行; 雖現聲聞, 辟支佛威儀, 而不捨佛法, 是菩薩行; 雖隨諸法究竟淨相, 而隨所應爲現其身, 是菩

---

679) 降＋(伏)【宋】【元】【明】
680) 而不＝不畢竟【元】【明】, 而不＋(畢竟)【聖】
681) 捨＋(離)【聖】
682) 聖＝正【元】【明】

薩行; 雖觀諸佛國土永寂如空, 而現種種清淨佛土, 是菩薩行; 雖得佛
道轉于法輪, 入於涅槃, 而不捨於菩薩之道, 是菩薩行」

문수사리여, 병에 걸린 보살은 반드시 이와 같이 그 마음을 다스리되[683]
그 가운데 주해서도 안되고 또한 다시 그 마음을 다스리지 못하는 데에 주
해서도 안됩니다. 왜냐하면 만약 그 마음을 다스리지 못하는 데에 주한다면
그것은 愚人의 법이고, 만약 그 마음을 다스리는 데에 주한다면 그것은 聲
聞의 법입니다. 이런 까닭에 보살은 그 마음을 다스리는 데와 그 마음을 다
스리지 못하는 데에 주해서는 안됩니다. 그 분별법[二法]을 떠나있는 바로
그것이 보살행입니다.[684]

생사에 있으면서도 오염된 행을 하지 않고 열반에 주하면서도 영원히 멸
도하지 않는데 그것이 보살행입니다. 凡夫行도 없고 聖賢行도 없는데 그것
이 보살행입니다. 垢行도 없고 淨行도 없는데 그것이 보살행입니다. 비록
魔行을 능가하지만 降衆魔를 드러내는데 그것이 보살행입니다. 一切智를
추구하지만 非時를 추구하지 않는데 그것이 보살행입니다.[685] 비록 제법이
불생임을 관찰하지만 正位에 들어가지 않는데 그것이 보살행입니다.[686] 비

---

683) '문수사리여, … 마음을 다스리되'에서 두 가지를 버리는 觀을 설명한 것이다. 이 경문은 멀리로는
　　調伏의 一章을 결론지은 것이고, 가까이로는 위의 二慧의 得失을 결론지은 것이다.
684) '그 가운데 … 보살행입니다.'에서 이상에서는 조복에 대하여 설명하였다. 지금은 非調와 不調에 대하여
　　설명한다. 미혹한 사람은 調伏이라는 말을 들으면 곧 不調를 버리고 調에 住한 즉 마음이 오히려 調가
　　되지 못한다. [未調] 만약 調와 不調의 둘을 모두 버려서 마음에 所依가 없이 정관을 터득할 수 있다면
　　비로소 그것이 調心法이다.
685) '생사에 … 그것이 보살행입니다.'에서 이 경문은 法을 經歷해가면서 정관이야말로 진정한 조복임을
　　설명한 것이다. 혹 凡과 聖의 둘을 잊고, 혹 因과 果를 모두 떠나며, 혹 徧派이면서도 俱遊하고, 혹 둘
　　모두 버리면서도 널리 활용하는데 이것들은 모두 쉬운 설명들이다. '非時에 추구하지 않는다'는 것은
　　一切智가 성취되지 않았는데도 중도에 이승의 증득을 취함을 非時에 추구한다고 말한다.
686) '비록 … 보살행입니다.'에서 정위는 소승이 증득을 취하는 계위이다. 삼승은 모두 무생을 관찰하는데
　　혜력이 미약하여 스스로 벗어나지 못한다. 그러나 혜력이 강한 사람은 소승의 증득을 초월하여 증득하지

록 십이연기를 관찰하지만 諸邪見에 들어가지 않는데 그것이 보살행입니다.⁶⁸⁷⁾ 비록 일체중생을 섭수하지만 애착이 없는데 그것이 보살행입니다.⁶⁸⁸⁾ 비록 遠離를 즐기하지만 身心의 멸진에 의지하지 않는데 그것이 보살행입니다.⁶⁸⁹⁾ 비록 삼계에 노닐지만 법성을 파괴하지 않는데 그것이 보살행입니다.⁶⁹⁰⁾ 비록 空을 실천하지만 온갖 덕의 근본을 심는데 그것이 보살행입니다.⁶⁹¹⁾ 비록 無相을 실천하지만 중생을 제도하는데 그것이 보살행입니다.⁶⁹²⁾ 비록 無作을 실천하지만 受身을 드러내는데 그것이 보살행입니다.⁶⁹³⁾ 비록 無起를 실천하지만 일체의 선행을 일으키는데 그것이 보살행입니다.⁶⁹⁴⁾ 비록 육바라밀을 실천하지만 두루 중생의 心과 心數法⁶⁹⁵⁾을 아는데 그것이 보살행입니다.⁶⁹⁶⁾ 비록 육통을 실천하지만 漏盡이라 하지 않는데 그것이 보살행입니다.⁶⁹⁷⁾ 비록 사무량심을 실천하지만 梵世에 태어나는 것에 탐착하지

않는다.

687) '비록 … 보살행입니다.'에서 연기는 곧 사견을 단제하는 길[道]임을 관찰하는 것이다. 그러나 그것과는 사견에 동조하는 것을 反하는 것은 이승의 능력이 아니다.

688) '비록 … 보살행입니다.'에서 섭수는 사섭법을 말한다. 사섭은 곧 중생을 애념하는 법이다. 지금은 중생을 愛하지만 집착이 없는 것을 설명한다.

689) '비록 … 보살행입니다.'에서 소승의 遠離는 慣鬧를 원리하는 것이고, 대승의 遠離는 身心의 盡을 원리하는 것이다. 보살이 은 비록 대승의 遠離를 누리더라도 그것에 의지하지는 않는다.

690) '비록 … 보살행입니다.'에서 삼계가 즉 법성이기 때문에 삼계를 현생하되 법성을 파괴하지 않는다.

691) '비록 … 보살행입니다.'에서 공을 실천하는 것은 有를 제거하려는 것이다. 그래서 바야흐로 중덕의 근본을 심으려는 것인 즉 공은 有用이 된다.

692) '비록 … 보살행입니다.'에서 무상을 실천하는 것은 중생상에 집착[取]하는 것을 제거하려는 것이다. 그래서 바야흐로 중생을 제도함으로써 상이 없고 상에 걸림도 없다.

693) '비록 … 보살행입니다.'에서 무작을 실천하는 것은 생사를 짓지 않으려는 것이다. 그래서 방편으로 受身을 드러내는 것을 조작이 없고 조작에 걸림도 없다.

694) '비록 … 보살행입니다.'에서 무기는 일체처에서 필경에 마음을 일으키지 않는 것이다. 그래서 바야흐로 일체선행을 일으킴으로써 일어남도 없지만 일어나지 않음도 없다.

695) 心은 心王法이고 心數法은 心所法이다.

696) '비록 … 보살행입니다.'에서 육도는 모두 무상법이다. 무상은 반드시 所知가 없지만 바야흐로 중생의 심행을 널리 알기 때문에 소지도 없지만 소지하지 못함도 없다.

697) '비록 … 보살행입니다.'에서 대사는 漏를 관찰한 즉 무루이다. 때문에 영원히 생사에 처하여 중생과 더불어 漏를 함께 하는데 어찌 누를 다함이 누를 다하지 못함과 다르겠는가.

않는데 그것이 보살행입니다.[698] 비록 禪定 · 解脫 · 三昧를 실천하지만 선천을 따라 태어나지 않는데 그것이 보살행입니다.[699] 비록 사념처를 실천하지만 영원히 身 · 受 · 心 · 法을 떠나있지 않는데 그것이 보살행입니다.[700] 비록 사정근을 실천하지만 身心의 정진을 그만두지 않는데 그것이 보살행입니다.[701] 비록 사여의족을 실천하지만 자재한 신통을 터득하는데 그것이 보살행입니다.[702] 비록 오근을 실천하지만 중생의 諸根의 利鈍을 분별하는데 그것이 보살행입니다.[703] 비록 오력을 실천하지만 佛十力을 즐겨 추구하는데 그것이 보살행입니다. 비록 칠각지를 실천하지만 佛智慧를 분별하는데 그것이 보살행입니다. 비록 八聖道를 실천하지만 무량한 불도를 즐겨 실천하는데 그것이 보살행입니다.[704] 비록 止觀의 助道法을 실천하지만 필경에 적멸에 떨어지지 않는데 그것이 보살행입니다.[705] 비록 제법이 불생불멸임을 실천하지만 상호로써 그 몸을 장엄하는데 그것이 보살행입니다. 비록

---

698) '비록 … 보살행입니다.'에서 사무량행은 즉 반드시 四禪地에서 발생한다. 그런데도 단지 梵이라고만 말한 것은 중생의 궁극적인 수행은 범천이기 때문에 그 궁극을 언급하였다. 또한 사선지를 梵이라고 通名한다.

699) '비록 … 보살행입니다.'에서 禪은 소위 四禪이고, 定은 소위 四空이며, 解脫은 소위 팔해탈이고, 三昧는 空 · 無相 · 無作이다. 보살은 그 因을 실천하지만 그 果에 집착하지 않는데 그것을 자재행이라고 말한다.

700) '비록 … 보살행입니다.'에서 소승은 四法을 관찰하여 깨침을 취하는데, 보살은 비록 이 四法을 관찰할지라도 그것을 영원히 벗어나서 깨침을 취하지 않는다.

701) '비록 … 보살행입니다.'에서 소승이 行하는 사정근은 功用으로서 구경에는 그것을 捨하여 열반에 들어간다. 그러나 보살은 비록 그 실천은 같지만 그 捨는 같지 않다.

702) '비록 … 보살행입니다.'에서 비록 소승과 마찬가지로 여의족을 실천하는데 오래 전부터 대승의 자재한 신통을 얻은 여의족이기 때문에 곧 신통의 因이다.

703) '비록 … 보살행입니다.'에서 소승은 오직 自修를 자기의 근본으로 삼고 남의 근본에 대해서는 잘 알지 못한다. 그러나 보살은 비록 自修의 경우는 같지만 남의 근본을 잘 안다.

704) '비록 … 보살행입니다.'에서 이것은 행으로 드러난 것은 淺法이고 이미 내실화된 것은 深法임을 설명한 것이다.

705) '비록 … 보살행입니다.'에서 지관이 정혜와 차이점은 정혜는 果이고 지관은 因이다. 먼저 마음을 緣에 묶어두는 것을 止라 말하고, 깊이 분별에 통달하는 것을 觀이라 일컫는다. 이 둘은 곧 열반의 조도법이다. 보살은 지관을 인하여 수행하지 열반을 수순하지 않는다.

聲聞·辟支佛의 威儀를 드러내지만 불법을 그만두지 않는데 그것이 보살행입니다. 비록 제법이 구경에 淸淨相임을 따르지만 상응하는 데마다 그 몸을 드러내는데 그것이 보살행입니다. 비록 제불의 국토가 永寂하여 空과 같음을 관찰하지만 갖가지 청정한 불국토를 드러내는데 그것이 보살행입니다. 비록 불도를 터득하여 법륜을 굴리고 열반에 들어가지만 보살도를 그만두지 않는데 그것이 보살행입니다."706)

說是語時, 文殊師利所將大衆, 其中八千天子皆發阿耨多羅三藐三菩提心.

이러한 법어를 설했을 때 문수사리가 데리고 온 대중 가운데서 팔천 명의 천자가 아뇩다라삼먁삼보리심을 발생하였다.707)

---

706) '비록 … 보살행입니다.'에서 비록 불도가 공의 구경임을 터득하였을지라도 현행의 因은 果에 卽한 것으로서 不礙因이다.
707) '이러한 … 발생하였다.'에서 이것은 문병한 이후의 행위이다. 경본마다 동일하지 않아서 혹은 天衆이라 말하거나 혹 大衆이라 말해도 무방하지만, 반드시 그것은 많은 무리이어야 한다.

708)維摩詰709)所說經不思議品第六

유마힐소설경 부사의품710) 제육

爾時舍利弗見此室中無有床座, 作是念; 「斯諸菩薩, 大弟子衆, 當於何坐」

　그때 사리불이 그 방 가운데 床座가 없는 것을 보고 다음과 같이 생각하였다.

　'이 모든 보살과 대제자중이 어디에 앉을 것인가.'711)

長者維摩詰知其意, 語舍利弗言; 「云何仁者! 爲法來耶? 求712)床座耶」

---

708) 〔維摩…經〕六字-【明】
709) 〔所說〕-【宋】【聖】[1, 2, 3]
710) [문수사리문질품]의 일품은 그 설법을 설명한 것이었는데, 지금의 이 [부사의품]은 둘째로서 신통 즉 형체와 소리로써 중생을 이롭게 함을 설명한 것이다. 또한 위의 [문수사리문질품]에서는 첫째로 能化者의 병에는 空과 悲의 二道가 있음을 설명하였는데, 또한 그것은 權과 實의 두 가지 慧이기도 하였다. 둘째로 所化者의 병에도 또한 空과 悲의 二道 및 權과 實의 慧가 있음을 설명하였다. 이와 같이 능화 및 소화의 二慧를 설한 것은 이들이 보살수행의 뜻임을 가르쳐준 것이다. 지금 이 [부사의품]에서는 수행으로 성취한 것에도 곧 방소가 없는 대용[無方大用]이 있음을 설명한 까닭에 [부사의품]이 있다. 不思議의 체는 경계[境]와 智慧[智]와 교법[敎]이다. 境不思議는 眞諦와 俗諦의 이제이고, 智不思議는 權智와 實智의 이지이며, 敎不思議는 本敎과 迹敎이다.
711) '그때 … 앉을 것인가.'에서 사리불이 생각을 일으킨 것에 무릇 두 가지 뜻이 있다. 첫째는 迹에 의거해서 말한 것이다. 둘째는 本에 나아가서 논한 것이다.
712) 求＝爲【明】

장자 유마힐이 그 마음[意]을 알고 사리불에게 말하였다.

"그대는 어떤가. 법 때문에 왔습니까, 아니면 床座를 구하려는 것입니까."[713]

舍利弗言;「我爲法來, 非爲床座」

사리불이 말했다.

"저는 법 때문에 온 것이지 床座 때문은 아닙니다."[714]

維摩詰言;「唯, 舍利弗! 夫求法者, 不貪軀命, 何況床座? 夫求法者, 非有色, 受, 想, 行, 識之求, 非有界, 入之求, 非有欲, 色, 無色之求. 唯, 舍利弗! 夫求法者, 不著佛求, 不著法求, 不著衆求; 夫求法者, 無見苦求, 無斷集求, 無造盡證, 修道之求. 所以者何? 法無戲論, 若言我當見苦, 斷集, 證滅, 修道, 是則戲論, 非求法也. 唯, 舍利弗! 法名寂滅, 若行生滅, 是求生滅, 非求法也; 法名無染, 若染於法, 乃至涅槃, 是則染著, 非求法也; 法無行處, 若行於法, 是則行處, 非求法也; 法無取捨, 若取捨法, 是則取捨, 非求法也; 法無處所, 若著處所, 是則

---

713) '장자 … 구하려는 것입니까.'에서 이것은 즉 정명이 장차 無求의 道를 변별하려는 것이다. 때문에 그로 인하여 사리불에게 따진다. 왜냐하면 모름지기 앉으려는 생각은 迹이 有求에 있기 때문이다. 有求인 즉 이치에 어그러지는데, 그것 때문에 온 것이 아니라는 뜻이다.

714) '사리불이 … 아닙니다.'에서 위에서는 二實을 확정하였는데, 사리불에게는 進退의 墮負이다. 만약 그것이 법을 위한 것이라면 결코 앉으려는 생각을 해서는 안된다. 본래는 법을 위해서 왔는데 단지 몸[形]에만 피로[勞]가 있기 때문에 앉으려고 찾는 것이다. 또한 몸[形]이 편안하면 법에 의거하여 神에 들어간다. 때문에 앉으려고 생각하는 것은 끝내 법을 위한 것이다.

著處, 非求法也; 法名無相, 若隨相識, 是則求相, 非求法也; 法不可住, 若住於法, 是則住法, 非求法也; 法不可見, 聞, 覺知, 若行見, 聞, 覺知, 是則見, 聞, 覺知, 非求法也; 法名無爲, 若行有爲, 是求有爲, 非求法也. 是故, 舍利弗! 若求法者, 於一切法, 應無所求」

유마힐이 말했다.

"저, 사리불이여, 무릇 구법자라면 軀命에 탐착해서는 안되는데 하물며 床座이겠습니까. 무릇 구법자라면 색·수·상·행·식에 대하여 추구함이 있어서는 안 되고, 界·入에 대하여 추구함이 있어서도 안 되며, 욕계·색계·무색계에 대하여 추구함이 있어서도 안 됩니다.

저, 사리불이여, 무릇 구법자라면 佛에 집착하여 추구해서도 안되고, 法에 집착하여 추구해서도 안 되며, 僧[衆]에 집착하여 추구해서도 안 됩니다. 무릇 구법자라면 苦聖蹄를 보려고 추구해서도 안되고, 苦集을 단제하려고 추구해서도 안되며, 滅盡의 證得에 나아가거나 八正道를 닦는 것으로 추구해서도 안됩니다. 왜냐하면 법에는 희론이 없기 때문입니다. 만약 '나는 苦를 보고 集을 단제하며 滅을 증득하고 道를 닦는다.'고 말한다면 그것은 곧 희론이지 구법이 아니다.

저, 사리불이여, 법을 寂滅이라 말합니다. 만약 생멸을 실천한다면 그것은 생멸을 추구하는 것이지 구법이 아닙니다. 법은 無染이라 말합니다. 만약 법 내지 열반에 오염된다면 그것은 곧 염착이지 구법이 아닙니다. 법에는 실천하는 도리[行處]가 없습니다. 만약 법을 실천한다면 그것은 곧 실천하는 도리이지 구법이 아닙니다. 법에는 取捨가 없습니다. 만약 법을 취사한다면 그것은 곧 취사하는 것이지 구법이 아닙니다. 법에는 處所가 없습니다. 만약 처소에 집착한다면 그것은 곧 처소에 집착하는 것이지 구법이 아닙니다. 법은 無相이라 말합니다. 만약 相을 따라서 안다면 그것은 곧 相을 추구하는 것이지 구법이 아닙니다. 법에는 주할 수가 없습니다. 만약 법에 주한다면 그것은 곧 법에 집착하는 것이지 구법이 아닙니다. 법은 보는 것 [見]·듣는 것[聞]·느끼는 것[覺]·아는 것[知]일 수가 없습니다. 만약 보고 들으며 느끼고 안다면 그것은 곧 보고 들으며 느끼고 아는 것이지 구법이 아닙니다.715) 법은 無爲라고 말합니다. 만약 유위를 실천한다면 그것은 곧 유위를 추구하는 것이지 구법이 아닙니다. 이런 까닭에 사리불이여, 만약 구법자라면 일체법에 대하여 반드시 추구하는 것이 없어야 합니다."716)

說是語時, 五百天子於諸法中得法眼淨.

이러한 법어를 설했을 때 오백 명의 천자는 제법 가운데서 법안정을 터득하였다.717)

---

715) '유마힐이 … 구법이 아닙니다.'에서 이것은 육근을 섭수한 것으로써 네 가지 작용[四用]을 삼은 것이다. 눈은 보는 작용[見用]을 하고, 귀는 듣는 작용[聞用]을 하며, 코[鼻根]와 혀[舌根]와 몸[身根]의 三根은 느끼는 작용[覺用]을 하고, 뜻[意根]은 아는 작용[知用]이라 일컫는다.

716) '법은 … 없어야 합니다.'에서 이 章은 無求를 설명한 것인데, 그 뜻[旨]에 두 가지가 있다. 첫째는 실상의 이치는 四句를 초월하고 百非를 단절하며 언어도단이고 심행처멸로서 유무 등으로 실상을 추구할 수 없음을 설명한 것이다. 이것은 즉 不思議境을 해석한 것이다. 둘째는 수행인으로 하여금 실상에 계합하도록 하려는 것이고 또한 일체의 유소득심을 그치게 하려는 것이다. 왜냐하면 대저 마음에 所求가 있은 즉 집착이 있고, 집착이 있은 즉 所縛이 있어서 곧 그것을 벗어날 수가 없는데, 하물며 실상에 어긋나는 것이겠는가. 때문에 마음에 所求가 없도록 하는 것이다. 마음에 所求가 없는 까닭에 心·行이 단절되고 言語가 소멸된 즉 實相不思議이다. 實相을 추구할 수 없는 즉 밖으로 헤아릴 수 있는 것이 아니다. 그리고 實智를 추구할 수 없은 즉 안으로 무심이다. 때문에 境과 智가 모두 冥이 緣과 觀이 모두 寂인데 이에 이치의 궁극[理極]이 되어 진정한 부사의이다.

717) '이러한 … 터득하였다.'에서 緣과 觀이 모두 寂이고 內와 外가 모두 冥임을 깨달은 즉 유소득의 塵累가 모두 그쳤다는 것이다. 때문에 법안정이라 일컫는다. 무릇 법안정에도 두 가지 뜻이 있다. 첫째는 소승에 의거하면 즉 그것은 수다원이다. 둘째로 대승에 의거하면 소위 초지보살인데, 그것은 대승의 초지로써 견도를 삼기 때문이다. 肇公은 '이 대목의 경문은 곧 대승의 법안정이다.'고 말한다.

爾時長者維摩詰,　問文殊師利;「仁[718]者遊於無量千萬億阿僧祇國,
何等佛土有好上妙功德成就師子之座」

　그때 장자 유마힐이 문수사리에게 물었다.
　"그대는 무량·천·만·억·아승지의 국토를 유행하였는데, 어떤 불국토
에 好上의 妙功德을 성취한 師子座가 있는 것입니까."[719]

文殊師利言;「居士! 東方度三十六恒河沙國, 有世界名須彌相, 其佛
號須彌燈王, 今現在. 彼佛身長八萬四千由旬, 其師子座高八萬四千
由旬, 嚴飾第一」

　문수사리가 말했다.
　"거사여, 동방으로 삼십육 항하사의 국토를 지나서 세계가 있는데 이름은
須彌相입니다. 그곳의 佛號는 須彌燈王인데 지금도 현재하십니다. 그 부처
님의 몸은 키가 팔만사천 유순이고, 그 사좌자도 높이가 팔만사천 유순인데
엄식이 제일입니다."[720]

---

718) (古)+仁【元】
719) '그때 … 것입니까.'에서 이것은 權智不思議를 설명한 것이다. 위에서는 無所求야말로 이에 실상에
　　계합됨을 변별하였다. 실상에 계합하기 때문에 널리 일체군생이 추구하는 것을 공급해 줄 수가 있다.
720) '문수사리가 … 제일입니다.'에서 둘째로 문수사리의 답변이다. 肇公은 '유순은 천축에서 거리를
　　재는[里數] 것인데 일정하지 않다. 上由旬은 육십 리이고, 中由旬은 오십 리이며, 下由旬은 사십
　　리이다.'고 말한다.

於是長者維摩詰現神通力, 卽時彼佛遣三萬二千師子座[721], 高廣嚴
淨, 來入維摩詰室, 諸菩薩, 大弟子, 釋, 梵, 四天王等, 昔所未見. 其室
廣博, 悉皆包容三萬二千師子座, 無所妨礙. 於毘耶離城, 及閻浮提四
天下, 亦不迫迮, 悉見如故.

이에 장자 유마힐이 신통력을 드러내자,[722] 즉시 그 곳의 부처님께서 삼만
이천 개의 사좌자를 보내왔다. 높이와 너비가 장엄스럽고 청정하였는데 유
마힐의 방에 들어오자[723] 제보살·대제자·석제환인·범천왕·사천왕 등
이 일찍이 보지 못한 것이었다. 그 방이 넓고 커서 모두가 다 삼만이천 개의
사자좌를 받아들이고도 妨礙가 없었고, 비야리성 및 염부제의 사천하도 또
한 좁혀지거나 줄어들지 않고 모두 예전과 똑같음을 보았다.[724]

爾時維摩詰語文殊師利;「就師子座」 與諸菩薩上人俱坐, 當自立身
如彼座像. 其得神通菩薩, 卽自變形爲四萬二千由旬, 坐師子座. 諸新
發意菩薩及大弟子皆不能昇.

그때 유마힐이 문수사리에게 말했다.

---

721) (之)+座【元】【明】
722) '이에 … 드러내자'에서 이것은 셋째로 정명이 자리를 빌려온 것이다. [향적불품]에서는 거기에 있던 저
　　보살들이 온 까닭에 化人을 그 등왕불국으로 보냈는데 衆集이 없었다. 때문에 무릇 침묵으로 신통을
　　드러냈다. 또한 [부사의품]과 [향적불품]의 두 품은 서로 기특함을 설명하는데, 이 [부사의품]은 大로써
　　小에 들어감을 변별하고, [향적불품]에서는 小로써 大를 감당함을 설명한다. 때문에 저 [향적불품]에서는
　　化人을 보냄을 설명하고, 이 [부사의품]에서는 침묵을 보여 감화토록 한다.
723) '즉시 … 들어오자'에서 이것은 등왕불이 자리를 보내준 것이다. 정명은 비록 신통력으로써 가서
　　가져왔지만, 저 등왕불은 보내준 적이 없고 또한 그것을 유치한 적도 없다.
724) '제보살 … 보았다.'에서 이것은 다섯째로 시회대중의 칭탄이다.

"사자좌에 나아가서 제보살 및 上人들과 함께 앉으시되, 반드시 자신의 서 있는 키가 저 사자좌의 형상과 같도록 하십시오."[725]

그 신통을 얻은 보살들은 곧 자신을 변형하여 사만이천 유순이 되어 사자 좌에 앉았다. 그러나 신발의보살 및 대제자들은 모두 오를 수가 없었다.[726]

爾時維摩詰語舍利弗; 「就師子座」 舍利弗言; 「居士! 此座高廣, 吾不能昇」

그때 유마힐이 사리불에게 말했다.

"사자좌에 오르십시오."[727]

사리불이 말했다.

"거사여, 이 사자좌는 높고 넓어서 제가 오를 수가 없습니다."[728]

維摩詰言; 「唯, 舍利弗! 爲須彌燈王如來作禮, 乃可得坐」 於是新 發意菩薩及大弟子卽爲須彌燈王如來作禮, 便得坐師子座.

유마힐이 말했다.

---

725) '그때 … 하십시오.'에서 이것은 보살들에게 자리에 앉도록 함을 설명한 것이다.

726) '그 신통을 … 없었다.'에서 이것은 보살이 가르침을 받아 자리에 나아간 것이다.

727) '그때 … 오르십시오.'에서 이것은 거듭하여 성문 곧 사리불에게 자리에 앉으라고 한 것이다.

728) '사리불이 … 없습니다.'에서 이것은 성문 곧 사리불이 자리에 앉을 수가 없다는 것이다. 여기에 두 가지 뜻이 있다. 첫째는 유마힐이 신통력으로 만든 것으로 중생에게 대승과 소승의 우열을 알도록 하려는 것이다. 그래서 이처럼 높은 것이다. 둘째는 제불의 공덕의 자리는 덕이 없는 사람이 앉는 자리가 아니다. 이치상으로 저절로 그윽하게 단절된 것이지 의도적으로 만든 것이 아니다.

"저, 사리불이여, 수미등왕여래에게 작례해야만 이에 앉을 수가 있습니다."[729]

이에 신발의보살 및 대제자들이 곧 수미등왕여래에게 작례를 하자 곧 사자좌에 앉을 수가 있었다.

舍利弗言;「居士! 未曾有也, 如是小室, 乃容受此高廣之座, 於毘耶離城, 無所妨礙, 又於閻浮提聚落, 城邑, 及四天下諸天, 龍王, 鬼神宮殿, 亦不迫迮」

사리불이 말했다.

"거사여, 미증유입니다. 이와 같이 작은 방이 이에 이처럼 높고 넓은 사자좌를 받아들이되 비야리성에 妨礙가 없고, 또한 염부제의 취락·성읍 그리고 사천하의 제천·용왕·귀신의 궁전도 또한 좁혀지거나 줄어들지 않았습니다."[730]

維摩詰言;「唯, 舍利弗! 諸佛菩薩, 有解脫, 名不可思議. 若菩薩住是解脫者, 以須彌之高廣內芥子中無所增減, 須彌山王本相如故, 而四天王, 忉利諸天不覺不知己之所入, 唯應度者乃見須彌入芥子中, 是

---

729) '유마힐이 … 있습니다.'에서 이것은 거듭하여 등왕여래에게 예를 드리도록 권장하는 것이다. 이미 이 등왕여래에게는 업을 일으켜서 그에게 예를 드린 즉 부처님의 위신력을 받은 까닭에 앉을 수가 있었다.
730) '이에 … 않았습니다.'에서 이하는 不思議를 廣釋한 것이다.

名住不⁷³¹⁾思議解脫法門. 又以四大海水入一毛孔, 不嬈魚, 鼈, 黿, 鼉
水性之屬, 而彼大海本相⁷³²⁾如故, 諸龍, 鬼神, 阿修羅等, 不覺不知己
之所入, 於此衆生亦無所嬈. 又, 舍利弗! 住不可思議解脫菩薩, 斷取
三千大千世界, 如陶家輪, 著右掌中, 擲過恒河⁷³³⁾沙世界之外, 其中衆
生, 不覺不知己之所往. 又復還置本處, 都不使人有往來想, 而此世界
本相如故. 又, 舍利弗! 或有衆生, 樂久住世而可度者, 菩薩卽延⁷³⁴⁾七
日以爲一劫, 令彼衆生謂之一劫; 或有衆生不樂久住, 而可度者, 菩薩
卽促一劫以爲七日, 令彼衆生謂之七日. 又, 舍利弗! 住不可思議解脫
菩薩, 以一切佛土嚴飾之事, 集在一國, 示於衆生. 又菩薩以一⁷³⁵⁾佛土
衆生置之右掌, 飛到十方遍示一切, 而不動本處. 又, 舍利弗! 十方衆
生供養諸佛之具, 菩薩於一毛孔, 皆令得見. 又十方國土所有日, 月,
星宿, 於一毛孔普使見之. 又, 舍利弗! 十方世界所有諸風, 菩薩悉能
吸著口中, 而身無損, 外諸樹木, 亦不摧折. 又十方世界劫盡燒時, 以
一切火內於腹中, 火事如故, 而不爲害. 又於下方過恒河沙等諸佛世
界, 取一佛土, 擧著上方, 過恒河沙無數世界, 如持鍼鋒擧一棗葉, 而
無所嬈. 又, 舍利弗! 住不可思議解脫菩薩, 能以神通現作佛身, 或現
辟支佛身, 或現聲聞身, 或現帝釋身, 或現梵王身, 或現世主身, 或現
轉輪王⁷³⁶⁾身. 又十方世界所有衆聲, 上中下音, 皆能變之, 令作佛聲,
演出無常, 苦, 空, 無我之音. 及十方諸佛所說種種之法, 皆於其中普

---

731) 住不＝不可【宋】【元】【明】
732) 本相＝本性【元】【明】
733) 〔河〕－【宋】【元】【明】
734) 延＝演【宋】【元】【明】
735) 一＋(切)【元】【明】
736) (聖)＋王【宋】【元】【明】

令得聞. 舍利弗! 我今略說菩薩不可思議解脫之力, 若廣說者, 窮劫不盡」

유마힐이 말했다.

"저, 사리불이여, 제불과 보살이 가지고 있는 해탈을 불가사의라고 말합니다.[737] 만약 보살로서 이 해탈에 주하는 사람은 수미와 같이 높고 넓은 것을 개자 속에 들이되 증감이 없고, 수미산왕도 본래의 모습이 예전과 같으며, 사천왕·도리의 제천도 자기가 들어간 것을 느끼지도 못하고 알지도 못합니다. 오직 應度者만 이에 수미가 개자 속에 들어있는 것을 보는데 그것을 부사의해탈법문에 주한다고 말합니다.[738]

또한 사대해수가 하나의 털구멍 속에 들어가되 물고기·자라·바다거북이·악어와 같은 水性의 권속들도 괴로움을 받지 않고, 그 대해도 본래의 모습이 예전과 같으며, 諸龍·鬼神·阿修羅들도 자기가 들어간 것을 느끼지도 못하고 알지도 못하는데 이 중생들도 또한 괴로움을 받지 않습니다.

또한 사리불이여, 불가사의해탈에 주하는 보살이 삼천대천세계를 잘라내어[斷取] 陶家의 바퀴처럼 오른손으로 쥐고서 항사세계를 벗어난 밖에다 내던져버리더라도 그 속의 중생은 자기가 가고 있는 것을 느끼지도 못하고 알

---

737) '유마힐이 … 말합니다.'에서 이것은 정명의 해석이다. 解脫의 體는 소위 權實智로서 正觀과 동일하다. 그러나 중생을 위하는 까닭에 달리 일컬어서 그것을 설한다. 혹 해탈이라는 명칭을 쓰기도 하고, 혹 열반이라는 명칭이 되기도 하며, 혹 반야라는 호칭으로도 받아들이며, 또한 일승이라는 제목을 내세우기도 한다. 지금 말하는 해탈에는 본체[體]가 즉 무애라는 뜻과, 작용[用]이 즉 자재하다는 두 가지 뜻이 있다. 자재란 대저 하고자 하는 것을 할 수 있는 것이고, 그럴 수 없는 것은 즉 縛이다. 그러나 마음먹은 그대로[應念] 해탈할 수 있어서 하지 못하는 것이 없기 때문에 해탈이라고 말한다. 대사가 바로 그렇다. 그러나 범부와 이승과 하위보살은 知와 所知에서 그렇게 할 수가 없기 때문에 그들의 입장에서 부사의라고 말한다. 이것은 해탈의 명칭을 내보인 것이다.
738) '만약 … 말합니다.'에서 이하에서 열세 차례에 걸친 '又'를 통해서 해탈의 작용을 해석하는데, 즉 이것은 迹으로써 本을 드러낸 것이다.

지도 못합니다.

또한 다시 본래의 자리에다 갖다놓아도 사람들이 왕래했다는 것을 전혀 생각하지 못하게 하여 그 세계가 본래의 모습이 예전과 같습니다.

또한 사리불이여, 혹 어떤 중생이 세간에 오래 머물기를 좋아하지만 제도 할 만하면 보살이 곧 이레를 늘려서 一劫으로 만들어 그 중생으로 하여금 一劫이라고 말하게 하고, 혹 어떤 중생이 세간에 오래 머물기를 좋아하지 않지만 제도할 만하면 보살이 곧 一劫을 줄여서 이레로 만들어 그 중생으로 하여금 이레라고 말하게 합니다.[739]

또한 사리불이여, 불가사의해탈에 주하는 보살은 일체의 불국토를 엄식 한 것을 가지고 한 국토에 모아서 중생한테 보여줍니다.

또한 보살은 일체불국토의 중생을 가지고 오른손바닥에 올려놓고 시방으로 날려서 일체를 두루 보여주는데, 본래의 자리로부터 이동한 것이 없습니다.

또한 사리불이여, 시방의 중생이 제불에게 공양한 거리를 보살이 하나의 털구멍에서 모두 보게끔 합니다. 또한 시방의 국토에 존재하는 해 · 달 · 별 을 하나의 털구멍에서 널리 그것을 보게끔 합니다.

또한 사리불이여, 시방세계에 존재하는 諸風을 보살은 모두 입 안에 흡착 해도 몸이 손해가 없고 밖의 모든 수목들도 또한 꺾이지 않습니다.

또한 시방세계의 겁이 끝나서 불이 일어날 때에 일체의 불을 뱃속에 받아 들이되 火事는 예전과 같아서 해를 입지 않습니다.

또한 下方으로 항하사와 같은 제불세계를 지나서 한 불국토를 취하고, 上 方을 들어서[擧著] 항하사의 무수한 세계를 지나되 마치 바늘의 끝을 가지고 하나의 대추나무 잎을 들어올리는 것과 같아서 조금도 힘들지 않습니다.

---

739) '또한 … 합니다.'에서 이상에서는 법체의 자재에 대하여 不思議를 설명하였다. 지금 이 대목은 時의 延促에 의거하여 不思議를 설명한다.

또한 사리불이여, 불가사의해탈에 주하는 보살은 신통력으로써 부처님 몸을 만들어 드러내고, 혹 벽지불의 드러내며, 혹 성문의 몸을 드러내고, 혹 제석의 몸을 드러내며, 혹 범왕의 몸을 드러내고, 혹 자재신[卋主]의 몸을 드러내며, 혹 전륜왕의 몸을 드러냅니다.

또한 시방세계에 존재하는 갖가지 소리인 상·중·하의 음성을 가지고 죄다 바꾸어 부처님의 음성이 되게끔 하여 그것을 무상·고·공·무아의 음성 및 시방제불이 설한 갖가지 법으로 연출하여 모두 그 가운데서 널리 듣도록 합니다.

사리불이여, 제가 지금은 보살의 불가사의해탈의 능력을 略說했지만, 만약 廣說하자면 겁이 다해도 끝이 없습니다.”[740]

是時大迦葉聞說菩薩不可思議解脫法門, 歎未曾有, 謂舍利弗; 「譬如有人, 於盲者前現衆色像, 非彼所見; 一切聲聞聞是不可思議解脫法門, 不能解了, 爲若此也! 智者聞是, 其誰不發阿耨多羅三藐三菩提心. 我等何爲永絶其根, 於此大乘, 已如敗種! 一切聲聞聞是不可思議解脫法門, 皆應號泣, 聲震三千大千世界; 一切菩薩應大欣慶, 頂受此法. 若有菩薩信解不可思議解脫法門者, 一切魔衆無如之何」大迦葉說是[741]語時, 三萬二千天子皆發阿耨多羅三藐三菩提心.

---

740) ‘또한 … 없습니다.’에서 외도와 이승도 또한 群像을 衆聲으로 바꿀 수가 있는데 대사와 어떻게 다른가를 말해준다. 곧 범부의 小道로는 群像에 圓應하여 널리 衆聲으로 바꿀 수가 없다. 때문에 보살과 다르다. 또한 대사는 聲을 有頂天까지 이르게 하여도 가히 들을 수 있는 音이 없고 形을 시방에 골고루 미치게 하여도 가히 볼 수가 없다. 그러나 범부와 이승은 그렇게 하지 못한다. 때문에 不思議라고 말한다.
741) 是＝此【宋】【元】【明】

그때 대가섭이 (유마힐이 말한) 보살의 불가사의해탈법문을 듣고서 '미증유입니다.'라고 찬탄하고, 사리불에게 말했다.

"비유하면 어떤 사람이 맹인 앞에다 갖가지 색상을 드러내어도 그는 볼 수가 없는 것처럼, 일체의 성문은 이 불가사의해탈법문을 듣고도 이해하지 못하는 것이 이와 같습니다. 그러나 智者라면 그것을 듣고서 그 누가 아뇩다라삼먁삼보리심을 발생하지 않겠습니까. 저희들은 어째서 그 根을 영원히 단절하여 이 대승에서 이미 敗種과 같게 되었습니까.742) 일체의 성문이 이 불가사의해탈법문을 들으면 모두 반드시 소리를 높여 목놓아 울어서 그 소리가 삼천대천세계를 진동할 것이고, 일체의 보살은 반드시 크게 기뻐하고 이 법을 頂受할 것입니다.743) 만약 어떤 보살이 불가사의해탈법문을 믿고 이해하는 사람이라면 일체의 魔衆도 어찌할 수가 없을 것입니다."744)

대가섭이 그 법어를 설했을 때 삼만 이천 명의 천자가 모두 아뇩다라삼먁삼보리심을 발생하였다.745)

---

742) '그때 … 되었습니까.'에서 이것은 가섭의 칭탄(抑揚)이다. 대승의 도[大道]를 助揚하고 小乘을 貶斥하여 보살로 하여금 勝心에서 물러나지 않도록 하고, 성문으로 하여금 깊이 스스로 鄙恥토록 하며, 또한 대승심을 발생하지 않은 사람은 이것을 인하여 발심토록 하고, 소승을 좋아하는 사람에게는 이것에 의지하여 마음[志]을 바꾸도록 한다.

743) '일체의 … 것입니다.'에서 지금까지 모르고 지냈던 이치가 소중하기 때문에 假言으로 마땅히 소리 높여 운다. 이승은 憂悲가 영원히 제거되어도 오히려 조용히 우는 것조차 없거늘, 하물며 삼천대천세계가 진동되겠는가. 가섭은 장차 大와 小의 차이를 설명하는데 時와 聽을 억양한다. 때문에 모르는 사람은 마땅히 은혜를 베풀고 보답을 바라게 되지만, 이미 알고 있는 사람은 마땅히 頂受하여 찬탄에 상응한다.

744) '만약 … 것입니다.'에서 무릇 신해하면 악마도 그 사람을 괴롭히지 못하는데 하물며 수행으로 상응하는 사람이겠는가.

745) '대가섭이 … 발생하였다.'에서 이것은 시회대중의 발심이다. 가섭은 이미 성문으로서 친히 소승을 하열하다고 낮추고 대승을 뛰어나다고 추켜세운 즉 그 이치는 필연이다. 때문에 제천이 그 말을 듣고 불도를 추구하는 마음을 일으킨다.

爾時維摩詰語大迦葉;「仁者! 十方無量阿僧祇世界中作魔王者, 多
是住不可思議解脫菩薩. 以方便力[746], 敎化衆生, 現作魔王. 又, 迦葉!
十方無量菩薩, 或有人從乞手足耳鼻, 頭目髓腦, 血肉皮骨, 聚落城邑,
妻子奴婢, 象馬車乘, 金銀琉璃, 車[747]磲, 馬[748]碯, 珊瑚, 琥珀, 眞珠珂
貝, 衣服飮食, 如此乞者, 多是住不可思議解脫菩薩, 以方便力, 而往
試之, 令其堅固. 所以者何? 住不可思議解脫菩薩, 有威德力, 故[749]
現[750]行逼迫, 示諸衆生, 如是難事; 凡夫下劣, 無有力勢, 不能如是逼
迫菩薩. 譬如龍象蹴踏, 非驢所堪, 是名住不可思議解脫菩薩智慧方
便之門」

그때 유마힐이 대가섭에게 말했다.

"그대여, 시방의 무량한 아승지세계에서 마왕이 된 사람은 대부분 그 불
가사의해탈에 주하는 보살입니다. 방편력으로써 중생을 교화하려고 마왕을
만들어 드러냅니다.[751]

또한 가섭이여, 시방의 무량한 보살은 혹 어떤 사람이 손·발·귀·코·
머리·눈·골수·뇌·피·살·피부·뼈·취락·성읍·처자·노비·코끼
리·말·수레·금·은·유리·자거·마노·산호·호박·진주·큰 조개·
의복·음식 등 이러한 것을 달라는 사람은 대부분 곧 불가사의해탈에 주하

---

746) 力+(故)【元】【明】
747) 車=磲【宋】【元】【明】【聖】
748) 馬=碼【宋】【元】【明】【聖】
749) 〔故〕−【宋】
750) 〔現〕−【元】【明】【聖】
751) '그때 … 드러냅니다.'에서 이것은 정명이 거듭하여 부사의를 찬탄한 것이다. 위에서 말한 열 가지 뜻은
단지 不思議의 順用만 설명하였지 아직 違用은 설명하지 않은 즉 뜻이 아직 남아 있다. 때문에 가섭의
찬탄을 인하여 다시 그 違用에 대하여 서술한다.

는 보살이 방편력으로써 찾아가서 그것을 시험하여 그로 하여금 견고하게 하려는 것입니다.[752] 왜냐하면 불가사의해탈에 주하는 보살은 위덕력이 있는 까닭에 짐짓 핍박을 現行하여 모든 중생에게 이와 같은 難事를 내보입니다. 범부는 하열하고 세력이 없어서 이와 같이 핍박하는 보살을 감당하지 못합니다. 비유하면 마치 용이나 코끼리가 밟으면 나귀가 감당하지 못하는 것과 같은데,[753] 그것을 불가사의해탈에 주하는 보살의 지혜와 방편의 문이라고 말합니다."[754]

---

752) '또한 … 것입니다.'에서 이것은 간략하게 대사의 違用을 설명한 것인데, 여기에 무릇 두 가지가 있다. 첫째는 천마를 내보이고, 둘째는 걸인을 내보인다. 먼저 걸인을 내세운 것은 結業菩薩(事業을 완성하지 못한 보살)은 보시바라밀을 완성하지 못하였는데, 이 부사의보살을 따라서 求索토록 하고, 그 아낌없는 마음으로 하여금 모두 견고함을 구족토록 하며, 또한 중생으로 하여금 그 견고함을 알도록 하고, 또한 그들 스스로 견고함을 알게끔 한다.

753) '왜냐하면 … 같은데'에서 이것은 위에서 보살을 핍박하고 시험하는 것을 곧 사람의 수족을 자르고, 사람을 처자와 이별시키며, 억지로 國財를 찾게 하고, 그 憂悲를 발생시킴으로써 비록 목전에 작은 고통은 있을지라도 영겁의 大安에 이른다는 것을 해석한 것이다. 그 다음으로 나귀와 코끼리를 비유로 언급하는데, 이것은 能과 不能의 두 가지 뜻을 비유한 것이다. 코끼리 가운데 훌륭한 것을 용상이라 일컫는데 이것은 龍과 象이 다른 것[二物]임을 가리킨 것이 아니다.

754) '그것을 … 말합니다.'에서 不思議의 體에는 境과 智와 敎가 있는데 正과 用의 二智를 體로 삼는다. 때문에 지금은 그것을 총결한다. 지혜는 곧 實智이고, 방편은 곧 權智이다. 이 둘은 막힘이 없기 때문에 門이라고 일컫는다. 또 만물에 통하여 悟入하기 때문에 다시 門이라고 일컫는다. 또 正觀에는 일찍이 權과 實이 없지만 중생을 위하는 까닭에 억지로 二라고 일컫는다. 그래서 이것은 不二에 통하기 때문에 門이라고 일컫는다.

維摩詰所說經觀衆生品第七

유마힐소설경 관중생품755) 제칠

爾時文殊師利問維摩詰言; 「菩薩云何觀於衆生」

그때 문수사리가 유마힐에게 질문하여 말했다.

"보살은 어떻게 중생을 관찰해야 합니까."756)

---

755) [부사의품]은 능화의 教門을 변별하고, [관중생품]은 이어서 소화의 교문을 설명한다. 또한 [부사의품]은 대부분 권혜를 설명한 까닭에 무방한 묘용이 있고, [관중생품]은 대부분 실혜를 설명하는 까닭에 중생의 필경공이라고 말한다. 二智는 곧 경전의 大宗이기 때문에 諸品에서 그 법[二智]을 왕성하게 담론한다. 또한 위의 [문수사리문질품]에서는 '癡로부터 愛가 있은 즉 我病이 발생한다.'고 말한다. 이것은 능화 및 소화의 뜻의 근본을 설명한 것이다. 만약 중생을 모른다면 즉 중생병을 모르고, 만약 중생병을 모른다면 또한 보살병에 통달하지 못한다. 이런 까닭에 모름지기 중생에 대하여 잘 알면 즉 완전하게[具] 二智의 뜻[二義]을 요해한다는 것은 위의 품[부사의품]을 끌어다가 해석한 것이다. 말한 바 '관중생'이란 이것은 중생이라는 명칭을 관찰한다는 것이다. 오음법을 衆이라 말하고, 그것이 쌓여서 人이 성취되기 때문에 生이라고 말한다. 또한 여러 곳에서 생을 받기 때문에 중생이라고 말한다. 무릇 중생을 해석하는데 內道와 外道의 차이가 있다. (첫째) 외도의 경우는 實有衆生이라고 말하는데, 무릇 네 가지 설이 있다. 첫째, 僧佉(數論派)는 중생과 陰은 동일하다고 말한다. 둘째, 衛世師(勝論派)는 중생과 陰은 다르다고 말한다. 셋째, 勒沙婆(苦行派)는 중생과 陰은 동일하기도 하고 다르기도 하다고 말한다. 넷째, 若提子(자이나교)는 중생과 陰은 동일하지도 않고 다르지도 않다고 말한다. (둘째) 佛法內學의 경우는 무릇 三師가 있다. 첫째, 犢子部는 實有衆生이라고 말한다. 둘째, 薩婆多部는 중생이 없다고 말한다. 셋째, 訶梨(訶梨跋摩 곧 成實論의 저자)의 변별에 의하면 世諦이기 때문에 有이고 眞諦인 즉 無이다. 그래서 成實論師는 訶梨의 義에 依用한다. 또한 세 가지 설이 있다. 첫째, 저 招提寺의 淡公 등은 중생은 體가 있고 用이 있으며 名이 있다고 설명한다. 둘째, 저 開善寺 智藏은 중생은 체가 없고 단지 名과 用만 있다고 말한다. 셋째, 저 光宅寺 法雲師는 (중생은) 체가 없고 용도 없으며 오직 假名 뿐이라고 말한다. 지금 이 [관중생품]의 경우는 이들의 뜻과 모두 다르고, 독자부의 實有說과도 다르며, 또한 살바다부에서 아무것도 없다는 것과도 다르다. 자세한 것은 경문의 설과 같다. 때문에 '관중생'이라는 제목으로 품명을 삼는다.

756) '그때 … 합니까.'에서 문수가 질문한 까닭은 다음과 같다. 위에서 不思議는 無方한 妙用으로서 무릇 이것은 중생을 교화하는 법이었으므로 聽者는 말하자면 교화해야 하는 중생이 있다는 것이다. 이런 까닭에 지금 그것을 설명하는 것이다. 만약 實有衆生인 즉 不思議事가 성취되지 않아서 중생도 또한

維摩詰言; 「譬如幻師, 見所幻人, 菩薩觀衆生爲若此. 如智者見水中月, 如鏡中見其面像, 如熱時焰, 如呼聲響[757], 如空中雲, 如水聚沫, 如水上泡, 如芭蕉堅, 如電久住, 如第五大, 如第六陰, 如第七情, 如十三入, 如十九界, 菩薩觀衆生爲若此. 如無色界色, 如焦穀牙[758], 如須陀洹身見, 如阿那含入胎, 如阿羅漢三毒, 如得忍菩薩貪恚毀禁, 如佛煩惱習, 如盲者見色, 如入滅盡定出入息, 如空中鳥跡, 如石女兒, 如化人起[759]煩惱, 如夢所見已寤, 如滅度者受身, 如無烟之火, 菩薩觀衆生爲若此」

유마힐이 말했다.

"비유하면 마치 幻師가 만들어낸 幻人을 보듯이 보살이 중생을 관찰하는 것도 그와 같습니다.[760] 智者가 물속의 달을 보는 것과 같고, 거울에서 그 표면의 像을 보는 것과 같으며, 뜨거울 때의 불꽃을 보는 것과 같고, 부르는 소리의 메아리와 같으며, 허공의 구름과 같고, 물위에 모인 거품과 같으며, 파초의 줄기와 같고, 번개가 오랫동안 머무는 것과 같으며, 제오대와 같고, 제육음과 같으며, 제칠정과 같고, 十三入과 같으며, 十九界와 같은데, 보살이 중생을 관찰하는 것도 이와 같습니다.[761] 마치 무색계의 색과 같고, 불에

교화할 수가 없다. 지금은 능화 및 소화를 성취하려는 까닭에 중생의 관찰에 대하여 질문한다.

757) 響=響【聖】
758) 牙=芽【宋】【元】【明】
759) 〔起〕-【宋】【元】【明】
760) '유마힐이 … 같습니다.'에서 이것은 둘째로 정명의 답변이다. 중생에 두 가지가 있다. 첫째는 만약 외도의 횡계인 즉 十三入 내지 연기가 없는 불[火]과 같아서 필경에 그러한 중생은 없다. 둘째는 假名衆生을 인연한 것으로 眞實로 존재하는[有] 것이 아니다. 비록 非有로 존재할지라도 非有로써 존재하는 까닭에 幻師가 幻을 관찰하는 비유를 든다. 마치 幻有는 非有이지만 非有로써 존재하는 경우와 같다.
761) '智者가 … 같습니다.'에서 마치 거울 안의 像처럼 自가 없고 他가 없지만 無因의 有가 아니다. 만약

탄 씨앗과 같으며, 수다원의 身見과 같고,[762] 아나함이 입태하는 것과 같으며,[763] 아라한의 삼독과 같고, 인욕을 터득한 보살이 貪과 恚로써 범계하는 것과 같으며, 佛의 번뇌습과 같고, 맹인이 색을 보는 것과 같으며, 멸진정에 들어가서 출입식하는 것과 같고, 공중에 남아있는 새의 종적과 같으며, 석녀의 아이와 같고, 化人이 일으키는 번뇌와 같으며, 이미 깨어나서 꿈을 보는 것과 같고, 멸도자가 몸을 받는 것과 같으며, 연기가 없는 불과 같은데, 보살이 중생을 관찰하는 것도 이와 같습니다.[764]

文殊師利言; 「若菩薩作是觀者, 云何行慈」

문수사리가 말했다.

"만약 보살이 그와 같이 관찰한다면 어떻게 慈를 실천하는 것입니까."[765]

이것이 본래부터 有라면 응당 거울을 待한 것이 아니고, 만약 他를 좇은 有라면 즉 표면을 의지하여 발생한 것이 아니다. 만약 전혀 없다[都無]고 말해도 완연하게 像이 있는데 중생의 相도 이와 類似하다.

762) 수다원은 身見을 단제하고 初果를 터득한 경지이므로 수다원에게는 신견이 없다.

763) 아나함은 욕계에 不來하므로 입태가 없다.

764) '마치 … 이와 같습니다.'에서 이들 모든 비유는 다 동일한 부류로서 공을 설명한 것인데, 단지 有에 빠져있는 사람이 많은 까닭에 그렇게 갖추어 언급했을 뿐이다. 무색계의 색과 같다는 것은 대승이다. 무색계의 유색에서 무색이라고 말한 것은 소승의 뜻을 빌려서 비유한 것이다. 또한 대승에서는 上界에는 麤色이 없다고 설명하지만 無麤를 빌려서 비유한다. 때문에 무색이라고 말했을 뿐이다.

765) '문수사리가 … 것입니까.'에서 이것은 사무량심[四等]을 설명한 것이다. 위에서 중생을 공이라고 관찰한 즉 그것은 곧 지혜였다. 지금 설명하는 사무량심은 소위 공덕이다. 또한 위의 경우는 파약인데, 지금 설명하는 대비는 즉 空과 悲의 二道이다. '慈는 본래 중생에게 樂을 주는 것이다. 그런데 만약 중생이 없다면 慈心은 무엇을 인연하는가. 또한 이미 중생이 없으면 또한 보살도 없을 것이다. 만약 보살이 없으면 누가 大慈를 행하는가.'

維摩詰言; 「菩薩作是觀已, 自念; 『我當爲衆生說如斯法』是卽眞
實慈也. 行寂滅慈, 無所生故; 行不熱慈, 無煩惱故; 行等之慈, 等三世
故; 行無諍慈, 無所起故; 行不二慈, 内外不合故; 行不壞慈, 畢竟盡
故; 行堅固慈, 心無毁故; 行清淨慈, 諸法性淨故; 行無邊慈, 如虛空
故; 行阿羅漢慈, 破結賊故; 行菩薩慈, 安衆生故; 行如來慈, 得如相
故; 行佛之慈, 覺衆生故; 行自然慈, 無因得故; 行菩提慈, 等一味故;
行無等慈, 斷諸愛故; 行大悲慈, 導以大乘故; 行無厭慈, 觀空無我故;
行法施慈, 無遺惜故; 行持戒慈, 化毁禁故; 行忍辱慈, 護彼我故; 行精
進慈, 荷負衆生故; 行禪定慈, 不受味故; 行智慧慈, 無不知時故; 行方
便慈, 一切示現故; 行無隱慈, 直心清淨故; 行深心慈, 無雜行故; 行無
誑慈, 不虛假故; 行安樂慈, 令得佛樂故. 菩薩之慈, 爲若此也」

유마힐이 말했다.

"보살이 중생을 관찰하고서 스스로 '나는 반드시 중생에게 이와 같이 법
을 설해야겠다.'고 생각하는데, 그것이 곧 진실한 대자[慈]입니다.[766] 적멸을
실천하는 대자[慈]는 所生이 없기 때문이고,[767] 不熱을 실천하는 대자[慈]는

---

766) '유마힐이 … 대자[慈]입니다.'에서 이것은 답변한 것이다. 중생은 비록 무존재[無所有]일지라도 중생의
   非有가 소위 有이다. 그래서 지금은 非有를 소위 有衆生으로 간주하려고 무존재[無所有]가 有임을
   설한다. 때문에 '나는 반드시 중생에게 이와 같이 법을 설해야겠다.'고 말함으로써 무존재[無所有]가
   有임을 설하여 중생으로 하여금 실상을 깨쳐서 곧장 眞樂을 얻게 하는 것을 眞慈라고 말한다. 또한
   無生의 實觀을 실관이라고 말한다. 실관으로부터 일으키는 慈를 眞實慈라고 말한다. 觀과 慈는 곧
   二體가 아니다. 즉 중생의 뜻을 비추어보는 것[照義]은 觀이고 즐거움을 주는 것[與樂]은 慈이다. 觀은
   비록 살펴보아도[鑒] 비추어봄이 없고[無照], 慈는 즐거움을 주어도[與樂] 조건이 없다.[無緣] 또한
   범부와 이승은 유소득의 慈인데 무릇 이것은 假想으로서 실제로 중생에게 즐거움을 줄 수가 없어서
   眞實慈가 아니다. 大慈야말로 실제로 중생에게 즐거움을 주는데 그것을 眞實慈라고 말한다.
767) '적멸을 … 때문이고'에서 慈에 세 가지가 있다. 첫째는 衆生緣의 慈이고, 둘째는 法緣의 慈이며, 셋째는
   無緣의 慈이다. 무릇 이들 세 가지 緣은 경론에 따라서 여러 종류가 있다. 『열반경』에서는 다음과 같이
   말한다. '중생을 緣하여 그에게 樂을 주려는 것은 중생연이다. 五欲樂을 緣하여 그에게 법을 갖추어서

번뇌가 없기 때문이며,[768] 평등을 실천하는 대자[慈]는 삼세가 평등하기 때문이고,[769] 無諍을 실천하는 대자[慈]는 所起가 없기 때문이며,[770] 不二를 실천하는 대자[慈]는 내외가 애견과 합하지 않기 때문이고,[771] 不壞를 실천하는 대자[慈]는 필경에 진멸이 없기 때문이며,[772] 堅固를 실천하는 대자[慈]는 마음에 훼멸이 없기 때문이고,[773] 淸淨을 실천하는 대자[慈]는 제법성이 청정하기 때문이며,[774] 無邊을 실천하는 대자[慈]는 허공과 같기 때문이고,[775] 阿羅漢을 실천하는 대자[慈]는 結賊을 타파하기 때문이며,[776] 菩薩을 실천하는 대자[慈]는 중생을 안락케 하기 때문이며,[777] 如來를 실천하는 대자[慈]는 진여상을 터득하기 때문이고,[778] 佛을 실천하는 대자[慈]는 중생을 깨우쳐주기 때문이며,[779] 自然을 실천하는 대자[慈]는 無因으로 터득하기 때문이

중생에게 주려는 것을 法緣이라고 말한다. 如來를 緣하는 것을 無緣이라고 일컫는다.'
768) '不熱을 … 때문이며'에서 이 章에서 설명하는 慈는 일체의 덕을 섭수한다. 때문에 무연의 덕을 緣함으로써 慈를 찬탄한다. 慈의 체는 청량하여 번뇌열이 없기 때문에 不熱慈라고 말한다.
769) '평등을 … 때문이고'에서 평등하게 삼세를 구원하는 것을 평등의 慈라고 말한다. 그러나 실로 구원해야 할 삼세가 없는데, 또한 이것이야말로 평등한 삼세이다.
770) '無諍을 … 때문이며'에서 彼我가 모두 공이기 때문에 諍訟이 일어나지 않는다.
771) '不二를 … 때문이고'에서 內의 慈와 外의 緣이 모두 공이므로 합치할 것이 없다.
772) '不壞를 … 때문이며'에서 무연의 眞慈가 즉 무생관이기 때문에 파괴할 수가 없고, 중생연과 법연의 二緣이 필경에 영원히 소멸되어 파괴할 物이 없다.
773) '堅固를 … 때문이고'에서 위에서는 外緣을 파괴할 수 없다는 것을 설명하였는데, 이것은 내심을 훼멸할 수 없다는 것을 설명한다.
774) '淸淨을 … 때문이며'에서 眞慈는 無相으로서 法性과 더불어 똑같이 청정하다.
775) '無邊을 … 때문이고'에서 마음은 덮인 적이 없지만 덮지 못하는 것도 없다.
776) '阿羅漢을 … 때문이며'에서 아라한은 번역하면 破結賊인데, 慈는 破結(賊)이므로 응당 나한이라고 말해야 한다.
777) '菩薩을 … 때문이며'에서 보살이라는 호칭은 중생을 안락하게 함을 말미암은 것인데, 慈는 중생을 안락하게 하므로 보살이라고 말할 수 있다.
778) '如來 … 때문이고'에서 여래라는 칭호는 眞如相을 터득함을 말미암은 것인데, 慈는 진여상을 따르므로 여래라고 말할 수 있다.
779) '佛을 … 때문이며'에서 자각하고 각타하는 것을 佛이라고 말한다. 慈는 이미 스스로 깨치고 또한 저들도 깨치게 할 수 있으므로 佛이라고 말할 수 있다.

고,⁷⁸⁰⁾ 菩提를 실천하는 대자[慈]는 평등한 일미이기 때문이며,⁷⁸¹⁾ 無等을 실천하는 대자[慈]는 諸愛를 단제하기 때문이고,⁷⁸²⁾ 大悲를 실천하는 대자[慈]는 대승으로써 인도하기 때문이며,⁷⁸³⁾ 無厭을 실천하는 대자[慈]는 공과 무아를 관찰하기 때문이고,⁷⁸⁴⁾ 法施를 실천하는 대자[慈]는 遺惜이 없기 때문이며,⁷⁸⁵⁾ 持戒를 실천하는 대자[慈]는 毁禁者를 교화하기 때문이고,⁷⁸⁶⁾ 忍辱을 실천하는 대자[慈]는 피아를 보호하기 때문이며,⁷⁸⁷⁾ 精進을 실천하는 대자[慈]는 중생을 감당하기 때문이고, 禪定을 실천하는 대자[慈]는 세간의 맛을 받지 않기 때문이며, 智慧를 실천하는 대자[慈]는 適時를 모르는 것이 없기 때문이고,⁷⁸⁸⁾ 方便을 실천하는 대자[慈]는 일체를 시현하기 때문이며,

---

780) '自然을 … 때문이고'에서 『열반경』에서는 世諦의 慈를 인하여 第一義의 慈를 터득하는 것은 인연이 없다고 말한다. 이하 품에서 慈는 세제이고, 위의 품에서 慈는 제일의제이다. 下品의 慈를 닦음을 인하여 上品의 慈를 터득하기 때문에 有因이다. 상품의 慈의 구경[竟]을 터득하면 다시는 因을 假藉하지 않는다. 바야흐로 慈觀을 성취하면 慈心은 자연스럽게 마음대로 성취되는데 그것을 因이 없이 터득한다[無因得]고 말한다. 나집공은 다음과 같이 말한다. '無因인 즉 자연이다. 자연인 즉 無師의 뜻이다. 眞慈는 無師로 터득되는데 이것을 自然慈라고 말한다.'

781) '菩提를 … 때문이며'에서 오직 불보리의 경우만 일체법이 평등일미인 줄을 이해한다. 지금은 무소득심에서 발생한 慈이기 때문에 보리와 동일하다.

782) '無等을 … 때문이고'에서 범부의 경우에 愛를 結함으로써 慈가 발생한 즉 等과 함께 하지만, 愛를 斷함으로써 慈를 행한 즉 等이 없다.

783) '大悲를 … 때문이며'에서 그 고난을 없애어 대승으로 인도하는 것이 대승의 능력인데, 지금은 慈로써 樂을 주고 또한 대승으로 안내하려는 까닭에 대비라고 말한다.

784) '無厭을 … 때문이고'에서 疲厭의 마음[情]에서 存我가 발생하기 때문에 공으로써 아심을 없애어 慈를 일으켜준 즉 疲厭이 없다.

785) '法施를 … 없기 때문이며'에서 이것은 육바라밀에 의거하여 慈를 찬탄한 것이다. 진자를 터득하여 법을 베풀어주는 까닭에 慈를 법시라고 말한다.

786) '持戒를 … 때문이고'에서 진자를 터득한 사람은 결코 악을 일으키지 않고 아울러 毁禁을 교화해주기 때문에 慈를 지계라고 말한다.

787) '忍辱을 … 때문이며'에서 진자를 터득한 사람은 안으로 스스로 累가 없고 밖으로는 중생을 해꼬지하지 않기 때문에 彼我를 보호한다고 말한다.

788) '精進을 … 때문이고'에서 수행이 충만하지 않는데 果를 추구하는 것을 시절을 모르는 것[不知時]이라고 말한다.

無隱을 실천하는 대자[慈]는 직심이 청정하기 때문이고,[789] 深心을 실천하는 대자[慈]는 잡행이 없기 때문이며,[790] 無誑을 실천하는 대자[慈]는 虛假가 없기 때문이고, 安樂을 실천하는 대자[慈]는 佛樂을 얻도록 하기 때문인데, 보살의 대자[慈]는 이와 같습니다."[791]

文殊師利又問; 「何謂爲悲」

문수사리가 다시 물었다.
"어떻게 대비[悲]를 실천하는 것입니까."[792]

答曰; 「菩薩所作功德, 皆與一切衆生共之」

답하여 말했다.
"보살이 지은 공덕을 모두 일체중생에게 주어서 그들과 공유하는 것입니다."

---

789) '方便을 … 때문이고'에서 그 마음이 質直하여 죄가 있으면 반드시 참회하여 그 허물을 숨기지 않는 것을 慈를 숨김이 없다고 말한다.
790) '深心을 … 때문이며'에서 자심이 깊지 못하면 잡행이 남아있고 자심의 실천이 이미 깊어지면 다시는 잡행이 없다.
791) '無誑을 … 같습니다.'에서 이상에서는 眞慈의 體가 일체의 덕을 갖추었음을 설명하였기 때문에 갖가지 명칭이 있었는데, 지금은 그것을 총결하여 대중에게 내보인 것이다.
792) '문수사리가 … 것입니까.'에서 이것은 悲의 뜻을 해석한 것이다.

「何謂爲喜」

"무엇을 大喜라고 말합니까."[793]

答曰；「有所饒益, 歡喜無悔」

답하여 말했다.
"중생에게 요익이 되어 환희하고 후회가 없는 것입니다."

「何謂爲捨」

"무엇을 大捨라고 말합니까."

答曰；「所作福祐, 無所悕望」

답하여 말했다.
"지은 복덕으로 도와주고 바라는 것이 없는 것입니다."[794]

---

793) '무엇을 … 것입니다.'에서 다음으로 喜가 부동임을 해석한다. 다른 경전에서는 남을 기쁘게 하여 樂을
얻는 것을 喜라고 말한다. 『대지도론』에서 喜觀에 들어가면 일체가 모두 喜임을 본다고 말한다. 이
경문은 자비로써 이미 중생을 이롭게 하고 저 喜에는 후회가 없음을 설명한 것이다.
794) '무엇을 … 것입니다.'의 경문은 捨의 뜻이 부동임을 설한다. 『대지도론』에서 무릇 앞의
삼행(慈行 · 悲行 · 喜行)만 일으키면 중생에게 무익하다. 그래서 捨 앞의 삼심(慈心 · 悲心 · 喜心)에서

文殊師利又問; 「生死有畏, 菩薩當何所依」

문수사리가 다시 물었다.

"생사에 두려움이 있으면 보살은 장차 무엇에 의지해야 합니까."795)

維摩詰言; 「菩薩於生死畏中, 當依如來功德之力」

유마힐이 말했다.

"보살이 생사에 두려움이 있으면 반드시 여래의 공덕력에 의지해야 합니다."796)

다시 拔苦與樂의 行을 일으키기 때문에 捨라고 말한다. 또 말하자면, 중생이 脫苦得樂함을 보고서 다시는 憂念을 放捨하지 않기 때문에 捨라고 말한다. 또 말하자면, 大悲의 苦行은 중생을 걱정해주는 것[憂]에서 발생하고, 慈喜의 樂은 중생을 따라서 기뻐해주는 것[喜]에서 발생한다. 憂와 喜가 발생하면 憎과 愛가 곧 일어난다. 이로써 수행자는 苦와 樂을 버리고 평등관을 행하여 다시는 愛와 憎이 없기 때문에 捨라고 말한다. 이 경문에서 설명한 것은 보살이 이미 삼행(慈行·悲行·喜行)을 갖추고나서 다시 삼행의 유지를 염려하여 과보를 추구하는 까닭, 지금 경문에서 현세에는 보은과 명예[恩名]를 추구하지 않고, 미래에는 과보를 추구하지 않는다. 이 둘[二事]을 버리기 때문에 捨라고 말한다.

795) '문수사리가 … 합니까.'에서 위에서는 化他를 변별하였는데, 이것은 둘째의 章으로 自行을 설명한 것이다. 또한 위에서는 深行菩薩을 설명하였는데, 지금은 淺行人을 설명한다. 질문한 뜻을 말하자면 다음과 같다. '보살로서 이미 사등을 실행한 사람도 반드시 생사에 들어간다. 생사의 모든 患離를 심히 두려워하는 대사는 결업의 몸을 벗어나지 못한 것인데, 무엇에 의지해야만 오랫동안 생사에 처해 있으면서도 두려움이 없겠습니까.'

796) '유마힐이 … 합니다.'에서 답변한 뜻을 설명하자면, 여래의 공덕은 심묘하기 때문에 그 공덕을 念하면 두려움이 저절로 제거된다는 것이다. 또한 사등을 행한 사람은 반드시 중생을 생사에서 건져주려는 까닭에 생사에 들어간다. 만약 이 사등행을 일으킨다면 즉 마침내 불과를 성취하는 이익이 있으므로 거듭하여 그것을 추진하여 大果를 추구하고자 하거늘 어찌 小苦를 두려워하겠는가.

文殊師利又問;「菩薩欲依如來功德之力, 當於何住」

문수사리가 다시 물었다.
"보살이 여래의 공덕력에 의지하려면 장차 어떻게 주해야 합니까.”[797)

答曰;「菩薩欲依如來功德力者, 當住度脫一切衆生」

답하여 말했다.
"보살이 여래의 공덕력에 의지하려면 반드시 일체중생을 도탈시켜주는
데에 주해야 합니다.”[798)

又問;「欲度衆生, 當何所除」

다시 물었다.
"중생을 제도하려면 장차 무엇을 단제해야 합니까.”[799)

---

797) '문수사리가 … 합니까.'에서 비록 佛의 공덕력에 의지해야 되는 줄은 알지라도 標心을 어디에 두어야
   하는지 아직 통달하지 못한 까닭에 다음으로 住에 대하여 묻는다.
798) '답하여 … 합니다.'에서 생사에 들어간 사람은 반드시 중생을 도탈시키는 데에 주해야 한다. 이미
   대승심[大心]을 내세운 까닭에 작은 두려움이 없으므로 위에서는 먼저[上] 의지할 대상을 설명하였는데,
   지금은 나중에[下] 제도할 대상을 설명한다.
799) '다시 … 합니까.'에서 이미 말한 도탈에는 반드시 제도되는 대상이 있어야 하는 까닭에 제거해야 하는
   대상에 대하여 묻는다.

答曰；「欲度衆生, 除其煩惱」

답하여 말했다.
"중생을 제도하려면 그 번뇌를 단제해야 합니다."[800)

又問；「欲除煩惱, 當何所行」

다시 물었다.
"번뇌를 단제하려면 장차 무엇을 실천해야 합니까."[801)

答曰；「當行正念」

답하여 말했다.
"반드시 正念을 실천해야 합니다."[802)

又問；「云何行於正念」

---

800) '답하여 … 합니다.'에서 비록 번뇌의 업고가 있다고는 해도 거기에는 번뇌가 근본이기 때문에 그것의
제거를 偏說한다.
801) '다시 물었다. … 합니까.'에서 이것은 중생에게 이미 번뇌가 있으면 장차 어떤 행을 일으켜야 그것을
제거할 수 있는가를 물은 것이다.
802) '답하여 … 합니다.'에서 이것은 번뇌를 제거하는 방법[術]이다. 이 방법을 얻은 까닭에 자타의 번뇌를
제거할 수가 있다. 왜냐하면 衆惑은 邪想을 말미암아 발생하고, 정념은 至理에 의지하여 발생한다.
이로써 정념으로써 번뇌를 제거할 수가 있다.

다시 물었다.
"정념을 실천한다는 것은 무엇입니까."

答曰; 「當行不生不滅」

답하여 말했다.
"반드시 불생불멸을 실천해야 합니다."

又問; 「何法不生? 何法不滅」

다시 물었다.
"어떤 법이 불생이고 어떤 법이 불멸입니까."

答曰; 「不善不生, 善法不滅」

답하여 말했다.
"不善法이란 번뇌를 발생시키지 않는 것이고 善法이란 번뇌를 소멸시키지 않는 것입니다."[803]

---

803) '다시 … 것입니다.'에서 불생불멸에 세 가지가 있다. 첫째는 선에 대하여 불생불멸을 논하자면 선근은 본래 생멸이 없음을 요달한다. 둘째는 불선의 경우도 또한 그렇다. 셋째는 선과 불선을 서로 논한다. 이미 정념을 행한 즉 그것이 이치에 나아가는 처음이기 때문에 악을 제어하여 선에 나아간다. 때문에

又問; 「善不善孰爲本」

다시 물었다.

"선과 불선의 근본은 무엇입니까."[804]

答曰; 「身爲本」

답하여 말했다.

"몸이 근본입니다."[805]

又問; 「身孰爲本」

다시 물었다.

"몸의 근본은 무엇입니까."

答曰; 「欲貪爲本」

불선법은 불생이고 선법은 불멸이다.

804) '다시 … 무엇입니까.'에서 이하는 둘째로 이어서 兩捨行을 설명한다. 첫째의 질문을 통해서 이미 선이
발생하고 악이 소멸함을 알았다. 이제 그 둘을 모두 버림으로써 궁극[宗]을 추구하기 때문에 역으로 그
근본을 찾는 것이다.

805) '답하여 … 근본입니다.'에서 오음의 몸을 말미암아 선과 불선을 일으키기 때문에 몸이 선과 불선의
근본이다.

답하여 말했다.

"탐욕이 근본입니다."[806)]

又問; 「欲貪孰爲本」

다시 물었다.

"탐욕의 근본은 무엇입니까."

答曰; 「虛妄分別爲本」

답하여 말했다.

"허망분별이 근본입니다."[807)]

又問; 「虛妄分別孰爲本」

다시 물었다.

"허망분별의 근본은 무엇입니까."

---

806) '다시 … 근본입니다.'에서 전세의 탐애를 말미암아 그 때문에 몸을 받는다. 비록 모두 온갖 번뇌[衆結]에
    의지하여 업이 생을 받는데[潤生] 愛가 그 主가 된다. 때문에 欲貪을 偏說한다.
807) '다시 … 근본입니다.'에서 법에는 定相이 없지만 허망분별을 말미암아 이것은 美이고 이것은 惡이라고
    말한다. 美와 惡이 이미 형성된 즉 欲貪이 곧 발생한다.

答曰; 「顚倒想爲本」

답하여 말했다.
"顚倒想이 근본입니다."[808]

又問; 「顚倒想孰爲本」

다시 물었다.
"전도상의 근본은 무엇입니까."

答曰; 「無住爲本」

답하여 말했다.
"無住가 근본입니다."[809]

又問; 「無住孰爲本」

808) '다시 … 근본입니다.'에서 법은 본래 非有이지만 顚倒想으로 有이다. 그로써 이미 有인 즉 연후에 그
    美와 惡을 설명한다. 이것은 즉 惑心이 안으로 轉한 즉 倒가 되었지만 연후에 허망분별을 벗어난 것이다.
809) '다시 … 근본입니다.'에서 非有를 有라고 말하는 것을 전도라고 말한다. 때문에 非有가 有의 근본으로서
    非有가 곧 무주이다.

다시 물었다.

"무주의 근본은 무엇입니까."

答曰; 「無住則無本. 文殊師利! 從無住本, 立一切法」

답하여 말했다.

"무주는 근본이 없습니다.[810] 문수사리여, 무주가 근본이 되어 일체법이 성립합니다."[811]

時維摩詰室有一天女, 見諸大[812]人聞所說法, 便現其身, 卽以天華, 散諸菩薩, 大弟子上. 華至諸菩薩, 卽皆墮落, 至大弟子, 便著不墮. 一切弟子神力去華, 不能令去. 爾時天女[813]問舍利弗; 「何故去華」

---

810) '다시 … 없습니다.'에서 비유는 소위 유이기 때문에 비유에는 근본이 있다. 그러나 비유는 곧 존재[所有]가 아니다. 이런 까닭에 근본이 없다.
811) '문수사리여, … 성립합니다.'에서 無住를 말미암은 까닭에 想倒이고, 想倒이기 때문에 分別이며, 分別이기 때문에 貪欲이고, 탐욕이기 때문에 몸이 있다. 이미 몸이 있은 즉 선과 악이 모두 펼쳐지고, 선과 악이 이미 펼쳐진 즉 만법이 이처럼 일어난다. 만약 그 근본을 요달한다면 즉 모든 지말을 제거할 수가 있다.
812) 大＝天【明】
813) 〔女〕-【宋】【元】【明】

그때 유마힐의 방에 있던 한 천녀가[814] 모든 대승인들이 청법[815]함을 보고서 문득 그 몸을 드러내어 곧 天華로써 제보살과 대제자들에게 뿌려주었다.[816] 꽃이 제보살에 이르러서는 곧 다 떨어졌는데 대제자들에 이르러서는 곧장 붙어서 떨어지지 않았다. 일체의 제자들이 신통력으로 꽃을 떼어내려고 하였지만 떼어낼 수가 없었다.[817] 그때 천녀가 사리불에게 물었다.

  "어째서 꽃을 떼어내려고 합니까."

  答曰; 「此華不如法, 是以去之」

---

814) '그때 … 천녀가'에서 이것은 천녀와 사리불이 이어서 중생에 대하여 논의한 것이다. 이 章에 여기에 온 뜻에 다섯 가지가 있다. 첫째는 이상에서는 바로 수행을 설명하였는데, 지금은 수행의 성취를 변별한 것이다. 때문에 무방의 묘용이 있는데, 천녀가 바로 그것이다. 둘째는 위에서는 중생을 관찰하여 공임을 성취하였기 때문에 그 천녀의 형체에는 남녀의 법이 없음을 담론한다. 셋째는 [방편품]으로부터 위의 章에 이르기까지는 오직 정명의 신통과 지혜의 正果를 나타냈는데, 지금은 이어서 八未曾有室에 의거한 果를 나타낸다. 넷째는 정명이 대승도를 찬양하고 성문을 貶挫하여 시회대중으로 하여금 소승을 버리고 대승을 숭상토록 하는 것을 도우려는 것이다. 다섯째는 위에서는 정명 자신이 부사의에 住하는 것을 드러냈지만, 지금은 그 권속들이 부사의에 주하는 것을 드러내려는 것이다. 나집공은 '천녀는 곧 거사의 宅神이다. 宅이 있는 곳마다 반드시 神이 있는데, 신에는 우열이 있다.'고 말한다. 지금은 八未曾有室이기 때문에 법신보살로써 신을 삼는데, 명칭을 天이라고 한 것은 인도에서는 귀중한 신이기 때문에 天이라고 말한다.

815) '모든 대승인의 청법'에 해당하는 본래 말은 '諸大人聞所說法'이다.

816) '모든 … 뿌려주었다.'에서 至人이 숨기고 나타내는 데에는 所由가 있는데, 위에서는 방을 비워둔 까닭에 숨긴 것에 해당하는데, 지금은 논하여 말하는 까닭에 드러낸 것에 해당한다. 드러내고 감추는 것은 반드시 중생을 이롭게 하려는 것이다. 散華에 두 가지가 있다. 첫째는 법을 존중하고 사람을 공경하는 것인데, 공경은 공양하는 것을 가리킨다. 둘째는 論端을 발기하기 위한 까닭에 天華를 흩뿌린다. 정명은 空으로써 善巧를 삼고, 천녀는 有로써 妙用을 삼는다. 때문에 하나는 즉 허공이고 하나는 즉 산화이며, 하나는 男이고 하나는 女이다. 대저 人과 天의 男과 女가 어찌 人과 天의 所이고 能이겠는가. 진실로 非人이고 非天이며, 能天이고 能人일 뿐이다. 空과 有도 또한 그러하다.

817) '꽃이 … 없었다.'에서 마음을 말미암아 염오가 있기도 하고 염오가 없기도 한다. 이런 까닭에 外華에 집착이 있기도 하고 집착이 없기도 한다. 성문은 이미 內染을 제거할 수 없는데 무엇을 말미암아 外華를 떼어낼 수 있겠는가. 지금은 대승과 소승의 우열을 드러내려는 까닭에 꽃으로 墮와 不墮를 드러낸다.

답하여 말했다.

"이 꽃은 여법하지 못합니다. 때문에 그것을 떼어내려고 합니다."[818]

天曰;「勿謂此華爲不如法. 所以者何? 是華無所分別, 仁者自生分別
想耳! 若於佛法出家, 有所分別, 爲不如法; 若無所[819]分別, 是則如法.
觀諸菩薩華不著者, 已[820]斷一切分別想故. 譬如人畏時, 非人得其便;
如是弟子畏生死故, 色, 聲, 香, 味, 觸得其便也. 已離畏者, 一切五欲
無能爲也; 結習未盡, 華著身耳! 結習盡者, 華不著也」

천녀가 말했다.

"이 꽃이 여법하지 않다고 말하지 마십시오. 왜냐하면 이 꽃은 분별하지
않는데 그대가 스스로 分別想을 낼 뿐입니다. 만약 불법에 출가했으면서도
분별하는 것이 있으면 그것이 여법하지 못한 것입니다. 만약 분별하는 것이
없으면 그것이 곧 여법한 것입니다. 제보살에게는 꽃이 붙어있지 않은 것을
관찰해보면 이미 일체의 分別想을 단제했기 때문입니다.[821] 비유하면 어떤

---

818) '그때 … 합니다.'에서 이것은 둘째로 交言하여 논의한 것이다. 위에서는 신업으로써 꽃을 비내린
즉 꽃으로 질문을 삼았는데 신력으로도 그것을 떼어내려고 하였지만 떨어지지 않았고, 의업으로써
신통을 삼은 즉 그것이 첫째의 논의였다. 이처럼 위에서는 身과 意의 굴신이었다. 그런데 지금은 바로
구업으로써 交言한 것이다. 꽃과 향이 몸에 붙는 것은 사문의 법이 아니기 때문에 그것을 떼어낸다.
또 해석하자면 華法으로는 몸에 흩뿌리면 반드시 떨어진다. 그런데 지금 떨어지지 않는 것은 華法이
아니다.

819) 〔所〕-【聖】

820) 已=以【宋】【聖】

821) '천녀가 … 때문입니다.'에서 꽃은 본래 無心하기 때문에 분별이 없다. 이미 분별이 없은 즉 일찍이
그것은 如法 및 不如法이 아니다. 그러나 사리불 그대는 有心이기 때문에 분별상이 있다. 만약 분별상을
그치면 즉 법의 실상을 알게 되는 데 그것을 如法이라고 말한다.

사람이 두려워할 때 非人이 그 틈을 타는 것과 같습니다. 이와 같이 제자가 생사를 두려워하기 때문에 色·聲·香·味·觸이 그 틈을 타는 것입니다. 이미 두려움을 떠나있으면 일체의 오욕도 어찌할 수가 없습니다.[822] 번뇌의 습기[結習]가 남아 있기 때문에 꽃이 몸에 붙어 있을 뿐입니다. 번뇌의 습기가 다 없어지면 꽃은 붙어있지 않습니다."[823]

舍利弗言; 「天止此室, 其已久如」

사리불이 말했다.

"천녀께서는 이 방에 머문 지 얼마나 오래되었습니까."[824]

---

822) '비유하면 … 없습니다.'에서 두려울 때는 마음[情]이 약해지기 때문에 非人이 틈을 엿본다. 그러나 내심에 두려움이 없으면 밖의 邪가 침입하지 못한다. 나집공은 다음과 같이 말한다. '어떤 나찰이 몸을 바꾸어 말이 되었다. 어떤 선비가 의심하지 않고 그 말을 탔는데 중도에 말이 선비에게 물었다. 말을 좋아합니까. 선비가 칼을 꺼내어 보여주면서 물었다. 이 칼을 좋아하는가. 말이 그 선비의 마음이 올바르고 두려움이 없음을 알아차리고는 마침내 감히 해를 가하지 못하였다. 만약 그렇지 못했다면 非人은 그 틈을 노렸을 것이다.'

823) '번뇌의 … 않습니다.'에서 성문은 꽃에 집착하고 대사는 집착하지 않는 까닭에 대하여 나집공은 다음과 같이 두 가지로 해석한다. '첫째, 菩薩의 그릇은 청정하여 습기가 일어나지 않는다. 때문에 꽃이 붙지 않는다. 이승의 그릇은 부정하여 습기가 즉 일어난다. 이런 까닭에 꽃이 붙는다. 둘째, 習에 두 가지가 있는데, 하나는 세간의 結習이고, 둘은 佛功德의 愛習이다. 보살이 무생법인을 터득하면 結習은 모두 사라지지만 불법에 대한 愛習은 끊어지지 않는다.'

824) '사리불이 … 오래되었습니까.'에서 이것은 머문 것이 오래됨과 얼마 안됨을 논한 것이다.(사리불의 첫 번째 질문이다. 이하에 여덟 가지 질문이 이어진다.) 前章에서는 大와 小의 두 사람에 대하여 내심에 집착이 있는가 집착이 없는가를 설명하였다. 성문은 집착이 있어서 유소득이라고 말하지만 보살은 집착이 없어서 무소득이라고 말한다. 그런 까닭에 즉 해탈이다. 때문에 위에서 제불보살에게는 부사의해탈이 있지만 이승에게는 없다고 말한 것이다. 첫째 질문[初問]의 뜻을 보면 사리불에게 먼저 두 가지 실수가 있다. 첫째는 꽃을 떼어내려고 하였지만 떨어지지 않은 것은 의업에 신통이 없는 것을 말한다. 둘째는 소위 꽃의 不如法으로 發言의 墮負를 말한다. 때문에 지금 이 대목의 질문은 정명이 머무는 방에서 무릇 기회를 얻었을 때 신통력의 妙辯를 부려서 이와 같은 일이 벌어졌다. 또한 이미 천녀에게 굴복됨으로써 곧 정명이 머물고 있는 방에 천녀가 있는 것이 싫었지만 서로 배척하고 싶지 않은 까닭에 머문 것이 오래됨과 얼마 안됨을 가지고 질문한 것이다.

答曰；「我止此室, 如耆年解脫」

답하여 말했다.
"제가 이 방에 머문 것은 장로[耆年]께서 해탈한 것과 동일합니다."[825]

舍利弗言；「止此久耶」

사리불이 말했다.
"여기에 얼마나 오랫동안 머물 예정입니까."[826]

天曰；「耆年解脫, 亦何如久」

천녀가 말했다.
"장로의 해탈도 또한 얼마나 오래가는 것입니까."[827]

---

825) '답하여 … 동일합니다.'에서 나이가 예순 살이 되는 것을 耆라고 말하는데, 이것은 久近의 뜻이 없다고
   설명하려는 것을 지적한 것이다. 때문에 사리불의 해탈을 빌려서 비유로 삼은 것이다.
826) '사리불이 … 예정입니까.'에서 사리불은 무위해탈은 무시무종이고 불생불멸이며 본성은 상주이기
   때문에 오랫동안 머물게 될 것이라는 투로 말한 것이다.(사리불의 두 번째 질문이다.) 천녀가 방에
   머무는 것도 만약 해탈과 같다면 역시 오랫동안 머물 것이다.
827) '천녀가 … 것입니까.'에서 이것은 천녀가 따져서 다음과 같이 물은 것이다. '그대가 터득한 무위해탈은
   久近이 있음을 터득한 것인가. 만약 久近이 있다면 곧 무위가 아닐 것이다.'

舍利弗默然不答.

사리불이 묵연하여 답변하지 못하였다. [828]

天曰; 「如何耆舊大智而默」

천녀가 말했다.
"장로께서는 대지혜가 있으면서도 어째서 침묵하는 것입니까." [829]

答曰; 「解脫者無所言說, 故吾於是不知所云」

답하여 말했다.
"해탈이란 말로 설할 수가 없습니다. 때문에 저는 그것에 대하여 뭐라고 말해야 할지 모르겠습니다." [830]

---

828) '사리불이 … 못하였다.'에서 만약 해탈에 久가 있다면 위에서 말한 것처럼 해탈에 어긋나고,[違] 만약 久가 없다면 이에 해탈에 따르는[順] 것이 되어 앞의 말과 위배되어 진퇴의 통로가 없게 된다. 때문에 침묵한 것이다. 또한 만약 해탈에 久近이 없음을 깨친다면 그것은 곧 無로써 無를 견준 것이 되어 또한 말[言說]이 되지 않는다. 이런 까닭에 침묵한 것이다.

829) '천녀가 … 것입니까.'에서 위에서는 말할 수 없음[不得言]을 설명하였는데, 지금은 침묵할 수 없음[不得默]을 설명한 것이다. 때문에 말하는 것과 침묵하는 것이 모두 墮負이다. 소승인에게는 성스러운 침묵[聖默然]도 없고 성스러운 설법[聖說法]도 없다.

830) '답하여 … 모르겠습니다.'는 이것은 해탈은 무언인데 나는 해탈을 따르므로 또한 무언이라는 것이다.

天曰;「言說文字, 皆解脫相. 所以者何? 解脫者, 不内, 不外, 不在兩間, 文字亦不内不外, 不在兩間. 是故, 舍利弗! 無離文字說解脫也. 所以者何? 一切諸法是解脫相」

천녀가 말했다.

"언설과 문자가 모두 해탈의 모습입니다.[831] 왜냐하면 해탈이란 안에도 없고 밖에도 없으며 그 둘 사이에도 없습니다. 문자도 또한 안에도 없고 밖에도 없으며 그 둘 사이에도 없습니다. 이런 까닭에 사리불이여, 문자를 떠나서는 해탈을 설할 수가 없습니다. 왜냐하면 일체제법이 곧 해탈의 모습이기 때문입니다."[832]

舍利弗言;「不復以離婬, 怒, 癡爲解脫乎」

사리불이 말했다.

"그러면 또 婬 · 怒 · 癡를 떠나있는 것이 해탈이 아니겠습니까."[833]

---

831) '천녀가 … 모습입니다.'는 것은 때문에 그대는 이에 해탈이 無言임을 알고 있지만 言이 즉 해탈인 줄은 아직 모르고[未悟] 있다는 것이다.

832) '왜냐하면 … 때문입니다.'에서 이것은 위에서 말한 해탈에 즉함을 해석한 것이다. 문자 그대로 해탈은 三處[内 · 外 · 中]에 없음을 갖추고 있다. 때문에 문자와 해탈은 二體가 없어서 응당 문자를 떠나지 않고서 해탈을 설한다. 해탈이 三處에 없다는 것에 대하여 도생공은 다음과 같이 말한다. 대저 해탈이란 我가 縛에서 풀려나는 것으로 我에 偏在하는 것이 아니기 때문에 内에도 없고, 또한 縛에도 偏在하지 않기 때문에 外에도 없다. 이것이 모여 해탈이 성취되므로 또한 둘 사이에도 없다.' 문자가 三處에 없다는 것은 我는 内이고 所說은 外이며 그것을 합친 것이 둘 사이[兩間]이다. 그래서 後句에서 일체법이 모두 해탈이라고 말한다. 그런데 어찌 문자만 해탈과 다르겠는가.

833) '사리불이 … 아니겠습니까.'에서 이것은 사리불이 佛言을 인용하여 자기의 뜻을 증명하고 반대로 천녀에게 다음과 같이 힐난한 것이다. '부처님이 이미 말했듯이 삼독을 떠난 것이 해탈이라면 또한 응당 문자를 떠나는 것도 해탈일 것이다. 만약 문자가 즉 해탈이라면 삼독도 또한 응당 그대로 해탈일 것이다.

天曰; 「佛爲增上慢人, 說離婬, 怒, 癡爲解脫耳; 若無增上慢者, 佛說
婬, 怒, 癡性, 卽是解脫」

천녀가 말했다.

"부처님께서는 증상만인을 위하여 婬·怒·癡를 벗어나는 것이 해탈이라
고 설했을 뿐입니다. 만약 증상만인이 없다면 부처님께서는 婬·怒·癡의
자성이 곧 그대로 해탈이라고 설했을 것입니다."[834]

舍利弗言; 「善哉, 善哉! 天女! 汝何所得? 以何爲證? 辯[835] 乃如是!」

사리불이 말했다.

"훌륭합니다. 참으로 훌륭하십니다. 천녀여, 그대는 무엇을 터득하였고
무엇으로써 증명을 받았길래 변재가 그와 같습니까."[836]

그런데 무슨 까닭에 부처님은 떠나있어야 한다고 말한 것인가.'

834) '천녀가 … 설했을 것입니다.'에서 위에서는 소승의 언설과 침묵은 모두 굴복되었음을 설명하였는데, 이
章에서도 또한 성문의 경우 敎意를 모른다는 것을 드러낸다. 未得을 得이라고 말하는 것을 增上慢이라고
말하는데, 이런 사람을 위한 까닭에 삼독의 斷除를 해탈이라고 말한다고 설한다. 또한 은밀하게 이승을
교화하여 대승도로 돌아가게끔 한다. 이승의 경우 아직 未究竟인데도 究竟이라고 말하는 것은 곧
增上慢인데, 이런 사람을 위한 까닭에 다시 無明住地 및 習氣의 斷除를 해탈이라고 말한다고 설한다.
만약 이러한 緣이 없다면 부처님은 五住를 곧 그대로 해탈이라고 설한다. 五住는 見惑·思惑·無明의
번뇌를 5종으로 나눈 것이다. ① 見一處住地 또는 一切見住地 - 견은 욕계·색계·무색계의 견혹.
이것은 지적인 미혹으로서 見道에 들어갈 때 일시에 끊어지므로 견일처라 하고, 住地는 번뇌가 근본이
되어 온갖 번뇌의 의지가 되며, 또 번뇌를 발생하는 것이므로 주지라 한다. ② 愛慾住地 - 욕은
욕계이고, 애는 탐애 곧 思惑이다. 사혹은 貪·嗔·癡·慢의 4종 번뇌에 통하는데 탐애는 다음 생을
받는 뜻이 가장 강하므로 탐애로써 사혹을 나타낸다. ③ 色愛住地 - 색계의 思惑이다. ④ 有愛住地 -
유는 무색계. 무색계의 사혹이다. ⑤ 無明住地 - 무명은 우치하고 암둔한 마음의 자체로서 온갖 번뇌의
근본이다.

835) 辯=辨【聖】

836) '사리불이 … 같습니까.'에서 이것은 증득을 논한 것이다. 이미 그 所說이 善이고 이미 所及이 없기

天[837]曰；「我無得無證, 故辯如是. 所以者何? 若有得有證者, 卽[838]於
佛法爲增上慢」

천녀가 말했다.

"저는 터득한 것도 없고 증명받은 것도 없기 때문에 변재가 이와 같습니
다.[839] 왜냐하면 만약 터득함과 증명받음이 있다면 곧 불법에 대하여 증상
만이 되기 때문입니다."[840]

舍利弗問天；「汝於三乘, 爲何志求」

사리불이 천녀에게 물었다.

"그대는 삼승법 가운데 어떤 법에 마음[志]을 두고 추구하는 것입니까."[841]

때문에 그것은 어떤 道를 得하였고 어떤 果를 證하였는지 묻는다. 이에 如是를 변별하자면 유위과를
得이라 일컫고 무위과를 證이라 일컫는다. 또한 觀心納法하는 것이 得이고 與理相應하는 것이 證이다.
또한 有行을 得이라 일컫고 空行을 證이라 일컫는데 또한 그것은 得道하여 證滅한 것이다.

837) 天=答【聖】

838) 卽=則【宋】【元】【明】

839) '천녀가 … 이와 같습니다.'에서 터득한 것도 없고 증명받은 것도 없다는 것은 몸과 마음이 없기
때문이다. 所得이지만 無所得이고 所證이지만 滅道인 것은 공이기 때문이다. 만약 有得이고 有證인 즉
그것은 封著됨이 있는 것이고, 封著됨이 있은 즉 所礙가 있기 때문에 無所得으로 그것을 변별해준다.
이로써 안으로 得과 證이 없기 때문에 마음에 所礙가 없는데, 이것이 곧 有所得에 대한 변별이다.

840) '왜냐하면 … 때문입니다.'에서 나한테 터득함과 증명받았다고 말하면 그것이 증상법으로써 바로 자신을
擧하는 것이기 때문에 증상만이 된다고 말한다. 왜냐하면 만약 유소득인에도 즉 不得이라고 말한 것은
不得으로써 得을 삼은 것인데 그것이 어찌 증상만이 아니겠는가. 이와 같은 사람에 대해서 無得으로
파별해준 것이다.

841) '사리불이 … 것입니까.'에서 이것은 추구하려는 마음[志求]을 논한 것이다.(사리불의 세 번째
질문이다.) 위에서는 無得인 즉 三乘道를 得하지 못한 것이고 無證인 즉 三乘果를 證하지 못한 것이라고
말하였는데, 지금의 이 대목에서는 오직 삼승만 있으므로 응당 得과 證이 있다. 그런데 그대는 어떤
가르침[乘]에 마음을 두고 추구하는 것인가. 또한 삼승은 똑같이 無得을 마음에 품고 있으면서도 어떤

天曰;「以聲聞法化衆生故, 我爲聲聞; 以因緣法化衆生故, 我爲辟支佛; 以大悲法化衆生故, 我爲大乘. 舍利弗! 如人入瞻蔔林, 唯嗅瞻蔔, 不嗅餘香. 如是, 若入此室, 但聞佛功德之香, 不樂聞聲聞, 辟支佛功德香也. 舍利弗! 其有釋, 梵, 四天王, 諸天, 龍, 鬼神等, 入此室者, 聞斯上人講說正法, 皆樂佛功德之香, 發心而出. 舍利弗! 吾止此室, 十有二年, 初不聞說聲聞, 辟支佛法, 但聞菩薩大慈大悲, 不可思議諸佛之法. 舍利弗! 此室常現八未曾有難得之法. 何等爲八? 此室常以金色光照, 晝夜無異, 不以日月所照爲明, 是爲一未曾有難得之法; 此室入者, 不爲諸垢之所惱也, 是爲二未曾有難得之法; 此室常有釋梵四天王, 他方菩薩來會不絶, 是爲三未曾有難得之法; 此室常說六波羅蜜不退轉法, 是爲四未曾有難得之法; 此室常作天人第一之樂, 絃出無量法化之聲, 是爲五未曾有難得之法; 此室有四大藏, 衆寶積滿, 賙[842]窮濟乏, 求得無盡, 是爲六未曾有難得之法; 此室釋迦牟尼佛, 阿彌陀佛, 阿閦佛, 寶德, 寶炎, 寶月, 寶嚴, 難勝, 師子響, 一切利成, 如是等十方無量諸佛, 是上人念時, 卽皆爲來, 廣說諸佛秘要法藏, 說已還去, 是爲七未曾有難得之法; 此室一切諸天嚴飾宮殿, 諸佛淨土, 皆於中現, 是爲八未曾有難得之法. 舍利弗! 此室常現八未曾有難得之法, 誰[843]有見斯不思議事, 而復樂於聲聞法乎」

천녀가 말했다.

"성문법으로써 중생을 교화하면 그 때문에 저는 성문이 되고, 인연법으로

가르침[乘]을 추구하는 마음인지도 모른다.
842) 賙=周【宋】【元】【明】【聖】
843) 誰=唯【元】【明】

써 중생을 교화하면 그 때문에 저는 벽지불이 되며, 대비로써 중생을 교화하면 그 때문에 저는 대승이 됩니다.[844]

사리불이여, 마치 어떤 사람이 瞻蔔林에 들어가면 오직 瞻蔔의 냄새만 맡을 뿐이고 다른 향기를 맡지 못하는 것과 같습니다. 그와 같이 만약 이 방에 들어오면 무릇 불공덕의 향기만 맡을 뿐이지 성문 및 벽지불의 공덕향기는 맡는 것을 좋아하지 않습니다.[845]

사리불이여, 그것은 저 釋 · 梵 · 四天王 그리고 諸天 · 龍 · 鬼神 등이 이 방에 들어오면 이 上人이 강설하는 정법을 듣고서 모두 불공덕의 향기를 좋아하고 발심해서 나갑니다.[846]

사리불이여, 저는 이 방에 머문 지가 십이 년이 되었는데 한 번도 성문법 · 벽지불법을 설하는 것을 들은 적이 없고, 무릇 보살의 대자대비 및 불가사의한 제불의 법만 들었을 뿐입니다.[847]

---

844) '천녀가 … 됩니다.'는 것은 답변에 두 가지 뜻이 있다. 첫째는 수연으로 삼승을 내보인다. 둘째는 오직 대승 뿐임을 설명한다. 이 대목은 첫째에 해당한다. 사리불이 삼승은 확정되어 있다고 말하기 때문에 지금 수연으로 삼승을 내보여서 我가 확정됨이 없음을 설명한다. 이처럼 확정됨이 없는 것을 대승이라고 말한다. 따라서 대승법은 실로 所乘이 없지만 所不乘도 없다.

845) '사리불이여, … 좋아하지 않습니다.'에서 이것은 오직 대승만 있기 때문에 천녀 자신은 대승을 추구하려고 뜻한다. 정명의 방에서는 오직 대승만 설하고 소승은 설하지 않는다. 이 방에 머무는 사람은 또한 오직 대승만 좋아하고 소승을 좋아하지 않는다. 이로써 미루어보면 나 천녀의 뜻을 알 수가 있을 것이다.

846) '사리불이여, … 나갑니다.'에서 이것은 비유를 든 것이다. 잠시라도 이 방에 들어오면 모두 대승심을 발생한다. 하물며 나 천녀는 오랫동안 이 방에 있었는데 소승법을 좋아하겠는가.

847) '사리불이여, … 들었을 뿐입니다.'에서 이것은 이 방에서는 오직 대승법만 설하기 때문에 나 천녀는 오직 대승법의 추구만 마음에 둘 뿐이지 소승법을 좋아하지 않음을 설명한다. 어떤 사람은 다음과 같이 말한다. '부처님은 십이 년 동안 소승법을 설했다. 십이 년 이후에는 대승법을 설했다. 나는 이 방에 십이 년 동안 머물면서 항상 대승법을 들었다. 하물며 십이 년 이후이겠는가.' 어떤 사람은 다음과 같이 말한다. '십이 년은 곧 圓數의 명칭이다. 때문에 莊周는 십이 년 동안 완전한 소[全牛]를 보지 못했다.' 승조는 다음과 같이 말한다. '나집공 문하에서 십이 년 동안 있었다. 그런데 나집은 弘始 3년(401)에 도래하여 7년(405)에 입적하였다. 그런데도 이십 년이라고 말하는 것은 그 圓數를 언급한 것이다.' 어떤 사람은 다음과 같이 말한다. '地持論에서는 보살에게는 十二住가 있기 때문에 십이 년이 된다고 말한다.' 어떤 사람은 다음과 같이 말한다. '실제로 십이 년이 되었다. 이런 까닭에 설한 것이다.'

사리불이여, 이 방에는 항상 미증유이고 얻기 어려운 법 여덟 가지가 나타납니다.[848] 여덟 가지는 다음과 같습니다. 이 방에는 항상 금색광조가 밤낮으로 다름이 없어서 해와 달이 비추어도 그보다 밝지 않는데, 그것이 첫째의 미증유이고 얻기 어려운 법입니다. 이 방에 들어온 사람은 모든 더러움으로 번뇌하지 않는데, 그것이 둘째의 미증유이고 얻기 어려운 법입니다. 이 방에는 항상 釋・梵・四天王・他方의 보살이 와서 법회가 단절되지 않는데, 그것이 셋째의 미증유이고 얻기 어려운 법입니다. 이 방에서는 항상 육바라밀의 불퇴전법을 설하는데, 그것이 넷째의 미증유이고 얻기 어려운 법입니다. 이 방에는 항상 天・人이 제일가는 음악을 연주하여 악기에서 무량한 法化의 소리가 나오는데 그것이 다섯째의 미증유이고 얻기 어려운 법입니다. 이 방에는 네 개의 큰 창고에 갖가지 보배가 가득히 쌓여있어서 궁핍한 사람에게 나누어주어 구제하는 것이 끝이 없는데, 그것이 여섯째의 미증유이고 얻기 어려운 법입니다. 이 방에서는 석가모니불・아미타불・아촉불・보덕・보염・보월・보엄・난승・사자향・一切利의 성취 등 이와 같이 시방의 무량한 제불께서 이 上人이 생각할 때마다 곧 모두 찾아와서 제불의 秘要法藏을 자세하게 설하고 설법을 마치면 다시 돌아가는데, 그것이 일곱째의 미증유이고 얻기 어려운 법입니다. 이 방에는 일체의 제천이 엄식한 궁전과 제불의 정토가 모두 나타나는데, 그것이 여덟째의 미증유이고 얻기 어려운 법입니다.[849]

---

848) '사리불이여, … 나타납니다.'에서 이것은 방을 찬탄한 것이다.

849) '여덟 … 법입니다.'에서 이것은 방을 개별적으로 찬탄한 것이다. 여덟 가지를 섭수하면 네 부분이 있다. 첫째는 內와 外의 한 쌍이다. 밖으로는 金光의 照耀가 있고, 안으로는 즉 罪垢가 소멸한다. 둘째는 緣과 敎의 한 쌍이다. 緣은 즉 제천의 보살이고, 敎는 즉 항상 대승을 연설하는 것이다. 셋째는 法과 財의 한 쌍이다. 法은 즉 항상 법락을 연주하고, 財는 즉 두루 무궁하게 제도한다. 넷째는 依와 正의 한 쌍이다. 正은 즉 제불이 모두 도래하는 것이고, 依는 즉 정토가 모두 현현하는 것이다. 정토가 모두 현현한다는 것에 대해서 나집공은 다음과 같이 말한다. '저 方寸의 금강만 있어도 수십 리 안에 있는 석벽을 걸까지

사리불이여, 이 방에는 항상 미증유이고 얻기 어려운 법 여덟 가지가 나타나는데 이 부사의한 것을 보고도 누가 다시 성문법을 좋아하겠습니까."850)

舍利弗言；「汝何以不轉女身」

사리불이 말했다.

"그대는 어째서 여인의 몸을 바꾸지 않습니까."851)

天曰；「我從十二年來, 求女人相了不可得. 當何所轉? 譬如幻師化作幻女, 若有人問；『何以不轉女身』是人爲正問不」

천녀가 말했다.

"저는 십이 년 동안 여인의 모습을 찾아보았지만 찾을 수가 없었습니다. 그런데 장차 어떻게 바꾸겠습니까. 비유하면 마치 幻師가 만들어낸 幻女에게 만약 어떤 사람이 '어째서 여인의 몸을 바꾸지 않습니까.'라고 묻는다면 그 사람은 올바른 질문을 한 것입니까."

비추어 모든 형색이 거기에 다 드러난다. 이 방의 명철함을 거기에 비유하면 이와 같다.'
850) '사리불이여, … 좋아하겠습니까.'에서 이것은 총결하여 찬탄한 것이다.
851) '사리불이 … 않습니까.'에서 이것은 남녀의 몸으로 轉과 不轉의 뜻을 논한 것이다.(사리불의 네 번째 질문이다.)

舍利弗言；「不也! 幻無定相, 當何所轉」

사리불이 말했다.
"그렇지 않습니다. 허깨비는 정해진 모습이 없는데 장차 어떻게 바꾸겠습니까."

天曰；「一切諸法亦復如是, 無有定相, 云何乃問不轉女身」

천녀가 말했다.
"일체제법도 또한 그와 같이 정해진 모습이 없는데, 어떻게 이에 여인의 몸을 바꾸지 않느냐고 물을 수가 있겠습니까."[852]

卽時天女以神通力, 變舍利弗令如天女, 天自化身如舍利弗, 而問言；
「何以不轉女身」

즉시에 그 천녀가 신통력으로써 사리불을 변화시켜 천녀의 몸과 똑같이 만들고, 천녀 자신은 사리불과 똑같은 몸으로 변화하였다. 그리고 질문하여

---

852) '천녀가…있겠습니까.'에서 십이 년 동안 의지했다는 것은 만약 十二住位에 들어가지 못한 즉 남녀를 본다는 것이다. 그런데 지금 보살은 초주로부터 십이주에 이르기까지 여인의 모습을 보지 않기 때문에 有轉이 없다. 十二住란 다음과 같다. 첫째는 地前에 있는 二住로서 소위 하나는 種性住 즉 習種性과 性種性이고, 둘은 解行住로서 道種性이다. 다음의 十地가 즉 十住가 된다. 만약 정명의 방에 도래하여 머문 것이 무릇 십이 년이라는 것은 십이 년 동안 이미 항상 대승법을 듣고서 남녀가 없음을 깨친 까닭에 所轉이 없다는 것이다. 六種性은 習種性(10주) - 性種性(10행) - 道種性(10회향) - 聖種性(10지) - 等覺性 - 妙覺性이다.

물었다.

"어째서 여인의 몸을 바꾸지 않습니까."[853]

舍利弗以天女像而答言;「我今不知何轉而變爲女身」

사리불이 천녀의 모습으로 답하여 말했다.

"저는 지금 여인의 몸을 어떻게 바꾸어야 할지 모르겠습니다."[854]

天曰;「舍利弗! 若能轉此女身, 則一切女人亦當能轉. 如舍利弗非女而現女身, 一切女人亦復如是, 雖現女身, 而非女也. 是故佛說一切諸法非男, 非女」

천녀가 말했다.

---

853) '즉시에…않습니까.'에서 이것은 轉身을 논의한 것이다. (천녀가 사리불로 변화된 모습으로 질문한 것으로 다섯 번째에 해당한다.) 첫째는 위에서는 비록 幻과 같다[如幻]고 말했는데, 지금은 그것을 證成한 것이다. 남녀가 幻과 같지 않은 즉 정해진 모습[定相]이 있어서 응당 轉할 수가 없다. 그런데 轉한 까닭에 즉 정해진 모습[定相]이 없다. 때문에 마땅히 幻과 같은 줄 알아야 한다. 둘째는 위에서 천녀에게는 無礙辨이 있는데 어떻게 有礙身을 받는지 물었다. 때문에 지금 여기에서 辨이 이미 無礙여서 身도 또한 그렇다는 것을 설명한다. 身과 口가 無礙인 것은 無礙心(意)을 말미암은 것이다. 이런 까닭에 보살은 삼업이 무애이지만, 성문은 그것과 반대이기 때문에 삼업이 모두 有礙이다.

854) '사리불이…모르겠습니다.'에서 구경에 사리불 자신은 여인이 아닌데 어떻게 所轉한 것인지 모른다. 비록 실제로 여인은 아닐지라도 여인의 모습이 완연하다. 때문에 변하여 여인의 모습이 되었는데 또한 어떻게 轉해야 할지 모른다는 것은 여인의 여인으로 轉할 수 없음을 설명한 것이다. 그러나 변하여 여인이 되었기 때문에 轉함이 없지 않다. 또한 어떻게 轉해야 할지 모른다는 것은 有가 아님을 설명한 것이다. 그러나 변하여 여인이 된 것은 無가 아님을 변별한 것이다. 肇公은 '내가 轉한 까닭을 모르는데 이 몸을 어찌하겠는가.'라고 말한다.

"사리불이여, 만약 여인의 몸을 바꿀 수가 있다면 곧 일체의 여인도 또한 당연히 바꿀 수가 있을 것입니다.[855] 마치 사리불께서 여인이 아니지만 여인의 몸을 나타낸 것처럼 일체의 여인도 또한 그와 같습니다. 비록 여인의 몸을 나타냈지만 여인이 아닙니다. 이런 까닭에 부처님께서는 일체제법은 남자도 아니고 여인도 아니라고 설하셨습니다."[856]

即時天女還攝神力, 舍利弗身還復如故. 天問舍利弗;「女身色相, 今何所在」

즉시에 천녀가 다시 신통력을 거두어들이니, 사리불의 몸은 다시 예전과 똑같이 회복되었다. 그러자 천녀가 사리불에게 물었다.
"여인의 색상은 지금 어디에 있습니까."

舍利弗言;「女身色相, 無在無不在」

사리불이 말했다.
"여인의 색상은 있지도 않고 없지도 않습니다."

---

855) '천녀가…것입니다.'에서 이것은 사리불이 어떻게 몸을 轉해야 할지 모른다는 말을 서술한 것이다. 어떻게 몸을 轉해야 할지 모른다는 것은 실로 여인이 아니라는 뜻을 설명한 것이다. 사리불은 여인이 아니기 때문에 所轉이 없다는 것은 일체의 여인도 또한 실로 여인이 아니므로 또한 轉할 수 없다는 것이다.

856) '마치…설하셨습니다.'에서 이것은 사리불이 변하여 여인이 된 모습이 되었다는 말을 서술한 것이다. 이것은 비록 다시는 여인이 없을지라도 여인의 모습이 완연한데 일체의 여인도 또한 그렇다는 것이다.

天曰; 「一切諸法, 亦復如是, 無在無不在. 夫無在無不在者, 佛所說也」

천녀가 말했다.

"일체제법도 또한 그와 같이 있지도 않고 없지도 않기 때문에, 무릇 있지도 않고 없지도 않다고 부처님께서 설하셨습니다."[857]

舍利弗問天; 「汝於此沒, 當生何所」

사리불이 천녀에게 물었다.

"그대는 이곳에서 죽으면 장차 어디에서 태어나는 것입니까."[858]

---

857) '즉시에…설하셨습니다.'에서 이것은 다시 몸을 논의한 것이다. 지금은 여인의 모습이 보이지 않기 때문에 無在였지만 조금 이전에는 여인의 상이 있었기 때문에 不在가 아니었다. 또한 조금 이전에는 여인의 모습이 있었기 때문에 지금과 같은 不在가 아니었다. 그런데 지금은 여인의 모습이 없기 때문에 이전과 같은 所在가 없은 즉 幻化로서 확정된 것이 없다는 뜻이다. 제법도 또한 그와 같다. 眞諦이기 때문에 在가 아니고, 世諦이기 때문에 不在가 아니다. 在가 아니기 때문에 非有이고 不在가 아니기 때문에 非無인 즉 중도의 뜻이다. 또한 위에서 변하여 여인을 만든 것은 여인이 아닌 즉 여인이 되었음을 알도록 한 것이기에 非有의 有라는 뜻이었다. 그런데 지금은 반대로 여인이 아닌 것으로 만들었기 때문에 본래는 非無였고, 본래는 非有였기 때문에 在가 아니고, 본래는 非無였기 때문에 不在가 아니다. 제법의 경우도 또한 그렇다.

858) '사리불이…것입니까.'에서 이것은 죽고 태어남[沒生]의 뜻을 논한 것이다. 여섯 째로 질문한 뜻은 '천녀가 삼업에 무애함을 본즉 그것은 淨因이다. 그런 즉 반드시 여인의 몸[質]을 버려야 하겠지만 단지 어느 곳에 태어나는가[定生]를 모를 뿐이다.'는 것이다. 또한 이미 드러난 모습이 在가 아님을 알았기에 다시 장차 어느 곳에 태어날 것인가를 물은 것이다.

天曰; 「佛化所生, 吾如彼生」

천녀가 말했다.
"부처님께서 화신으로 태어나면 저도 그와 같이 태어날 것입니다."[859]

曰; 「佛化所生, 非沒生也」

(사리불이) 말했다.
"부처님께서 화신으로 태어난 것에는 죽고 태어나는 것이 없습니다."

天曰; 「衆生猶然, 無沒生也」

천녀가 말했다.
"중생도 그와 같아서 죽고 태어나는 것이 없습니다."[860]

---

859) '천녀가…것입니다.'에서 이것은 태어난 身相이 이미 幻化와 같아서 여기에서 죽고 저기에서 태어나는데 어찌 마땅히 實이 있겠느냐는 것이다. 때문에 삼세가 모두 幻化와 같다.
860) '사리불이…없습니다.'에서 위에서는 태어남이 없이 태어난 것은 탄생이 환화와 같음을 설명하였는데, 지금은 幻으로 태어난 것[幻生]은 無生이기 때문에 죽음과 태어남이 없음을 설명한 것이다. 또한 위에서는 천녀가 幻으로 태어난 것[幻生]을 설명하였는데, 지금은 중생도 또한 그렇다는 것을 견준 것이다.

舍利弗問天; 「汝久如當得阿耨多羅三藐三菩提」

　사리불이 천녀에게 물었다.
"그대는 얼마나 오래되어야 장차 아뇩다라삼먁삼보리를 터득하는 것입니까."861)

天曰; 「如舍利弗還爲凡夫, 我乃當成阿耨多羅三藐三菩提」

　천녀가 말했다.
"사리불께서 다시 범부가 된다면 그처럼 저는 장차 아뇩다라삼먁삼보리를 성취할 것입니다."

舍利弗言; 「我作凡夫, 無有是處」

　사리불이 말했다.
"제가 범부가 되는 그런 법은 없습니다."

---

861) '사리불이…것입니까.'에서 이것은 일곱째로 깨달음[菩提]의 久近을 논한 것이다. 위에서 '부처님은 화신으로 태어났다.'는 것을 말했는데 나도 마찬가지로 화신으로 태어났다. 그래서 곧 천녀는 머지않아 得佛할 것이라고 말한다. 또한 항상 듣건대 여인의 성불은 늦어지기 때문에 다시 久近을 의심한다. 그러나 위의 경문에 이어붙인 것은 身相은 實이 아니기 때문에 탄생이 幻化와 같다. 그러나 보리는 眞道로서 반드시 實이 있기 때문에 얼마나 오래되어야 장차 성불하는지 물은 것이다.

天曰; 「我得阿耨多羅三藐三菩提, 亦無是處. 所以者何? 菩提無住處, 是故無有得者」

천녀가 말했다.

"제가 아뇩다라삼먁삼보리를 터득하는 것도 또한 그런 법은 없습니다. 왜냐하면 보리는 주처가 없습니다. 이런 까닭에 터득하는 것이 없습니다."862)

舍利弗言; 「今諸佛得阿耨多羅三藐三菩提, 已得當得, 如恒河沙, 皆謂何乎」

사리불이 말했다.

"지금 제불께서 터득한 아뇩다라삼먁삼보리는 이미 터득한 것과 장차 터득할 것이 항하사와 같은 것입니다. 그것은 모두 어떻게 말해야 합니까."863)

天曰; 「皆以世俗文字數故, 說有三世, 非謂菩提有去來今」

천녀가 말했다.

"모두 세속의 문자와 숫자로써 따져서 삼세가 있다고 설하지만 보리에는

---

862) '천녀가…없습니다.'에서 보리의 道는 언설을 잊고 사려분별을 단절하며 스스로 주처가 없거늘 무엇이 그것을 터득한단 말인가.
863) 사리불의 여덟째 질문.

과거 · 현재 · 미래가 있다고 말할 수 없습니다."[864]

天<復+?>曰; 「舍利弗! 汝得阿羅漢道耶」

천녀가 다시 말했다.
"사리불이여, 그대는 아라한도를 터득했습니까."

曰; 「無所得故而得」

사리불이 말했다.
"무소득인 까닭에 터득한 것입니다."

天曰; 「諸佛, 菩薩亦復如是, 無所得故而得」

천녀가 말했다.
"제불과 보살도 또한 그와 같습니다. 무소득인 까닭에 터득한 것입니

---

864) '사리불이⋯없습니다.'에 대하여 나집공은 다음과 같이 말한다. '보리의 자성은 공이기 때문에 삼세를 초월한다. 보리가 이미 공인 즉 득불이 없다. 득불이 없기 때문에 또한 보살이 없다.' 그런데 지금 말하자면 경문에서 말한 '보리에 삼세가 없다'는 것은 보리가 공이기 때문에 삼세가 없다고 말하는 것이 아니다. 이 경문은 마땅히 진신과 응신에 그것이 통한다는 것이다. 법신의 보리는 즉 삼세가 아니고 應迹의 成道에는 과거와 미래와 현재가 있다는 것은 곧 보리는 상주로서 무상의 敎가 아님을 설명한 것이다.

다."⁸⁶⁵⁾

爾時維摩詰語舍利弗;「是天女已曾⁸⁶⁶⁾供養九十二億佛⁸⁶⁷⁾, 已能遊戲
菩薩神通, 所願具足, 得無生忍, 住不退轉; 以本願故, 隨意能現, 敎化
衆生」

　그때 유마힐이 사리불에게 말했다.

　"이 천녀는 이미 일찍이 구십이억 부처님께 공양하였고, 이미 보살의 신
통력을 유희하며 소원이 구족되어 무생법인을 터득하였습니다. 그래서 본
원으로 인하여 마음대로 나타나서 중생을 교화하는 것입니다."⁸⁶⁸⁾

---

865) '천녀가…것입니다.'에서 위에서는 소득의 보리를 논하였는데, 지금은 이어서 能得의 뜻을 변별한
　　것이다. 그러나 보리는 四句를 단절하고 百非를 초월하므로 득과 무득을 논할 수가 없다. 이와 같이 깨친
　　즉 그것은 득도이기 때문에 그것은 무득이지만 득이다.
866) 已曾＝曾已【聖】
867) (諸)＋佛【宋】【元】【明】
868) '그때…것입니다.'에서 이것은 논의가 이미 무르익자 천녀의 자취[迹]를 지우려는 것이다. 사리불의
　　논의는 말은 꺾이고 이치는 궁색하여 부끄럽게 듣고 있기 때문에 거사가 그 자취를 없애주자 대인의
　　굴복을 받아들이고 부끄러워하지 않게 되었다. 또한 비록 다시 논의하고 신통을 드러내었는데도
　　시회대중이 位와 行의 深淺을 통달하지 못한 까닭에 정명이 자취를 드러내어 중생으로 하여금 경앙토록
　　하고, 그 사람과 법을 존중토록 하였다. 경문에서는 먼저 과거의 인을 찬탄하고 신통을 유희하며
　　그 現德을 찬미한다. 마음대로 無功用心을 성취하는 것을 유희하고 말한다. 신통과 지혜에 즉하여 그
　　本德을 찬탄하고 마음대로 현현하여 중생을 교화하므로 그 자취와 작용을 찬미한 것이다.

維摩詰所說經佛道品第八

유마힐소설경 불도품[869] 제팔

爾時文殊師利問維摩詰言; 「菩薩云何通達佛道」

그때 문수사리가 유마힐에게 말했다.

"보살은 어찌해야 불도에 통달합니까."[870]

維摩詰言; 「若菩薩行於非道, 是爲通達佛道」

유마힐이 말했다.

"만약 보살이 非道까지도 실천해야 그것이 불도에 통달하는 것입니다."[871]

---

869) 대사의 발심에는 불도를 추구하는 것과 중생을 제도하는 것의 두 가지가 있다. 중생을 제도하는 것에 대해서는 위의 [관중생품]에서 이미 설명하였다. 불도를 추구하는 것은 이 [불도품]에서 이어서 설한다. 佛에 自悟와 覺他의 두 가지 뜻이 있다. 道에도 또한 두 가지 뜻이 있다. 첫째는 虛通인데 소위 자재하고 무애한 것이다. 둘째는 遮塞인데 衆邪 때문에 莫遊한 것이다. 佛은 能證의 人이고, 道는 곧 所得의 法이다. 명칭에는 佛과 道의 둘이 있지만 별도로 두 體가 있는 것은 아니다. 그래서 覺이 허통에 卽한 것은 道이고, 허통이 覺義에 卽한 것을 佛이라고 말한다. 이러한 제목을 활용한 까닭에 이 章에서 [불도품]이라고 말한다.

870) '그때…통달합니까.'에서 이와 같이 질문한 것은 대사가 중생을 제도하려는데 중생의 相은 이미 드러나 있지만 불도를 추구하려는데 불도의 뜻은 아직 드러나지 않기 때문이다.

871) '유마힐이…것입니다.'에서 이것은 답변이다. 만약 방편이 없으면 非道를 道와 다르다고 말한다. 무릇 行道는 道이고 非行道는 非道이다. 때문에 도와 비도는 모두 비도가 된다. 그러나 만약 방편이 있으면 도와 비도에 二相이 없음을 체득한다. 그래서 비단 행도가 도여서 비도를 실천할 뿐만 아니라 또한 그것은 도에 즉한 것이기 때문에 도와 비도가 모두 다 도이다. 저 『사익경』에서 말한 '일체법이 正이고 일체법이 邪이다.'는 것이 곧 바로 그것이다.

又問; 「云何菩薩行於非道」

다시 물었다.
"보살이 非道까지 실천해야 한다는 것은 무엇입니까."[872]

答曰; 「若菩薩行五無間, 而無惱恚; 至于地獄, 無諸罪垢; 至于畜生,
無有無明憍慢等過; 至于餓鬼, 而具足功德; 行色, 無色界道, 不以爲
勝. 示行貪欲, 離諸染著; 示行瞋恚, 於諸衆生, 無有恚閡[873]; 示行愚
癡, 而以智慧, 調伏其心. 示行慳貪, 而捨內外所有, 不惜身命; 示行毀
禁, 而安住淨戒, 乃至小罪, 猶懷大懼; 示行瞋恚, 而常慈忍; 示行懈怠,
而懃修功德; 示行亂意, 而常念定; 示行愚癡, 而通達世間, 出世間慧;
示行諂偽, 而善方便, 隨諸經義; 示行憍慢, 而於衆生, 猶如橋梁[874]; 示
行諸煩惱, 而心常清淨; 示入於魔, 而順佛智慧, 不隨他教; 示入聲聞,
而爲衆生, 說未聞法; 示入辟支佛, 而成就大悲, 敎化衆生; 示入貧窮,
而有寶手, 功德無盡; 示入刑[875]殘, 而具諸相好, 以自莊嚴; 示入下賤,
而生佛種姓[876]中, 具諸功德; 示入羸劣醜陋, 而得那羅延身, 一切衆生
之所樂見; 示入老病, 而永斷病根, 超越死畏; 示有資生, 而恒觀無常,
實無所貪; 示有妻妾[877]采[878]女, 而常遠離五欲淤泥; 現於訥鈍, 而成就

---

872) '다시…무엇입니까.'에서 이것은 비도가 도임을 해석한 것이다.
873) 閡=礙【宋】【元】【明】【聖】
874) 梁=樑【宋】【元】
875) 刑=形【宋】【元】【明】
876) 姓=性【宋】【元】【明】
877) 妾=妄【元】
878) 采=婇【宋】【元】【明】, =緣【聖】

辯才, 總持無失; 示入邪濟, 而以正濟, 度諸衆生; 現遍入諸道, 而斷其
因緣; 現於涅槃, 而不斷生死. 文殊師利! 菩薩能如是行於非道, 是爲
通達佛道」

답하여 말했다.

"만약 보살이 五無間에 떨어지더라도[行] 惱恚가 없고,[879] 지옥에 이르더
라도 모든 罪垢가 없으며, 축생에 이르더라도 無明과 憍慢 등의 허물이 없
고, 아귀에 이르더라도 공덕을 구족하며,[880] 색계도와 무색계도에 가더라도
勝處라고 간주하지 않습니다.[881] 탐욕을 실천해 보여도 모든 염착을 떠나있
고, 瞋恚를 실천해 보여도 모든 중생에 대하여 恚閡[882]가 없으며, 우치를 실
천해 보여도 지혜로써 그 마음을 다스리고, 간탐을 실천해 보여도 내외의
소유에 집착하지 않고 신명을 아끼지 않으며, 毁禁을 실천해 보여도 淨戒에
안주하고, 내지 작은 죄에 대해서도 마치 큰 두려움을 품은 것처럼 하며, 瞋
恚를 실천해 보여도 항상 慈忍하고, 해태를 실천해 보여도 공덕을 勤修하
며, 亂意를 실천해 보여도 항상 선정에 집중하고, 우치를 실천해 보여도 세
간과 출세간의 지혜에 통달하며, 諂僞를 실천해 보여도 선방편으로 모든 경
전의 뜻을 따르고, 교만을 실천해 보여도 중생에 대하여 마치 교량과 같은

879) '답하여…惱恚가 없고'는 답변한 것인데, 五無間에 떨어진다[行]는 것은 이들이 業門에 나아가서 비도를
실천하여 불도에 통달해야 하는데도 五逆業을 일으키는 것인데 반드시 惱患를 말미암아 발생하는
것이다. 이것은 오역행이라는 비도를 일으키지만 惱患이 없어서 불도에 통달함을 내보인 것이다.
880) '지옥에…구족하며'에서 위에서는 惡因은 非道로서 불도에 통달함을 설명하였는데, 이것은 惡果가
비도로서 불도에 통달함을 변별한 것이다.
881) '색계도와…않습니다'에서 이것은 이계(색계와 무색계)의 有漏善果가 비도로서 불도에 통달함을 변별한
것이다. 범부가 상계(색계 내지 무색계)에 태어나는 것이야말로 열반이고 제일이며 최승이다. 지금
여기에서는 중생을 위해서 태어나는 上二界(색계와 무색계)는 곧 생사법으로서 勝이 될 수가 없음을
드러낸 것이다.
882) 恚閡는 불만족하여 화를 내고 남에게 폐해를 끼치는 것을 말한다.

역할을 해주며, 모든 번뇌를 실천해 보여도 마음이 항상 청정하고, 魔에 들어가 보여도 불지혜를 수순하여 다른 가르침을 따르지 않으며,[883] 성문에 들어가 보여도 중생을 위하여 일찍이 들어본 적이 없는 법을 설하고, 벽지불에 들어가 보여도 대비를 성취하여 중생을 교화하며,[884] 빈궁에 들어가 보여도 공덕이 무진하고, 刑殘에 들어가 보여도 모든 상호를 구족하여 스스로 장엄하며, 下賤에 들어가 보여도 불종성 가운데 태어나서 모든 공덕을 구족하고, 열악하고 누추한 곳에 들어가 보여도 나라연의 몸을 얻어서 일체중생이 즐겨 바라보게 되며, 老와 病에 들어가 보여도 영원히 病根을 단제하고 死畏를 초월하며, 資生을 있어 보여도 항상 무상을 관찰하여 실로 탐욕이 없고, 妻와 妾과 采女가 있어 보여도 항상 오욕의 진흙밭을 멀리 여의며, 어눌하고 어리석음을 드러내도 변재를 성취하고 總持를 상실하지 않으며, 邪濟에 들어가 보여도 正濟[885]로써 모든 중생을 제도하고, 諸道에 두루 들어가 보여도 그 인연을 단제하며,[886] 열반을 드러내도 생사를 단제하지 않습니다.[887]

문수사리여, 보살은 이와 같이 非道를 실천하는데, 그것이 불도에 통달하

---

883) '탐욕을…따르지 않으며'에서 이것은 번뇌의 비도를 실천하는 것이 불도에 통달함을 내보인 것이다.
884) '성문에…교화하며'에서 이것은 이승의 비도를 실천하는 것이 불도에 통달함을 내보인 것이다.
885) 邪濟는 외도의 가르침으로 중생을 제도하는 것이고, 正濟는 불법의 가르침으로 중생을 제도하는 것이다.
886) '빈궁에…단제하며'에서 이것은 생사의 비도를 실천하는 것이 불도에 통달함을 내보인 것이다. 불종성 가운데 태어난다는 것에 대하여 승조 및 나집의 두 법사는 모두 무생인으로써 반드시 불종을 계승하는 것을 種姓이라고 말한다. 무릇 무생인에는 초지 및 제칠지의 두 계위가 있는데, 지금은 초지에 의거한 것이다. 『대지도론』에 의거하면 性地라고 해석하여 '성인의 種姓地에 태어나는 것을 性地라고 말한다.'고 말한다. 이것은 지전의 習種性을 性地라고 말한 것이다. 나라연이란 천상에 있는 力士의 명칭인데, 端正하고 殊妙하며 의지력이 雄猛하다.
887) '열반을…않습니다.'에서 이것은 열반행을 일으켜서 불도에 통달함을 내보인 것이다. 비록 현신은 열반이지만 바야흐로 생사에 들어가는데, 이러한 열반을 불도라고 말한다. 이승은 열반에 들어가서 생사를 단제하는데 그러한 열반은 불도가 아니다.

는 것입니다."[888]

於是維摩詰問文殊師利；「何等爲如來種」

이에 유마힐이 문수사리에게 물었다.
"어떤 것들이 如來種입니까."[889]

文殊師利言；「有身爲種, 無明有愛爲種, 貪恚[礙>癡]爲種, 四顚倒爲種, 五蓋爲種, 六入爲種, 七識處爲種, 八邪法爲種, 九惱處爲種, 十不善道爲種. 以要言之, 六十二見及一切煩惱, 皆是佛種」

문수사리가 말했다.
"有身[890]이 여래종이고,[891] 無明과 有愛가 여래종이며, 貪·恚·癡가 여래

───────────────

888) '문수사리여, …것입니다.'에서 이것은 총결로써 그 질문에 응답한 것이다.
889) '이에…如來種입니까.'에서 이것은 佛種을 설명한 것이다. 위의 두 문답에서는 賓主 이후부터는 정명 혼자 설하였는데, 그것은 마치 辨慧의 功과 같이 돌아가야 할 것[所歸]에만 치우쳐 있었다. 지금은 그 덕을 드러내고자 그로 하여금 설하도록 하려는 것이다. 또한 찬미하는 것이 곧 공양이라고도 말한다. 또한 邪를 실천하여 正에 통달한다는 것이야말로 사람들에게 의혹을 일으키게 될 것을 염려한 까닭에 문수에게 질문하여 그들로 하여금 믿음을 갖도록 해준다. 그럼으로써 사람은 달라도 이해는 동일하므로 마땅히 頂受해야 할 것이다.
890) 有身은 有身見으로서 나[我]와 나의 것[我所]이 있다고 집착하는 견해를 말한다.
891) '문수사리가…여래종이고'에서 이것은 답변이다. 위에서는 불도에 대하여 설명하였는데, 지금은 불종에 대하여 설명한다. 불도는 果에 의거한 것이고, 불종은 因에 의거한 것이다. 지인은 불도에 체달하여 일체의 비도를 실천하는 것이 모두 불도임을 시현한다. 때문에 그것은 果門이다. 지금은 생사하는 범부가 발심하고 성불하여 佛義를 계승함을 설명한다. 때문에 불종은 반드시 인에 의거하는 줄 알아야 함을 설명한다. 有身이란 소위 유루의 오음신이다. 유루의 오음신으로써 중생은 모두 장차 작불하는 까닭에 種이라고 말한다. 또한 有身을 해석하면 곧 身見이다. 이 몸이 있기 때문에 有身이라고 말한다.

종이고, 四顚倒[892]가 여래종이며, 五蘊이 여래종이고,[893] 六入이 여래종이며, 七識이 여래종이고,[894] 八邪가 여래종이며, 九惱[895]가 여래종이고, 십불선도가 여래종입니다. 그것을 요약해서 말하자면 육십이견 및 일체의 번뇌가 모두 佛種입니다."[896]

<維摩詰問+?>曰;「何謂也」

유마힐이 물었다.

"어째서 그렇게 말하는 것입니까."[897]

또한 몸 안에서 일으키는 見을 身見이라고 말한다. 신견은 곧 三有의 근본이므로 有身이라고 말한다. 그런데 유신견으로써 중생은 발심하여 佛을 추구하기 때문에 佛種이라고 말한다.

892) 四顚倒는 無常을 常이라 간주하고, 苦를 樂이라 간주하며, 無我를 我라 간주하고, 淨을 不淨이라고 간주하는 잘못된 견해를 말한다.

893) '無明과…여래종이고'에서 이것은 생사의 인이 불종임을 설명한 것이다. 『열반경』에서는 '생사의 본제에 무릇 두 가지가 있다. 첫째는 무명이고, 둘째는 유애이다.'고 말한다. 이 둘이 근본이기 때문에 그것에 대하여 널리 설한다.

894) '六入이…여래종이고'에서 이것은 거듭 생사의 과가 불종임을 설명한 것이다. 七識에 住한다는 것은 욕계의 인천이 하나이고, 색계의 三禪 및 무색계의 三空에 주하는 것이다. 이들 七處는 識의 所樂으로 生하고 識의 所安으로 住하기 때문에 識住라고 말한다. 그러나 제사선에 있는 無想天은 滅識이다. 그 가운데 五那含天에서는 열반을 추구하고 또한 식을 소멸한다. 이로써 凡과 聖의 二種의 식이 소멸되기 때문에 識不樂住는 非想天에 있는 滅盡定이기도 하다. 또한 그 心想은 微昧하여 念이 不分明하고 識이 不安住하다.

895) 九惱는 愛我怨家·憎我知識·憎我己身의 一世가 곧 三惱이고 三世가 곧 九惱이다. 또한 愛結·恚結·慢結·無明結·見結·取結·疑結·嫉結·慳結의 九結을 가리키기도 한다.

896) '八邪가…佛種입니다.'에서 이것은 거듭 생사의 인이 여래종임을 언급한 것이다. 八正을 떠난 것이 八邪이다. 九惱는 我의 怨家를 사랑하는 것이 하나이고, 我의 善友를 미워하는 것이 둘이며, 自身을 고뇌하는 것이 셋인데, 一世마다 이들 셋이 있으므로 三世에는 도합 아홉이 된다.

897) '유마힐이…것입니까.'에서 이것은 거듭 질문한 것이다. 정명이 시회대중을 위하여 질문을 성취하여 의심한 것이다. 때문에 이와 같은 질문이 시설된다. 곧 이들 모든 것은 불도를 장애하여 생사의 인이 되는데 어째서 불종이라고 말하는가. 佛에게는 지극한 지혜가 있어서 衆患을 활용하여 佛種으로 만드는데 그것을 알 수 없다는 것이다.

答曰;「若見無爲入正位者, 不能復發阿耨多羅三藐三菩提心; 譬如高原陸地, 不生蓮華, 卑濕淤泥乃生此華; 如是見無爲法入正位者, 終不復能生於佛法; 煩惱泥中, 乃有衆生起佛法耳! 又如殖種於空, 終不得生! 糞壤之地, 乃能滋茂. 如是入無爲正位者, 不生佛法; 起於[898]我見[899]如須彌山, 猶能發于阿耨多羅三藐三菩提心, 生佛法矣! 是故當知, 一切煩惱, 爲如來種. 譬如不下巨海, 不能得無價寶珠. 如是不入煩惱大海, 則不能得一切智寶」

(문수사리가) 답하여 말했다.

"만약 無爲를 보아서 正位에 들어간 사람은 다시 아뇩다라삼먁삼보리심을 발생할 수가 없습니다.[900] 비유하면 마치 높은 지대의 메마른 땅[高原陸地]에는 연꽃이 피지 않고 낮은 습지의 진흙[卑濕淤泥]에서 이에 그 꽃이 피는 것과 같습니다. 이와 같이 무위법을 보아서 정위에 들어간 사람은 끝내 다시 불법을 발생할 수가 없습니다. 번뇌의 진흙 가운데서 이에 어떤 중생이 불법을 일으키는 것입니다.[901] 또한 허공에 종자를 심으면 끝내 발생하지 않고 糞壤의 땅에서 이에 무성하게 싹트는 것과 같습니다. 이와 같이 무

---

898) 〔於〕-【聖】
899) 見+(心)【聖】
900) '(문수사리가)…없습니다.'에서 답변한 경문에 세 부분이 있다. 첫째는 愛를 일으킨 중생은 불종인데 이승은 愛를 단제하기 때문에 불종이 아님을 설명한다. 둘째는 見을 일으킨 중생은 불종인데 이승은 見을 단제하기 때문에 불종이 아님을 설명한다. 셋째는 총제척으로 衆惑에 의거하여 불종과 불종이 아님을 설명한다. 滅諦를 증득한 것을 見無爲라고 말한다. 苦法忍으로부터 羅漢의 無生智에 이르기까지 그것은 道諦로서 聖解이다. 도제의 성해를 正位라고 일컫는다. 그 사람의 견해는 무위의 경계이지만 또한 정위에 들어가면 불심을 일으킬 수가 없다.
901) '비유하면…것입니다.'에서 마음에 증득한 무위열반은 고원을 비유하고, 연꽃은 보리심을 비유한다. 연꽃은 반드시 연실을 발생하고, 보리심은 반드시 불도를 성취한다. 진흙은 범부가 일으키는 번뇌를 비유한 것인데 道心을 일으키기 때문에 愛가 불종이다.

위의 정위에 들어간 사람은 불법을 발생하지 못합니다. 아견을 일으켜서 수미산과 같다고 보아야 마땅히 아뇩다라삼먁삼보리심을 발생하여 불법을 발생할 수가 있습니다.[902] 이런 까닭에 일체의 번뇌가 여래종임을 반드시 알아야 합니다. 비유하면 마치 巨海에 들어가지 않으면 無價寶珠를 획득할 수 없는 것과 같습니다. 이와 같이 번뇌의 대해에 들어가지 않으면 곧 일체의 智寶를 획득하지 못합니다."[903]

爾時大迦葉歎言;「善哉, 善哉! 文殊師利! 快說此語. 誠如所言, 塵勞之疇[904]爲如來種; 我等今者, 不復堪任發阿耨多羅三藐三菩提心, 乃至五無間罪, 猶能發意生於佛法, 而今[905]我等永不能發. 譬如根敗之士, 其於五欲不能復利. 如是聲聞諸結斷者, 於佛法中無所復益, 永不志願. 是故, 文殊師利! 凡夫於佛法有返復, 而聲聞無也. 所以者何? 凡夫聞佛法, 能起無上道心, 不斷三寶. 正使聲聞終身聞佛法, 力, 無畏等, 永不能發無上道意」

그때 대가섭이 찬탄하여 말했다.

---

902) '또한…있습니다.'에서 이것은 見을 일으킨 중생은 불종임을 설명한 것이다. 種은 소위 보리심이다. 무릇 중생을 보아도 보리심을 발생하기 때문에 불종이라고 말한다. 그리고 종자를 심는다고 말한 것은 세간의 종자처럼 사람의 노력[人功]을 빌리는 까닭에 종자를 심고, 불보살의 교화를 말미암은 까닭에 발보리심한다. 위에서는 이승은 무위열반을 좋아하지만 발보리심하지 못함을 설명하였는데, 지금은 유위의 공삼매를 좋아하여 발심해서 작불하지 못함을 取한다. 糞壤은 소위 아견이다. 아견이 道心을 장양하는 것이 마치 糞壤과 같다.
903) '이런…못합니다.'에서 이것은 총체적으로 일체번뇌가 불종임을 설명한 것이다. 총결로써 그 질문에 응답한 것이다.
904) 疇=儔【明】
905) 今=令【明】

"훌륭합니다. 참으로 훌륭합니다. 문수사리여, 그 법어를 잘 설하였습니다. 참으로 말한 바와 같이 번뇌[塵勞]의 경계가 여래종입니다. 그러나 저희들은 지금 또한 발아녹다라삼먁삼보리심을 감당할 수가 없습니다.[906] 내지 오무간죄를 지은 사람도 오히려 불법에 대하여 발심[發意]을 할 수가 있는데 지금 저희들은 영원히 발심할 수가 없습니다. 비유하면 오근이 불구인 사람은 그로써 다시는 오욕을 충족할 수 없는 것과 같습니다.

이와 같이 성문의 경우는 모든 번뇌를 단제한 사람일지라도 불법에 더 이상 아무런 이익이 없어서 영원히 발심[志願]할 수가 없습니다.[907] 이런 까닭에 문수사리여, 범부는 불법으로 다시 돌아갈 수가 있지만 성문은 그럴 수가 없습니다. 왜냐하면 범부로서 불법을 들은 사람은 無上道心을 일으켜서 삼보를 단절시키지 않기 때문입니다. 그러나 바로 성문에게는 종신토록 불법의 십력과 사무소외 등을 들려주어도 영원히 無上道意를 발생하지 못합니다."[908]

---

906) '그때…없습니다.'에서 이것은 가섭이 스스로 찬탄한 것이다. 문수는 이미 보살이다. 비록 이승은 불종이 아니라고 폄훼하고 범부는 불종이라고 찬탄하지만 그것은 성문의 경우처럼 친히 그렇게 설하는 것이 아니다. 이 때문에 가섭이 스스로 찬탄한 것이다. 경문에는 三章이 있는데, 이 대목은 첫째로서 번뇌에 의거하여 불종과 불종이 아님을 설명한 것이다.

907) '내지…없습니다.'에서 이것은 업문에 나아가서 불종과 불종이 없음을 설명한 것이다. 무간에는 네 가지 뜻이 있다. 첫째는 前念에 이 몸을 버리고 次念에 지옥의 과보를 받는데, 그 사이에 몸이 있을 찰나[身間念]가 없기 때문에 무간이라고 말한다. 이것은 과보에 나아감이 무간이다. 둘째는 身形無間이다. 아비지옥은 너비가 팔만 유순인데 한 사람이 들어간 즉 몸이 가득 차고, 여러 사람이 들어가도 또한 그렇다. 이처럼 몸이 가득 차서 間處가 없다. 때문에 무간이라고 말한다. 셋째는 壽命無間이다. 기타 지옥은 여러 번 태어나고 여러 번 죽는데, 이곳은 일 겁의 수명으로 생사간이 없다. 때문에 무간이다. 넷째는 고통을 영원히 계속해 받아서 거기에는 즐거움의 시간이 없다.

908) '이런…못합니다.'에서 이것은 불종과 불종이 없다는 뜻을 결론적으로 성취한 것이다. 범부는 법문을 듣고 보리심을 일으켜 불종을 계승한 즉 보은이 되며 그것을 반복한다. 그러나 성문은 범부의 경우와 달리 반복이 없다.

爾時會中有菩薩, 名普現色身, 問維摩詰言; 「居士! 父母妻子, 親戚
眷屬, 吏民知識, 悉爲是誰? 奴婢僮僕, 象馬車乘, 皆何所在」

그때 법회 가운데 보현색신이라는 이름을 가진 보살이 있었는데, 유마힐
에게 질문하여 말했다.

"거사여, 부모·처자·친척·권속·관리·백성·선지식들은 모두 그것
이 무엇이고, 노비·동복·코끼리·말·수레들은 모두 어디에 있습니
까."909)

於是維摩詰以偈答曰;

이에 곧 유마힐이 게송으로 답하여 말했다.910)

「智度菩薩母, 方便以爲父, 一切衆導師, 無不由是生.

---

909) '그때…있습니까.'에서 이것은 권속을 설명한 것이다. 질문에 세 가지 뜻이 있다. 첫째는 멀리로는
빈 방[空室]의 뜻에서 발생하였다. 정명이 방을 비워둔 까닭에 무릇 두 가지 뜻이 있다. 하나는
비워둠으로써 다시 空을 드러내려는 것이다. 마치 제불국토도 또한 다시 皆空이라고 말하는 경우와
같다. 둘은 空으로써 有에 들어감을 설명하려는 것이다. 마치 衆魔와 外道가 모두 내 시자라고 말하는
경우와 같다. 문수사리불이 간략하게 빈 방[空室]의 뜻을 물음으로써 법신에 갖추어진 衆德이 드러나지
않은 까닭에 지금 그것을 질문한다. 둘째는 가까이로는 불도에 통달하는 뜻에서 발생하였다. 보살이
일체의 邪道에 두루 들어가서 불도에 통달한 것은 진실로 안에 갖추고 있는 衆德을 말미암기 때문이다.
셋째는 정명의 權과 道는 무방하여 겉모습[形]이 세속인으로 천식하여 통달하지 못한 것과 같다고 기실
그렇게 말한다. 지금은 그것을 드러내려는 까닭에 질문을 꺼낸다.
910) '이에…말했다.'에서 이것은 정명의 답변이다. 위에서는 산문[長行]을 설명하였다. 지금 게송을 설한 것은
안으로는 無礙智가 있고 밖으로는 無方辨을 갖추고 있음을 설명한다. 또한 중생이 좋아하는 것을 따르는
까닭에 설법이 동일하지 않다.

法喜以爲妻, 慈悲心爲女, 善心誠實男, 畢竟空寂舍.
弟子衆塵勞, 隨意之所轉, 道品善知識, 由是成正覺.
諸度法等侶, 四攝爲伎女, 歌詠誦法言, 以此爲音樂.
總持之園苑, 無漏法林樹, 覺意淨妙華, 解脫智慧果.
八解之浴池, 定水湛然滿, 布以七淨華, 浴此無垢人.
象馬五通馳, 大乘以爲車, 調御以一心, 遊於八正路.
相具以嚴容, 衆好飾其姿, 慚愧之上服, 深心爲華鬘.
富有七財寶, 敎授以滋息, 如所說修行, 迴向爲大利.
四禪爲床座, 從於淨命生, 多聞增智慧, 以爲自覺音.
甘露法之食, 解脫味爲漿, 淨心以澡浴, 戒品爲塗香.
摧滅煩惱賊, 勇健無能踰, 降伏四種魔, 勝幡建道場.
雖知無起滅, 示彼故有生, 悉現諸國土, 如日無不見.
供養於十方, 無量億如來, 諸佛及己身, 無有分別想.
雖知諸佛國, 及與衆生空, 而常修淨土, 敎化於群生.
諸有衆生類, 形聲及威儀, 無畏力菩薩, 一時能盡現.
覺知衆魔事, 而示隨其行, 以善方便智, 隨意皆能現.
或示老病死, 成就諸群生, 了知如幻化, 通達無有礙.
或現劫盡燒, 天地皆洞然, 衆人有常想, 照令知無常.
無數億衆生, 俱來請菩薩, 一時到其舍, 化令向佛道.
經書禁呪術, 工巧諸伎藝, 盡現行此事, 饒益諸群生.
世間衆道法, 悉於中出家, 因以解人惑, 而不墮邪見.
或作日月天, 梵王世界主, 或時作地水, 或復作風火.
劫中有疾疫, 現作諸藥草, 若有服之者, 除病消衆毒.
劫中有飢饉, 現身作飲食, 先救彼飢渴, 却以法語人.

劫中有刀兵, 爲之起慈心[911], 化彼諸衆生, 令住無諍地.
若有大戰陣, 立之以等力, 菩薩現威勢, 降伏使和安.
一切國土中, 諸有地獄處, 輒往到于彼, 勉濟其苦惱.
一切國土中, 畜生相食噉, 皆現生於彼, 爲之作利益.
示受於五欲, 亦復現行禪, 令魔心憒亂, 不能得其便.
火中生蓮華, 是可謂希有, 在欲而行禪, 希有亦如是.
或現作婬女, 引諸好色者, 先以欲鉤牽, 後令入佛道[912].
或爲邑中主, 或作商人導, 國師及大臣, 以祐利衆生.
諸有貧窮者, 現作無盡藏, 因以勸導之, 令發菩提心.
我心憍慢者, 爲現大力士, 消伏諸貢高, 令住無上道.
其有恐懼衆, 居[913]前而慰安, 先施以無畏, 後令發道心.
或現離婬欲, 爲五通仙人, 開導諸群生, 令住戒忍慈.
見須供事者, 現爲作僮僕, 旣悅可其意, 乃發以道心.
隨彼之所須, 得入於佛道, 以善方便力, 皆能給足之.
如是道無量, 所行無有涯, 智慧無邊際, 度脫無數衆.
假令一切佛, 於無量[914]億劫, 讚歎其功德, 猶尚不能盡.
誰聞如是法, 不發菩提心, 除彼不肖人, 癡冥無智者」

반야바라밀은 곧 보살의 어머니이고
방편바라밀로 곧 아버지를 삼았으니

---

911) 慈心＝慈悲【宋】【元】【明】
912) 道＝智【宋】【元】【明】【聖】
913) 居＝於【聖】
914) 量＝數【宋】【元】【明】

일체중생을 인도해주는 모든 도사도

이를 인유하여 발생치 않은 이 없네[915]

법의 기쁨을 가지고 곧 아내로 삼고[916]

대자 및 대비심을 가지고 딸 삼으며[917]

선심 및 성실을 가지고 아들을 삼고[918]

필경엔 공적한 그 마음을 집 삼아서[919]

제자들을 비롯하여 갖가지 번뇌로써

자신의 마음을 따라서 활용하였다네[920]

삼십칠 가지 조도품 및 모든 선지식

이것을 말미암아서 정각을 성취하고[921]

일체의 바라밀로써 반려를 삼았으며[922]

---

915) '반야바라밀은…없네'에서 반야[實智]는 內照로서 어머니이고, 바라밀[度]이라고 말한 것은 궁극적인 반야[窮智]의 근원[原]이기 때문이다. 방편은 外用으로서 아버지이다. 위에서는 順理의 巧를 설명하였는데, 지금 이 대목은 근기에 알맞은 묘용이 實智보다 뛰어남을 변별하기 때문에 아버지라고 일컫는다. 또한 實慧의 虛凝은 달[陰]처럼 고요함이 똑같고, 方便의 巧用은 해[陽]처럼 움직임이 똑같기 때문에 아버지와 어머니에 배대한다. 佛과 보살은 모두 중생을 인도하는 스승으로서 이것[반야와 방편]을 말미암아 발생한다.

916) '법의…삼고'에서 심오한 법을 분명하게 깨친 즉 환희가 발생하기 때문에 그것을 아내에다 비유한 것이다.

917) '대자…삼으며'에서 자비심은 텅 비어 있어서 밖에까지 이른다. 또한 자비의 본성은 유약하지만 중생을 따라서 생사에 들어간다.

918) '선심…삼고'에서 성실에는 세 가지 뜻이 갖추어져 있다. 첫째는 질직하고 왜곡됨이 없어서 여인의 諂僞와 다르다. 둘째는 힘에 幹用이 있어서 소위 衆邪를 降制한다. 셋째는 불종을 계승한다. 성실은 비록 그 眞일지라도 남자의 본성은 또한 有爲惡이면서 實이기 때문에 그것으로써 善心을 標한다.

919) '필경엔…삼아'에서 이것은 주처를 언급하여 그 덕을 드러낸 것이다. 위에서는 반야바라밀[智度]을 소위 空慧라고 설명하였는데, 지금은 실상의 경계를 언급하여 지인의 주처[所栖]로 삼는다. 필경공에는 네 가지 뜻이 있다. 첫째는 근심이 없고 장애가 없다. 둘째는 공을 깨쳐서 갖추지 못한 덕이 없다. 셋째는 寂滅하고 永安하다. 넷째는 體性이 깊고 넓다. 이런 것을 집으로 비유한 것이다.

920) '제자들을…활용하였다네'에서 번뇌가 있는 중생은 보살의 교화를 따라서 악을 굴려서 선을 좇는다.

921) '삼십칠…성취하고'에서 세간의 지식(스승 혹은 도반)은 선을 권장하고 악을 경계한다. 삼십칠품은 열반의 문을 열고 생사의 길을 닫는데, 뜻에 세 가지 이익이 있다는 점에서 똑같다.

922) '일체의…삼았으며'에서 비록 지식(스승 혹은 도반)이 있을지라도 그것이 반드시 임종[剋終]까지

보시 애어 이행 동사섭은 기녀 되어[923)

노래하고 법문의 말씀을 암송하는데

그것을 가지고서 음악을 대신하였네

總持를 통하여 원림 및 정원을 삼고[924)

무루법으로 삼은 수풀속의 나무에는[925)

칠각분의 청정미묘한 꽃이 피어나고[926)

해탈이라는 지혜의 열매가 맺혔다네[927)

여덟 가지 해탈의 물 담긴 연못에는[928)

선정의 깊고 고요한 물이 가득 찼네[929)

반려가 되는 것은 아니다. 혹 반려가 된다고 해도 반드시 선지식이 되는 것은 아니다. 지금은 善을 시작하면서부터 그것을 끝내 도량에 이르게끔 하는 것을 설명한 것인데, 육바라밀로써 진정한 반려를 삼는 것이다.

923) '보시…되어'에서 중생이 기쁨을 초래하는 것들로는 사섭법을 능가하는 것이 없다.

924) '노래하고…삼고'에서 널리 모든 악을 차단하여 발생하지 않게 하는 것은 마치 동산에서 거친 것을 제거하는 것과 같다. 그래서 두루 선을 지녀 잃지 않도록 하는 것은 마치 동산에 갖가지 사물이 있는 것과 같다.

925) '무루법으로…나무에는'에서 무루의 뿌리는 깊어서 눕혀서 뽑을 수가 없고, 무루의 줄기[理]는 높이 솟아서 무성하다. 蔭藪는 煩惱樹라는 뜻이다. 그 사이에 有漏의 間錯이 없기 때문에 수풀과 같다. 이것은 見諦道이다.

926) '칠각분의…피어나고'에서 꽃[華]에는 세 가지 뜻이 있다. 첫째는 열매를 맺고, 둘째는 청정하며, 셋째는 장엄한다. 지금은 이 세 가지 뜻을 모두 갖추고 있다. 淨은 곧 청정이고, 妙는 소위 장엄이다. 꽃[華]은 해탈지혜가 맺은 果라는 뜻을 설명한 것이다. 때문에 七覺을 활용하여 꽃[華]으로 만든 것이다. 그 꽃으로 體를 삼기에 合한 즉 妙가 안되고 開過한 즉 毁가 되어 開와 合이 得中해야만 이에 그 妙를 다하여 칠각의 뜻[意]이 조화를 이룬다. 그 뜻[義]도 또한 그러하기에 높은 즉 放散하고 낮춘 즉 沈沒하여 높임과 낮춤에 和適하는 것은 그것이 바로 청정한 꽃[淨]을 말미암은 까닭이다.

927) '해탈이라는…맺혔다네'에서 칠각은 곧 思惟位로서 無學智의 斷果가 발생되는데 해탈이 斷果로서 소위 無爲法이다. 지혜는 곧 智果로서 소위 有爲果이다.

928) '여덟…연못에는'에서 팔해탈은 곧 팔배사로서 소위 下地의 繫縛을 背捨하므로 해탈이라고 말한다. 물[水]은 그 用으로서 垢를 제거하고 熱을 없애준다. 해탈의 본성은 번뇌의 열을 제거하고 衆惑의 때를 벗겨준다.

929) '선정의…찼네'에서 고요함[止]은 즉 비추어보는 것으로서 선정의 물[定水]이라는 뜻이다. 八解脫을 터득하면 온갖 선정[衆定]이 원만하게 구비되기 때문에 가득 찬다[滿]고 일컫는다.

일곱 가지 청정한 꽃을 물에 띄우고⁹³⁰⁾

때가 없는 사람 그 속에서 목욕하네⁹³¹⁾

코끼리와 말은 오신통력으로 달리고

대승으로써 수레를 만들어 올라타며

일심으로 수레를 인도하는 마부삼아

여덟 가지의 수행도에서 유희하였네⁹³²⁾

삼십이상을 가지고 얼굴을 장엄하고

팔십종호로써 그 자태를 엄식하였네

부끄러움을 느껴서 옷가지를 걸치고⁹³³⁾

---

930) '일곱…띄우고'에서 위에서는 선정의 물이 가득함을 설명하였는데, 지금은 비추어보는 작용이 원만함을 찬탄한 것이다. 첫째는 戒가 청정하다. 둘째는 心이 청정하다. 셋째는 見이 청정하다. 넷째는 度와 疑가 청정하다. 다섯째는 道와 非道가 청정하다. 여섯째는 知見의 실천이 청정하다. 일곱째는 知見을 단제함이 청정하다. 첫째로 설명한 戒는 善의 근본이다. 위에서는 지계를 설명하였는데, 계를 인하여 선정을 터득한다. 둘째로 心의 청정을 설명한다. 이 둘[戒와 心]은 곧 見道 이전이다. 다음으로 셋째가 바로 견도이다. 身見을 단제하는 까닭에 견의 청정[見淨]이라고 말한다. 넷째로 疑說을 단제하여 疑를 건져[度] 청정하게 해준다. 다섯째로 惑을 단제하여 설법을 취하여 道와 非道를 청정하게 해준다. 八正을 아는 것이 道이고 惑에 사로잡히는[取] 것이 非道이다. 때문에 道와 非道라고 말한다.

931) '때가…목욕하네'는 선정의 물 및 七淨華의 공용을 설명한 것이다. 위의 내용에 의거하자면 선정의 물 및 칠정화는 마음의 때를 씻어주기 때문에 浴이라고 말한다. 때가 없는 것을 浴이라고 말한다. 나집공은 열을 제거함으로써 쾌적함을 취한다고 말한다. 대사는 번뇌가 없이 팔해탈에 들어가는데 밖으로는 장차 중생을 위하고 안으로는 스스로 마음을 편안하게 한다. 지금 여기에서 말하는 목욕을 인하기 때문에 無垢를 얻는다는 것은 終에 의거해서 始를 드러낸 것이다. 때문에 때가 없는 사람 그 속에서 목욕한다고 말한다.

932) '코끼리와…유희하였네'에서 일심으로 수레를 인도하는 마부로 삼는다는 것에 대하여 나집공은 다음과 같이 말한다. '도품에 세 가지 모습이 있다. 첫째는 발동시키는 것이고, 둘째는 마음을 섭수하는 것이며, 셋째는 捨라고 말한다는 것이다. 만약 발동이 지나친 즉 마음이 흩어지고, 마음이 흩어진 즉 그것을 섭수하며, 그것을 섭수함이 만약 지나친 즉 침몰한다. 때문에 정진하여 마음을 발동시킴으로써 動과 靜이 적절함을 얻어서 마음을 마음대로 진척시키고 몸을 중도에 처하게끔 하는데 이것을 捨라고 말한다. 捨는 곧 調御이다. 잘 어거하는 것을 비유한 것인데 너무 느려지면 말을 책려하고 너무 빨라지면 곧 말을 억제한다. 느려짐과 빨라짐에 적절함을 얻어서 말에게 맡겨서 앞으로 나아가게 한다.'

933) '삼십이상을…걸치고'에서 의복이 해진 사람은 치부가 드러나면 그것이 나쁘게 간주한다. 참괴는 악이 아닌데, 행위[事]의 뜻도 또한 마찬가지이다.

深心의 꽃장식으로는 목걸이 삼았네[934]

부를 상징하는 칠재보를 활용하므로[935]

불법의 가르침이 더욱더 증가하였고

부처님께서 설하신 그대로 수행하여

일체중생에게 큰 이익을 회향하였네[936]

네 단계의 선을 가지고 의자를 삼아[937]

청정한 일거리와 일상생활 발생하고[938]

불법을 다문하여 지혜를 증장하였고

자신을 각성시켜주는 소리로 삼았네[939]

감로의 가르침으로는 음식을 삼았고[940]

---

934) '深心의…삼았네'에서 참괴는 악을 그치고 깊은 마음으로 信樂하기 때문에 修善할 수 있음을 설명한 것이다. 그러나 居善에 나아가는 것은 꽃장식이 머리에 있는 것과 같다.

935) '부를…활용하므로'에서 信·戒·聞·捨·慧·慚·愧가 일곱 가지이다. 信善을 말미암은 까닭에 지계이고, 지계인 즉 악이 그치며, 악을 그치게 되면 즉 마땅히 衆善의 실천에 나아간다. 衆善의 실천에 나아간 즉 요컨대 多聞을 말미암아 법문을 듣기 때문에 오욕과 번뇌를 버리게 된다. 惑을 버리는 것은 반드시 慧를 말미암는다. 때문에 五事가 뒤따른다. 五事는 바로 재물의 보배이고, 慚愧는 재물을 지키는 사람이며, 재보의 주인도 또한 그대로 재보이다. 세간 사람은 옥과 비단으로 풍요를 삼지만 보살은 칠재보로 富를 삼는다.

936) '불법의…회향하였네'에서 자기의 수행은 칠재보로 근본을 삼아 중생을 교수한 즉 그것이 재보의 장점으로서 滋息이라고 말한다. 또한 그 중생에게 설법대로 수행토록 한 연후에 그 衆善으로 되돌아가게 해주고 불도를 향하게 해주는 것을 大利라고 말한다. 만약 삼유의 이승을 향한다면 얻은 이익이 즉 적다.

937) '네 단계의…삼아'에서 제사선은 선정[定]과 지혜[慧]가 균등하다. 三聖이 得道하여 열반에 들어가서 신통력 등을 나타내면 밖으로 모두 그것에 의지하기 때문에 평상에 앉는다. 또한 평상에 세 가지 뜻이 있다. 첫째는 벌레의 습격을 벗어난다. 둘째는 塵垢를 벗어난다. 셋째는 차갑고 습한 기운을 벗어난다. 제사선의 경우도 또한 그와 같아서 진에의 독과 탐욕의 塵과 수면의 차가움을 벗어난다. 이 三患을 벗어난 즉 안온하고 쾌락하다.

938) '청정한…발생하고'에서 청정한 행위[淨命]는 곧 지계이다. 지계를 말미암아 선을 터득하기 때문에 발생[生]이라고 말한다.

939) '불법을…삼았네'에서 위에서는 평상[床]에 대하여 설명한 즉 臥床은 安寢하다. 안온한 즉 그것을 법으로 느끼기 때문에 이어서 樂音을 설한다. 인도에서 귀인들은 잠을 자다가 일어나려고 할 때면 음악으로 잠을 깨운다. 보살의 안온은 四定인 즉 법음을 다문을 통해서 그 禪寢에서 깨어난다.

940) '감로의…삼았고'에서 제천은 나라에 가득한 약재를 寶山으로 갈아서 감로를 만들어 그것을 먹고 선인이

해탈의 맛으로는 반찬삼아 먹었으며[941]

청정심으로 머리와 몸을 씻어주었고

계율수행은 몸에 바르는 도향이었네[942]

번뇌의 도적을 꺾어주고 소멸시키는

용건한 행위 능가할 자 아무도 없어

사종의 악마를 남김없이 다스리고서

뛰어난 당기로써 도량을 건립하였네[943]

생기하고 소멸함이 없음을 알면서도

중생에게 일부러 발생함을 보여주고

일체의 불국토를 죄다 드러내보이니

마치 해처럼 보지 않는 사람이 없네[944]

되는데 그것을 不死藥이라고 말한다. 불법을 열반의 감로로 삼아서 생사를 영원히 단절토록 하는데
이것이 진정한 불사약이다. 또한 겁초에 地味의 감로가 있었는데 그것을 먹은 즉 長生한다. 불법 안에는
즉 실상의 감로가 있어서 그것이 慧命을 장양해주는데 이것이 진정한 甘露食이다.

941) '해탈의…먹었으며'에서 맛에는 네 가지가 있다. 첫째는 離味인데 소위 출가하여 오욕을 벗어난 것이다.
둘째는 禪味인데 산란한 번뇌를 벗어난 것이다. 셋째는 智慧味인데 망상을 벗어난 것이다. 넷째는
涅槃味인데 생사를 벗어난 것이다. 지금 여기의 解脫味는 이들 네 가지에 다 통한다. 또한 愛는 계박의
근본인데, 無厭으로 파괴를 삼는다. 만약 渴乏하여 물이 필요할 경우는 즉 큰 고통이 발생한다. 康僧會는
'愛는 본성이다. 마치 굶주린 사람이 꿈에 밥을 먹지만 배부를 기약이 없는 것과 같다.'고 말한다. 지금
만약 愛를 단제한다면 즉 해탈을 얻는다. 때문에 해탈로써 반찬[漿]을 삼아서 그 愛渴을 그친다.

942) '청정심으로…도향이었네'에서 마음의 청정은 목욕물을 삼고, 계를 구족하는 것으로 몸에 바르는 향을
삼는다.

943) '번뇌의…건립하였네'에서 위에서는 家事가 이미 원만함을 설명하였는데, 지금은 가업의 보호하여
남이 훼손할 수 없음을 설명한 것이다. 또한 위에서는 四體의 資養을 설하였는데, 그것은 體가 이미
平健하면 사업을 일으킬 준비가 되어 있다는 것이다. 滅에 伏滅과 斷滅의 두 가지가 있다. 번뇌적을
摧滅하는 것을 伏滅이라 하고, 四種魔(煩惱魔·情魅魔·五陰魔·死魔)를 항복시키는 것은 곧 斷滅이다.
인도에서는 적을 물리치고 승리한 즉 勝幡을 내건다. 도량에서 降魔하면 또한 그 모습을 表한다.

944) '생기하고…없네'에서 이것은 보살이 무방의 선교로써 중생을 교화함을 찬탄한 것이다. 보살은 기멸이
없음을 안 즉 법신을 터득하여 다시는 분단생사[生分]가 없고 중생을 위하여 생을 받는다. 때문에
출현하지 않음이 없다. 출현하지 않음이 없는 것을 方便慧라고 말하고, 기멸이 없음을 아는 것은 곧
實慧인데, 또한 이것은 本과 迹의 二身이기도 하다.

시방세계의 모든 장소에 상주하시는
무량만억의 여래에게 공양을 드리되
과거 현재 미래의 일체제불 및 자기
다르다고 분별하는 생각이 없었다네[945]
비록 모든 부처님의 국토 및 중생이
모두가 공임을 이해한다고 할지라도
항상 청정국토를 장엄하려고 닦으며
일체의 군생들을 남김없이 교화하고[946]
이십오 제유에서 살아가는 중생류의
형체 및 소리 그리고 위의에 대하여
열네 가지 무외력을 다 갖춘 보살을
일시에 남김없이 드러내어 보여주네
온갖 악마소행을 느끼고 알아차려서
그 행위를 따라다니며 나타내보이고
선교방편을 구사하는 지혜를 가지고
마음을 먹은대로 모두 화현해주었네
혹은 늙고 병에 걸리며 죽는 모습도
모든 군생을 성취시켜주려는 까닭에
그것이 幻人 및 化人인 줄 요지하여

---

945) '시방세계의…없었다네'에서 이것은 부처님에 대한 공양에 나아가서 二慧를 설명한 것이다. 尊과 卑가
완연하지만 師와 資가 不二이다.

946) '비록…교화하고'에서 위에서는 먼저 제불에 대한 공양에 의거하였는데, 지금은 나중에 중생의 제도를
찬탄한 것이다. 또한 공유에 대하여 二慧를 설명한다. 依正이 모두 공임을 알지만 국토를 장엄하고
중생을 교화한다.

통달시켜주는 데에 걸림이 없었다네[947]
劫盡時에 발생하는 劫火를 말미암아
천지를 남김없이 분명하게 드러내어
중생이 착각하는 영원하다는 집착을
비추어 그것이 무상임을 이해시키네[948]
헤아릴 수 없이 많은 억만의 중생이
모든 보살들이 왕림해주기를 청하면
일시에 모두 그 집의 문전에 이르러
그들을 다 교화해 불도 향하게 하네
부처님의 경서와 금지한 주술비법과
공예의 기교와 갖가지 기예들까지도
모두 당장 바로 그 앞에 현행시켜서
모든 군생들을 남김없이 요익시키네
세간에는 갖가지 조도법이 있으므로
모두가 조도법을 익히려고 출가하여
그로 인하여 곧 남의 미혹 풀어주어
사견에 떨어지지 않도록 해주었다네
이에 혹 해와 달이 되어주기도 하고
때로는 범왕이 되고 또 세계주 되며[949]

---

947) '이십오…없었다네'에서 이것은 신통력으로 중생을 교화함을 설명한 것이다. 두루 방편의 작용을 찬탄하는 것에 무릇 다섯 차례가 있다. 첫째는 중생세간에 나아가서 신통력의 작용을 설명한다.

948) '劫盡時에…이해시키네'에서 위에서는 중생세간에 나아가서 신통력을 드러냈는데, 지금은 기세간에 나아가서 신통력을 드러낸다. 겁화를 드러내는 것에 두 가지가 있다. 첫째는 實燒로써 이익을 얻는 것이다. 둘째는 不實燒로써 혹 두 개의 해 내지 서너 개의 해가 뜨는 것을 드러내어 중생이 타는 모습[燒相]을 보면 무상을 깨치는데 다시 섭수하여 타지 않도록 해준다.

949) '헤아릴…되며'에서 이것은 거듭 중생세간에 나아가서 신통력을 드러낸 것이다.

어떤 땐 지대와 수대가 되기도 하고
혹 다시 풍대와 화대가 되기도 하네[950]
겁 가운데서 혹은 질병이 돌 때에는
필요한 갖가지 약용초로 작용해주네
만약 그 약초를 잘 복용하는 사람은
병이 제거되고 또 온갖 독 소멸되네[951]
일체중생이 굶주리는 겁의 시대에는
몸을 음식으로 화현하여 드러내주어
먼저 그들을 기갈로부터 구제해주고
연후에 사람들에게 법어를 설해주네
전쟁이 일어나는 시대가 도래한다면
그들을 위해서 대자대비심을 일으켜
그들 중생들을 남김없이 교화시켜서
다툼없는 경지에 머물도록 해준다네[952]

---

950) '어떤 땐…하네'에서 이것은 거듭 기세간에 나아가서 신통력을 드러낸 것이다. 바다에서 표류하는 사람을
만난 즉 변신하여 땅이 되고, 중생이 渴乏하면 그를 위해 물을 내보여주며, 기타 상황[事]에서도 모두
중생이 필요한 것을 만나게 해준다.

951) '겁…소멸되네'에 대하여 나집공은 '혹 병을 제거해주려고 仙境에 오르게 해주고, 그것을 인하여 그를
교화하여 정도에 들어가도록 해준다.'고 말한다. 인도에는 기묘한 약초가 있는데 혹 사람의 형상도
있고, 혹 코끼리 및 말의 형상도 있는데, 사람이 거기에 올라타면 하늘높이 올라서 사라지고, 혹 무릇 이
약초를 보거나 듣기만 해도 온갖 병이 곧 소멸된다.

952) '일체중생이…해준다네'에서 劫에는 大와 사가 있다. 대겁에는 세 가지가 있는데, 화대 · 수대 · 풍대이다.
大라고 말한 까닭은 시절이 길기 때문이고, 파괴된 처소가 넓어서 욕계부터 제삼선에 이르기 때문이며,
사람과 사물이 모두 다 없어지기 때문이다. 칠겁이 지나면 화재가 일어나서 욕계와 초선을 태운다. 연후
첫째 水劫이 일어나면 욕계 내지 제이선이 표류한다. 이와 같이 사십구 화겁이 일어나고, 칠 수겁이
일어난다. 칠 수겁이 일어난 후에는 다시 칠 화겁이 일어난다. 연후에 일 풍재 때에는 바람이 불어서
욕계 내지 제삼선까지 파괴한다. 『잡아비담심론』에서는 다음과 같이 말한다. '인간의 수명이 십 세 때는
기근겁이 일어난다. 칠 년 칠 월 칠 일이 지나면 오곡이 익지 않아서 사망자가 많다. 오직 몇 사람만
남아서 기근겁을 지낸 이후에는 人相이 자애로워지는데 자비력 때문이다. 인간의 수명이 점차 늘어나고
이에 팔만사천 세에 이르면 다시 교만과 방일이 수반되어 수명이 감퇴하여 도로 십 세에 이른다. 다시

혹 큰 전쟁의 군대가 일어나게 되면
큰 전쟁 속에 나서서 대등한 힘으로
보살이 지니는 위세를 드러냄으로써
그들을 다스려 평화안락하게 해주네
세간에 존재하는 일체국토 가운데서
만약 지옥과 같은 것이 있는 곳이면
곧장 그 지옥과 같은 곳에 도달하여
그 곳의 온갖 고뇌를 없애 교화하네
세간에 존재하는 일체국토 가운데서
축생세계처럼 서로 잡아먹는 곳이면
그 모든 곳에 그들 모습으로 태어나
그들 위해 모든 이익을 베풀어 주네
오욕락을 누리는 모습을 보여주어도
또한 다시 禪의 실천을 잘 보여주어
악마의 마음을 혼란스럽게 만들어서
그 악마들이 틈을 타지 못하게 하네

기아겁이 일어나서 무릇 칠 년의 반복이 경과한다. 칠 년의 반복이 지나면 역병겁이 일어나는데 칠 월 칠 일 동안 惡氣가 유행하여 그것을 맞닥뜨리는 사람은 모두 죽는다. 그것을 지낸 이후에는 또 다시 수명이 늘어난다. 다시 칠 년의 기아겁이 경과하면 또 한 번 질병겁이 일어난다. 이와 같이 사십구 기겁이 경과하는데, 처음은 칠 질병겁이다. 칠 질병겁 이후에 다시 칠 기겁이 경과하고, 연후에 일 刀兵이 일어나면 사람의 마음에 독이 치성하여 손에 든 사물이 모두 刀劍이 되어 서로 해꼬지를 한다. 칠 일이 모두 다하면 드물게 몇 사람이 남는다. 도병이 일어나서 사람의 수명 십 세 때에 파수밀보살이 도리천으로부터 왕궁에 하생하여 태자가 되어 중생을 교화하며 다음과 같이 말했다. 〈우리의 조부들은 수명이 지극히 길었는데 지금은 진에로써 자비가 없기 때문에 이처럼 짧은 수명에 이르렀습니다. 이런 까닭에 그대들은 마땅히 자심을 실천해야 합니다.〉衆人이 그 명을 따르자 악심이 점차 엷어져서 차후에 태어난 아이들은 수명이 이십 세였다. 이와 같이 점점 계속하여[轉續] 미륵의 시대에 이르면 수명이 팔만사천 세가 된다.'

훨훨 타오르는 불꽃 속에 피는 연꽃
그것을 희유한 모습이라고 말하지만
다섯 가지 욕락 속에 禪을 실천함도
희유하기는 또한 그와 마찬가지라네
때로는 음녀의 모습으로 드러내어서
색을 좋아하는 사람들을 이끌어들여
먼저 애욕이라는 갈구리로 묶어두고
나중에 불도로 들어가도록 안내하네
혹 읍중의 왕 되어 나타나기도 하고
혹 상인 가운데 저 우두머리가 되며
때로는 국사가 되고 또한 대신 되어
중생을 도와주어 이익됨을 보태주네
갖가지 세상의 빈궁한 사람들에게는
무진장의 보배를 만들어 드러내주어
그것으로 인하여 권장하고 이끌어서
아뇩다라삼먁삼보리심을 발생시키네
아만심 가득하여 교만한 사람에게는
대역사의 신체를 만들어 나타내주고
모든 공고함을 남김없이 消伏시켜서
그들에게 무상도에 머물도록 해주네
두려움으로 벌벌벌 떠는 중생에게는
그들에게 나타나 위로해 안심시키고
두려움을 제거해주는 보시를 베풀고
연후에 보리심을 발생하도록 해주네

혹 음욕을 멀리 벗어난 모습을 보여
오신통의 수행자 모습으로 나타나서
세간 일체의 군생들에게 불법으로써
계율의 인욕 및 자비에 머물게 하네
시중드는 사람이 필요함을 보거들랑
스스로 동복으로 몸을 드러내주어서
이미 그 마음을 흡족하게 해준 뒤에
이에 보리심을 일으키게 인도한다네
그 사람들이 필요로 하는 것을 따라
불법의 가르침에 들어가도록 해주고
보살이 지니는 선교방편력을 가지고
그 혜택을 받는 자를 다 만족시키네[953]
이와 같이 저 무량한 불도를 가지고
실천하는 것이 끝남을 알 수가 없고
또한 그 지혜를 베품도 끝이 없도록
헤아릴 수 없는 중생을 구제해 주네
가령 시방삼세 상주하는 일체불께서
한량이 없는 억겁세월이 지나가도록
그런 공덕을 남김없이 찬탄하더라도
오히려 모두 끝남을 볼 수가 없는데[954]

---

953) '혹 … 만족시키네'에서 이것은 거듭 중생에 나아가서 신통력의 작용을 설명한 것이다. 행선하고자
하거나 행선을 말하고자 하는 경우에도 다시 오욕을 받거나 오욕을 받음을 말하고자 하면서도 다시
행선을 드러내기 때문에 그 변화를 헤아릴 수가 없다. 때문에 마음이 산란하고 어수선하여 스스로 靜과
亂을 종지에 계합시키지 못한다면 누가 그렇게 해줄 수 있겠는가.
954) '이와…없는데'에서 이것은 총결로서 그 權道가 無方함을 칭탄한 것이다. 비록 다시 衆聖이 다르게

누가 이와 같이 훌륭한 불법 듣고도
삼먁삼보리의 마음 발생하지 않으랴
다만 저들 불초한 사람들 및 그리고
눈 어두워 지혜 없는 자는 예외라네[955]

변별할지라도 그것은 다할 수가 없음을 말미암은 것이다.

955) '누가…예외라네'에서 이것은 발심을 권장한 것이다. '불초한 사람'이란 소위 그렇게 하지 못하는
사람이다.

維摩詰所說經入不二法門品第九
유마힐소설경 입불이법문품[956] 제구

爾時維摩詰謂衆菩薩言;「諸仁者! 云何菩薩入不二法門? 各隨所樂
說之」

　그때 유마힐이 여러 보살에게 일러 말했다.
　"그대들이여, 어떤 것이 불이법문에 들어가는 것입니까. 각자 좋아함을
따라서 말씀해주십시오."[957]

---

956) 一道가 청정하기 때문에 불이라고 말하고, 진극은 軌則을 삼을만하기 때문에 그것을 법이라고
　일컬으며, 至妙는 허공처럼 통하기 때문에 그것을 문이라고 말하는데, 이러한 이치를 了悟하는 것을
　入이라고 제목한다. 무릇 이것은 衆敎를 총합하는 旨歸이고, 群聖을 갖추고 있는 淵府이며, 정명이
　병을 드러낸 本意이고, 문수가 문병한 所由이다. 體가 불이의 이치를 말미암은 까닭에 불이의 觀이
　있다. 불이의 觀을 말미암은 까닭에 適化가 무방할 수 있다. 적화가 무방하여 그 세계로 돌아가도록
　한다. 때문에 『법화경』에서 '구경열반은 항상 적멸상으로서 끝내 공으로 돌아간다.'고 말한다. 때문에
　六道의 所憑栖이고, 衆聖이 거기에서 冥會한다. 경전은 처음부터 이래로 제법을 설하여 불이를 깨치도록
　하였기 때문이다. 그것은 敎를 인하여 理에 통한 것이고, 다시 그 불이에 의지하여 실혜와 방편의 두
　가지 작용을 일으키려는 까닭에 [향적불품] 등은 곧 理를 인하여 敎를 시설함으로써 양면에서 그것을
　설하였다. 그것은 작용을 섭수하여 본체로 돌아가고[攝用歸體] 본체로부터 작용을 일으키기[從體起用]
　때문에 初說에서 명할 수가 없다. [입불이법문품]을 열어보면 두 부분이 있다. 첫째는 入의 불이법문을
　설한다. 둘째는 悟의 불이법문을 설명한다. 불이법문을 설하는 것에도 세 부분이 있다. 첫째는 정명이
　衆人으로 하여금 설하도록 한다. 둘째는 衆人이 문수에게 설해줄 것을 청한다. 셋째는 문수가 정명에게
　설해줄 것을 청한다.
957) '그때 … 말씀해주십시오.'에서 이것은 정명이 스스로 설하지 않고 衆人에게 설할 것을 명한 까닭이다.
　위에서는 빈주의 문답으로써 대가섭과 문수사리[二人]의 덕을 나타냈는데, 지금은 다시 제보살의 덕을
　드러내려는 까닭에 각자에게 설하게끔 한 것이다. 또한 납자[學者]는 마음을 여는 데에는 지위가 있어서
　깨침을 수용하는 데에는 동일하지 않다. 혹 생멸을 관함으로써 眞에 들어가고, 혹 유무를 인하여 寂을
　체득한다. 그 길[塗]은 비록 다를지라도 이해[會]는 다르지 않다. 때문에 衆人의 같은 점을 취하여 이
　『유마경』의 大旨를 증득한다.

[958]會中有菩薩名法自在，說言；「諸仁者！生滅爲二．法本不生，今則無滅，得此無生法忍，是爲入不二法門」

법회 가운데 法自在라는 이름을 가진 보살이 설하여 말했다.
“그대들이여, 생과 멸은 둘입니다. 그러나 법은 본래 불생이고 지금은 곧 무멸입니다. 이러한 무생법인을 터득하는 것이야말로 곧 불이법문에 들어가는 것입니다.”[959]

德守菩薩曰；「我，我所爲二．因有我故，便有我所；若無有我，則無我所，是爲入不二法門」

德守菩薩이 말했다.
“我와 我所는 둘입니다. 아가 있음을 인유하여 곧 아소가 있습니다. 만약 아가 없으면 곧 아소도 없는데, 그것이 불이법문에 들어가는 것입니다.”[960]

---

958) 會＝舍【宋】

959) ‘법회 … 것입니다.’에서 이것은 명을 받들어 설한 것이다. 불생불멸이란 세 가지 뜻을 갖추고 있다. 첫째는 性實이 없는 生滅이기 때문에 불생불멸이라고 말한다. 이것은 세제문의 무생멸이다. 둘째는 인연의 생멸인 즉 곧 불생불멸이다. 이것은 진제문의 무생멸이다. 셋째는 세제로써는 유이기 때문에 생이지만, 진제로써는 무이기 때문에 멸이라 일컫는다. 그래서 非眞非俗인 즉 곧 理實이므로 불생멸이라고 말한다. 지금은 경문의 뜻을 자세하게 말하자면 셋째[後門]의 경우를 설명한다. 이것은 진속이 아니기 때문에 불이의 이치이다. 이러한 이치를 깨침으로 인하여 불이관을 터득하는데 그것을 無生法忍이라고 말하고, 그것을 入이라고 일컫는다.

960) ‘德守菩薩이 … 것입니다.’에서 我와 我所도 또한 두 가지가 있다. 첫째는 性實을 계탁한 아와 아소이다. 저 외도 등과 같다. 둘째는 가명을 인연한 아와 아소이다. 지금 이 대목은 이 두 가지의 아와 아소가 없으므로 불이문이라고 일컫는다.

不眴菩薩曰; 「受, 不受爲二. 若法不受, 則不可得; 以不可得, 故無取無捨, 無作無行, 是爲入不二法門」

不眴菩薩이 말했다.[961]
"受와 不受는 둘입니다.[962] 만약 법이 不受라면 곧 불가득입니다. 불가득이기 때문에 取가 없고 捨가 없으며 作이 없고 行이 없는데, 그것이 불이법문에 들어가는 것입니다."[963]

德頂菩薩曰; 「垢, 淨爲二. 見垢實性, 則無淨相, 順於滅相, 是爲入不二法門」

德頂菩薩이 말했다.
"垢와 淨은 둘입니다. 垢의 실성을 보면 곧 淨의 모습도 없어서 滅相을 따르는데, 그것이 불이법문에 들어가는 것입니다."

---

961) '不眴菩薩이 말했다.'에서 불현에 세 가지가 있다. 첫째는 천안과 같다. 천안은 눈에 깜작임이 없다. 『열반경』에서 '내지 전륜왕은 눈이 깜작임이 있기 때문에 天帝와 다르다.'고 말한다. 둘째는 佛身을 愛敬하고 諦觀함에 눈을 깜작이지 않는다. 셋째는 마음에 塵垢가 없고 慧眼이 항상 열려 있다.

962) '受와 不受는 둘입니다.'에서 첫째는 因說에 의거하면 범부는 집착하므로 受라고 말하고, 聖은 집착하지 않으므로 不受라고 말한다. 둘째는 果說에 의거하면 유루의 오음을 受라고 말하고, 무루를 不受라고 말한다. 셋째는 십팔계 가운데 아홉 경계는 不受이고 나머지 아홉 경계는 현재의 受와 과거 및 미래의 不受의 둘로 나뉘는데 저 『아비담론』의 설과 같다. 지금 이 대목은 첫째에 대한 것이다.

963) '만약 … 것입니다.'에서 '만약 법이 불수라면'은 마음에 受著이 없음을 말한다. 본래 受를 인하는 까닭에 無受가 있는데 이미 受가 없으므로 또한 無受도 없다. 때문에 '또한 불가득입니다.'고 말한다. 위에서는 無受를 취하는 것을 볼 수가 없었고, 지금은 또한 無受를 버리는 것도 볼 수가 없다. 때문에 '取가 없고 捨가 없다'고 말한다. 取가 없고 捨가 없으므로 생사의 업을 짓지 않기 때문에 '作이 없다'고 말한다. 作이 없으므로 생사의 인연이 그치고, 생사의 인연이 그치므로 正觀마저 또한 잊기 때문에 '行이 없다'고 말한다. 이 말에 이르러보면 여기에 受와 無受, 取와 捨, 作과 行 등 三轉意가 있다.

善宿菩薩曰; 「是動, 是念爲二. 不動則無念, 無念則⁹⁶⁴⁾無分別. 通達
此者, 是爲入不二法門」

善宿菩薩이 말했다.

"是動과 是念은 둘입니다. 부동은 곧 무념이고 무념은 곧 무분별입니다.
이것을 통달하면 그것이 불이법문에 들어가는 것입니다."[965]

善眼菩薩曰; 「一相, 無相爲二. 若知一相卽是無相, 亦不取無相, 入
於平等, 是爲入不二法門」

善眼菩薩이 말했다.

"一相과 無相은 둘입니다. 만약 一相이 곧 그대로 無相이고 또한 無相도
취함이 없이 평등에 들어갈 줄 알면 그것이 불이법문에 들어가는 것입니
다."[966]

妙臂菩薩曰; 「菩薩心, 聲聞心爲二. 觀心相空, 如幻化者, 無菩薩心,
無聲聞心, 是爲入不二法門」

---

964) 則=卽【元】【明】
965) '德頂菩薩이 … 것입니다.'에서 미혹한 마음이 조금만 일어나도 動이라고 말하고, 형상을 취하여 깊이
집착하는 것을 念이라 말하는데 처음과 끝은 異取이다. 지금 이 대목은 이 둘[動과 念]이 없으므로
불이라고 말한다.
966) '善眼菩薩이 … 것입니다.'에서 一相은 유법이고, 無相은 공법을 말한다. 마치 기둥이 圓相일 때 圓이
없으면 相도 없다고 말하는 것과 같다. 또한 공은 一相이지만 공법도 또한 없기 때문에 無相이라고
말한다. 지금 이 대목에는 이 둘이 없다.

妙臂菩薩이 말했다.

"菩薩心과 聲聞心은 둘입니다. 心相은 空으로서 幻化와 같음을 관찰하면 보살심도 없고 성문심도 없는데, 그것이 불이법문에 들어가는 것입니다."967)

弗沙菩薩曰；「善, 不善爲二. 若不起善, 不善, 入無相際而通達者, 是爲入不二法門」

弗沙菩薩이 말했다.

"善과 不善은 둘입니다. 만약 선과 불선을 일으키지 않고 無相際에 들어가 통달하면 그것이 불이법문에 들어가는 것입니다."968)

師子969)菩薩曰；「爲二. 若達罪性, 則與福無異, 以金剛慧決了此相, 無縛無解者, 是爲入不二法門」

---

967) '妙臂菩薩이 … 것입니다.'에서 과거에 보시를 행한 과보로 손에서 끝없는 보물을 마치 四流의 河처럼 출현하는 것을 妙臂라고 말한다. 혹자는 성문의 마음은 독선이고 보살의 마음은 兼濟라고 말하기 때문에 지금 그것을 없애주는데, 마음은 본성이 공으로서 일찍이 대소가 없다.

968) '弗沙菩薩이 … 것입니다.'에서 이십팔수 가운데 鬼星을 弗沙(明, 圓滿, 鬼宿〈귀수〉라 번역함)라고 말하는데, 생성될 때의 가치를 인하여 이름붙인 것이다. 십선은 善이고, 십불선은 不善이다. 그렇듯이 첫째로 범부가 일으킨 십선이 佛에 이르면 모두 선이 되고 나머지는 불선이 되는데, 이것은 법을 끝까지 섭수한 것이다. 둘째로 또한 출세도를 따르는 것은 선으로서 즉 삼승의 성인이고, 출세를 거스르는 것을 불선이라고 말하는데, 범부의 삼성은 모두 불선이다. 셋째로 또한 소승을 추구하는 것은 불선이고, 대승을 추구하는 것은 선이다. 넷째로 또한 소승과 대승의 둘을 추구하는 것은 또한 불선이 되고, 불이는 선이라고 말한다. 지금 이 대목에서는 첫째의 설에 대한 것이다.

969) 師子＋(吼)【聖】

師子菩薩이 말했다.

"罪와 福은 둘입니다. 만약 죄의 자성을 통달하면 곧 福과 다름이 없습니다. 금강혜로 이 모습을 決了함으로써 결박도 없고 해탈도 없으면 그것이 불이법문에 들어가는 것입니다."970)

師子意菩薩曰; 「有漏, 無漏爲二. 若得諸法等, 則不起漏, 不漏想, 不著於相, 亦不住無相, 是爲入不二法門」

師子意菩薩이 말했다.

"有漏와 無漏는 둘입니다. 만약 제법이 평등함을 터득하면 곧 漏想과 不漏想이 일어나지 않고 相에 집착하지 않으며 또한 無相에도 머물지 않는데, 그것이 불이법문에 들어가는 것입니다."971)

淨解菩薩曰; 「有爲, 無爲爲二. 若離一切數, 則心如虛空, 以淸淨慧

---

970) '師子菩薩이 … 것입니다.'에서 죄복이 선불선과 다른 것은 體는 동일하지만 義가 다르다. 손익은 선악으로 과보를 초래하므로 죄복인데, 죄복은 대부분 果에 의거한다. 선을 행하여 얻는 富饒의 果를 복이라고 말하고, 악을 지어 감응하는 摧折의 報를 죄라고 말한다. 금강혜란 세간의 금강으로서 만약 산정에 두면 평지까지 이르는데 곧장 걸림이 없이 통과하여 금강제에 이른 연후에야 멈춘다. 실상혜는 복의 산정에 두어도 마치 죄의 평지와 같아서 곧장 걸림이 없이 통과하여 法性에 이르는데 죄와 복이 없는 같은 본성에 이르러야 이에 멈춘다.

971) '師子意菩薩이 … 것입니다.'에서 사자가 물을 건너갈 때는 요컨대 흐름을 가로질러 直으로 건너가야지 曲은 즉 건너지 못한다. 이것은 대사가 실상지혜로써 제법에 깊이 들어가서 直으로 피안을 통과하기 때문에 그것을 빌려서 명칭을 삼은 것이다. 『성실론』에서는 이치[理]를 잃고 형상[相]을 취하는 마음을 유루라고 말하고, 이치[理]를 얻고 형상[相]을 잊는 것을 무루라고 말한다. 『아비담』에서는 총제적으로 일체번뇌로써 그것을 漏라고 말하는데 漏가 없은 즉 무루이다. 지금 이 대목에서는 그것[우루와 무루]의 二와 不二를 요해하는 것을 입불이법문이라고 말한다.

無所礙者, 是爲入不二法門」

淨解菩薩이 말했다.

"有爲와 無爲는 둘입니다. 만약 一切數를 떠나면 곧 마음이 허공과 같아져 청정혜로써 걸리는 것이 없는데, 그것이 불이법문에 들어가는 것입니다."[972]

那羅延菩薩曰; 「世間, 出世間爲二. 世間性空, 卽是出世間. 於其[973]中不入, 不出, 不溢, 不散, 是爲入不二法門」

那羅延菩薩이 말했다.

"世間과 出世間은 둘입니다. 세간의 자성이 공이 되면 곧 그것이 출세간입니다. 그 가운데는 들어감도 없고 나감도 없으며 넘침도 없고 흩어짐도 없는데, 그것이 불이법문에 들어가는 것입니다."[974]

---

972) '淨解菩薩이 … 것입니다.'에서 爲와 無爲 가운데 爲에 대해서 作이라고 말한다. 법 밖에 따로 있는 四相은 법을 짓기 때문에 그것을 爲라고 말하는데, 법이 此爲에 있기 때문에 有爲라고 말한다. 常法은 爲가 없기 때문에 無爲라고 말한다. 이것은 有와 無의 상대이다. 다음으로 法에 卽한 四相은 진여는 법에 즉하여 일어나므로 生이 된다. 때문에 爲라고 말한다. 법에 즉하여 此爲가 있는 것이지 법 밖에 此爲가 있는 것이 아니다. 진여는 법이 없으면 법에 즉해도 此爲가 없다. 법 밖에 바야흐로 無는 없다. 전자는 곧 『아비담』의 뜻이고, 후자는 곧 『성실론』의 설인데, 이것은 모두 二見이면서 또한 不二이다.

973) 中+[間]【聖】

974) '那羅延菩薩이 … 것입니다.'에서 견도 이전을 세간이라고 말하고, 견도 이후를 출세간이라고 말한다. 또한 凡으로부터 聖에 이르기까지 취상심이 있으면 세간이고 취상심이 없으면 출세간이라고 말한다. 나집공은 세간은 출세이고, 출세간은 일체 무루와 유위의 도품이라고 말한다. '들어감도 없고 나감도 없다'는 것은 생사에 들어감이 없기 때문에 세간에 들어감이 없다고 말하고, 생사를 벗어남이 없기 때문에 세간을 벗어남이 없다고 말한다. 들어감이 있은 즉 벗어남이 있고, 벗어남이 있은 즉 넘침이 있으며, 넘침이 있은 즉 흩어짐이 있는데, 이것은 세속 안에 있는 常數이다.

善意[975]菩薩曰;「生死, 涅槃爲二. 若見生死性, 則無生死, 無縛無解, 不生[976]不滅, 如是解者, 是爲入不二法門」

善意菩薩이 말했다.

"生死와 涅槃은 둘입니다. 만약 생과 사의 자성을 보면 곧 생과 사가 없고 결박과 해탈도 없으며 생도 없고 멸도 없는데 이와 같이 이해하게 되면 그 것이 불이법문에 들어가는 것입니다."[977]

現見菩薩曰;「盡, 不盡爲二法. 若究竟盡, 若不盡, 皆是無盡相; 無盡 相卽是空, 空則無有盡不盡相. 如是入者, 是爲入不二法門」

現見菩薩이 말했다.

"盡과 不盡은 두 가지 법입니다.[978] 만약 구경의 盡이거나 구경의 不盡이 거나 그것은 모두 無盡의 相입니다. 無盡의 相은 곧 공으로서 공에는 盡과 不盡의 모습이 없습니다. 이와 같이 들어가게 되면 그것이 불이법문에 들어

---

975) 意=慧【宋】

976) 生=燃【宋】. =然【明】【聖】

977) '善意菩薩이 … 것입니다.'에서 위에서는 爲와 無爲를 모두 열반이라고 말했다. 무릇 열반은 곧 세 가지 무위 안에서도 뛰어난 법이기 때문에 별도로 그것을 설하였다. 또한 爲와 無爲는 대부분 곧 소승의 열반이지만, 대승의 열반은 爲와 無爲가 아니기 때문에 별도로 설했다.

978) '現見菩薩이 … 법입니다.'에 대하여 어떤 사람은 말한다. 妄이 그치는 것이 盡이고, 진실로 상주를 터득한 것을 不盡이라고 말한다. 나집공은 다음과 같이 말한다. '무상은 곧 공의 초문으로서 법을 타파함이 완성되지 않은 상태를 不盡이라고 말한다. 그러나 필경공에서는 법을 타파함이 다하는 것을 盡이라고 말한다.' 조공은 다음과 같이 말한다. '유위는 虛僞法으로서 무상이기 때문에 盡이라고 말한다. 실상은 無爲道로서 상주이기 때문에 不盡이다.'

가는 것입니다."979)

普守菩薩曰;「我, 無我爲二. 我尚不可得, 非我何可得? 見我實性者,
不復起二, 是爲入不二法門」

普守菩薩이 말했다.

"我와 無我는 둘입니다. 我도 오히려 불가득인데 非我가 어찌 可得이겠습
니까. 我의 실성을 알게 되면 다시는 둘을 일으키지 않는데, 그것이 불이법
문에 들어가는 것입니다."980)

電天菩薩曰;「明, 無明爲二. 無明實性卽是明, 明亦不可取, 離一切
數, 於其中平等無二者, 是爲入不二法門」

電天菩薩이 말했다.

"明과 無明은 둘입니다. 무명의 실성이 곧 그대로 명인데 명도 또한 취할
수가 없습니다. 一切數를 떠나 있어서 그 가운데는 평등하여 둘이 없는데,

---

979) '만약 … 것입니다.'에서 위의 설명에 의거하면 구경은 盡에 통한다. 이것을 위의 盡의 뜻과 대비해보면
무상생멸의 盡과 분명히 다르기 때문에 구경이라고 말한다. '만약 不盡이더라도'를 위의 不盡과
대비해보면 곧 眞常이다. '모두 無盡이라면'은 위의 둘이 모두 공인데 공의 이치는 상주이기 때문에
無盡이라고 말한다. 또한 공의 이치는 제거할 법이 없으므로 또한 無盡이라고 말한다. 조공의 해석은
다음과 같다. '만약 盡으로써 盡을 삼고 不盡으로써 不盡을 삼으면 그것은 모두 二이다. 그러나 만약
盡과 不盡이 無相임을 깨친다면 즉 一空의 불이법문에 들어가는 것이다.'
980) '普守菩薩이 … 것입니다.'에서 만선을 소지하는 것을 普라고 말하고, 衆聖의 보호를 받는 것을 守라고
말한다.

그것이 불이법문에 들어가는 것입니다."[981]

喜見菩薩曰; 「色, 色空爲二. 色卽是空, 非色滅空, 色性自空. 如是
受, 想, 行, 識, 識空爲二, 識卽是空, 非識滅空, 識性自空, 於其中而通
達者, 是爲入不二法門」

喜見菩薩이 말했다.

"色과 色空은 둘입니다. 색은 곧 그대로 공으로서 색을 소멸하여 공이 되
는 것이 아니라 색의 자성이 본래부터 공입니다. 이와 같이 受·想·行·
識과 識空[982]은 둘이지만 식이 곧 그대로 공으로서 식을 소멸하여 공이 되
는 것이 아니라 식의 자성이 본래부터 공입니다. 그 가운데서 통달하게 되
면 그것이 불이법문에 들어가는 것입니다."[983]

---

981) '電天菩薩이 … 것입니다.'에서 십지논사는 다음과 같이 말한다. '眞과 妄은 同體로서 妄을 모아서 眞을
성취하기 때문에 불이라고 말한다. 마치 움직이는 물이 파도가 되어 파도와 물은 동체인 것과 같다.
그래서 파도가 그치면 다시 물이 되는 것을 불이라고 말한다.' 지금 대목에서 말하는 것은 그렇지 않다.
경문에서 말한 '명도 또한 취할 수가 없다.'는 것은 즉 둘을 부정하는 것[兩捨]으로서 모여 성취되는
것[會成]이 아니다. 만약 무명의 실성을 了悟하면 곧 明이 되기 때문에 불이라고 말한다. 만약 명을
명으로만 본다면 그것은 곧 무명이다. 때문에 명도 또한 취할 수가 없음을 알아야 한다.
982) 受·想·行·識과 識空은 受와 受空·想과 想空·行과 行空·識과 識空을 가리킨다.
983) '喜見菩薩이 … 것입니다.'에서 무릇 공과 색이 無二의 체임을 설명하기 때문에 불이라고 말한 것이다.
'색은 곧 그대로 공이다'는 것은 대승에서 공과 색의 불이를 標한 것이고, '색을 소멸하여 공이 되는 것이
아니다'는 것은 범부의 소견과 분명하게 다른 것으로, 범부는 통달하지 못하여 색이 멸괴한 연후에 곧
공이 된다고 말한다. 때문에 지금 이 대목에서는 색이 소멸된 연후에 공이 아니라고 설명한다. '색의
자성이 본래부터 공이다'는 것은 소승의 뜻과 분명히 다르다. 마치 불에 타는 물의 자성이 공이라서
사대를 물과 불로 微分한 연후에 바야흐로 공이 될 수 없는 경우와 같다.

明相菩薩曰;「四種異, 空種異爲二. 四種性卽是空種[984]性, 如前際, 後際空, 故中際亦空. 若能如是知諸[985]種性者, 是爲入不二法門」

明相菩薩이 말했다.

"四種異와 空種異[986]는 둘입니다. 사종의 자성이 곧 그대로 공종의 자성으로서 前際처럼 後際도 공이기 때문에 中際도 또한 공입니다. 만약 이와 같이 제종의 자성을 알게 되면 그것이 불이법문에 들어가는 것입니다."[987]

妙意菩薩曰;「眼, 色爲二. 若知眼性, 於色不貪, 不恚, 不癡, 是名寂滅. 如是耳聲, 鼻香, 舌味, 身觸, 意法爲二, 若知意性, 於法不貪, 不恚, 不癡, 是名寂滅, 安住其中, 是爲入不二法門」

妙意菩薩이 말했다.

"眼과 色은 둘입니다. 만약 眼의 자성이 색에 대하여 貪이 없고 恚가 없으며 癡가 없는 줄 알게 되면 그것을 적멸이라 말합니다. 이와 같이 耳와 聲·鼻와 香·舌과 味·身과 觸·意와 法은 둘입니다. 만약 意의 자성이 法에 대하여 貪이 없고 恚가 없으며 癡가 없는 줄 알게 되면 그것을 적멸이라 말

---

984) 空種＝虛空【聖】
985) 諸＋(法)【聖】
986) 四種과 空種은 四大와 空大를 가리킨다.
987) '明相菩薩이 … 것입니다.'에서 사종은 곧 사대이고, 공종은 소위 공대이다. 이 다섯 가지에는 각각 큰 힘이 있기 때문에 大라고 말한다. 이것이 중생의 인을 성취하므로 그것을 種이라고 일컫는다. 또한 이 五事에 즉해보면 種別로 不同이므로 그것을 種이라고 말한다. 사종의 有와 공종이 다르지 않는 것을 입불이법문이라고 말한다. 나중 부분에서 三際가 없다고 말한 것은 공종에는 삼제가 없는데 사종이 곧 공이기 때문에 또한 삼제가 없다는 것이다.

합니다. 그 가운데 안주하게 되면 그것이 불이법문에 들어가는 것입니다."[988]

無盡意菩薩曰; 「布施, 迴向一切智爲二. 布施性卽是迴向一切智性,
如是持戒, 忍辱, 精進, 禪定, 智慧, 迴向一切智爲二, 智慧性卽是迴向
一切智性, 於其中入一相者, 是爲入不二法門」

無盡意菩薩이 말했다.

"布施와 一切智로 迴向하는 것은 둘입니다. 보시의 자성이 곧 그대로 일체지로 회향하는 자성입니다. 이와 같이 持戒 · 忍辱 · 精進 · 禪定 · 智慧와 一切智로 迴向하는 것은 둘입니다. 지혜의 자성이 곧 그대로 일체지로 회향하는 자성인데, 그 가운데서 一相에 들어가게 되면 그것이 불이법문에 들어가는 것입니다."[989]

深慧菩薩曰; 「是空, 是無相, 是無作爲二. 空卽無相, 無相卽無作; 若
空, 無相, 無作, 則無心意識. 於一解脫門卽是三解脫門者, 是爲入不

---

988) '妙意菩薩이 … 것입니다.'에서 眼과 色을 둘이라고 보기 때문에 삼독을 일으킨다. 이리하여 색을 좋아하여 貪을 일으키고, 색을 싫어하여 恚를 일으키며, 좋음도 없고 싫음도 없는 즉 무명을 일으킨다. 그러나 만약 근본이 공임을 안다면 삼독을 일으키지 않게 된다. 그래서 저 사대가 眼을 성취해도 즉 一眼의 체가 없고, 一眼의 체가 없기 때문에 즉 사대가 없다고 말한다. 때문에 眼이 없음을 알게 되면 어찌 색을 보고 삼독을 일으키겠는가. 또한 그와 같이 색을 관찰함도 없고 색이 무자성인 즉 無色이다.

989) '無盡意菩薩이 … 것입니다.'에서 보시는 因이고 일체지는 果로서 말하자면 因果가 二라는 것이다. 때문에 因을 돌려서 果로 향하여 因果가 모두 공인 것을 불이라고 말한다. 또한 因을 굴려서 果로 삼는 것을 不二라고 말한다. 그것은 마치 보살심으로는 파약이라고 말하고, 불심으로는 살바야라고 부른다. 때문에 두 체가 없은 즉 불이임을 알 것이다.

二法門」

　深慧菩薩이 말했다.

　"深慧菩薩이 말했다. 空과 無相과 無作은 二입니다. 공은 곧 무상이고 무
상은 곧 무작입니다. 만약 공과 무상과 무작에 心·意·識이 없다면 일체의
하나의 해탈문이 곧 그대로 세 가지 해탈문인데, 그것이 불이법문에 들어가
는 것입니다."[990]

寂根菩薩曰; 「佛, 法, 衆爲二. 佛卽是法, 法卽是衆, 是三寶皆無爲
相, 與虛空等, 一切法亦爾. 能隨此行者, 是爲入不二法門」

　寂根菩薩이 말했다.

　"佛과 法과 衆(僧)은 둘입니다. 불이 곧 그대로 법이고 법이 곧 그대로 중
(승)입니다. 이 삼보는 모두 無爲相으로서 허공처럼 평등합니다. 일체법도
또한 그러한데, 이러한 수행을 따를 수 있게 되면 그것이 불이법문에 들어
가는 것입니다."[991]

---

990) '深慧菩薩이 … 것입니다.'에서 이것은 소승인의 경우에 삼공은 십육행으로서 곧 異體라고 말한 것을
　　타파한 것이다. 지금 이 대목은 境과 智에 의거한 것이다. 삼문(공·무상·무작)은 모두 一體이다. 境에
　　의거하여 불이를 논하자면 오직 하나의 實相이고, 뜻에 따르자면 셋으로 나뉘지만 별도로 三體가 없다.
　　때문에 불이라고 말한다. 觀에 의거하자면 오직 하나의 正觀으로서 세 가지 집착을 벗어난 까닭에 세
　　가지 실상[三實]이지만 三體가 없다. 또한 心·意·識이 없다는 것은 위에서는 緣을 다한 것이었지만
　　지금은 觀을 그친 것이다. 十六行은 四聖諦를 관찰하는 방법이다. 苦에 대하여 無常·苦·空·無我를
　　관찰한다. 集에 대하여 集·因·緣·生의 네 가지로 관찰한다. 滅에 대하여 盡·滅·妙·離의 네 가지
　　관찰한다. 道에 대하여 道·正·跡·乘의 네 가지로 관찰한다.
991) '寂根菩薩이 … 것입니다.'에서 이것은 一體三寶의 뜻이기 때문에 불이임을 설명한 것이다. 무릇
　　一體三寶를 세 가지 도리에서 그것을 변별한 것으로 다음과 같다. 첫째는 佛果에 셋을 갖추고 있다.

心無礙菩薩曰;「身, 身滅爲二. 身卽是身滅. 所以者何? 見身實相者, 不起見身及見滅身<身滅?>, 身與滅身<身滅?>無二無分別, 於其中不驚, 不懼者, 是爲入不二法門」

心無礙菩薩이 말했다.

"身과 身滅은 둘이지만, 身이 곧 그대로 身滅입니다. 왜냐하면 身의 실상을 보게 되면 身이라는 견해과 身滅이라는 견해를 일으키지 않기 때문입니다. 身과 身滅은 둘이 없고 분별이 없는데, 그 가운데서 놀라지 않고 두려워하지 않게 되면 그것이 불이법문에 들어가는 것입니다."[992]

上善菩薩曰;「身, 口, 意善爲二. 是三業皆無作相, 身無作相, 卽口無作相; 口無作相, 卽意無作相; 是三業無作相, 卽一切法無作相. 能如是隨無作慧者, 是爲入不二法門」

上善菩薩이 말했다.

"身·口·意와 善은 둘입니다. 이 삼업에는 모두 作相이 없습니다. 身에 作相이 없으니 곧 口에도 作相이 없으며, 口에 作相이 없으니 곧 意에도 作

覺이라는 뜻은 佛이고, 궤칙으로 삼을만한 것을 法이라고 말하며, 和라는 뜻은 僧이다. 이것은 대소의 여러 논서에 공통한다. 둘째는 삼보는 모두 공으로서 또한 대소에 공통하지만, 무릇 『아비담』에는 없다. 셋째는 一體三寶는 오직 대승에만 있다.

992) '心無礙菩薩이 … 것입니다.'에서 이것은 소승의 유여열반과 무여열반의 두 가지 뜻을 타파한 것이다. 身은 소위 오음신이다. 身이 소멸한 즉 열반이다. 身은 본래 불생인데, 지금 어찌 소멸된다는 것인가. 불생불멸이기 때문에 곧 불이이다. '놀라지 않고 두려워하지 않는다'는 것은 소승이 처음 듣는 것을 '놀란다'고 말하고, 이 도리에 대하여 겁을 먹는 것을 '두려워한다'고 말한다. 제법이 발생할 때 공이 발생하고, 제법이 소멸할 때 공이 소멸한다. 身의 存과 身의 亡도 또한 어찌 그것과 다르겠는가. 그런데도 그 사이에 놀라움과 두려움을 품는다.

相이 없습니다. 이 삼업에 作相이 없으니 곧 일체법에도 作相이 없습니다. 이와 같이 作相이 없는 지혜를 따르게 되면 그것이 불이법문에 들어가는 것입니다."993)

福田菩薩曰; 「福行, 罪行, 不動行爲二. 三行實性卽是空, 空則無福行, 無罪行, 無不動行. 於此三行而不起者, 是爲入不二法門」

福田菩薩이 말했다.
"福行·罪行·不動行은 둘입니다. 삼행의 실성은 곧 그대로 공이고, 공이므로 복행이 없고 죄행이 없으며 부동행이 없습니다. 이에 삼행이 일어나지 않게 되면 불이법문에 들어가는 것입니다."994)

華嚴菩薩曰; 「從我起二爲二. 見我實相者, 不起二法; 若不住二法, 則無有識. 無所識者, 是爲入不二法門」

華嚴菩薩이 말했다.

---

993) '上善菩薩이 … 것입니다.'에서 或者는 삼업에는 각각 조작이 있다고 말한다. 때문에 다르다[異]고 말한다. 그러나 삼업은 본래 공이기 때문에 동일하게 無作相이므로 不二라고 말한다.
994) '福田菩薩이 … 것입니다.'에서 『대품경』에서 말한다. '十不善을 행하면 三塗報를 얻어 罪行이 된다. 十善道를 행하면 欲界의 人天에 태어나는데 복행이라고 일컫는다. 사선 등을 닦아서 색계와 무색계에 태어나는 것을 不動行이라고 말한다.' 『성실론』의 경문에서 말한다. '욕계로부터 제삼선에 이르기까지를 福行이라고 말한다. 제사선부터 무색계의 끝까지를 無動行이라고 일컫는다. 제사선 이후부터는 三災(水災·風災·火災)와 四受(欲受·見受·戒受·我受)에 요동되지 않기 때문에 無動이라고 말한다.' 福行·罪行·不動行의 三行을 일으키지 않은 즉 실상문에 들어가는 것을 不二라고 말한다.

"我로부터 二法이 일어나는 것이 둘입니다. 그러나 我의 실상을 보게 되면 二法이 일어나지 않습니다. 만약 이법에 집착이 없으면 곧 識이 없습니다. 所識이 없게 되면 그것이 불이법문에 들어가는 것입니다."[995]

德藏菩薩曰;「有所得相爲二. 若無所得, 則無取捨. 無取捨者, 是爲入不二法門」

德藏菩薩이 말했다.
"有所得相은 둘입니다. 만약 무소득이라면 곧 취하고 버림이 없습니다. 취하고 버림이 없게 되면 그것이 불이법문에 들어가는 것입니다."[996]

月上菩薩曰;「闇與明爲二. 無闇, 無明, 則無有二. 所以者何? 如入滅受想定, 無闇, 無明, 一切法相亦復如是, 於其中平等入者, 是爲入不二法門」

月上菩薩이 말했다.
"闇과 明은 둘입니다. 闇이 없고 明이 없으면 곧 둘[二]이 아닙니다. 왜냐하면 마치 滅受想定에 들어간 것처럼 闇이 없고 明이 없기 때문입니다. 일

---

995) '華嚴菩薩이 … 것입니다.'에서 我를 인하여 彼가 있어서 그 때문에 二라는 명칭이 발생한다. 그러나 我의 실상을 보면 즉 彼와 我라는 識이 말미암아 일어날 것이 없다.
996) '德藏菩薩이 … 것입니다.'에서 안으로는 我를 얻고 밖으로는 相을 취하기 때문에 二라고 말한다. 그리고 내외가 모두 공인 것을 불이라고 말한다.

체의 법상도 또한 그와 같이 그 가운데 평등하게 들어가게 되면 그것이 불이법문에 들어가는 것입니다."[997]

寶印手菩薩曰;「樂涅槃, 不樂世間爲二. 若不樂涅槃, 不厭世間, 則無有二. 所以者何? 若有縛, 則有解. 若本無縛, 其誰求解? 無縛無解, 則無樂厭, 是爲入不二法門」

寶印手菩薩이 말했다.

"열반을 좋아하는 것[樂涅槃]과 세간을 좋아하지 않는 것[不樂世間]은 둘입니다. 만약 열반을 좋아하지 않고 세간을 싫어하지 않는다면 곧 둘[二]이 아닙니다. 왜냐하면 만약 결박이 있으면 곧 해탈이 있기 때문입니다. 만약 본래부터 결박이 없다면 그 누가 해탈을 추구하겠습니까. 결박도 없고 해탈도 없으면 곧 좋아하고 싫어함이 없는데, 그것이 불이법문에 들어가는 것입니다."[998]

珠頂王菩薩曰;「正道, 邪道爲二.[999] 住正道者, 則不分別是邪是正,

---

997) '月上菩薩이 … 것입니다.'에서 이승이 멸진정에 들어가면 밖으로는 視와 聽을 잊어버리고 안으로는 識과 知가 소멸된다. 그래서 비록 밤낮을 지내더라도 어둡고 밝음을 느끼지 못한다. 이것은 보살이 밝음과 어둠에 무심한 것을 비유한 것이다. 受는 諸禪을 닦는 것이고 想은 무색계에 태어나는 것이다. 멸진정에 들어가면 바로 受界와 想界의 마음이 소멸되기 때문에 想受라고 偏言한다. 또한 受는 대부분 愛를 발생하고 想은 대부분 見을 발생하는데, 이미 이것은 그와 같은 受想을 초과한 것이다.

998) '寶印手菩薩이 … 것입니다.'에서 『화엄경』에서 生死가 雜亂이 아니라고 말하는데 어찌 그것을 싫어하고, 涅槃이 寂靜이 아니라고 말하는데 어찌 좋아하겠는가.

999) 住=位【明】【聖】

離此二者, 是爲入不二法門」

珠頂王菩薩이 말했다.

"正道와 邪道는 둘입니다. 정도에 주하게 되면 곧 이것은 邪이고 저것은 正이라고 분별하지 않습니다. 이 둘[二]을 떠나게 되면 그것이 불이법문에 들어가는 것입니다."[1000]

樂實菩薩曰;「實, 不實爲二. 實見者尚不見實, 何況非實! 所以者何? 非肉眼所見, 慧眼乃能見, 而此慧眼, 無見無不見, 是爲入不二法門」

樂實菩薩이 말했다.

"實과 不實은 둘입니다. 實을 보는 것도 오히려 實을 보는 것이 아닌데, 하물며 非實이겠습니까. 왜냐하면 육안에는 보이지 않고 혜안이어야 이에 볼 수가 있기 때문입니다. 그러나 이 혜안으로 보는 것도 없고 보지 않는 것도 없게 되면 그것이 불이법문에 들어가는 것입니다."[1001]

1000) '珠頂王菩薩이 … 것입니다.'에서 八邪는 邪道이고, 八正은 正道이다. 또한 小乘見은 邪道이고, 大乘眞觀은 正道이다. 正見에 주하는 사람은 邪도 보지 않고, 또한 正도 보지 않아서 邪도 없고 正도 없어야 비로소 正이라고 말한다. 邪道에 주하는 사람은 邪 밖에 正이 있고 正 밖에 邪가 있어서 邪도 있고 正도 있으므로 모두 邪라고 말한다.

1001) '樂實菩薩이 … 것입니다.'에서 實相은 實이고 虛妄은 不實이다. 실상을 깨치는 사람은 실도 보지 않는데 하물며 비실이겠는가. 所見에 이미 實도 없고 不實도 없으며, 能見이도 또한 見도 없고 不見도 없다. 이처럼 實도 없고 不實도 없어야 實이라는 말을 붙일 수가 있고, 見도 없고 不見도 없지만 또한 억지로 見이라고 이름붙인 것이다. 이러한 즉 緣과 觀이 宛然해도 境과 智가 모두 고요[寂]하다.

如是諸菩薩各各說已, 問文殊師利;「何等是菩薩入不二法門」

　이와 같이 제보살이 각각 설명을 마치고 문수사리에게 물었다.
　"어떤 것이 곧 보살이 불이법문에 들어가는 것입니까."

文殊師利曰;「如我意者, 於一切法無言無說, 無示無識, 離諸問答,
是爲入不二法門」

　문수사리가 말했다.
　"제 생각으로는 일체법에 대하여 無言이고 無說이며 無示이고 無識이어
서 모든 문답을 떠나있는 것이 곧 불이법문에 들어가는 것입니다."[1002]

於是文殊師利問維摩詰;「我等各自說已, 仁者當說何等是菩薩入不
二法門」

　이에 문수사리가 유마힐에게 물었다.
　"저희들은 각자 설명을 마쳤습니다. 그대는 장차 어떤 것을 가리켜 곧 보

[1002] '이와 같이 … 것입니다.'에서 이것은 둘째로 제보살이 문수에게 불이에 대하여 설해달라고 청한
것이다. 위에서 서른한 명에게는 모두 六事가 갖추어져 있다. 口로써 음성이 있는 것은 言이고,
言으로써 불이법을 드러내는 것은 說이다. 불이법을 드러내어 앞에 있는 사람들이 완곡하게
받아들이는 것은 示이고, 청중으로 하여금 悟解토록 하는 것은 識이며, 정명이 보살에게 설할 것을
명하는 것은 問이고, 보살이 불이로 응수하는 것은 答이다. 이것들은 모두 言으로써 法을 타파한
것이지만 아직 破法한 言은 그치지 못하였다. 이에 문수가 파법의 言을 息泯해주려는 까닭에 이 육사가
없음을 변별한다.

살이 불이법문에 들어가는 것이라고 설하겠습니까.”

時維摩詰默然無言.

그때 유마힐은 묵연하게 말이 없었다.[1003]

文殊師利歎曰; 「善哉! 善哉! 乃至無有文字, 語言, 是眞入不二法
門」

문수사리가 찬탄하여 말했다.
“훌륭합니다. 참으로 훌륭합니다. 이에 文字와 語言이 없는 경지에 이르
는 것이야말로 곧 진실로 불이법문에 들어가는 것입니다.”[1004]

說是入不二法門品[1005]時, 於此衆中, 五千[1006]菩薩皆入不二法門, 得
無生法忍.

1003) ‘이에 … 말이 없었다.’에서 이것은 문수가 정명에게 불이에 대하여 설해줄 것을 청한 것이다. 제보살이
　　　言으로써 法을 타파[遺]하자, 문수가 言으로써 言을 타파[遺]한다. 그러나 정명은 침묵하여 문수가 言에
　　　의거한 것[借言]을 타파한다. 불이의 이치는 동일하지만 그 방법[門]에는 깊고 얕음의 차이가 있다.
1004) ‘문수사리가 … 것입니다.’에서 이것은 문수가 칭탄한 것이다. 정명은 이미 불이법문을 침묵으로
　　　내보이자 문수도 또한 침묵에 상응하여 이해한다. 그렇지만 무릇 시회대중을 깨쳐주기 위하여 言에
　　　나아가서 훌륭하다고 찬탄한다. 또한 無言을 드러내어 言을 해치지 않은 까닭에 言으로써 無言을
　　　찬탄한다.
1005) 〔品〕-【宋】【聖】
1006) 千=十【元】

이 입불이법문품을 설했을 때, 그 대중 가운데서 오천 명의 보살이 모두 불이법문에 들어가서 무생법인을 터득하였다.[1007]

維摩詰所說經卷中[1008]
유마힐소설경 권중

1007) '이 입불이법문품을 … 터득하였다.'에서 이것은 둘째로 오천 명의 보살이 불이법문에 들어간 것이다.
1008) 光明皇后願文【聖】

유마힐소설경 권하

姚秦三藏鳩摩羅什[1010]譯

요진의 삼장 구마라집이 번역하다

香積佛品第十

항적불품[1011] 제십

1009) 卷下+(一名不可思議解脫)【宋】【元】；本卷【聖】闕

1010) (奉詔第六)+譯【元】，(奉詔)+譯【明】

1011) 이 [향적불품]이 여기에 온 뜻은 십종의 인연이 있다. 첫째는 三時의 이익이 있다. 경전의 처음부터 [입불이법문품]에 이르기까지는 소위 食前의 이익이었고, 이 [향적불품]은 소위 食時의 이익이며, [보살행품]은 食後의 이익이다. 둘째는 至人이 三事에 주하면서 십이부경을 설한다. 하나는 타심을 알고, 둘은 설법을 하며, 셋은 신통을 드러낸다. 위에서 이미 설법에 대하여 설명하였고, 지금은 이어서 신통을 드러내는 것과 타심을 아는 것으로 총체적으로 이 두 가지를 관통한다. 셋째는 불사에 두 가지가 있다. 하나는 차토의 법문을 활용하고, 둘은 타토의 법문을 활용한다. 위에서는 차토의 법문을 하였는데, 지금은 타토의 법문을 변별한다. 넷째는 실내의 설법으로 두 가지 인과를 설명한다. 하나는 법신의 인과이고, 둘은 정토의 인과이다. 위에서는 법신의 인과를 설명하였는데, 지금은 정토의 인과를 변별한다. 다섯째는 이 경전의 종지로서 二慧를 설명한다. 위에서 설명한 불이법문은 곧 실혜이고, 지금 변별하는 향적국토에 음식을 청하는 것은 소위 방편혜이다. 여섯째는 이 경전의 처음부터 [입불이법문품]에 이르기까지는 소위 二를 인하여 不二에 들어간 것인데 즉 用을 거두어 體로 돌아간 것이다. 이 [향적불품] 이후는 不二를 인하여 二가 존재하는 것인데 즉 체로부터 용을 일으킨 것이다. 일곱째는 이 경전은 시종 곧바로 부사의해탈을 설명한다. 부사의해탈에 무릇 두 가지가 있다. 하나는 불이법문은 부사의의 本임을 설명한다. 둘은 향적불품은 부사의의 迹임을 변별한다. 여덟째는 제불보살의 설법에 두 가지가 있다. 하나는 세제의 의거하고, 둘은 제일의제에 의거한다. 불이법문은 제일의제에 의거하여 설한 것이고, 향적불품은 세제문에 나아가서 설한 것이다. 아홉째는 대중을 이익토록 한 것이다. 선우에는 정해진 것이 없다. [입불이법문품]에서는 여러 사람이 함께 설함을 보여주었고, [향적불품]에서는 한 사람이 홀로 설함을 보여준다. 열째는 徒衆에 두 가지가 있다. 하나는 차토의 도중이고, 둘은 타방의 도중이다. 위의 여러 품에서는 차토의 도중이었는데, 지금의 [향적불품]은 피차의 도중에게 이익을 준다.

於是舍利弗心念; 「日時欲至, 此諸菩薩當於何食」

이에 사리불이 마음속으로 생각하였다.

"때[日時]가 다 되어 가는데 여기 제보살들이 장차 무엇을 먹을 것인가."[1012]

時維摩詰知其意而語言; 「佛說八解脫, 仁者受行, 豈雜欲食而聞法乎? 若欲食者, 且待須臾, 當令汝得未曾有食」

그때 유마힐이 그 뜻을 알아차리고 다음과 같이 말하였다.

"부처님께서는 팔해탈[1013]을 설하시고 그대는 그것을 받아서 실천하거늘, 어찌 번거롭게 공양을 먹고자 하면서 설법을 듣는 것입니까.[1014] 만약 공양을 먹고자 할진댄, 저, 잠깐 기다려주십시오. 반드시 그대가 미증유의 공양을 하도록 하겠습니다."[1015]

1012) '이에 … 것인가.'에서 사리불이 음식을 생각하는 것에 세 가지 인연이 있다. 첫째는 몸과 마음에 모두 累가 있는 것은 범부이다. 둘째는 마음에는 비록 累가 없지만 몸[形]은 반드시 자양분을 갖추어야 하는 것은 이승이다. 셋째는 몸과 마음에 모두 累가 없는 것은 법신보살이다.

1013) 八解脫은 八背捨 · 八解脫處 · 八背處라고도 한다. 8종의 선정력에 의하여 차례로 欲貪 · 色貪 등을 제거하고 해탈하는 것으로 내용으로 보면 九次第定과 유사하다. 이에 팔해탈을 성취함으로써 俱解脫阿羅漢이 된다. 〔장아함경〕 제10 [大椽方便經] 참조.

1014) '그때 … 것입니까.'에서 이것은 둘째로 정명이 음식을 시설한 것이다.

1015) '만약 … 하겠습니다.'에서 이것은 바로 음식을 베풀어줌을 설명한 것이다. '저, 잠깐 기다려주십시오.'는 공양하는 때를 맞추는[不失] 것이다. '반드시 그대가 미증유의 공양을 하도록 하겠습니다.'는 평상의 음식은 육신을 자양하는데, 지금 시설한 것은 법신을 장양하는 음식이므로 미증유라고 말한다. 그러나 化作菩薩이라고 말하지 않은 것은 실제가 아니라고 마음에 의심[嫌]을 초래하지 않을까 하는 염려 때문이다. 또한 차토의 대중으로 하여금 청정국토를 보게끔 해주려는 것이다. 또한 香飯을 인하여 도를 넓히는 마음[意] 및 二國(차토와 피토)의 교화하는 무리를 얻어서 피차 이익을 주고받기 때문에 화작보살이라고 말하지 않는다.

時維摩詰卽入三昧, 以神通力示諸大衆, 上方界分過四十二恒河沙佛
土, 有國名衆香, 佛號香積, 今現在, 其國香氣, 比於十方諸佛世界人,
天之香, 最爲第一. 彼土無有聲聞, 辟支佛名, 唯有淸淨大菩薩衆, 佛
爲說法. 其界一切, 皆以香作樓閣, 經行香地, 苑園皆香, 其食香氣, 周
流十方無量世界. 時彼佛與諸菩薩方共坐食, 有諸天子皆號香嚴, 悉
發阿耨多羅三藐三菩提心, 供養彼佛及諸菩薩, 此諸大衆莫不目見.

그때 유마힐이 곧 삼매에 들어가서 신통력으로써[1016] 모든 대중에게[1017] 상
방세계분을 나타내보였다. 사십이 항하사의 불국토를 지나서 국토명은 衆
香이고[1018] 佛號는 香積이 있는데, 지금 현재하는[1019] 그 국토의 향기는 시방
제불세계의 人·天의 향기에 비교해도 최고로서 제일이었다.[1020] 그 국토에
는 성문·벽지불이라는 명칭이 없고 오직 청정한 대보살중만 있어서[1021] 부
처님께서 설법하고 있었다. 그 세계는 일체가 다 향으로써 누각이 만들어져
있고, 香地를 거닐며, 苑園이 모두 향이고, 그 공양의 향기가 시방의 무량
세계에 두루 흘렀다. 그때 그곳의 부처님과 제보살이 바야흐로 함께 앉아서
공양을 하는데,[1022] 모든 천자들은 다 號가 香嚴이었다. 모두 아뇩다라삼먁

1016) '그때 … 신통력으로써'에서 이것은 공양하는 장소를 내보인 것이다. 선정에 들어가 드러낸 신통력은
　　정명의 신통력을 나타낸 것인데 대중으로 하여금 人을 존경하고 法을 존중하게끔 한 것이다.
1017) '모든 대중에게'에서 이것은 곧 대중이 청정국토의 미묘함을 보고 발심하여 청정국토에 태어나는 것을
　　추구토록 한 것이다.
1018) '상방세계분을 … 衆香이고'에서 이것은 里數의 근원 및 國名의 글자를 내보인 것이다.
1019) '佛號는 … 현재하는'에서 이것은 교화의 주체를 내보인 것이다.
1020) '그 국토의 … 제일이었다.'에서 이것은 비록 향적국토를 내보였지만 공경함을 일으킴이 깊지 않기에
　　지금 제일이라고 찬탄한 즉 희유하다는 뜻을 불러일으킨 것이다.
1021) '그 국토에는 … 대보살중만 있어서'에서 위에서는 국토의 化主(교화의 주체)를 설명하였는데,
　　여기에서는 도중을 내보여 오직 보살에게만 대승심을 일으키게 함을 설명한 것으로 성문에게는 없다고
　　변별하여 소승을 鄙穢라고 배척한다.
1022) '부처님께서 … 공양을 하는데'에서 이미 국토의 도중이 있기 때문에 지금은 敎門을 나열한 것이다.

삼보리심을 발생하여 그곳의 부처님과 제보살에게 공양하니[1023] 여기의 모든 대중이 눈으로 보지 못한 자가 없었다.[1024]

時維摩詰問衆菩薩言[1025]; 「諸仁者! 誰能致彼佛飯」以文殊師利威神力故, 咸皆默然. 維摩詰言; 「仁此大衆, 無乃可恥」

그때 유마힐이 대중의 보살[衆菩薩]에게 질문하여 말했다.

"그대들이여, 누가 저 부처님의 공양을 가져올 수 있겠습니까."[1026]

문수사리의 위신력 때문에 모두가 다 묵연하였다.[1027] 그러자 유마힐이 말했다.

"여기 모인 대중들이여, 이에 부끄럽지 않습니까."[1028]

1023) '모든 … 공양하니'에서 위에서는 보살은 곧 십지 이상에 올랐음을 설명하였는데. 지금 이 대목은 천자가 곧 지전의 사람임을 나열한 것이다.

1024) '여기의 … 없었다.'에서 위에서는 본 것을 설명하였는데, 지금은 신통력으로써 대중으로 하여금 모두 보게끔 한 것이다. 이들을 합치면 다음과 같이 十句의 경문이 있다. 첫째는 사십이 … 향적이 있다. 둘째는 지금 … 제일이었다. 셋째는 그 국토에는 … 명칭이 없다. 넷째는 오직 청정한 … 설법하고 있었다. 다섯째는 그 세계는 … 누각이 만들어져 있다. 여섯째는 향지를 거닌다. 일곱째는 苑園이 모두 향이다. 여덟째는 그 공양의 향기가 … 흘렀다. 아홉째는 그때 그곳의 … 호가 향업이었다. 열째는 모두 아뇩다라삼먁삼보리심을 … 제보살에게 공양한다.

1025) 〔言〕-【宋】【元】【明】【聖】

1026) '그때 … 있겠습니까.'에서 이것은 대중이 취할 수 없음을 설명한 것이다. 여기에서 정명이 질문한 까닭은 이미 彼土를 나타냈지만 無力者는 가져올 수 없음을 드러내고 有力者를 보내서 가져오도록 하려는 것이다.

1027) '문수사리의 … 묵연하였다.'에서 문수가 장차 정명의 덕을 드러내려는 까닭에 신통력으로써 대중으로 하여금 침묵하도록 한 것이다. 또한 이익은 반드시 거사에게 있다. 또한 음식을 청하여 손님을 맞이하려면 반드시 스스로 가서 가져와야 한다.

1028) '그러자 … 않습니까.'에서 정명이 충고한 까닭은 자신이 처음으로 가는 사람에 속하기 때문이다. 또한 위에서는 자리[座]를 주었지만 성문은 올라가지 못함을 설명하였는데, 지금은 음식을 베풀어주었지만 대중이 취하지 못함을 변별한다. 이것은 모두 여래의 뛰어난 果를 나타내고 또한 정명의 도가 높음을 내보여서 중생으로 하여금 欣慕토록 하려는 까닭이다.

文殊師利曰; 「如佛所言, 勿輕未學」

문수사리가 말했다.
"부처님의 말씀처럼 未學을 가볍게 여기지 마십시오."[1029]

於是維摩詰不起于座, 居衆會前, 化作菩薩, 相好光明, 威德殊勝, 蔽
於衆會, 而告之曰; 「汝往上方界分, 度如四十二恒河沙佛土, 有國名
衆香, 佛號香積, 與諸菩薩方共坐食. 汝往到彼, 如我辭[1030]曰; 『維摩
詰稽首世尊足下! 致敬無量, 問訊起居, 少病少惱, 氣力安不? 願得世
尊所食之餘, 當於娑婆世界施作佛事, 令此樂小法者得弘大道, 亦使
如來名聲普聞』」

이에 유마힐은 자리에서 일어나지도 않은 채 대중의 법회[衆會前]에 있으
면서 보살을 化作하였다. 상호가 빛나고 위덕이 뛰어나서 衆會를 가릴 정도
였는데, 그 화작보살에게 고하여 말했다.
"그대가 상방세계분에 가서 사십이 항하사 불국토를 지나면 국토명은 衆
香이고 佛號가 香積인데, 제보살과 더불어 바야흐로 함께 앉아서 공양하는
곳이 있다. 그대가 그곳에 가서 다음과 같이 내 말을 전하거라.
'유마힐이 세존의 발[足下]에 계수하고 무량한 경례를 드립니다. 문안을 여
쭈오니, 少病少惱하시고 기력이 평안하십니까. 바라건대 세존께서 공양하

1029) '문수사리가 … 마십시오.'에서 스스로 경솔하지 않도록 하여 수행의 덕에 나아가도록 한 것이다.
    때문에 정명은 조여주고[把住] 문수는 풀어주어[放行] 함께 중생을 성숙시키려는 것이다.
1030) 辭=詞【宋】【元】【明】

시고 남은 것을 얻어다 장차 사바세계에 베풀어 불사를 지어서 여기 소승법을 좋아하는 자들로 하여금 대도를 넓힐 수 있게 하고 또한 여래의 명성을 널리 듣도록 하겠습니다.'"[1031]

時化菩薩卽於會前, 昇于上方, 擧衆皆見其去, 到衆香界, 禮彼佛足, 又聞其言; 「維摩詰稽首世尊足下! 致敬無量, 問訊起居, 少病少惱, 氣力安不? 願得世尊所食之餘, 欲於娑婆世界施作佛事, 使此樂小法者得弘大道, 亦使如來名聲普聞」

그때 화작보살이 곧 법회[會前]에서 상방으로 올라갔다. 모든 대중이 다 화작보살이 떠나가는 衆香世界에 도달하여 그곳의 부처님 발에 예배하는 것을 보았다. 또한 '유마힐이 세존의 발[足下]에 계수하고 무량한 경례를 드립니다. 문안을 여쭈오니, 少病少惱하시고 기력이 평안하십니까. 바라건대 세존께서 공양하시고 남은 것을 얻어다 사바세계에 베풀어 불사를 지어서 여기 소승법을 좋아하는 자들로 하여금 대도를 넓힐 수 있게 하고 또한 여래의 명성을 널리 듣도록 하려고 합니다.'라고 그가 전한 말을 들었다.[1032]

1031) '이에 … 하겠습니다.'에서 이것은 化人을 보내서 스스로 청한 것이다. 보낸 화인이 등왕불의 자리를 빌린 까닭은 소위 침묵으로 감응한 부사의이다. 지금 향적국토에서 음식을 청하려고 화인을 보낸 것은 기특하다. 또한 상방보살을 인도해주려고 그곳으로부터 도래하여 이곳의 대중들로 하여금 보도록 함으로써 덕을 숭모하여 수도의 행위에 나아가도록 한 것이다. 또한 이 법문으로써 그곳의 대중을 이익토록 하려는 것이다. 이러한 인연 때문에 반드시 화인을 그곳으로 가도록 보낸다.

1032) '그때 … 들었다.'에서 이것은 화인이 명을 받들어 상방으로 간 것이다. '문안을 여쭈오니, 少病少惱하십니까.'는 비록 淨과 穢가 다르지만 몸이 있으면 患苦가 없을 수 없음을 내보인 것이다. 또한 중생병은 즉 보살병으로서 중생이 병을 벗어나지 못하면 그로써 제불도 病이 없을 수가 없다. 문안하는 것에 두 가지가 있다. 첫째는 所離를 묻고, 둘째는 所得을 묻는다. 少病은 몸에 대하여 물은 것이고, 少惱는 마음에 대하여 물은 것인데, 이 둘은 所離를 문안한 것이다. 氣力은 몸에 대하여

彼諸大士見化菩薩, 歎未曾有;「今此上人從何所來? 娑婆世界爲在
何許? 云何名爲樂小法者」卽以問佛. 佛告之曰;「下方度如四十二
恒河沙佛土, 有世界名娑婆, 佛號釋迦牟尼, 今現在. 於五濁惡[1033]世,
爲樂小法衆生敷演道敎; 彼有菩薩名維摩詰, 住不可思議解脫, 爲諸
菩薩說法, 故遣化來, 稱揚我名, 幷讚此土, 令彼菩薩增益功德」

그곳의 諸大士가 화작보살을 보고 미증유라고 찬탄하며, "지금 이 上人은
어디에서 왔는가. 사바세계는 얼마나 떨어져 있는가. 소승법을 좋아한다는
것은 무엇을 말하는가."라는 것을 부처님께 물었다.[1034]

부처님께서 그들에게 고하여 말씀하셨다.

"하방으로 사십이 항하사 불국토를 지나면 세계명은 사바이고 불호는 석
가모니가 있다. 지금 현재하는데 오탁악세에서 소승법을 좋아하는 중생을
위해 깨침의 가르침[道敎]을 널리 펴고 있다. 그곳에 유마힐이라는 이름의
보살이 있는데 불가사의해탈에 주하면서 제보살을 위하여 설법하고 있는
데, 일부러 화작보살을 파견하여 내[香積] 명호를 칭양하고 아울러 이 불국
토를 찬탄하여 그곳[사바세계]의 보살들로 하여금 공덕을 증익토록 하려는
것이다."[1035]

물은 것이고 安樂은 마음에 대하여 물은 것인데, 이 둘은 所得을 문안한 것이다. '바라건대 세존께서
공양하시고 남은 것'은 그 국토의 보살은 선근이 深厚하여 바로 香飯을 먹지만 此土의 중생은 志意가
하열하여 무릇 공양하고 남은 음식을 청한 것이다.

1033) 〔惡〕-【聖】

1034) '그곳에 … 물었다.'에서 이것은 향적불이 음식을 베풀어준 것이다. 첫 번째 질문의 이유는 이 예토에서
청정국토의 인연을 드러내고 깊이 발생한 厭心으로 하여금 도업으로 進修토록 하려는 것이다. 또한 그
국토의 대사가 비록 신통력을 얻었을지라도 항상 현재 앞에 드러낼 수 없는데 그것을 모르기 때문에
부처님에게 묻는다.

1035) '부처님께서 … 것이다.'에서 이것은 부처님의 답변이다. 사바는 번역하면 雜會인데, 또한 雜惡이라고
말한다. 『비화경』에서는 忍土의 중생은 삼독을 忍受한다고 말한다. 그 국토에 깃들어 사는 사람이기

彼菩薩言;「其人何如, 乃作是化? 德力無畏, 神足若斯!」佛言;
「甚大! 一切十方皆遣化往, 施作佛事, 饒益衆生」

그곳의 보살들이 말했다.

"그 사람은 어떻길래 이에 이처럼 화작보살을 만들고, 德力과 無畏와 神足이 이와 같습니까."[1036]

향적불이 말씀하셨다.

"(유마힐의 신통력은) 참으로 대단하다. 일체의 시방에 모두 화작보살을 보내 불사를 베풀어서 중생을 이롭게 해준다."[1037]

於是香積如來以衆香鉢盛滿香飯, 與化菩薩. 時彼九百萬菩薩俱發聲言;「我欲詣娑婆世界供養釋迦牟尼佛, 幷欲見維摩詰等諸菩薩衆」佛言;「可往. 攝汝身香, 無令彼諸衆生起惑著心. 又當捨汝本形, 勿使彼國求菩薩者, 而自鄙恥. 又汝於彼莫懷輕賤, 而作礙想. 所以者何? 十方國土, 皆如虛空. 又諸佛爲欲化諸樂小法者, 不盡現其淸淨土耳!」時化菩薩旣受鉢飯, 與彼九百萬菩薩俱, 承佛威神, 及維摩詰力, 於彼世界, 忽然不現, 須臾之間, 至維摩詰舍.

이에 향적여래께서 衆香國의 발우에다 香飯을 가득 담아서 화작보살에게

때문에 忍이라고 말한다.

1036) '그곳의 … 같습니까.'에서 이것은 거듭 질문한 것이다. 위에서는 此土에 대하여 총체적으로 물었는데, 지금은 개별적으로 정명에게 묻는다. 또한 거사의 덕을 드러내려고 그 국토의 대중이 此土에 오려는 마음을 발기한다.

1037) '향적불이 … 해준다.'에서 이것은 거듭 답변한 것이다.

주었다.[1038] 그때 구백만 명의 보살이 함께 소리를 내어 다음과 같이 말했다.

"저희들은 사바세계에 가서 석가모니불에게 공양하고자 하며, 아울러 유마힐 등 제보살중을 만나보고자 합니다."[1039]

향적불께서 말씀하셨다.

"가는 것은 좋다. 그대들 몸의 향기를 거두어 그곳의 모든 대중들로 하여금 惑著心을 일으키지 않도록 하라.[1040] 또한 그대들의 본래모습을 감추어 그곳의 국토에서 보살을 추구하는 사람으로 하여금 스스로 천박하고 부끄럽게[鄙恥] 만들지 말라.[1041] 또한 그대들도 그들에 대하여 경천한 마음을 품어서 거리끼는 마음[礙想]을 짓지 말라. 왜냐하면 시방국토가 모두 허공과 같고,[1042] 또한 제불이 소승법을 좋아하는 모든 사람을 교화하려고 그 청정한 국토를 다 드러내지 않을 뿐이기 때문이다."[1043]

그때 화작보살이 이미 발우에 담긴 공양을 받고, 그 구백만 명의 보살과 함께 부처님의 위신력과 유마힐의 신통력을 받들어 그 세계에서 홀연히 모습을 감추고 수유지간에 유마힐의 집에 도착하였다.[1044]

1038) '이에 … 주었다.'에서 이것은 향적불이 바로 음식을 베풀어준 것이다. 향적여래는 이미 상방세계를 이롭게 하였는데, 지금은 이어서 하방세계를 이롭게 하는 까닭에 음식을 베풀어준다.

1039) '그때 … 합니다.'에서 이것은 그곳의 대중이 이곳에 오고자 하는 것이다.

1040) '향적불께서 … 않도록 하라.'에서 이것은 여래가 誠勅한 것이다. 위에서는 그 몸을 훈계하였는데, 지금은 그 마음을 훈계한 것이다. '몸의 향기를 거둔다'는 것은 敎門마다 동일하지 않다. 此土에서 들으면 이해를 발생해도, 彼土에서 들으면 집착을 일으키기 때문에 반드시 그것을 거두어야 한다.

1041) '또한 … 말라.'에서 이곳에서 보면 기쁘게 추구하지만 저곳에서 보면 스스로 부끄러워하기 때문에 본래의 모습을 거두도록 한 것이다.

1042) '또한 … 허공과 같고'에서 이것은 마음을 경계한 것이다. 여기에도 또한 兩句가 있다. 첫째는 법신토를 들어서 그것을 경계한다. 淨과 穢가 모두 공인 즉 곧 실상이고, 평등한 국토는 제불법신이 함께 거주하는 곳이다. 그래서 일찍이 우열이 없는 까닭에 결코 高下의 마음을 일으켜서는 안된다는 것이다.

1043) '또한 … 때문이다.'에서 이것은 둘째로 應迹을 들어서 그것을 경계한 것이다. 제불은 적시에 淨과 穢를 드러내는데, 상방계는 淨緣을 만들어 穢를 숨기고, 하방계는 穢緣을 만들어 淨을 숨길 뿐이다.

1044) '그때 … 도착하였다.'에서 이것은 화작보살이 본토에 환귀한 것이다.

時維摩詰即化作九百萬師子之座, 嚴好如前, 諸菩薩皆坐[1045]其上. 是[1046]化菩薩以滿鉢香飯與維摩詰, 飯香普熏毘耶離城, 及三千大千世界. 時毘耶離婆羅門, 居士等, 聞是香氣, 身意快然, 歎未曾有! 於是長者主月蓋從八萬四千人, 來入維摩詰舍. 見其室中菩薩甚多, 諸師子座, 高廣嚴好, 皆大歡喜, 禮衆菩薩及大弟子, 却住一面. 諸地神, 虛空神及欲, 色界諸天, 聞此香氣, 亦皆來入維摩詰舍.

그때 유마힐이 곧 구백만 개의 사자좌를 화작하여 嚴好가 예전과 같게 되자[1047] 제보살이 모두 그 위에 앉았다.[1048] 그 화작보살이 발우에 가득 담긴 香飯을 유마힐에게 드리자, 飯香이 비야리성과 삼천대천세계에 널리 스며들었다.[1049] 그때 비야리성의 바라문과 거사 등이 그 향기를 맡고 몸과 마음이 상쾌해지자, 미증유한 일이라고 찬탄하였다. 이에 長者의 主인 月蓋가 팔만사천 명을 거느리고 유마힐의 집에 찾아왔다. 유마힐의 방 가운데 보살이 대단히 많고 모든 사자좌가 높고 넓으며 엄식되어 있는 것을 보고 모두 크게 환희하며 대중의 보살과 대제자에게 예배를 드리고 한쪽에 물러가 머물렀다.[1050] 모든 지신·허공신 및 욕계·색계의 제천들도 그 향기를 맡고

1045) 皆坐=坐皆【聖】
1046) 是=時【宋】【元】, 〔是〕-【聖】
1047) '그때 … 같게 되자'에서 이것은 정명이 자리를 시설하여 손님을 맞이한 것이다. 위에서는 자리를 빌린 것을 설명하였는데, 지금은 化成(신통력으로 만들어 놓음)하여 서로 드러낸 奇特를 변별한다.
1048) '제보살이 … 앉았다.'에서 이것은 셋째로 자리를 잡는 것이다.
1049) '그 화작보살이 … 스며들었다.'에서 이것은 화인이 정명에게 공양을 드린 것이다. 천향이 바람을 거슬러 사십 리에 이르는데, 지금 이것은 제불의 과보이기 때문에 아울러 삼천대천세계까지 스며든 것이다.
1050) '그때 … 머물렀다.'에서 이것은 시회중이 운집한 것이다. 위에서는 顯衆에 대하여 설명하였는데, 지금은 幽衆에 대하여 변별한다. '長者의 主인 月蓋'는 그 국토에는 왕이 없고 오직 오백 명의 장자와 함께 국정을 다스린다. 그런데 월개가 대중으로부터 推重되기 때문에 그 종족의 主가 되었다.

서 또한 다 유마힐의 집으로 찾아왔다.[1051]

時維摩詰語舍利弗等諸大聲聞; 「仁者可食, 如來甘露味飯, 大悲所熏[1052], 無以限意食之, 使不消也」有異聲聞念; 「是飯少, 而此大衆人人當食」化菩薩曰; 「勿以聲聞小德小智, 稱量如來無量福慧! 四海有竭, 此飯無盡! 使一切人食, 揣若須彌, 乃至一劫, 猶不能盡. 所以者何? 無盡戒, 定, 智慧, 解脫, 解脫知見功德具足者, 所食之餘, 終不可盡」於是鉢飯悉飽衆會, 猶故不[1053]. 其諸菩薩, 聲聞, 天, 人, 食此飯者, 身安快樂, 譬如一切樂莊嚴國諸菩薩也; 又諸毛孔皆出妙香, 亦如衆香國土諸樹之香.

　그때 유마힐이 사리불 등 모든 대성문에게 말했다.
　"그대여, 어서 드십시오. 여래의 감로 맛이 나는 공양은[1054] 대비로써 익힌 것입니다. 그래서 限意[1055]로써 그것을 공양해서는 안되는데, 소화시킬

1051) '모든 … 찾아왔다.'에서 이것은 幽衆의 집회이다. 소승에서는 색계에는 鼻識이 없다고 말하는데, 무엇을 말미암아 향기를 맡는 것인가. 또한 鼻識을 빌려야만 향기를 맡을 수가 있다고 말하는데, 그것은 이전에 맡아본 적이 없다는 것과 같아서 또한 無因으로 빌린다는 것이다. 또한 대승에서 설명하는 뜻으로는 미세하지만 살피지 않는 것이 없는 까닭에 향기를 맡고 찾아올 수가 있다.

1052) 熏＝勳【元】【明】

1053) ＝賜【宋】【元】【聖】, ＝傷【明】

1054) '그때 … 공양은'에 이것은 정명이 공양을 권한 것이다. 위에서 자리를 빌린 것은 대승과 소승에 공통으로 권한 것이지만, 음식을 청한 것은 홀로 성문에게만 명한 것으로 서로 그 뜻이 드러나 있다. 또한 성문은 劣에 국한되므로 소위 음식은 적고 대중은 많아서 반드시 감히 공양할 수가 없기 때문에 대성문에게만 偏命한 것이다. 천상 곧 향적세계의 음식인 須陀는 감로를 일컫는데, 청정국토의 음식으로 人天의 뛰어남을 초월한 眞甘露이다. 또한 『열반경』에서는 감로라고 말하는데, 이 음식을 먹은 사람은 반드시 그것만 찾기 때문에 因 가운데서 果를 설한다.

1055) 限意는 평등심이 아닌 限量心을 가리킨다.

수가 없기 때문입니다."[1056]

어떤 다른 성문이 '이 공양은 적은데 여기 대중의 모든 사람들이 먹을 수 있을까.'라고 생각하였다.[1057]

화작보살이 말했다.

"성문의 小德과 小智로써 여래의 무량한 복덕과 지혜를 칭량하지 마십시오.[1058] 사해가 말라도 이 공양은 다함이 없습니다. 일체의 사람들이 공양해도 마치 수미산을 헤아리는 것과 같습니다. 이에 일 겁이 걸려도 다 헤아릴 수가 없습니다. 왜냐하면 다함이 없는 戒·定·智慧·解脫·解脫知見의 공덕이 구족되어 있어서 공양하고 남은 것마저 끝내 다함이 없습니다."[1059]

이에 발우의 공양은 衆會를 모두 배부르게 공양시키고도 전후와 같아서 다함이 없었다. 그 모든 菩薩·聲聞·天·人으로 그것을 공양한 사람은 몸이 安·快·樂했다. 비유하면 마치 일체의 즐거움이 장엄된 국토의 보살과 같았다. 또한 모든 털구멍에서는 다 묘향을 내었는데 또한 마치 衆香國의 모든 나무에서 나는 향기와 같았다.[1060]

1056) '대비로써 … 때문입니다.'에서 이 음식은 곧 대비의 果이다. 또한 대비로부터 일어나고 또한 慈眼으로 보는 것을 대비로써 익힌 것이라고 말한다. 적어서 많은 사람을 충족시킬 수 없는 것을 限意라고 일컫는다. 施主라고 일컬을 수 없는 것을 말미암기 때문에 소화시키지 못한다고 말한다. 이것은 공양을 받는 법을 내보인 것이다.

1057) '어떤 … 생각하였다.'에서 이것은 일곱째로 성문이 疑念한 것이다. '다른 성문'이란 사리불 등과 다른 대성문이다. 사리불은 비록 소승이지만 지혜가 뛰어나기 때문에 감히 보살의 위신력의 덕을 헤아리기 때문에 이와 같은 의념을 발생하지 않는다.

1058) '화작보살이 … 마십시오.'에서 이것은 여덟째로 화작보살이 충고한 것이다. 小德은 복덕의 장엄이 작은 것이고, 小智는 지혜의 장엄이 작은 것이다. 그런데 어찌 소승의 한계로써 대승을 헤아리겠는가.

1059) '사해가 … 없습니다.'에서 일체인의 음식이란 당시의 사람이 많은 것을 나타낸다. 음식을 헤아리자면 수미산과 같으므로 먹는 음식이 많다. 일겁은 時가 久遠한 것으로 그것도 다 헤아릴 수가 없음을 설명한 것인데, 하물며 이 법회이겠는가. 다음으로 계·정·혜·해탈·해탈향의 五身을 들어서 그것을 해석한다. 五身은 正果이고, 香飯은 依報이다. 正果가 다함이 없기 때문에 依果도 다함이 없다. 또한 오신은 本이고, 향반은 迹이다. 本이 이미 다함이 없기 때문에 마땅히 迹도 끝이 없다.

1060) '이에 … 같았다.'에서 청정국토의 果에 세 가지가 있다. 첫째는 念食이고, 둘째는 施食이며, 셋째는 受食이다. 첫째와 둘째에 대해서는 위에서 마쳤고, 지금의 대목은 셋째에 해당한다.

爾時維摩詰問衆香菩薩；「香積如來以何說法」

그때 유마힐이 衆香國의 보살들에게 말했다.
"향적여래께서는 어떤 설법을 하십니까."

彼菩薩曰；「我土如來無文字說, 但以衆香令諸天, 人得入律行. 菩薩
各各坐香樹下, 聞斯妙香, 卽獲一切德藏三昧. 得是三昧者, 菩薩所有
功德皆悉具足」

그 보살들이 말했다.
"저희 중향국토의 여래께서는 문자로 설법하지 않습니다. 무릇 갖가지 향
으로써 諸天·人으로 하여금 律行에 들어가도록 합니다. 보살들이 각각 향
나무 아래 앉아서 그 묘향을 맡으면 곧 一切德藏三昧를 터득합니다. 그 삼
매를 터득한 사람은 보살이 소유한 공덕을 모두 다 구족하게 됩니다."[1061]

彼諸菩薩問維摩詰；「今世尊釋迦牟尼以何說法」

그 중향국의 제보살이 유마힐에게 물었다.
"지금 세존이신 석가모니께서는 어떤 설법을 하십니까."[1062]

1061) '그때 … 됩니다.'에서 이상에서는 香飯이 불사임을 설명한다. 이하는 彼土와 此土에서 교화하는 모습을
변별한다. 첫째는 청정국토의 가르침을 설명하고, 둘째는 예토의 법문을 변별한다.
1062) '그 중향국의 … 하십니까.'에서 이것은 此土의 법문을 설명한 것이다.

維摩詰言; 「此土眾生剛强難化, 故佛爲說剛强之語以調伏之. 言是地獄, 是畜生, 是餓鬼, 是諸難處, 是愚人生處; 是身邪行, 是身邪行報; 是口邪行, 是口邪行報; 是意邪行, 是意邪行報; 是殺生, 是殺生報; 是不與取, 是不與取報; 是邪婬, 是邪婬報; 是妄語, 是妄語報; 是兩舌, 是兩舌報; 是惡口, 是惡口報; 是無義語, 是無義語報; 是貪嫉, 是貪嫉報; 是瞋惱, 是瞋惱報; 是邪見, 是邪見報; 是慳悋, 是慳悋報; 是毀戒, 是毀戒報; 是瞋恚, 是瞋恚報; 是懈怠, 是懈怠報; 是亂意, 是亂意報; 是愚癡, 是愚癡報; 是結戒, 是持戒, 是犯戒; 是應作, 是不應作; 是障礙[1063], 是不障礙; 是得罪, 是離罪; 是淨, 是垢; 是有漏, 是無漏; 是邪道, 是正道; 是有爲, 是無爲; 是世間, 是涅槃. 以難化之人, 心如獼猴, 故以若干種法, 制御其心, 乃可調伏. 譬如象馬, 悷不調, 加諸楚毒, 乃至徹骨, 然後調伏. 如是剛强難化眾生, 故以一切苦切之言, 乃可入律」

유마힐이 말했다.

"이 국토의 중생은 剛强하여 교화하기가 어렵습니다. 때문에 부처님께서 剛强한 법어를 설함으로써 그들을 다스립니다.[1064] 말하자면 그런 지옥ㆍ그런 축생ㆍ그런 아귀ㆍ그런 모든 험난한 곳[1065]ㆍ그런 어리석은 사람이 태어나는 곳,[1066] 그런 몸의 邪行ㆍ그런 몸의 사행의 과보, 그런 입의 邪行ㆍ그

1063) 礙=閡【聖】[1, 2, 3, 4]
1064) '유마힐이 … 다스립니다.'에서 이것은 답변이다.
1065) '말하자면 … 험난한 곳'에서 이것은 둘째로 조복을 해석한 것이다. 험난한 곳[難處]이란 위에서 三途를 세 가지라고 설명하였는데, 지금은 五難을 설하여 험난한 곳[難處]이라고 말한다.
1066) '그런 … 태어나는 곳'에서 이것은 외도가 태어나는 곳인데 곧 어리석은 사람이 태어나는 곳을 말한다. 저 無想天에 태어나는 경우 정해진 수명이 오백 겁이다. 이것은 열반을 말한 것으로 이후 수명이 다했을 때 사견이 일어나 聖道를 撥無하여 무간지옥에 떨어짐으로써 성인이 그 곳에 태어나지 않는다.

런 입의 사행의 과보, 그런 생각의 邪行·그런 생각의 사행의 과보, 그런 살생·그런 살생의 과보, 그런 주지 않은 것을 취함·그런 주지 않는 것을 취한 과보, 그런 사음·그런 사음의 과보, 그런 망어·그런 망어의 과보, 그런 양설·그런 양설의 과보, 그런 악구·그런 악구의 과보, 그런 옳지 않는 말·그런 옳지 않는 말의 과보, 그런 貪嫉·그런 탐질의 과보, 그런 瞋惱·그런 진뇌의 과보·그런 邪見·그런 사견의 과보,[1067] 그런 慳悋·그런 간인의 과보, 그런 毁戒·그런 훼계의 과보, 그런 瞋恚·그런 진에의 과보, 그런 懈怠·그런 해태의 과보, 그런 亂意·그런 란의의 과보, 그런 愚癡·그런 우치의 과보,[1068] 그런 結戒·그런 持戒·그런 犯戒, 그런 應作·그런 불응작, 그런 障礙·그런 不障礙, 그런 得罪·그런 離罪, 그런 淨·그런 垢, 그런 유루·그런 무루, 그런 邪道·그런 正道, 그런 유위·그런 무위, 그런 세간·그런 열반 등이다.[1069] 교화하기 어려운 사람은 마음이 마치 원숭이와 같습니다. 때문에 若干種의 법으로써 그 마음을 제어해야 다스릴 수가 있습니다. 비유하면 마치 코끼리와 말이 사납거나 소침하여 다스릴 수가 없는 경우에는 모든 맷독[楚毒]을 가하여 이에 뼛속까지 스며들게 한 연후에 다스리는 것과 같습니다.[1070] 이와 같이 강강하여 교화하기 어려운 중생이

때문에 어리석은 사람이 태어나는 곳이라고 말한다.

1067) '그런 … 사견의 과보'에서 위에서는 팔난(지옥·축생·아귀·제난처·愚人生處·身邪行·口邪行·意邪行)의 果를 설하였는데, 지금은 십악(살생·불여취·사음·망어·양설·악구·無義語·탐질·진뇌·사견)의 인과를 갖추어 설한 것이다.

1068) '그런 … 우치의 과보'에서 이것은 六弊(간인·훼계·진에·해태·란의·우치)의 인과를 설한 것이다. 十惡은 세간의 장애이고, 이 육폐는 출세간의 장애이다.

1069) '그런 結戒 … 열반 등이다.'에서 위에서는 팔난과 십악과 육폐를 설하였는데 이들 三科는 단지 벗어나야 할 것[所離]에 대해서만 설하였는데, 지금 이 대목 이후는 取와 捨를 쌍으로 내보인 것이다. 犯과 不犯은 止(戒)의 뜻에 의거한 것이고, 應作과 不應作은 行(善)의 뜻에 의거한 것이다. 障閡는 止戒를 범한 것이고, 行善을 짓지 않는 것은 聖道를 장애하는 것으로서 이것은 得罪이다. 앞의 둘은 罪가 되는데, 罪를 벗어난 사람은 그쳐야 할 것을 지녀서 선행을 지은 것이다.

1070) '교화하기 … 같습니다.'에서 이것은 譬說이다. 나집공은 다음과 같이 말한다. '말[馬]에 다섯 부류가

기 때문에 일체의 쓴소리[苦切]의 법어를 활용해야 이에 율에 들어가게 할 수가 있습니다."[1071]

彼諸菩薩聞說是已, 皆曰; 「未曾有也! 如世尊釋迦牟尼佛, 隱其無量自在之力, 乃以貧所樂法, 度脫衆生; 斯諸菩薩亦能勞謙, 以無量大悲, 生是佛土」

　그 중향국의 제보살은 그 말을 듣고나서 모두가 말했다.

　"미증유입니다. 저 세존 석가모니불께서는 그 무량한 자재력을 감추고 이에 가난한 사람이 좋아하는 법으로써 중생을 도탈시켜줍니다. 그리고 그 제보살도 또한 큰 수행력이 있으면서도 겸손하여 무량한 대비로써 그 불국토에 태어난 것입니다."[1072]

　있다. 첫째는 채찍의 그림자만 보면 즉시 조복한다. 둘째는 채찍을 맞으면 조복한다. 셋째는 날카로운 송곳이 피부를 찌르면 조복한다. 넷째는 날카로운 송곳에 살이 뚫리면 조복한다. 다섯째는 (날카로운 송곳에) 뼈가 꿰뚫리면 조복한다.' 마찬가지로 중생의 利鈍에도 또한 오품이 있다. 첫째는 단지 남의 무상(죽음)만 보고도 그 마음을 곧 깨친다. 둘째는 선지식의 무상(죽음)을 보아야 이에 그 마음을 깨친다. 셋째는 형제 및 친척의 무상(죽음)을 보아야 이에 그 마음을 깨친다. 넷째는 부모의 무상(죽음)을 보아야 이에 그 마음을 깨친다. 다섯째는 자신이 무상(죽음)에 이르러 극도의 고뇌를 받아 고통의 소리를 내지른 연후에 이에 깨친다.

1071) '이와 … 있습니다.'에서 이것은 譬喩說이다. 창으로 종아리를 치지 않으면 말을 길들일 수가 없고, 苦言이 아니면 교화하기 어려운 사람을 조복할 수가 없다.

1072) '그 중향국의 … 태어난 것입니다.'에서 이것은 그 보살을 찬탄한 것이다. 첫째는 먼저 佛을 찬탄하고, 둘째는 이어서 보살을 찬탄한다. '가난한 사람이 좋아하는 법'이란 차토의 중생은 대승의 법재가 없는 것을 가난하다고 한다. 그러나 무릇 소승의 근기가 있으면 樂을 칭탄하면서 佛은 큰 덕을 감추고 소승법을 활용하여 사람을 교화한다. 그래서 저 『법화경』에서는 珍御服을 벗어버리고 弊垢衣를 걸침으로써 궁자를 교화한다. 때문에 궁자와 貧陋를 함께 하고 궁자가 좋아하는 것을 따르면서 그를 제도해준다.

維摩詰言；「此土菩薩於諸衆生大悲堅固，誠如所言．然其一世饒益
衆生，多於彼國百千劫行．所以者何？此娑婆世界有十事善法，諸餘淨
土之所無有．何等爲十？以布施攝貧窮，以淨戒攝毀禁，以忍辱攝瞋
恚，以精進攝懈怠，以禪定攝亂意，以智慧攝愚癡，說除難法度八難者，
以大乘法度樂小乘者[1073]，以諸善根濟無德者，常以四攝成就衆生，是
爲十」

유마힐이 말했다.

"이 국토의 보살이 모든 중생에 대하여 대비심이 견고한 것은 진실로 말
한 바와 같습니다. 그러나 그 一世에 요익중생한 것은 그 중향국토에서 백
천 겁 동안 수행한 것보다 더 많습니다. 왜냐하면 이 사바세계에는 十事의
선법이 있지만 그 밖의 모든 청정국토에는 없기 때문입니다. 그 十事는 다
음과 같습니다.

布施로써 빈궁한 사람을 섭수해주고
淨戒로써 훼금한 사람을 섭수해주며
忍辱으로 진에한 사람을 섭수해주고
精進으로 해태한 사람을 섭수해주며
禪定으로 난의한 사람을 섭수해주고
智慧로써 우치한 사람을 섭수해주며[1074]
除難法을 설하여 八難을 제도해주고
大乘法으로 소승법 즐김 제도해주며
모든 善根으로 無德者를 제도해주고

1073) 〔者〕-【聖】
1074) '유마힐이 … 섭수해주며'에서 이것은 정명이 서술한 것으로 이에 차토의 가르침을 찬탄한 것이다.

항상 四攝法으로 중생을 성취해준다

이것을 가리켜서 십사라고 말합니다"[1075]

彼菩薩曰; 「菩薩成就幾法? 於此世界行無瘡疣, 生于淨土」

그 중향국토의 보살들이 말했다.

"보살이 어떤 법을 성취해야만 이 세계에서 흠집이 없는 보살행을 하여 청정국토에 태어나는 것입니까."[1076]

維摩詰言; 「菩薩成就八法, 於此世界行無瘡疣, 生于淨土. 何等爲八? 饒益衆生, 而不望報; 代一切衆生受諸苦惱, 所作功德盡以施之; 等心衆生, 謙下無礙; 於諸菩薩視之如佛; 所未聞經, 聞之不疑; 不與聲聞而相違背, 不嫉彼供; 不高己利, 而於其中調伏其心; 常省己過, 不訟彼短, 恒以一心求諸功德, 是爲八法」

1075) '除難法을 … 말합니다'에서 이것은 소위 대승법으로 소승을 교화한 것이다. '모든 善根으로 無德者를 제도해준다'는 것은 소위 인·천의 가르침[乘]을 활용함으로써 중생을 교화하는 것으로 인간승·천상승·성문승·연각승·보살승의 五乘이 갖추어진다.

1076) '그 중향국토의 … 것입니까.'에서 이상에서는 청정국토의 果에 대한 설명을 마치고, 지금부터 이후로는 청정국토의 因에 대하여 변별한다. 청정국토의 果를 설명하여 그들로 하여금 현세에는 이익을 주고, 청정국토의 因을 변별하여 내세에는 왕생하도록 해준다. 질문한 뜻은 정명이 차토보살의 일세수행이 타방의 백천 겁보다 뛰어나다고 찬탄함으로부터 시작된다. 만약 그렇다면 深行人의 경우에는 가히 중생을 제도하는 공이 있겠지만, 淺行者의 경우에는 예토에 머물면서 사람을 제도하려는 것이므로 스스로 구원하지 못할 것을 염려하고 또한 중생을 이롭게 하지도 못할 것이다. 마치 작은 湯에 얼음을 넣으면 도리어 결빙되어버리는 것과 같다. 때문에 어떤 법으로써 자신의 患累를 없애고 다시 남을 이롭게 함으로써 자기와 남으로 하여금 모두 청정국토에 태어나는가를 묻는다.

유마힐이 말했다.

"보살이 여덟 가지 법을 성취해야 이 세계에서 흠집이 없는 보살행을 하여 청정국토에 태어날 수 있습니다.[1077] 여덟 가지 법은 다음과 같습니다.

중생을 이롭게 하지만 어떤 과보도 바라지 않고,

일체중생을 대신하여 모든 고뇌를 받고 지은 공덕은 모두 남에게 돌려주며,[1078]

중생과 평등한 마음으로 겸하하여 장애가 없고,[1079]

모든 보살을 부처님처럼 간주하며,

아직 묻지 못한 경전은 그것을 듣고도 의심하지 않고,[1080]

성문과 더불어 서로 위배하지 않아[1081] 그들이 공양받는 것을 질투하지 않으며,

자기의 이익을 고양함이 없이 그 가운데서 그 마음을 다스리고,[1082]

1077) '유마힐이 … 있습니다.'에서 이것은 정명의 답변이다.
1078) '여덟 가지 … 돌려주며'에서 이것은 개별적으로 八法을 해석한 것이다. 팔법 가운데 앞의 넷은 남을 교화하는 것이고, 뒤의 넷은 자신을 위한 수행이다. 앞의 넷은 곧 자·비·희·사로서 중생을 이롭게 하면서도 과보를 바라지 않는 것인데, 이것이 慈心이다. 자심은 즐거움을 주는 것이기 때문에 과보를 바라지 않는다. '중생을 대신하여 고통을 받는다'는 이것은 悲心을 설명한 것이다.
1079) '중생과 … 없고'에서 이것은 捨心을 설명한 것이다. 捨는 애증을 다스리기 때문에 그 마음이 평등하다. 이미 평등한 마음으로써 다시 자신을 낮추고 남을 높여주는 것을 겸하라고 말한다. 평등심으로써 겸하하여 怨親 사이에 다시는 隔閡가 없다.
1080) '모든 … 않고'에서 初句[팔구 가운데 제사구]는 남을 공경하고, 次句[제오구]는 법을 의심하지 않는 것이다. 보살은 곧 사생의 교량이고, 삼보를 계승하여 남을 부처님처럼 간주한 즉 자기의 공덕을 증장하는 것이기 때문에 반드시 남을 공경한다. 부처님이 설한 경전을 들으면 즉 믿고 받아들이지만, 아직 듣지 못함으로써 의혹이 발생되기 때문에 반드시 법을 믿어야 한다.
1081) '성문과 … 않아'에서 위에서는 人을 존숭하고[제사구], 法을 존중하는 것은 곧 자기가 닦아야 할 도리[自學處]라는 것은 제오구였다. 여기에서는 어떤 도리를 닦기에[學處] 불협화음을 일으키지 않는 제육구가 되었는가. 삼승이 비록 다를지라도 종지는 不二로 돌아가기 때문에 무릇 어그러짐이 없다.
1082) '그들이 … 다스리고'에서 이것은 제칠구로서 수용하는 수행[受用事]에서 번뇌를 일으키지 않는다. 저것을 심으면 저것을 획득하기 때문에 질투를 발생하지 않고, 종자를 심으면 결과를 얻는데 어찌 스스로 自高가 되겠는가. 이런 두 가지 도리에서 자신을 잘 조복한다.

항상 자기의 허물을 반성하고 남의 단점을 가지고 따지지 않으며 항상 일심으로 모든 공덕을 추구하는 것,[1083] 이것이 여덟 가지 법입니다."[1084]

維摩詰, 文殊師利於大衆中說是法時, 百千天, 人皆發阿耨多羅三[1085] 藐三菩提心, 十千菩薩得無生法忍.

유마힐과 문수사리가 대중 가운데서 이 법을 설했을 때, 백천 명의 天·人들이 모두 아뇩다라삼먁삼보리심을 발생하였고, 십천 명의 보살들이 무생법인을 터득하였다.[1086]

1083) '항상 … 추구하는 것'에서 이것은 제팔구로서 수행의 도리에서 過를 벗어나고 善을 모으는데 자기의 허물을 반성한 즉 허물이 저절로 소멸되고, 남의 단점을 송사한 즉 단점이 자기에게 있는데, 이들 두 가지는 허물을 벗어난다는 것이다. 衆惡은 쉽게 증장하고, 功德은 갖추기 어렵다. 그러므로 일심으로 오로지 추구하지 않으면 剋成할 수가 없는데 이것이 바로 善을 모으는 것이다.
1084) '이것이 … 법입니다.'에서 위에서 標와 釋을 이미 마쳤고, 지금은 총결이다.
1085) 三+(三)【明】
1086) '유마힐과 … 터득하였다.'에서 위에서는 청정국토의 인과를 설하였는데, 지금은 둘째로 시회대중이 얻은 이익이다.

維摩詰所說[1087]經[1088]菩薩行品第十一
유마힐소설경 보살행품[1089] 제십일

是時佛說法於菴羅樹園, 其地忽然廣博嚴事, 一切衆會皆作金色. 阿難白佛言;「世尊! 以何因緣, 有此瑞應? 是處忽然廣博嚴事, 一切衆會皆作金色」

　그때 부처님께서 암라수원에서 설법하시자, 그 땅이 홀연히 광박해져 불사를 장엄하였고, 일체중회가 모두 금색이 되었다.[1090] 아난이 부처님께 사뢰어 말했다.

　"세존이시여, 어떤 인연으로 이와 같은 상서가 상응하여 이곳이 광박하게

1087) 〔所說〕-【宋】【聖】[1, 2]

1088) 〔維摩…經六字-【明】

1089) 이것은 네 번째 법회로서 거듭 암라원에 모인 것이다. 먼저 이것이 여기에 온 뜻에는 다섯 가지 인연이 있다. 첫째는 위에서 설한 법에는 반드시 부처님이 印定해야 바야흐로 경전이 성취된다. 연후에 이에 가히 먼 후대까지 멀리 유전한다. 둘째는 정명이 드러낸 不思議事를 방장에 있던 대중은 이미 보았지만 암라원의 인연은 아직 보지 못하였기에 교화가 편만하지 못하였다. 때문에 반드시 이 집회가 필요하다. 셋째는 衆香菩薩이 찾아온 뜻에는 두 가지가 있다. 하나는 정명을 친견하려는 것이다. 둘은 부처님을 禮觀하려는 것이다. 넷째는 위의 품에서는 무릇 香飯을 설명함으로써 불사를 삼았는데, 지금은 불사에 무량한 법문이 있음을 자세하게 진술하려는 것이다. 다섯째는 위에서는 자리를 빌려서 공양을 청하고 간략하게 신통력을 드러냈는데, 지금은 손 안에 회중을 지니고 손으로 대천세계를 어루만지면서 널리 難思의 道를 내보인다. [보살행품]이란 범부는 생사를 유행하고 이승은 마음으로 열반을 유희하지만, 모두 二邊에 떨어져 도행을 履歷하지 못한다. 지금은 중향국의 보살들이 장차 본토로 돌아와서 菩薩正行을 설해줄 것을 청한다. 때문에 [보살행품]이라고 제목한다.

1090) '그때…되었다.'에서 이것은 상서를 드러낸 것인데, 무릇 세 가지 뜻이 있다. 첫째는 타방에서 찾아온 손님을 위한 까닭에 처소를 장엄한다. 둘째는 암라원의 衆會를 경앙하는 정성을 발기한다. 셋째는 법문으로 많은 사람의 오도를 열어주는 준비를 나타낸다.

불사가 장엄되고 일체중회가 모두 금색으로 된 것입니까."[1091]

佛告阿難; 「是維摩詰, 文殊師利, 與諸大衆恭敬圍繞, 發意欲來, 故先爲此瑞應」

　부처님께서 아난에게 말씀하셨다.
　"이것은 유마힐과 문수사리가 제대중과 함께 공경스럽게 위요하여 마음[意]을 발생하여 여기에 찾아오려는 까닭에 이와 같은 상서가 상응한 것이다."[1092]

於是維摩詰語文殊師利; 「可共見佛, 與諸菩薩禮事供養」

　이에 유마힐이 문수사리에게 말했다.
　"함께 부처님을 친견하고 제보살과 더불어 禮事하고 공양합시다."[1093]

文殊師利言; 「善哉! 行矣! 今正是時」

1091) '아난이 … 것입니까.'에서 이것은 서상의 所由를 질문한 것이다. 대사[보살]의 행위는 소승도로써 헤아릴 수 있는 것이 아니다. 또한 시회대중으로 하여금 정명이 찾아오는 것을 알려서 미리 欣仰을 발생한다. 두 가지 인연이 있는 까닭에 질문한다.
1092) '부처님께서 … 상응한 것이다.'에서 이것은 서상의 소유에 대한 답변이다.
1093) '이에 … 공양합시다.'에서 이것은 요컨대 문수사리가 찾아온 것이다.

문수사리가 말했다.

"좋습니다. 갑시다. 지금이 바로 적시입니다."[1094]

維摩詰即以神力, 持諸大衆幷師子座, 置於右掌, 往詣佛所. 到已著地, 稽首佛足, 右遶七匝, 一心合掌, 在一面立; 其諸菩薩即皆避座, 稽首佛足, 亦遶七匝, 於一面立; 諸大弟子, 釋, 梵, 四天王等, 亦皆避座, 稽首佛足, 在一面立.

유마힐이 곧 신통력으로 제대중과 사자좌를 가지고 오른손에 올려놓고 부처님 처소에 나아갔다. 그곳에 도착하여[1095] 부처님 발에 계수하고 右遶七匝하며 일심으로 합장하고 한쪽에 섰다. 그 제보살이 곧 모두 자리를 피하여 부처님 발에 계수하고 또한 繞七匝하여 한쪽에 섰다. 제대제자·석·범·사천왕 등도 또한 모두 자리를 비켜서 부처님 발에 계수하고 한쪽에 섰다.[1096]

於是世尊如法慰問諸菩薩已, 各令復坐, 卽皆受敎. 衆坐已定, 佛語舍

1094) '문수사리가 … 적시입니다.'에서 이것은 문수의 찬탄과 허락이다. 소위 弘道하여 중생을 이롭게 하는 때로서, 회상에 세 가지 뜻이 있다. 첫째는 印定을 받아 경전을 성취하려는 것이다. 둘째는 중향보살로 하여금 부처님을 친견하고 법을 듣게 하려는 것이다. 셋째는 불사에는 무량한 문이 있어 香飯에 그치지 않음을 설명하려는 것이다.

1095) '유마힐이 … 도착하여'에서 이것은 정명이 신통력을 드러낸 것이다. 곧 이것은 거듭 부사의사를 설명한 것이다. 손바닥이 넓지 않지만 能持하여 대중이 적이 않지만 옮긴다. 또한 세간에서 손님의 접대에 거마를 공급하듯이 대사는 환송에 신통력을 부린다.

1096) '부처님 … 섰다.'에서 이것을 도착하여 예경한 것이다.

利弗; 「汝見菩薩大士, 自在神力之所爲乎」

　이에 세존께서 여법하게 제보살에게 안부를 묻고나서[1097] 각자 제자리로
돌아가서[1098] 곧 모두 가르침을 받도록 하였다.[1099] 대중이 앉아서 선정에 들
어갔다. 부처님께서 사리불에게 말씀하셨다.
　"그대는 보살과 대사[1100]가 자재한 신통력으로 했던 행위를 보았는가."[1101]

「唯然, 已見!」

　"예. 보았습니다."

「於[1102]汝意云何」

　"어떻게 생각하는가."

1097) '이에 … 묻고나서'에서 이것은 여래가 안부를 물은 것이다.
1098) '각자 제자리로 돌아가서'에서 이것은 자리에 앉으라고 명한 것이다.
1099) '곧 모두 가르침을 받도록 하였다.'에서 이것은 말씀을 받들어 앉는 것이다.
1100) 菩薩大士에서 보살을 의역하면 大士로서 동어반복이다. 그러나 여기에서는 보살은 문수사리보살이고
　　　대사는 유마를 존칭하는 말로 사용되었다.
1101) '대중이 … 보았는가.'에서 이것은 이어서 正說을 설명한 것이다.
1102) 〔於〕-【宋】【元】【明】

「世尊! 我覩其爲不可思議, 非意所圖, 非度所測」

"세존이시여, 제가 그것을 보았지만 불가사의하여 마음[意]으로 도모할 수가 없고 헤아려서 재볼 수도 없었습니다."[1103]

爾時阿難白佛言; 「世尊! 今所聞香, 自昔未有, 是爲何香」

그때 아난이 부처님께 사뢰어 말씀드렸다.
"세존이시여, 지금 맡고 있는 향기는 제가 예전에 맡아본 적이 없는데, 이것은 어떤 향기입니까."

佛告阿難; 「是彼菩薩毛孔之香」

부처님께서 아난에게 말씀하셨다.
"이것은 저 중향국 보살들의 털구멍에서 풍기는 향기이다."[1104]

1103) '예. … 없었습니다.'에서 부사의라는 명칭을 여기에서 바로 드러냈는데, 진실로 이승은 헤아릴 수가 없기에 부사의라고 말한다.
1104) '부처님께서 … 향기이다.'에서 오직 저 중향국 보살들의 향기에 대해서만 말한 것은 근본을 보여주기 때문이다. 또한 사리불로 하여금 스스로 그 음식의 향기를 드러내도록 하려는 것이다.

於是舍利弗語阿難言; 「我等毛孔亦出是香」

이에 사리불이 아난에게 말했다.
"저희들의 털구멍에서도 또한 그 향기가 풍깁니다."

阿難言; 「此所從來」

아난이 말했다.
"그 향기는 어디에서 온 것입니까."

曰; 「是長者維摩詰, 從衆香國, 取佛餘飯, 於舍食者, 一切毛孔皆香若此」

사리불이 말했다.
"이것은 장자 유마힐이 중향국으로부터 부처님께서 남겨주신 공양을 가져다 집에서 공양한 것인데, 일체의 털구멍에서 모두 이러한 향기가 풍깁니다."

阿難問維摩詰; 「是香氣住當久如」

아난이 유마힐에게 물었다.

"이 향기는 장차 얼마나 오랫동안 풍깁니까."

維摩詰言; 「至此飯消」

유마힐이 말했다.
"이 공양이 소화될 때까지 풍깁니다."

曰; 「此飯久如當消」

아난이 말했다.
"이 공양은 장차 소화되기까지 얼마나 오래 걸립니까."

曰; 「此飯勢力至于七日, 然後乃消. 又阿難! 若聲聞人未入正位, 食此飯者, 得入正位, 然後乃消; 已入正位, 食此飯者, 得心解脫, 然後乃消; 若未發大乘意, 食此飯者, 至發意乃消; 已發意食此飯者, 得無生忍, 然後乃消; 已得無生忍, 食此飯者, 至一生補處, 然後乃消. 譬如有藥, 名曰上味, 其有服者, 身諸毒滅, 然後乃消. 此飯如是, 滅除一切諸煩惱毒, 然後乃消」

유마힐이 말했다.

"이 공양의 세력은 이레가 된 연후에 소화됩니다.[1105] 또한 아난이여, 만약 성문인으로서 아직 正位에 들어가지 못한 사람은 이 공양을 하고 정위에 들어간 연후에 소화됩니다. 이미 정위에 들어가서 이 공양을 한 사람은 심해탈을 터득한 연후에 소화됩니다. 만약 아직 大乘意를 발생하지 못하고 이 공양을 한 사람이라면 發意하고나서 소화됩니다. 이미 發意하여 이 공양을 한 사람은 무생법인을 터득한 연후에 소화됩니다. 이미 무생법인을 터득하여 이 공양을 한 사람은 일생보처에 다다른 연후에 소화됩니다. 비유하면 마치 上味라는 이름을 가진 약이 있는데 그것을 복용한 사람이 몸의 諸毒을 소멸한 연후에 소화되는 것과 같습니다. 이 공양도 그와 같아서 일체의 제 번뇌라는 독을 멸제한 연후에 소화됩니다."[1106]

阿難白佛言; 「未曾有也, 世尊! 如此香飯能作佛事」

1105) '이에 … 소화됩니다.'에 대하여 나집공은 다음과 같이 말한다. '어떤 사람이 향반을 먹으면 그 음식이 소화될 시일이 없어서 마음이 반드시 厭捨하게 된다. 때문에 오래가지 못하게끔 한다.' 또 다음과 같이 말한다. '마땅히 得道할 사람은 음식의 기운이 풍기는 시일이 이레를 넘기지 않고 반드시 聖道를 성취한다. 마치 七步蛇(물리면 일곱 걸음을 떼기 전에 죽는다는 독뱀)에게 물리면 勢가 이레를 넘기지 못하는 경우처럼 풍기는 향기[事]가 결코 오래가지 못한다. 때문에 이레를 넘기지 않게끔 한다.' 석승조는 다음과 같이 말한다. '이레가 되면 勢가 소멸한다. 그러나 그 음식은 항상 勢力을 지니고 있다. 그래서 만약 마땅히 음식을 인하여 道를 품계하는 사람이라면 요컨대 상응되는 경지[所應得]를 얻은 연후에 소화가 된다.' 길장은 말한다. '음식에 세 가지가 있다. 범부는 감응하는 것이 얕아서 단지 이레만 얻는다. 소위 하급이다. 이승은 약간 깊기 때문에 初果를 얻고 正位에 든 나한심을 얻은 연후에 이에 소화된다. 소위 중급이다. 대승은 발심하여 내지 보처에 이른 연후에 이에 소화된다. 소위 상급이다. 이처럼 응당 삼품중생이기 때문에 먼저 이레라고 말한다.'

1106) '또한 … 소화됩니다.'에 대하여 어떤 사람은 '음식은 곧 법문이기에 밥으로 먹는 것이 아니다. 때문에 사람들로 하여금 득도하게 해준다.'고 말한다. 지금은 제불의 음식으로서 곧 법문이다. 그래서 그 하나의 작용을 드러내어 사람들로 하여금 입도하게 해준다. 『華手經』에서 '보살에게는 法性을 비추어보는 天冠이 있다. 그 관을 쓰면 일체의 법성이 모두 현재심으로 다가온다.'고 말한다.

아난이 부처님께 사뢰어 말씀드렸다.

"미증유입니다. 세존이시여, 이 香飯도 불사가 될 수 있겠습니까."[1107]

佛言; 「如是, 如是! 阿難! 或有佛土以佛光明而作佛事, 有以諸菩薩
而作佛事, 有以佛所化人而作佛事, 有以菩提樹而作佛事, 有以佛衣
服, 臥具而作佛事, 有以飯食而作佛事, 有以園林臺觀而作佛事, 有以
三十二相, 八十隨形好而作佛事, 有以佛身而作佛事, 有以虛空而作
佛事; 衆生應以此緣得入律行. 有以夢, 幻, 影, 響, 鏡中像, 水中月, 熱
時炎, 如是等喻而作佛事. 有以音聲, 語言, 文字而作佛事. 或有淸淨
佛土, 寂寞無言, 無說, 無示, 無識, 無作, 無爲, 而作佛事. 如是, 阿難!
諸佛威儀進止, 諸所施爲, 無非佛事.

부처님께서 말씀하셨다.

"그렇다. 바로 그렇다. 아난이여, 혹 어떤 불국토는 부처님 광명이 불사가
되고, 어떤 불국토는 제보살이 불사가 되며,[1108] 어떤 불국토는 부처님이 교
화한 사람이 불사가 되고,[1109] 어떤 불국토는 보리수가 불사가 되며,[1110] 어

1107) '아난이 … 있겠습니까.'에서 이것은 불사가 동일하지 않음을 갖추어 설명한 것이다. 아난이 찬탄한
   것은 음식은 본래 몸을 이롭게 하는 것인데 마침내 得道케끔 해주기 때문에 미증유라고 찬탄한 것이다.
   불사란 중생을 교화하여 悟道하도록 해주는 것이다. 무릇 이것이야말로 제불의 본분[事]이다.
1108) '부처님께서 … 불사가 되며'에서 저 『화엄경』에서 여래는 침묵하고 보살이 설법한다. 또한 이 경에
   즉해보면 석가는 무언이고 정명이 홍도한다.
1109) '어떤 … 불사가 되고'에서 수선다불의 경우처럼 眞形은 멸도하고 化佛로 머물면서 중생을 이롭게
   해주는 것이다.
1110) '어떤 … 불사가 되며'에서 부처님이 나무 아래서 보리를 터득하였기에 보리수라고 말한다. 이 나무는
   見과 聞을 따라서 形과 聲을 내어 모두 오도하도록 해준다. 때문에 나무가 불사가 된다.

떤 불국토는 부처님의 의복 및 와구가 불사가 되고,[1111) 어떤 불국토는 飯食이 불사가 되며, 어떤 불국토는 園林臺觀이 불사가 되고,[1112) 어떤 불국토는 삼십이상 및 팔십수형호가 불사가 되며, 어떤 불국토는 부처님 몸이 불사가 되고,[1113) 어떤 불국토는 허공이 불사가 된다. 중생은 반드시 이 인연으로써 律行에 들어가야 한다.[1114) 어떤 불국토는 夢·幻·影·響·鏡中像·水中月·熱時炎의 이와 같은 것들의 비유가 불사가 된다.[1115) 어떤 불국토는 音聲·語言·文字가 불사가 된다. 어떤 청정한 불국토는 寂寞하여 無言·無說·無示·無識·無作·無爲가 불사가 된다. 이와 같이 아난이여, 제불의 威儀와 進止와 베풀어주는 모든 행위가 불사 아님이 없다.[1116)

「阿難! 有此四魔, 八萬四千諸煩惱門, 而諸衆生爲之疲勞, 諸佛卽以此法而作佛事, 是名入一切諸佛法門. 菩薩入此門者, 若見一切淨好佛土, 不以爲喜, 不貪不高; 若見一切不淨佛土, 不以爲憂, 不礙不沒;

1111) '어떤 … 불사가 되고'에서 옛적에 염부제왕이 부처님의 大衣(僧伽黎)를 얻었는데, 그때 세간에 疾疫이 나타났다. 왕이 대의를 풋대 꼭대기에 걸쳐 대중에게 내보이니 대중이 귀명하자 질병이 모두 치유되고 믿음과 공경이 더욱 깊어져 그로 인하여 해탈하였다.

1112) '어떤 … 불사가 되고'에서 衆香國土는 향기로써 地苑園을 삼아서 사람들로 하여금 오도시켜주는데 곧 그것을 가리킨다.

1113) '어떤 … 불사가 되고'에서 이것은 혹 眞形의 相好를 내보여 득도시키는 것을 말한다. 또한 洴沙王이 불상을 弗迦沙王에게 주자 그로 인하여 득오한 경우와 같다. 부처님 몸[佛身]이란 全身을 드러낸 것이다.

1114) '어떤 … 들어가야 한다'에서 중생의 근성은 동일하지 않다. 有를 좋아하는 사람에게는 存身으로써 有를 내보이고, 공을 좋아하는 사람에게는 滅身으로써 無를 내보인다. 저 문수사리의 경우는 갖가지 色像을 소멸시킴으로써 阿闍世王을 교화하였는데, 그것은 『阿迹經』의 설과 같다.

1115) '어떤 … 불사가 된다'에서 어떤 중생에게는 감몽으로써 득도토록 해준다. 혹 幻·炎·不眞의 形色을 드러내어 이익을 준다.

1116) '어떤 … 아님이 없다'에서 진정한 청정국토에서는 모두 법신보살이 밖으로는 言說이 없고 안으로는 분별[識慮]이 없어 事表를 超悟하고 실상을 正觀하여 득도한다.

但於諸佛生淸淨心, 歡喜恭敬, 未曾有也! 諸佛如来功德平等! 爲化[1117] 衆生故, 而現佛土不同. 阿難! 汝見[1118]諸佛國土, 地有若干, 而虛空無 若干也; 如是見諸佛色身有若干耳, 其無礙慧無若干也.

아난이여, 이 四魔와 팔만사천의 모든 번뇌문 때문에 모든 중생이 疲勞하면 제불이 곧 이러한 법[1119]으로 불사를 짓는데,[1120] 이것을 入一切諸佛法門이라고 말한다. 이 일체제불법문에 들어가는 보살은 혹 일체의 청정하고 좋은 불국토를 보아도 기뻐하지 않고 탐내거나 貢高하지 않으며, 혹 일체의 부정한 불국토를 보아도 근심하지 않고 장애받거나 없애지 않는다. 그리고 무릇 제불에 대하여 청정심을 발생하여 미증유라고 환희하고 공경한다. 제

1117) (敎)+化【宋】【元】【明】【聖】
1118) 汝見=汝具【元】, =如見【聖】
1119) 이러한 법[此法]은 위에서 언급한 갖가지 불사가 되는 것을 가리킨다.
1120) '아난이여, … 짓는데'에 대하여 나집공은 다음과 같이 말한다. '불사에 세 가지가 있다. 첫째는 善으로써 불사를 짓는데 소위 설법 및 방광 등이다. 둘째는 無記로써 불사를 짓는데 즉 허공 등과 같다. 셋째는 不善으로써 불사를 짓는데 소위 제번뇌를 내보이는 것이다.' 의원[醫]에 삼품이 있다. 하품의 무리는 약으로도 약을 삼지 못한다. 중품의 사람은 약으로써만 약을 삼는다. 상품의 良醫는 약이 아닌 것으로도 약을 삼는다. 팔만사천의 번뇌란 탐·진·치[三毒]와 等分이다. 등분은 性實見[我見]·着我見[人見]·斷見[衆生見]·常見[壽者見] 등의 정신작용이다. 성실견은 만물을 존재하게 하는 궁극적인 실체가 있다고 믿는 견해이고, 착아견은 오로지 자기[人]에게만 집착하는 견해이며, 단견은 허무하다고 믿는 견해이고, 상견은 영원하다고 믿는 견해이다. 이들 넷[四根]은 제번뇌의 근본이다. 낱낱의 根마다 이만 천 가지가 출현하여 도합 팔만 사천 가지가 된다. 팔만 사천 가지로부터 출현하는 지류는 무량하다. 때문에 煩惱門이라고 말한다. 팔만사천법문이란 『현겁경』에는 다음과 같이 말한다. '어떤 보살이 어떤 삼매를 실천해야 팔만사천의 모든 바라밀을 곧장 터득할 수 있는 것인가를 사유한다. 그로 인하여 佛에게 질문한다. 佛은 답한다. 삼매가 있는데 了法本이라고 말한다. 보살이 그 삼매를 실천하면 팔만사천의 모든 바라밀을 곧장 터득한다.' 모든 바라밀이란 불공덕에 삼백오십 가지의 문이 있다. 낱낱이 모두 육바라밀로써 因을 삼아서 곧 이천백 가지 바라밀이 있다. 그것으로 四大+六衰의 10가지 번뇌를 대치하는 것으로 활용한다. 이에 이만천 가지가 된다. 六衰란 六塵·外塵·六妄·六賊과 같은 용어로서 惡賊인데 사람들의 선법을 쇠멸시킨다. 그러나 모든 바라밀을 수행하여 불경계에 超入하면 육진을 두려워하지 않기 때문에 그것[육쇠]을 다스린다. 四大는 內이고 六衰는 外인데, 이 內와 外는 번뇌를 말미암아 일어난다. 때문에 삼독과 등분에 각각 이만 천 가지가 있어서 도합 팔만사천 가지를 다스린다.

불여래의 공덕은 평등하지만 중생을 교화하려는 까닭에 불국토의 차별[不同]을 드러낸다.

아난이여, 그대가 제불국토를 보면 땅에는 약간의 차별이 있지만 허공에는 약간의 차별도 없다. 이와 같이 제불의 색신에는 약간의 차별이 있음을 보지만 그 無礙慧에는 약간의 차별도 없다.[1121]

「阿難! 諸佛色身, 威相, 種性, 戒, 定, 智慧, 解脫, 解脫知見, 力, 無所畏, 不共之法, 大慈, 大悲, 威儀所行, 及其壽命, 說法敎化, 成就衆生, 淨佛國土, 具諸佛法, 悉皆同等, 是故名爲三藐三佛陀, 名爲多陀阿伽度, 名爲佛陀. 阿難! 若我廣說此三句義, 汝以劫壽, 不能盡受; 正使三千大千世界滿中衆生, 皆如阿難多聞第一, 得念總持, 此諸人等, 以劫之壽, 亦不能受. 如是, 阿難! 諸佛阿耨多羅三藐三菩提, 無有限量, 智慧辯才不可思議」

아난이여, 제불은 色身 · 威相 · 種性과 戒 · 定 · 智慧 · 解脫 · 解脫知見과 十力 · 四無所畏 · 十八不共之法 · 大慈 · 大悲와 威儀와 所行 및 그 壽命으로 설법하고 교화하여 중생을 성취하고 불국토를 청정케 하며 제불법을 갖추고 모두 다 동등하게 해준다.[1122] 이런 까닭에 三藐三佛陀라고 말하고,[1123]

1121) '이것을 … 차별도 없다.'에서 이것은 그 문에 깊이 들어가서 곧장 얻는 이익을 설명한다. '佛의 지혜 등'이란 이미 이 문에 들어간 즉 불국토가 본래 중생에 상응되어 있어서 중생에 상응하는 지혜를 알고 있는데 어찌 다르겠는가. 때문에 淨과 穢에 대하여 憂와 喜를 발생하지 않는다.

1122) '아난이여, … 해준다.'에서 위에서는 慧 등을 설명하였는데, 지금은 그 밖의 덕도 모두 동일함을 변별한 것이다.

1123) '이런 … 말하고'에서 위에서는 덕이 동일함을 설명하였다. 지금 여기에서는 명호 등에 대하여 설명한다. 무릇 명호에는 多門이 있지만 간략하게 설하면 법신불 · 보신불 · 화신불의 세 가지[佛三號]가 있고,

多陀阿伽度라고 말하며,[1124] 佛陀라고 말한다.[1125]

아난이여, 만약 나 여래가 이 三句[1126]의 뜻을 자세하게 설한다면 그대는 劫壽를 가지고도 다 받아들이지 못한다. 가령 삼천대천세계에 가득한 중생이 모두 아난처럼 다문제일로서 念總持를 터득하여 그 모든 사람들이 劫壽를 가진다고 할지라도 또한 받아들이지 못한다.

이와 같이 아난이여, 제불의 아뇩다라삼먁삼보리는 한량이 없고 지혜와 변재는 불가사의하다."

阿難白佛言; 「我從今已往, 不敢自謂以爲多聞」

아난이 부처님께 사뢰어 말씀드렸다.

"저는 과거부터 지금까지 감히 多聞이라고 말한 적이 없습니다."

이어서 열 가지[如來十號]가 되는데, 자세하게 진술하자면 무량하다. 그러나 지금은 약설한 것이다. 여기에서 먼저 正遍知라는 명호를 살펴보자면, 解에 顚倒가 없는 것은 正이고, 智가 두루하지 않음이 없는 것은 遍이며, 결정적인 法相 그것을 知라고 말한다.

1124) '多陀阿伽度라고 말하며'에서 이것을 번역하면 如來인데 또한 如去라고도 말한다. 본체에서 여법하게 오는 것을 여래라고 말하고, 번체에서 여법하게 가는 것을 여거라고 말한다. 또한 제불처럼 오기 때문에 여래라고 말한다. 제불처럼 똑같이 열반에 들어가기 때문에 여거라고 말한다.

1125) '佛陀라고 말한다'에서 이것은 번역하면 覺이다. 각에 두 가지가 있다. 첫째는 煩惱障眠에서 覺悟를 터득하는 것인데 이승과 더불어 동일하다. 둘째는 智障眠에서 覺悟를 터득하는 것인데 이승과 더불어 다르다. 번뇌장은 四住의 煩惱이고, 지장은 여래의 일체지를 장애한 無明住地惑이다. 四住는 四住地 또는 四住地惑이라고도 하는데, 住地惑이란 중생을 삼계에 묶어둔다는 뜻으로 五住地惑 가운데 삼계의 무명인 無明住地를 제외한 것으로, 삼계의 見惑인 見一處住地ㆍ욕계의 思惑인 欲愛住地ㆍ색계의 思惑인 色愛住地ㆍ무색계의 思惑인 有愛住地의 네 가지를 가리킨다.

1126) 三藐三佛陀와 多陀阿伽度와 佛陀를 가리킨다.

佛告阿難; 「勿起退意! 所以者何? 我說汝於聲聞中為最多聞, 非謂
菩薩. 且止, 阿難! 其有智者不應限度諸菩薩也; 一切海淵尚可測量,
菩薩禪定, 智慧, 總持, 辯才一切功德不可量也. 阿難! 汝等捨置菩薩
所行, 是維摩詰一時所現神通之力. 一切聲聞, 辟支佛於百千劫, 盡力
變化所不能作」

부처님께서 아난에게 말씀하셨다.

"退意를 일으키지 말라. 왜냐하면 나 여래는 그대에게 성문 가운데 最多
聞이라고 설한 것이지 보살을 두고 말한 것이 아니기 때문이다. 그러므로
그만 두라.[1127]

아난이여, 지혜가 있는 사람은 결코 제보살을 한정하여 헤아리지[限度] 않
는다. 일체의 海淵은 오히려 헤아릴 수가 있어도 보살의 禪定·智慧·總
持·辯才가 지니고 있는 일체공덕은 헤아릴 수가 없다.

아난이여, 그대들은 보살의 소행을 접어두었기에[捨置] 저 유마힐이 한때
드러낸 신통력을 일체의 성문과 벽지불이 백천 겁 동안 진력하여 변화시키
려고 해도 그렇게 할 수가 없다."[1128]

爾時眾香世界菩薩來者, 合掌白佛言; 「世尊! 我等初見此土, 生下劣
想, 今自悔責, 捨離是心. 所以者何? 諸佛方便, 不可思議! 為度眾生
故, 隨其所應, 現佛國異. 唯然世尊! 願賜少法, 還於彼土, 當念如來」

1127) 그만 두라[止]는 것은 退意를 일으키는 그런 마음을 갖지 말라는 것이다.
1128) '아난이여, … 할 수가 없다.'에서 이것은 德과 名은 소승이 헤아리지 못한다는 것이다. 즉 이것은
   제불의 불가사의를 총체적으로 드러낸 것이다.

그때 중향세계의 보살들이 도래하여 합장하고 부처님께 사뢰어 말씀드렸다.

"세존이시여, 저희들은 처음에 이 국토를 보고 하열하다는 생각을 발생하였는데, 지금은 스스로 悔責하며 그런 마음을 버리겠습니다. 왜냐하면 제불의 방편은 불가사의하지만 중생을 제도하기 위한 까닭에 그에 상응하는 것을 따라서 불국토의 다른 모습을 드러냈기 때문입니다.[1129] 그렇습니다. 세존이시여, 바라건대 작은 법이라도 설하여 저 중향국에 돌아가면 장차 여래를 억념할 수 있게 해주십시오."[1130]

佛告諸菩薩;「有盡無盡解脫法門, 汝等當學. 何謂爲盡? 謂有爲法; 何謂無盡? 謂無爲法. 如菩薩者, 不盡有爲, 不住無爲.

부처님께서 제보살에게 말씀하셨다.

"有盡 및 無盡의 해탈법문이 있는데 그대들은 반드시 닦아야 한다.[1131] 무

1129) '그때 … 때문입니다.'에서 이것은 중향세계의 보살이 청법하러 此土에 돌아온 것이다. 스스로 悔過하는 사람이 彼土를 출발한다. 비록 聖教를 받들고 차토가 부정함을 볼지라도 스스로 하열하다는 생각을 발생한 것인데, 소위 불보살에게도 또한 우열[優降]이 있은 즉 이미 이 불사를 듣고서야 바야흐로 스스로 悔責한다.
1130) '그렇습니다. … 해주십시오.'에서 이것은 청법인데, 여기에 다섯 가지 인연이 있다. 첫째는 차토에서는 비록 문자이지만 반드시 피토에서는 법이고, 피토에서는 비록 무언이지만 또한 반드시 차토에서는 법으로서 차토와 피토에서 교화하는 무리에게 피차가 서로 이롭다. 둘째는 이미 보살로서 반드시 시방을 널리 교화하려는 까닭에 문자를 청하여 그 밖의 국토를 일깨워준다. 셋째는 중향세계에는 또한 오지 않는 사람이 남아있는데 반드시 그 확실한 이유를 물어야 한다. 때문에 반드시 이설에 있는 전등과 같은 것을 받아들여야 한다. 넷째는 피토의 보살로 하여금 끝내 佛恩을 알도록 해주려는 것이다. 이미 향반만 먹어도 자연히 오도하는데, 이 고행 등을 들어서 이에 성위에 오른 즉 불은을 아는 것이 심화되어 스스로 修德에 힘쓰게 된다. 다섯째는 비록 부족하는 말씀이 피토에 있을지라도 그 의도는 실로 차토에 있다.
1131) '부처님께서 … 닦아야 한다.'에서 이것은 부처님의 답변인데 二門으로써 勸學을 드러낸 것이다.

엇을 有盡이라 하는가. 유위법을 말한다. 무엇을 無盡이라 하는가. 무위법을 말한다.[1132) 보살이라면 유위법을 다하지도 않고 무위법에 주하지도 않는다.[1133)

「何謂不盡有爲? 謂不離大慈, 不捨大悲; 深發一切智心, 而不忽忘; 敎化衆生, 終不厭[惓>倦]; 於四攝法, 常念順行; 護持正法, 不惜軀[1134)命; 種諸善根, 無有疲厭. 志常安住, 方便迴向; 求法不懈, 說法無悋; 勤供諸佛. 故入生死而無所畏; 於諸榮辱, 心無憂喜; 不輕未學, 敬學如佛; 墮煩惱者, 令[1135)發正念, 於遠離樂, 不以爲貴; 不著己樂, 慶於彼樂. 在諸禪定, 如地獄想; 於生死中, 如園觀想; 見來求者, 爲善師想; 捨諸所有, 具一切智想; 見毀戒人, 起救護想; 諸波羅蜜, 爲父母想; 道品之[1136)法, 爲眷屬想. 發行善根, 無有齊限; 以諸淨國嚴飾之

1132) '무엇을 … 말한다.'에서 이것은 이문을 해석한 것이다. 유위법은 허망하여 반드시 마멸로 돌아가기 때문에 유위라고 말한다. 무위법은 진실하여 마멸되지 않기 때문에 무위라고 말한다.
1133) '보살이라면 … 않는다.'에서 이하는 能學의 二門에도 다시 삼구가 있음을 설명한다. 그런데 '유위법을 다하지도 않고 무위법에 주하지도 않는 것'에 무릇 이문이 있다. 첫째는 유위법을 다하지 않는다는 것은 유위에 들어가서 중생을 교화하는 것이다. 무위법에 주하지 않는다는 것은 이것이 방편이므로 공을 증득하지 않는다. 이것은 곧 무위를 버리고 유위에 들어가는 것인데, 성문이 무위에 주하고 유위를 버리는 것을 배척하는 것으로 활용한다. 둘째는 예토에는 苦가 있기 때문에 유위라고 말한다. 청정국토에는 苦가 없기 때문에 무위라고 말한다. 중향보살이 청정국토를 좋아하고 예토[穢國]를 버린 즉 그것이 유위를 버리고 무위에 주하는 것이다. 지금의 이 대목에서는 그것을 꾸짖는 까닭에 무위에 주하지 않고 유위를 버리지 않음을 설명한다. 먼저 성문을 배척하는데 이것은 보살을 꾸짖은 것이다. 그러나 청정국토의 사람은 실로 이것을 간과하지 않는다. 무릇 이것이 피토에 주하는 것으로서 차토를 배척하는 것이다.
1134) 軀=身【元】【明】
1135) 令=今【宋】
1136) 〔之〕-【聖】

事, 成己佛土; 行無限施[1137], 具足相[1138]好; 除一切惡, 淨身口意[1139].
生死無數劫, 意而有勇; 聞佛無量德, 志而不倦. 以智慧劍, 破煩惱
賊; 出陰界入, 荷負衆生, 永使解脫. 以大精進, 摧伏魔軍, 常求無念
實相[1140]智慧行; 於世間法[1141]少欲知足, 於出[1142]世間求之無厭, 而
不捨世間[1143]法, 不壞威儀法[1144]而能隨俗. 起神通慧, 引導衆生, 得念
總持, 所聞不忘. 善別諸根, 斷衆生疑; 以樂說辯, 演法無礙. 淨十善
道, 受天, 人福; 修四無量, 開梵天道. 勸請說法, 隨喜讚善, 得佛音聲;
身口意善, 得佛威儀. 深修善法, 所行轉勝; 以大乘教, 成菩薩僧; 心無
放逸, 不失衆善. 行如此法, 是名菩薩不盡有爲.

유위법을 다하지도 않는다는 것은 무엇을 말하는가.
말하자면 대자를 떠나지 않고 대비를 버리지 않는다.[1145]
깊이 一切智心을 발생하여 홀연히 잊지 않는다.[1146]
중생을 교화하되 끝내 싫어하거나 피곤하지 않는다.

1137) 行無限施＝開門大施【聖】
1138) 相＝想【聖】
1139) 淨身口意＝身口意淨故【聖】
1140) 〔實相〕－【聖】
1141) 〔於世間法〕－【宋】【元】【明】【聖】
1142) 〔於出…無厭〕八字－【宋】【元】【明】【聖】
1143) 〔間〕－【宋】【元】【明】
1144) 〔法〕－【宋】【元】【明】【聖】
1145) '유위법을 … 않는다.'에서 이것은 이문은 곧 두 가지 뜻이 됨을 개별적으로 해석한 것이다. 지금은 먼저
유위법을 다하지 않음[不盡有爲]을 해석한다. 대사는 중생의 제도를 생각한다. 지금 유위에 들어가서
중생을 교화하는 것은 곧 보살이 본래부터 지닌 생각이다. 때문에 먼저 '유위법을 다하지 않는다'는
것을 설명하였다. 자비는 곧 도에 들어가는[入道] 기본이고 덕을 세우는[樹德] 근본이다. 때문에 그것을
발진하여 자비를 설명한다. 그러나 성문은 자비가 없기 때문에 보살은 유위법이 다함없음에 주한다.
1146) '깊이 … 않는다.'에서 위에서는 곧 중생심을 제도해주는 것이었는데, 지금은 불도심을 추구한 것으로
또한 대원심이기도 하다. 또한 이것은 보리심으로서 마음을 깊고 굳게 세워 뒤집거나 뽑아내지 못한다.
때문에 역겁동안 더욱더 밝아져서 廢妄함이 없다.

사섭법으로 항상 수순행을 기억한다.

정법을 호지하되 軀命을 아끼지 않는다.

제선근을 심되 싫어하거나 피곤하지 않는다. [1147]

마음[志]을 항상 편안하게 지니고 방편으로 회향한다. [1148]

구법에 게으르지 않고 설법을 아끼지 않는다.

제불께 부지런히 공양하는 까닭에 생사에 들어가도 두려움이 없다.

모든 영욕에 대해서도 마음에 근심과 기쁨이 없다.

未學을 가벼이 여기지 않고 已學을 부처님처럼 공경한다.

번뇌에 빠진 사람에게 정념을 발생시켜준다.

樂을 멀리 벗어나는 것을 귀하게 간주하지 않는다.

자기의 樂에 집착하지 않고 남의 樂을 기뻐해준다. [1149]

모든 선정에 있되 마치 지옥과 같다고 생각한다. [1150]

생사 가운데서도 원림과 같다고 생각한다. [1151]

1147) '중생을 … 않는다.'에서 아래로 중생을 제도하고 위로 불도를 추구하는 이 둘은 衆德의 근본이다. 그리고 중생을 교화하는 것과 사섭법을 실천하는 이 二句는 위의 말 곧 아래로 중생을 제도함[下濟]을 성취한다. 정법을 호지하는 것과 선근을 심는 이 二句는 위의 말 곧 위로 불도를 추구함[上求]을 성취한다. 이처럼 중덕으로써 그 枝條가 무성하면 보리수[道樹]가 날로 자라는데 이것이 유위법을 다하지 않는다[不盡有爲]는 뜻이다. 이후에 諸願行의 枝葉의 부류가 모두 점점 무성하게 됨으로써 다함이 없다[不盡는 뜻[旨]이 성취된다.

1148) '마음[志]을 … 회향한다.'에서 선을 실천하는 것은 정해져 있지 않아서 생각하는대로[隨意] 성취된다. 만약 선교방편이 있다면 불도로 회향하게 된 즉 三有와 二乘이 따르게 않게 되어 속히 정각이 성취된다. 때문에 반드시 마음을 항상 편안하게 지녀야 한다.

1149) '구법에 … 기뻐해준다.'에서 범부는 남의 樂을 본 즉 싫어함을 발생하고, 남의 苦를 본 즉 마음이 편안하다. 그리고 자기의 樂에 대해서는 즉 집착을 발생하고 자기의 苦에 대해서는 즉 마음으로 싫어한다. 그러나 보살은 남의 樂을 본 즉 환희하고 남의 苦를 본 즉 悲를 일으킨다. 그리고 자기의 樂에 대해서는 즉 집착하지 않고 자기의 苦에 대해서는 즉 마음이 편안하다.

1150) '모든 … 생각한다.'에서 선에 세 가지가 있다. 첫째는 대승선이고, 둘째는 소승선이며, 셋째는 범부선이다. 첫째의 범부선은 대부분 아만을 발생하고, 둘째의 이승선은 즉 독선으로서 善根을 불태우고 佛樹를 파괴하기 때문에 지옥과 같다는 관찰을 한다.

1151) '생사 … 생각한다.'에서 셋째의 대승선은 생사가 비록 苦일지라도 대도의 所因이므로 보살이 즐겨

찾아와서 가르침을 추구하는 사람을 좋은 스승이라고 생각한다.[1152]

모든 소유를 버리고 一切智라는 생각을 갖춘다.

毁戒하는 사람을 보면 구호해주려는 생각을 일으킨다.

모든 바라밀을 부모라고 생각한다.[1153]

도품법을 권속이라고 생각한다.[1154]

선근의 발행에 완벽[齊] 내지 한계성[限]을 두지 않는다.

모든 청정국토를 엄식하는 것으로써 자기의 불국토를 성취한다.

무한한 보시를 실천하여 상호를 구족한다.

일체악을 단제하고 身·口·意를 청정케 한다.[1155]

생사의 無數劫에도 마음[意]에 용기를 갖는다.

부처님의 무량한 덕을 듣고도 마음[志]에 권태를 내지 않는다.

지혜의 검으로 번뇌의 도적을 타파한다.

陰·界·入을 벗어나 중생을 감당하여 영원히 해탈시켜준다.

대정진으로써 마군을 최복하고 항상 무념·실상의 지혜행을 추구한

노닐기 때문에 園觀과 같다는 생각을 한다.

1152) '찾아와서 … 생각한다.'에서 추구하는 사람이 비록 자기의 이익을 바랄지라도 실제로 나를 이롭게
해주기 때문에 善師라는 생각을 한다.

1153) '모든 … 생각한다.'에서 初句는 보시를 설명한 것인데, 소위 身과 命과 財를 버려서 반드시 일체지를
갖추는 것이다. 次句는 계를 변별한 것인데, 계는 사람을 구호해주는 것이다. 그래서 계를 무너뜨린
즉 구호가 없다. 보살은 자기에게 구호가 있기 때문에 구호가 없는 사람을 구호해준다. 後句는
사바라밀(인욕과 정진과 선정과 반야)을 취하여 행위가 점차 깊어지므로 법신의 所由가 발생하기
때문에 일체중생이 부모와 같다는 생각을 한다.

1154) '도품법을 권속이라고 생각한다.'에서 나를 助益하는 것이 삼십칠품이다. 마치 사람에게 권속이 있으면
서로 도와서 성취하는 것과 같다.

1155) '선근의 … 청정케 한다.'에서 혹 재물이 적어도 마음은 만족하고, 혹 재물이 충족되어도 마음은 부족해
한다. 지금은 이러한 二事(재물과 마음)를 다 구족한 까닭에 창고의 문을 크게 열어서 대보시를 한다.
여기에서 보시는 곧 상호의 因이다. 이 보시를 실천할 때는 반드시 삼업이 청정해진다. 因이 이미
청정하면 반드시 妙報가 그것[因]을 따른다.

다.[1156)

　세간법에 대하여 욕심을 줄이고 만족을 안다.

　출세간을 추구하되 싫어함이 없고 세간법을 버리지 않는다.

　위의법을 파괴하지 않고 세속을 수순한다.[1157)

　신통과 지혜를 일으켜서 중생을 인도한다.

　念總持를 터득하여 들은 것을 잊지 않는다.

　제근을 잘 분별하고 중생의 의심을 단제한다.

　설법과 변재를 즐겨 법을 펼치는데 걸림이 없다.

　청정한 십선도로써 天·人의 복을 받는다.

　사무량심을 닦아서 梵天道를 연다.

　설법을 권청하고 수희하며 善을 찬탄하고 부처님의 음성을 터득한다.

　身·口·意를 잘 단속하여 부처님의 위의를 터득한다.

　깊이 선법을 닦아서 소행이 점점 훌륭해진다.

　대승의 가르침으로써 보살승을 성취한다.

　마음에 방일이 없애어 衆善을 상실하지 않는다.

　이와 같은 법을 실천하면 그것을 보살이 유위법을 다하지도 않는다고 말한다.[1158)

「何謂菩薩不住無爲? 謂修學空, 不以空爲證; 修學無相, 無作, 不以

1156) '생사의 … 추구한다.'에서 有無의 四句에 대해서도 邪念을 일으키지 않는 그것이 진정한 지혜이다.
1157) '세간법에 … 수순한다.'에서 道의 위의[儀]를 그만두지 않고, 세속을 따르며, 천하를 부앙하는 그 모든 것을 我同 곧 내가 사람들과 함께 한다고 말한다. 달리 我獨은 내가 사람들과 달리하는 것이다.
1158) '신통과 … 말한다.'에서 이와 같은 것들은 스스로 중생교화[化他]를 실천하는 것인 즉 공덕이 날로 증장하는 것으로 유위법을 다하지 않는 것이다

無相, 無作爲證; 修學無起, 不以無起爲證. 觀於無常, 而不厭善本; 觀世間苦, 而不惡生死; 觀於無我, 而誨人不倦; 觀於寂滅, 而不永滅[1159]; 觀於遠離, 而身心修善; 觀無所歸, 而歸趣善法; 觀於無生, 而以生法荷負一切; 觀於無漏, 而不斷諸漏; 觀無所行, 而以行法敎化衆生; 觀於空無, 而不捨大悲; 觀正法位, 而不隨小乘; 觀諸法虛妄, 無牢無人, 無主無相, 本願未滿, 而不虛福德, 禪定, 智慧. 修如此法, 是名菩薩不住無爲.

무위법에 주하지도 않는다는 것은 무엇을 말하는가.

말하자면 空을 수학하되 공으로써 증득하지 않는다.

無相 · 無作을 수학하되 무상 · 무작으로써 증득하지 않는다.[1160]

無起를 수학하되 무기로써 증득하지 않는다.[1161]

無常을 관찰하되 선법의 근본을 싫어하지 않는다.[1162]

世間苦를 관찰하되 생사를 싫어하지 않는다.

無我를 관찰하되 남을 깨우쳐주는데 권태를 느끼지 않는다.[1163]

寂滅을 관찰하되 영원히 소멸하지 않는다.

1159) (寂)+滅【宋】【元】【明】【聖】
1160) '무위법에 … 않는다.'에서 이것은 무위법에 주하지 않음을 해석한 것이다. 방편지로써 공을 관찰하되 증득하지 않는 것을 무위법에 주함이라고 말한다.
1161) '無起를 … 않는다.'에 대하여 승조는 다음과 같이 말한다. '제법의 연이 모이면 有이고 연이 흩어지면 無이다. 어떤 법이 먼저 있다가 연을 기다려 일어나는 것인가. 이것은 공관의 別門이다.' 어떤 사람은 다음과 같이 말한다. '제법은 체가 공이므로 공이다. 공은 相으로 취할 수가 없으므로 無相이다. 所造의 果가 없으므로 無作이다. 발생할 因이 없으므로 無起이다.'
1162) '無常을 … 않는다.'에서 無常을 관찰하는 것은 常을 다스릴 뿐이다. 그런데 어찌 단멸의 측면만 사용하여 선의 근본을 실천하지 않겠는가.
1163) '世間苦를 … 않는다.'에서 무아를 관찰하는 것을 인공이라고 말한다. 비록 공일지라도 유이기 때문에 남을 가르치는데 피권을 느끼지 않는다.

遠離를 관찰하되 몸과 마음으로 선법을 닦는다. [1164)

돌아갈 곳이 없음을 관찰하되 善法으로 歸趣한다. [1165)

無生을 관찰하되 중생법으로써 일체를 감당한다.

無漏를 관찰하되 제유루를 단제하지 않는다. [1166)

無所行을 관찰하되 보살행법으로 중생을 교화한다.

空無를 관찰하되 대비를 저버리지 않는다.

正法位를 관찰하되 소승법에 떨어지지 않는다.

諸法이 허망하여 견고함이 없고 人[1167)도 없으며 주재자가 없고 고정된 형상도 없고 本願이 만족되지 못함을 관찰하되 福德·禪定·智慧를 허망하게 여기지 않는다. [1168)

이와 같은 법을 닦으면 그것을 보살이 무위법에 주하지도 않는다고 말한다. [1169)

「又具福德故, 不住無爲; 具智慧故, 不盡有爲. 大慈悲故, 不住無爲; 滿本願故, 不盡有爲. 集法藥故, 不住無爲; 隨授藥故, 不盡有爲. 知衆

1164) '寂滅을 … 닦는다.'에서 遠離에 세 가지가 있다. 첫째는 오욕을 원리하는 것이다. 둘째는 번뇌를 원리하는 것이다. 셋째는 제법성이 공이므로 그것이 바로 원리이다. 원리는 곧 무위의 별명이다. 비록 무위를 원리의 要라고 볼지라도 身과 心은 유위의 선을 벗어나지 못한다.

1165) '돌아갈 … 歸趣한다.'에서 제법은 처음부터 오는 것이 없고 끝내 돌아가는 곳이 없다. 비록 돌아갈 곳이 없음을 알지라도 항상 선법으로 돌아간다. 일체에 돌아갈 곳이 없음을 관찰하되 갖가지 善을 돌아갈 곳으로 삼는 것을 말한다.

1166) '無生을 … 않는다.'에서 무루를 관찰하기 때문에 범부와 다르다. 유루의 실천을 시현하기 때문에 不斷은 이승과 다르다고 말한다.

1167) 人은 개체(補特伽羅 pudgala)를 가리킨다.

1168) '無所行을 … 않는다.'에서 비록 제법이 無我이고 無主임을 알지라도 공덕이 虛假가 아니라고 해서 그것을 닦는 것은 아니다.

1169) '이와 … 말한다.'에서 무위법에 주하지 않음을 총결한 것이다.

生病故, 不住無爲; 滅衆生病故, 不盡有爲. 諸正士菩薩以¹¹⁷⁰⁾修此法,
不盡有爲, 不住無爲, 是名盡無盡解脫¹¹⁷¹⁾法門, 汝等當學!」

또한 복덕을 구족한 까닭에 무위법에 주하지도 않고, 지혜를 구족한 까닭
에 유위법을 다하지도 않는다.¹¹⁷²⁾

대자비인 까닭에 무위법에 주하지도 않고,¹¹⁷³⁾ 본원이 만족된 까닭에 유위
법을 다하지도 않는다.

法藥을 모은 까닭에 무위법에 주하지도 않고, 병을 따라 약을 수여하는 까
닭에 유위법을 다하지도 않는다.¹¹⁷⁴⁾

중생병을 아는 까닭에 무위법에 주하지도 않고, 중생병을 소멸한 까닭에
유위법을 다하지도 않는다.¹¹⁷⁵⁾

모든 正士와 보살이 이 법을 닦음으로써 유위법을 다하지도 않고 무위법
에 주하지도 않는데, 그것을 有盡 및 無盡의 해탈법문이라 말한다. 그러므

1170) 以=已【宋】【元】【明】【聖】
1171) 解脫=無閡【聖】
1172) '또한 … 않는다.'에서 이하의 二行을 합쳐서 解한 것이다. 위에서는 비록 유위법이 다함이 없음[不盡]과
무위법에 주함이 없음을 설명하였는데, 지금은 그것을 합쳐서 釋한 것이다. 복덕을 닦는 데에는 반드시
有를 거쳐야 한다. 만약 무위법에 주한 즉 복덕은 갖출 수가 없다. 지혜를 갖추기 때문에 유위가 幻과
같은 줄[如幻] 안다. 그래서 염착되지 않기 때문에 유위법에 다함이 없다. 또한 지혜[智]를 性으로
삼으면 반드시 제법을 遍照한다. 그래서 만약 유위를 癈捨한 즉 지혜를 갖출 수가 없다.
1173) '대자비인 … 않고'에서 이것은 먼저 복덕과 지혜의 한 가지를 상대로 내세운 것은 總인데, 또한
이것은 自利이다. 이하 세 가지를 상대로 내세운 것은 別인데, 이것은 또한 利他이다. 자비와 본원은
널리 福門을 열어준다. 福門의 수행에는 願이 있는데, 자비는 德이고, 이하의 句들은 願이다. 慈를
닦음으로써 無를 뒤집어 有에 들어간다.
1174) '본원이 … 않는다.'에서 이하의 두 가지 상대는 지혜문을 연 것이다. 첫째의 상대는 약을 모으는
것이다. 둘째의 상대는 병을 아는 것에 의거한 것이다. 그러나 약을 모으는 것은 반드시 스승을 따라야
한다. 때문에 무위법에 주하지 않고 유위법을 癈捨한 즉 군생과 隔絕토록 하는 것인데 어떻게 약을 줄
수가 있겠는가. 때문에 유위법을 다하지 않는다.
1175) '중생병을 … 않는다.'에서 중생병을 알려면 반드시 有를 비추어보아야 한다. 때문에 무위법에 주하지
않는다. 중생병을 소멸하려면 반드시 有에 들어가야 한다. 때문에 유위법을 다하지 않는다.

로 그대들은 반드시 닦아야 한다."[1176]

爾時彼諸菩薩聞說是法, 皆大歡喜, 以衆妙華, 若干種色, 若干種香, 散遍[1177]三千大千世界, 供養於佛, 及此經法, 幷諸菩薩已, 稽首佛足, 歎未曾有! 言;「釋迦牟尼佛乃能於此善行方便」言已, 忽然不現, 還到彼國.

   그때 저 중향국의 제보살은 그 설법을 듣고 모두 대환희하여 온갖 妙華와 약간종의 색상과 약간종의 향기를 삼천대천세계에 흩뿌려서 부처님 및 이 경법 그리고 제보살에게 공양하고나서 부처님 발에 계수하여 "미증유입니다."라고 찬탄하고 다음과 같이 말했다.

   "석가모니불께서는 이에 이 선행과 방편에 뛰어나십니다."

   말을 마치고 홀연히 모습을 감추어 다시 그 중향국으로 돌아갔다.[1178]

1176) '모든 … 한다.'에서 이하는 二門을 총결한 것이다. 盡과 不盡을 勸學함으로써 所學의 法體를 결론짓고, 無閡의 法門으로 能學의 행을 결론짓는다. 유위법을 다하지 않는 것은 궐덕의 累가 없고 무위법에 주함이 않는 것은 독선의 閡가 없다. 때문에 무애라고 말한다.

1177) 散遍=遍散【聖】

1178) '그때 … 돌아갔다.'에서 이것은 깨우쳐주는 것이다. 환희하고 공양하며 칭탄하고나서 다시 본토로 돌아간 것이다.

維摩詰所說經見阿閦佛品第十二
유마힐소설경 견아촉불품[1179] 제십이[1180]

爾時世尊問維摩詰; 「汝欲見如來, 爲以何等觀如來乎」

그때 세존께서 유마힐에게 물으셨다.

"그대는 여래를 친견하고자 할 때 어떤 방법으로 여래를 관찰하는가."[1181]

1179) 아촉은 번역하면 無動인데, 또한 無怒라고도 말한다. 위에서는 法으로써 품의 명칭[보살행품]을 내세웠는데, 지금은 人으로 품의 명칭[견아촉불품]을 얻었다. 또한 위에서는 因으로 명칭을 삼았는데, 지금은 果로 제목을 삼았다. 또한 위에서는 人과 法을 합쳐서 언급하였는데, [보살행품]에서 菩薩은 人이고 行은 곧 법이다. 그런데 지금은 境과 智의 둘을 갖추어 품명을 제명하였다. [견아촉불품]에서 見은 소위 能觀의 智이고, 아촉은 所觀의 境이다.

1180) 이 [견아촉불품]이 여기에 온 까닭에 네 가지 뜻이 있다. 첫째는 위에서는 彼土(향적국토)를 위하여 此敎(此土의 가르침)를 설하였는데, 지금은 此緣(此土의 연)을 위하여 彼佛(아촉불)을 관찰한다. 진실로 깨달음을 얻는데 동일하지 않고, 교화문도 동일하지 않다. 둘째는 위의 [보살행품]에서는 수행을 판별하였는데, 지금은 수행을 성취하는 까닭에 견불함을 설명한다. 셋째는 위에서는 因門을 설하였는데, 지금은 果法을 설명한다. 넷째는 경전의 처음부터 이래로 간략하게 부사의를 설명하였는데, 이 대목의 경문 이후로는 本과 迹은 헤아리기 어렵다는 것을 자세하게 설명한다.

1181) '그때 … 관찰하는가.'에서 이것은 佛이 정명에게 질문한 것인데, 무릇 세 가지 뜻이 있다. 첫째는 경전의 처음 대목 이후로 佛身에서 광명이 나오고 음성이 뛰어났을 때에도 시회대중은 단지 사람의 형상[人相]만 취하였지 法身을 보지 못하였다. 때문에 정명에게 질문하여 진불을 보게끔 한다. 둘째는 위에서 정명은 어떻게 제불을 친견하였길래 시회대중이 〈佛을 친견한다면 어떤 사람이 친견하는가〉를 묻는다. 만약 그렇다면 그렇게 佛을 친견하는 것은 진불을 친견하는 것이 아니다. 때문에 지금은 법신을 친견할 경우에 그 二觀을 그쳐야 함을 설명한다. 셋째는 장차 높고 낮음[尊卑]이 없음을 설명한다. 무동불이 도래하여 석가와 함께 하는데, 거기에 尊卑의 二心이 남아있을 것을 염려하는 까닭에 미리 법신으로 일관되어 있음에 대하여 설명한다. 때문에 질문을 한다.

維摩詰言；「如自觀身實相, 觀佛亦然. 我觀如來前際不來[1182], 後際不去[1183], 今則不住. 不觀色, 不觀色如, 不觀色性. 不觀受, 想, 行, 識, 不觀識如, 不觀識性, 非四大起, 同於虛空. 六入無積, 眼, 耳, 鼻, 舌, 身, 心已過; 不在三界, 三垢已離. 順三脫門, 具足[1184]三明, 與無明等. 不一相, 不異相, 不自相, 不他相, 非無相, 非取相. 不此岸, 不彼岸, 不中流, 而化眾生. 觀於寂滅, 亦不永滅. 不此不彼; 不以此, 不以彼. 不可以智知, 不可以識識. 無晦無明, 無名無相, 無強無弱, 非淨非穢. 不在方, 不離方; 非有爲, 非無爲. 無示無說. 不施不慳, 不戒不犯, 不忍不恚, 不進不怠, 不定不亂, 不智不愚, 不誠不欺, 不來不去, 不出不入, 一切言語道斷. 非福田, 非不福田; 非應供養, 非不應供養; 非取非捨. 非有相, 非無相. 同眞際[1185], 等法性. 不可稱, 不可量, 過諸稱量. 非大非小, 非見非聞, 非覺非知, 離衆結縛. 等諸智, 同衆生, 於諸法無分別. 一切無<得+?>失, 無濁無惱, 無作無起, 無生無滅. 無畏無憂, 無喜無厭無著[1186]. 無已有, 無當有, 無今有. 不可以一切言說分別顯示. 世尊! 如來身爲若此, 作如是觀. 以斯觀者, 名爲正觀; 若他觀者, 名爲邪觀」

유마힐이 말씀드렸다.

"스스로 몸의 실상을 관찰하는 것처럼 부처님을 관찰하는 것도 또한 그렇

1182) 來＝去【聖】
1183) 去＝來【聖】
1184) 〔具足〕－【宋】【聖】
1185) 眞際＝實際【聖】
1186) 〔無著〕－【元】【明】

습니다.[1187] 제가 여래를 관찰해보니 과거[前際]에서 오신 것도 아니고 미래 [後際]로 가시는 것도 아니며 현재[今]에도 곧 머물지 않습니다.[1188] 色을 통해서 관찰할 수도 없고, 色如를 통해서 관찰할 수도 없으며, 色性을 통해서 관찰할 수도 없습니다. 受·想·行·識을 통해서 관찰할 수도 없고, 識如를 통해서 관찰할 수도 없으며, 識性을 통해서 관찰할 수도 없고,[1189] 사대로부터 일어나지 않으니 허공과 같습니다.[1190] 六入도 축적됨이 없고,[1191] 眼·耳·鼻·舌·身·心은 이미 지나가버렸습니다.[1192] 삼계에도 없고,[1193] 三

1187) '유마힐이 … 그렇습니다.'에서 이것은 답변이다. 이 경전은 四會二處에서 법신을 변별한다. [방편품](암라원법회)에서는 생사의 과환을 대치하여 법신의 공덕을 찬탄하였다. [제자품](암라원법회)에서는 本迹이 동일하지 않았다. 〈첫째로〉法身은 즉 無漏이고 無爲였고, 〈둘째로〉應迹에는 생도 있고 멸도 있었다. 그런데 이 [견아촉불](암라원법회)에서는 법신의 경우에 〈첫째로〉體는 百非를 단절하고 形은 萬德을 갖추었음을 널리 설명한다. 나집공은 다음과 같이 말한다. '佛을 관찰하는 것에 세 가지가 있다. 첫째는 색형을 관찰한다. 둘째는 법신을 관찰한다. 셋째는 자성이 공임을 관찰한다. 세 가지 觀門 가운데 정명은 셋째의 자성이 공임을 활용하여 문답한다. 때문에 〈몸의 실상을 관찰하는 것처럼 부처님을 관찰하는 것도 또한 그러하다〉고 말한다.' 이제 말하자면, 이 대목[此章]은 바로 법신의 경우에 四句와 百非를 단절하여 자성이 공의 뜻임을 설명한 것이다.

1188) '제가 … 않습니다.'에서 이것은 법신의 경우에 體는 百非를 단절하였고 形은 萬德을 갖추었음을 자세하게 해석한[具釋] 것이다. 이 대목은 초구로서 삼세가 없음을 설명한 것이다. 법신은 유위가 아님을 변별하려는 것이다. 무릇 유위는 반드시 삼세에 떨어지는데, 이미 삼세가 없기 때문에 유위가 아니다.

1189) '色을 … 없고'에서 오옴도 또한 유위이기 때문에 이어서 오옴에 나아가서 그것은 법신이 아님을 설명한다. 낱낱의 陰에 삼종의 관문이 갖추어져 있다. 첫째는 色을 통해서 관찰할 수 없다는 것은 有觀이 아니라는 것이다. 둘째는 色如를 통해서 관찰할 수 없다는 것은 空觀이 아니라는 것이다. 셋째는 色性을 통해서 관찰할 수 없다는 것은 非有非無를 벗어나 있다는 것이다. 법신은 사구를 초월한 까닭에 또한 비유비무라고도 관찰할 수가 없다.

1190) '사대로부터 … 같습니다.'에서 五陰은 果이고 사대는 因으로서 과는 이미 佛이 아니고 因도 또한 그렇다는 것이다. 因도 아니고 果도 아니기 때문에 허공과 동일하여 六入이 축적되지 않는다. 이하 법신은 이미 因果가 아니고 또한 內外를 초월한 까닭에 內外가 아니다.

1191) '六入도 … 없다'는 것은 성불이다.

1192) '眼·耳·鼻·舌·身·心은 이미 지나가버렸습니다.'에서 위에서는 밖으로 入이 없음을 설명하였는데, 지금은 안으로 性을 초과했음을 변별한 것이다.

1193) '삼계에도 없고'에서 위에서 육입을 초과했다는 것은 소위 有가 육입처에 부재함과 혹 소위 無가 육입처에 應在함을 수용한 것이다. 때문에 거듭하여 삼계에는 부재함을 말한다.

垢는 이미 벗어났습니다.[1194] 삼해탈문을 따르고,[1195] 三明을 구족하였지만 무명과 함께 평등합니다.[1196] 一相에도 없고, 異相에도 없으며,[1197] 自相에도 없고, 他相에도 없으며,[1198] 無相에도 없고, 取相에도 없습니다.[1199] 此岸에도 없고, 彼岸에도 없으며, 中流에도 없지만[1200] 중생을 교화합니다.[1201] 적멸했는가 하고 관찰해보면 또한 영원한 적멸도 없습니다.[1202] 차안도 없고

1194) '三垢는 이미 벗어났습니다.'에서 위에서는 삼계에 과가 없음을 설명하였는데, 이 대목은 삼계에 인이 없음을 변별한 것이다. 三垢가 없기 때문에 삼계에 부재한다. 위의 육문부터는 여래가 모든 미혹의 모습[惑相]을 떠남을 설명한 것이다. 三垢는 탐·진·치를 가리킨다.

1195) '삼해탈문을 따른다'에서 이것은 법신에 衆德을 갖추고 있음을 설명한 것이다. 삼해탈문을 갖춘 까닭에 三垢를 떠나 있다.

1196) '三明을 … 평등합니다.'에서 삼명에 두 가지가 있다. 첫째는 천안통과 숙명통과 누진통의 세 가지이다. 둘째는 『열반경』에 의거하면 다음과 같다. 첫째로 菩薩明인데 소위 반야[波若]이다. 둘째로 諸佛明인데 즉 佛眼이다. 셋째로 無明明인데 소위 필경공이다. 필경공이란 體는 慧性이 없기 때문에 明이 아니지만[非明] 實慧를 발생하기 때문에 明이라고 말한다. 五塵이 五欲을 발생하는 것과 같아서 또한 欲이라고도 말한다. 그리고 삼해탈문을 따르기 때문에 無明 등을 밝힌다. 또한 혹자는 삼해탈문을 明이라고도 말하는데, 이런 까닭에 이어서 그것을 없애준다. 때문에 '明을 구족하였지만 무명과 함께 평등하다'고 말한다.

1197) '一相에도 … 없으며'에서 승조공은 다음과 같이 말한다. '象과 不象이 없기 때문에 一이라고 할 수가 없다. 그러나 象이면서 不象이기 때문에 異라고 할 수가 없다.' 위의 설명과 관련시켜보면 '明을 구족하였지만 무명과 함께 평등하다'는 것은 곧 一이라고 말할 수 있겠지만 진여는 一이 아니므로[非一] 곧 異相에 떨어지고 만다. 이런 까닭에 지금 이 대목에서 不一不異를 설명한다.

1198) '自相에도 … 없으며'에서 응신은 중생의 미혹을 말미암은 까닭에 不自(相)이고, 체가 적연하기 때문에 不他(相)이다. 승조는 다음과 같이 말한다. '自가 아니지만 自와 동일하기 때문에 自이지만 自가 아니다. 他가 아니지만 他와 동일하기 때문에 他이지만 他가 아니다. 그러니 無相의 몸을 어찌 자타로써 그 체를 관찰할 수 있겠는가.'

1199) '無相에도 … 없습니다.'에서 남의 施爲를 따르기 때문에 無相이 아니지만 德體가 常寂하고 분별이 없기 때문에 取相이 아니다. 이것은 二身을 합쳐서 해석한 것이다. 승조는 '중생 아닌 相도 없다. 취할 수 있는 相도 없다.'고 말한다. 이것은 단지 법신에 대해서만 해석한 것이다.

1200) '此岸에도 … 없지만'에서 생사가 本無이기 때문에 차안이 없고, 열반은 지금 不有이기 때문에 피안이 없다. 이미 피차가 없거늘 어찌 八正道인들 中流가 있겠는가. 또한 항상 생사에 있기 때문에 피안이 아니고, 열반을 저버리지 않기 때문에 차안이 아니다. 二行(생사행과 열반행)을 쌍으로 실천하되 偏著됨이 없기 때문에 중류가 아니다.

1201) '중생을 교화합니다'에서 위에서 不三(不自相不他相·非無相非取相·不此岸不彼岸不中流)을 말한 것은 즉 교화를 그치는 것과 비슷하였다. 그렇기 때문에 지금 여기에서 비록 다시 不三을 말할지라도 그것은 항상 교화하여 不三을 깨닫도록 해주려는 것이다.

1202) '적멸했는가 … 없습니다.'에서 이미 중생을 교화한다고 말한 것은 중생이 있다고 본다는 것과

피안도 없어서[1203] 차안에서도 관찰할 수가 없고 피안에서도 관찰할 수가 없습니다.[1204] 지혜로 알 수도[知] 없고 識으로 분별할 수도[識] 없습니다.[1205] 어둠에도 없고 밝음에도 없으며,[1206] 명칭에도 없고 형상에도 없으며,[1207] 강함에도 없고 약함에도 없으며,[1208] 청정함도 없고 더러움에도 없습니다.[1209] 在方에도 없고 離方에도 없으며,[1210] 유위에도 없고 무위에도 없으며,[1211] 示에도 없고 說에도 없습니다.[1212] 보시에도 없고 인색에도 없으며, 지계에

비슷하다. 그런즉 적멸이 아니다. 때문에 지금 교화가 常寂하다고 설명하면서도 그 때문에 다시 적멸을 관찰한다고 말한다. 비록 다시 적멸이지만 항상 교화하는 까닭에 영원한 적멸이 아니다.

1203) '차안도 없고 피안도 없어서'에서 이미 중생을 교화한 즉 피차가 있다. 그러나 법신은 無相이기 때문에 피차가 없다. 또한 국토는 모두 진여로서 여기에 可在할 수 없는 것을 不此라고 말하고, 저기에 可在할 수 없기 때문에 不彼라고 말한다.

1204) '차안에서도 … 없습니다.'에서 차안이 아니지만 차안과 동일하기 때문에 차안이지만 차안이 아니고, 피안이 아니지만 피안과 동일하기 때문에 피안이지만 피안이 아니다. 그렇다면 어찌 또 차안이 차안과 같겠고, 피안이 피안과 같겠는가. 무릇 부처님의 마음을 설명하자면 마음이 없지만 마음과 동일하다.

1205) '지혜로 … 없습니다.'에서 부처님의 十智로도 알 수가 없고, 범부의 六識으로도 알 수가 없다. 무릇 智와 識의 발생은 相의 內에서 발생하는 것으로 법신은 無相이다. 때문에 智와 識으로는 미치지 못한다.

1206) '어둠에도 … 없으며'에서 법신은 알지 못하기 때문에 明이 아니고, 알지 못하는 것이 없기 때문에 晦가 아니다.

1207) '명칭에도 … 없으며'에서 명칭으로 이름붙일 수도 없고, 형상으로 모양그릴 수도 없기 때문에 方圓으로 모사할 수가 없는데, 그것을 제목하여 전승할 수가 없다고 한다.

1208) '강함에도 없고 약함에도 없으며'에서 지극히 부드러운 것은 거스를 수가 없기 때문에 剛이라고 할 수도 없고, 剛은 꺾을 수가 없기 때문에 약이라고 할 수도 없다. 또한 천지에서 운동하지만 剛이라 할 수가 없고, 無常에 모두 상응하지만 弱이라고 할 수가 없다.

1209) '청정함도 없고 더러움에도 없습니다.'에서 垢를 다하지 않음이 없는 즉 穢가 아니고, 果에 들어가지 못함이 없기 때문에 淨이 아니다. 또한 상호로 장엄된 몸이라고 해서 淨인 것이 아니고, 金鏘과 馬麥이라고 해서 또한 穢인 것이 아니다.

1210) '在方에도 … 없으며'에서 妙는 삼계가 아니기 때문에 在方에 없고, 感은 응하지 않음이 없기 때문에 離方이 아니다.

1211) '유위에도 … 없으며'에서 相은 변천할 수 없기 때문에 유위가 아니고, 妙는 무궁하게 활용하기 때문에 무위가 아니다.

1212) '示에도 … 없습니다.'에서 六情으로도 미치지 못하는데 어찌 그것을 설하여 사람에게 내보일 수 있겠는가. 그렇지만 장차 언설을 가지고 사람을 상대하여 보여주기 위해서 언설로써 법을 因하여 설한다. 또한 마땅히 보아야 할 사람에게는 보여주고, 마땅히 들어야 할 사람에게는 설해주지만 佛에 대해서 볼 수 있거나 들을 수가 없기 때문에 설함도 없고 보여줌도 없다.

도 없고 범계에도 없으며, 인욕에도 없고 진에에도 없으며, 정진에도 없고 해태에도 없으며, 선정에도 없고 산란에도 없으며, 지혜에도 없고 우치에도 없으며,[1213] 성실에도 없고 사기에도 없으며,[1214] 來에도 없고 去에도 없으며, 出에도 없고 入에도 없어서 일체의 언어로 말할 수가 없습니다.[1215]

福田에도 없고 不福田에도 없습니다. 應供養에도 없고 不應供養에도 없습니다.[1216] 取에도 없고 捨에도 없습니다.[1217] 有相에도 없고 無相에도 없습니다.[1218] 그래서 眞際와 같고 法性과 평등합니다.[1219] 不可稱이고 不可量이며, 모든 稱量을 초월하였습니다.[1220] 그래서 大도 아니고 小도 아니며,[1221]

1213) '보시에도 … 없으며'에서 이것은 육바라밀로써 체를 삼은 것이다. 때문에 마치 메아리가 귀에 상응하는 것과 같다. 그래서 응당 제도되는 것이라고 말한 즉 제도가 아니다. 곧 제도도 없고 제도 아님도 없어진 연후에 제도되는 것이다.

1214) '성실에도 … 없으며'에서 이것은 誠實과 欺詐에 대한 것이다. 善이라 해도 善이라 할 수가 없기 때문에 誠이 아니고, 惡이라 해도 惡이라 할 수가 없기 때문에 欺가 아니다. 또한 헛되게 삼승[三車]을 가리키기 때문에 誠이 아니고, 마침내 일승[一]을 터득하게끔 해주기 때문에 欺가 아니다.

1215) '來에도 … 없습니다.'에서 여실한 道에 오르는 것은 來이고, 善逝의 入滅은 去이며, 놀라서 火宅에 다다르는 것은 入이고, 문 밖에 서 있는 것은 出이다. 그래서 법신은 실로 없다. '일체의 언어로도 말할 수가 없다'는 것은 위의 諸句를 총결한 것으로 不可言이라고 변별한 것이다.

1216) '福田에도 … 없습니다.'에서 아만으로 죄를 얻기 때문에 福田이 아니고, 공경하여 복을 얻기 때문에 不福田이 아니다. 不福田이 아닌 즉 應供養이고 福田이 아닌 즉 不應供養이다. 어떤 사람은 다음과 같이 말한다. '법신은 所受가 없기 때문에 福田이 아니고, 응당 중생으로부터 공양을 받기 때문에 不福田이 아니다.' 또한 善人과 동일하지 않기 때문에 福田이 아니고, 罪人과 동일하지 않기 때문에 不福田이 아니다.

1217) '取에도 없고 捨에도 없습니다.'에서 福田이 아니기 때문에 取가 아니고, 不福田이 아니기 때문에 捨가 아니다.

1218) '有相에도 없고 無相에도 없습니다.'에서 적막하고 形이 없기 때문에 有相이 아니고, 삼십이상이기 때문에 無相도 아니다.

1219) '그래서 … 평등합니다.'에서 법신이 무상인 즉 그것이 진제이다. 혹자는 佛은 특이하기 때문에 평등하다고 말한다.

1220) '不可稱이고 … 초월하였습니다.'에서 體에는 경중이 없기 때문에 불가칭이고, 邊表는 헤아릴 수가 없기 때문에 불가량이다.

1221) '그래서 … 아니며'에서 천지보다 크므로 작다고 할 수가 없고, 세밀하여 無間에 들어가기 때문에 크다고 할 수가 없다. 能大이고 能小이므로 거기에는 大小가 없다.

볼 수도 없고 들을 수도 없으며, 느낄 수도 없고 알 수도 없으며,[1222] 모든 결박을 떠나 있습니다.[1223]

모든 智者와 평등하고 衆生과 동일하여 제법에 대하여 분별이 없습니다.[1224] 일체를 얻음도 없고 잃음도 없으며, 혼탁도 없고 번뇌도 없으며,[1225] 作도 없고 起도 없으며, 생도 없고 멸도 없으며,[1226] 두려움도 없고 근심도 없으며 기뻐함도 없고 싫어함도 없으며 집착도 없습니다.[1227]

已有도 없고 當有도 없으며 今有도 없어서 일체의 언설로 분별하여 현시할 수가 없습니다.

세존이시여, 여래의 몸은 그와 같으므로 이와 같이 관찰해야 합니다. 이렇게 관찰하는 것을 正觀이라 말합니다. 만약 이렇게 관찰하지 않으면 邪觀이라 말합니다.[1228]

爾時舍利弗問維摩詰; 「汝於何沒而來生此」

1222) '볼 수도 … 없으며'에서 색이 아니기 때문에 볼 수가 없고, 소리가 아니기 때문에 들을 수가 없으며, 향기와 맛과 촉이 아니기 때문에 향기와 맛과 촉으로 느낄 수 있는 것이 아니다. 법이 아니기 때문에 마음[意]으로 알 수 있는 것이 아니다.

1223) '모든 … 있습니다.'에서 이미 보거나 듣거나 느끼거나 아는 것이 아닌데 어찌 결박이 발생하겠는가.

1224) '모든 … 없습니다.'에서 智는 群智의 智와 동일하고, 人은 衆人의 人과 동일하다. 그럼으로써 이처럼 관찰하기 때문에 분별이 없다. 또한 衆人의 智와 동일하기 때문에 '모든 지자와 평등하다'고 말하고, 또한 대성인인 佛이 저 중생과 다르지 않기 때문에 '중생과 동일하다'고 말한다. 人과 法을 균등하게 관찰한[齊觀] 즉 想念이 없기 때문에 제법에 분별이 없다.

1225) '일체를 … 없으며'에서 삼업이 過를 떠난 까닭에 일체에 잃음이 없다. 잃음이 없기 때문에 혼탁이 없다. 혼탁이 없은 즉 번뇌가 없다.

1226) '作도 … 없으며'에서 법신은 무위로서 행위와 조작[施造]을 단절해 있는데, 무엇이 그것을 지어 일어나게 하고 발생토록 하며 소멸토록 한단 말인가.

1227) '두려움도 … 없습니다.'에서 만약 생멸이 있다면 그것은 두려워할 만한 법이다. 그러나 문득 기쁨이 발생하면 근심이 소멸한다. 기쁨과 근심이 이미 발생하기 때문에 가히 염착한다. 그러나 법신에는 기쁨과 근심이 모두 없다.

1228) '已有도 … 말합니다.'에서 이것은 佛身을 총결하여 관찰을 권장한 것이다.

그때 사리불이 유마힐에게 물었다.
"그대는 어느 세계에서 죽었다가 이 세계에 태어났습니까."[1229]

維摩詰言; 「汝所得法有沒生乎」

유마힐이 말했다.
"그대가 터득한 법에는 나고 죽음이 있습니까."

舍利弗言; 「無沒生也」

사리불이 말했다.
"나고 죽음이 없습니다."

(維摩詰言) 「若諸法無沒生相, 云何問言; 『汝於何沒而來生此』 於意
云何? 譬如幻師, 幻作男女, 寧沒生耶」

(유마힐이 말했다)

1229) '그때 … 태어났습니까.'에서 이것은 법신의 경우에 〈둘째로〉 迹의 不思議임을 설명한 것이다. 사리불의
질문에 세 가지 인연이 있다. 첫째는 그 神德이 기묘함을 보고 來處를 반드시 찬미한다. 때문에 온 곳을
묻는다. 둘째는 위에서는 스스로 몸의 실상을 관찰해보니 실상은 무생이라고 말했는데, 지금은 유생을
드러내어 장차 스스로 관찰한 뜻[義]을 성취한다. 때문에 나고 죽음[沒]을 가지고 묻는다. 셋째는
위에서는 이미 법신을 드러냈는데, 지금은 이어서 迹의 用을 열어준다. 때문에 그것을 묻는다.

"만약 제법에 나고 죽는 모습이 없다면 어째서 '그대는 어느 세계에서 죽었다가 이 세계에 태어났습니까.'라고 묻는 것입니까. 어떻게 생각하십니까. 비유하면 마치 幻師가 幻으로 남자와 여자를 만들어내는 것과 같다면 어찌 나고 죽음이 있겠습니까."

[舍利弗言; 「無沒生也. (維摩詰言)汝豈不聞佛說諸法如幻相乎」

사리불이 말했다.

"나고 죽음이 없습니다."

(유마힐이 말했다)

"그대는 어찌 부처님께서 제법은 幻相과 같다고 설한 것을 듣지 못했습니까."

(舍利弗)答曰; 「如是! (維摩詰言)若一切法如幻相者! 云何問言; 『汝於何沒而來生此』舍利弗! 沒者爲虛誑法, 敗壞[1230]之相; 生者爲虛誑法, 相續之相. 菩薩雖沒, 不盡善本; 雖生, 不長諸惡」

(사리불이) 답하여 말했다.

"들었습니다."

(유마힐이 말했다)

1230) 敗壞=壞敗【宋】【元】【明】【聖】

"만약 일체법이 幻相과 같다면 어째서 '그대는 어느 세계에서 죽었다가 이 세계에 태어났습니까.'라는 질문을 말하는 것입니까. 사리불이여, 죽는다는 것은 虛誑의 法으로 敗壞의 相이고, 태어난다는 것은 虛誑의 法으로 相續의 相입니다. 그러나 보살은 비록 죽는다고 해도 善本이 다하지 않고, 비록 태어난다고 해도 諸惡이 증장하지 않습니다."]1231)

是時佛告舍利弗; 「有國名妙喜, 佛號無動. 是維摩詰於彼國沒, 而來生此」

그때 부처님께서 사리불에게 말씀하셨다.
"국토명은 妙喜이고 불호는 無動이 있다. 이 유마힐은 그 국토에서 죽어서 여기에 와서 태어난 것이다."

舍利弗言; 「未曾有也. 世尊! 是人乃能捨淸淨土, 而來樂此多怒害處」

사리불이 말씀드렸다.
"미증유입니다. 세존이시여, 이 사람이야말로 이에 청정한 국토를 버리고

1231) [ ] 대목은 역자가 문답의 주체에 대하여 경문에 재배치하여 번역하였다. '유마힐이…않습니다.'에서 선악은 모두 허광이 상속하는 모습이기 때문에 패괴의 법이다. 그런데 범부는 태어난 즉 악이 증장하고 죽은 즉 선이 다한다. 그러나 보살은 태어난 즉 선이 증장하고 죽은 즉 악이 다한다. 비록 죽고 태어나는 것은 동일하지만 증장하고 다함은 동일하지 않다. 그런즉 그것은 모두 허광하고 패괴의 모습이므로 어찌 幻化와 다르겠는가.

기꺼이 여기 怨害가 많은 곳에 온 것입니다."

維摩詰語舍利弗; 「於意云何? 日光出時與冥合乎」

　유마힐이 사리불에게 말했다.
　"어떻게 생각하십니까. 햇볕이 날 때에 어둠과 함께 합치되는 것입니까."

答曰; 「不也! 日光出時, 卽[1232] 無衆冥」

　답하여 말했다.
　"아닙니다. 햇볕이 날 때는 곧 온갖 어둠이 없습니다."

維摩詰言; 「夫日何故行閻浮提」

　유마힐이 말했다.
　"대저 해는 무슨 까닭에 염부제에 뜨는 것입니까."

答曰; 「欲以明照, 爲之除冥」
　답하여 말했다.

1232) 卽=則【宋】【元】【明】【聖】下同

"밝은 빛으로 어둠을 없애려는 것입니다."

維摩詰言; 「菩薩如是! 雖生不淨佛土, 爲化衆生故[1233], 不與愚闇而共合也, 但滅衆生煩惱闇耳!」

유마힐이 말했다.

"보살도 그와 같습니다. 비록 不淨한 불국토에 태어났을지라도 중생을 교화하기 위한 까닭에 몽매와 더불어 함께하지 않습니다. 단지 중생의 煩惱闇만 소멸할 뿐입니다."[1234]

是時大衆渴仰, 欲見妙喜世界無動如來, 及其菩薩, 聲聞之衆. 佛知一切衆會所念, 告維摩詰言; 「善男子! 爲此[1235]衆會, 現妙喜國無[1236]動如來, 及諸菩薩, 聲聞之衆, 衆皆欲見」

그때 대중이 갈앙하여 묘희세계의 무동여래 및 그 보살·성문의 대중을 친견하고자 하였다. 부처님께서 一切衆會가 생각하는 것을 아시고 유마힐에게 말씀하셨다.

1233) 〔故〕-【宋】【元】【明】
1234) '그때 … 뿐입니다.'에서 위에서는 무생을 변별하였는데, 여기에서는 태어난 곳을 드러낸 것이다. 중생에 상응하여 주창하였지만 도래한 시초에는 이익이 없었다. 무생은 즉 법신이고, 생은 소위 迹에 상응한 것[應迹]이다. 또한 제불의 설법은 항상 이제에 의거하는데, 무생은 眞에 나아가고 생은 즉 俗에 의거한다.
1235) 此=大【宋】
1236) 無=不【聖】

"선남자여, 이 衆會를 위하여 묘희국의 무동여래 및 보살·성문의 대중을 드러내주라. 대중이 모두 보고자 한다."[1237]

於是維摩詰心念; 「吾當不起于座, 接妙喜國, 鐵圍山川溪谷江河, 大海泉源, 須彌諸山, 及日月星宿, 天龍鬼神梵天等宮, 幷諸菩薩, 聲聞之衆, 城邑聚落, 男女大小, 乃至無動如來, 及菩提樹, 諸妙蓮華, 能於十方作佛事者; 三道寶階從閻浮提, 至忉利天, 以此寶階, 諸天來下, 悉爲禮敬無動如來, 聽受經法. 閻浮提人, 亦登其階, 上昇忉利, 見彼諸天. 妙喜世界成就如是無量功德, 上至阿迦膩[1238]吒天, 下至水際; 以右手斷取, 如陶家輪, 入此世界, 猶持[1239]華鬘, 示一切衆」作是念已, 入於三昧, 現神通力, 以其右手斷取妙喜世界, 置於此土.

이에 유마힐이 마음속으로 생각하였다.

'내가 장차 자리에서 일어나지 않은 채 묘희국의 鐵圍山·川·溪谷·江·河·大海·泉·源·須彌諸山 및 일·월·성수·천룡·귀신·범천 등의 궁전, 그리고 제보살·성문의 대중, 성읍·취락, 남·녀·대·소 내지 무동여래 및 보리수, 모든 묘련화를 가져다가 시방에다 불사를 지어야겠다. 三道의 보배계단을 염부제로부터 도리천에 이르게 놓는다. 그 보배계단을 통

1237) '그때 … 보고자 한다.'에서 이 경문은 無動國이 출현한 까닭을 설명한다. 출현에는 세 가지 인연이 있다. 첫째는 此會로 하여금 정토행을 닦은 까닭에 왕생을 얻게 하려는 것이다. 둘째는 정명의 부사의한 덕을 드러내려는 것이다. 셋째는 장차 묘희국으로 돌아가더라도 몸은 본생처에 있으면서 이 청정국토를 버리고 이 穢國에 들어가는데 이것은 대사의 자비연을 설명한 것이다.
1238) 膩=尼【宋】【元】【明】
1239) 持=得【元】【明】

해서 제천이 내려와 모두 무동여래에게 예배하고 經法을 聽受한다. 염부제의 사람들도 또한 그 계단에 올라서 도리천으로 올라가서 그 제천을 친견한다. 묘희세계는 이와 같이 무량한 공덕이 성취되어 위로는 阿迦膩吒天에 이르고 아래로는 水際에 이르는데 오른손으로 떼어내서 陶家의 바퀴처럼[1240] 이 세계에 들여와서 마치 華鬘을 든 것처럼 일체대중에게 보여주리라.'[1241]

이와 같이 생각하고나서 삼매에 들어가 신통력을 나타내 오른손으로 묘희세계를 떼어내어 이 국토에 옮겨놓았다.[1242]

彼得神通菩薩及聲聞衆, 幷餘天, 人, 俱發聲言; 「唯然世尊! 誰取我去! 願見救護」無動佛言; 「非我所爲, 是維摩詰神力所作」其餘未得神通者, 不覺不知己之所往. 妙喜世界, 雖入此土, 而不增減, 於是世界亦不迫隘, 如本無異.

그들 신통력을 터득한 보살 및 성문중 그리고 그 밖의 天 · 人이 모두 소리를 내어 말했다.

"그렇습니다. 세존이시여, 누가 우리를 데려갑니다. 바라건대 살펴보시고 구호해주십시오."

무동여래가 말씀하셨다.

1240) '이에 … 바퀴처럼'에서 이것은 묘희국토를 드러냄을 설명한 것이다. 나집은 다음과 같이 말한다. '胡本에서는 斷泥와 같다고 말한다. 그러나 지금 陶家輪과 같다고 말한 것은 중앙을 잘라내어 마치 陶家의 바퀴와 같은데 아래는 땅에 닿지 않고 사변이 서로 단절되어 있음을 설명한 것이다.'
1241) '이 세계에 … 보여주리라.'에서 이것은 보살이 그것을 보여줌에 그 행위가 어렵지 않음을 드러낸 것이다. 이것은 비유이다.
1242) '이와 같이 … 옮겨놓았다.'에서 이것은 바로 묘희국토를 드러냄을 설명한 것이다.

"내가 한 것이 아니다. 이것은 유마힐이 신통력으로 한 것이다."

그밖에 신통력을 터득하지 못한 보살들은 자기들이 옮겨가고 있다는 것도 느끼지도 못하고 알지도 못하였다. 묘희세계를 비록 이 국토에 들여놓았지만 증감이 없었고, 이 세계도 또한 좁아지지 않고 본래처럼 다름이 없었다.

爾時釋迦牟尼佛告諸大衆; 「汝等且觀妙喜世界無動如來, 其國嚴飾, 菩薩行淨, 弟子淸白」

그때 석가모니부처님께서 모든 대중에게 말씀하셨다.

"그대들은 또한 묘희세계의 무동여래 · 그 국토의 엄식 · 보살행의 청정함 · 제자들의 청백함을 관찰해 보라."[1243)

皆曰; 「唯然已見」

모두가 말했다.

"그렇습니다. 이미 관찰해보았습니다."[1244)

佛言; 「若菩薩欲得如是淸淨佛土, 當學無動如來所行之道」

1243) '그들 … 관찰해 보라.'에서 이것은 대중에게 관찰할 것을 권장한 것이다.
1244) '모두가 … 관찰해보았습니다.'에서 이것은 대중이 관찰하여 본 것을 설명한 것이다.

부처님께서 말씀하셨다.

"만약 보살이 이와 같은 청정한 불국토를 터득하고자 하면 반드시 무동여래가 실천한 道를 닦아야 한다."[1245]

現此妙喜國時, 娑婆世界十四那由他人, 發阿耨多羅三藐三菩提心, 皆願生於妙喜佛土. 釋迦牟尼佛卽記之曰;「當生彼國」時妙喜世界於此國土所應饒益, 其事訖已, 還復本處, 擧衆皆見.

그 묘희국토가 나타났을 때 사바세계의 십사 나유타 사람들이 아뇩다라삼먁삼보리심을 발생하고 모두가 묘희불국토에 태어나기를 원하였다. 석가모니부처님께서 곧 그들에게 수기하며 말했다.

"장차 그 국토에서 태어날 것이다."[1246]

그때 묘희세계가 그 국토에 상응한 이익을 주고, 그 사업을 마치고는 다시 본래의 처소로 돌아가는 것을 모든 대중이 다 보았다.[1247]

佛告舍利弗;「汝見此妙喜世界及無動佛不」

부처님께서 사리불에게 말씀하셨다.

1245) '부처님께서 … 한다.'에서 이것은 이미 묘과를 드러내어 청정국토의 인을 닦을 것을 권장한 것이다.
1246) '그 묘희국토가 … 것이다.'에서 이것은 사회대중이 얻은 이익이다. 조공은 '천만이 일나유타이다.'고 말한다.
1247) '그때 … 보았다.'에서 이것은 본래의 처소로 돌아간 것이다.

"그대는 그 묘희세계와 무동여래를 친견하였는가."[1248]

「唯然已見, 世尊! 願使一切衆生得淸淨土, 如無動佛; 獲神通力, 如維摩詰. 世尊! 我等快得善利, 得見是人親近供養. 其諸衆生, 若今現在, 若佛滅後, 聞此經者, 亦得善利; 況復聞已信解, 受持讀誦解說[1249], 如法修行. 若有手得是經典者, 便爲已得法寶之藏; 若有讀誦解釋其義, 如說修行, 卽爲諸佛之所護念; 其有供養如是人者, 當知卽爲供養於佛; 其有書持此經卷者, 當知其室卽有如來; 若聞是經能隨喜者, 斯人卽爲取[1250]一切智; 若能信解此經, 乃至一四句偈, 爲他說者, 當知此人, 卽是受阿耨多羅三藐三菩提記」

"그렇습니다. 이미 보았습니다. 세존이시여, 바라건대 일체중생으로 하여금 청정한 국토를 얻고 무동불처럼 되며 신통력을 획득하고 유마힐처럼 되게 해주십시오.

세존이시여, 저희들은 참으로 善利를 얻어서 그 사람을 친근하고 공양할 수 있게 되었습니다.[1251] 그 모든 중생이 만약 지금 현재이거나 만약 부처님이 입멸하신 후에 이 경전을 듣는 사람도 또한 좋은 이익을 얻을 것인데, 하물며 다시 듣고나서 이미 믿고 이해하며 받고 지니며 읽고 외우며 해설하고 여법하게 수행하는 것이겠는가. 만약 이 경전을 손에 얻은 자는 곧 이미 보

1248) '부처님께서 … 친견하였는가.'에서 이것은 人을 찬탄하고 法을 찬미한 것이다. 聖集은 만나기가 어렵고 經法은 듣기가 어렵다. 때문에 '그대는 친견하였는가.'라고 묻는다.
1249) 說=脫【宋】【元】【明】
1250) 取=趣【宋】【元】【明】
1251) '그렇습니다. … 되었습니다.'에서 이것은 사리불이 그가 본 것을 인하여 발원하고 人을 찬탄한 것이다.

배창고를 얻는 셈입니다.[1252] 만약 읽고 외우며 그 뜻을 해석하고 여설하게 수행한다면 곧 제불의 호념을 받는 셈입니다.[1253] 이와 같은 사람에게 공양하는 사람은 곧 부처님께 공양하는 셈이 되는 줄 반드시 알아야 합니다. 이 경권을 쓰고 지니는 사람은 그 방이 곧 여래가 계시는 곳인 줄 알아야 합니다. 만약 이 경전을 듣고 隨喜하게 되면 그 사람은 곧 일체지를 얻은 셈이 됩니다. 만약 이 경전을 믿고 이해하며 내지 하나의 사구게라도 남에게 설해준다면 그 사람은 곧 아뇩다라삼먁삼보리의 수기를 받은 것임을 반드시 알아야 합니다."[1254]

1252) '그 모든 … 셈입니다.'에서 이것은 법을 찬탄한 것이다. 수중에 경권을 얻으면 비록 읽지 않더라도 어떤 사람이 이미 寶藏을 얻었지만 아직 활용하지 않고 있는 것과 같다.

1253) '만약 … 셈입니다.'에서 이것은 안으로는 수행에 상응하고 밖으로는 호념을 받는 것이다. 이해[理會]가 그윽하게 감응되면[冥感] 자연히 운수가 트이는데 거기에 공양이 있다.

1254) '이와 같은 … 합니다.'에서 이 경문은 바로 보살행을 설명한 것이다. 때문에 경전을 듣고 뜻[義]을 따라서 기뻐하면 반드시 種智를 터득한다. 이 경전의 일사구게라도 신해하여 타인에게 연설해주면 즉 보살의 도는 높고 이승은 鄙劣한 줄을 알게 된다. 때문에 영원히 대승심에서 물러나지 않고 반드시 장차 성불한다. 이런 까닭에 부처님에게 수기를 받는다.

維摩詰所說經法供養品第十三
유마힐소설경 법공양품[1255] 제십삼

爾時釋提桓因於大衆中白佛言; 「世尊! 我雖從佛及文殊師利聞百千
經, 未曾聞此不可思議, 自在神通, 決定實相經典. 如我解佛所說義趣,
若有衆生聞是[1256]經法, 信解受持讀誦之者, 必得是法不疑, 何況如說
修行? 斯人卽爲閉衆惡趣開諸善門, 常爲諸佛之所護念; 降伏外學, 摧
滅魔怨; 修治菩提[1257], 安處道場; 履踐如來所行之跡. 世尊! 若有受持
讀誦如說修行者, 我當與諸眷屬供養給事; 所在聚落城邑, 山林曠野,
有是經處, 我亦與諸眷屬, 聽受法故共到其所; 其未信者, 當令生信;
其已信者, 當爲作護」

   그때 석제환인[1258]이 대중 가운데 있다가 부처님께 사뢰어 말씀드렸다.
   "세존이시여, 저는 비록 부처님과 문수사리로부터 백천 가지 경전을 들었
지만 일찍이 이처럼 불가사의하고 자재하게 신통하며 결정적인 실상의 경

1255) 경전에 삼분이 있는데, 서분과 정종분은 이미 마쳤다. 이제 그 다음으로 유통분을 변별한다. 유통분에
    두 부분이 있다. 첫째는 찬탄하고, 둘째는 부촉한다. 이것이 [법공양품]과 [촉루품]의 양품의 경문이다.
    [법공양품]에서 법은 大乘了義로서 구경의 법을 말한다. 여법한 설법[如說]을 수행하여 자신의 법신을
    자양하고, 여법한 수행[如行]을 설하여 타인의 법신을 자양한다. 이 둘은 모두 법회의 부처님 마음에
    칭합된 것인데, 즉 이것은 부처님께 공양하기에 [법공양품]이라고 말한다.
1256) 是=此【宋】*【元】*【明】* [* 1]
1257) 菩提=佛道【聖】
1258) 釋提桓因의 원어는 Sakra devanam indra이다. 釋迦提桓因陀羅라고 하고, 줄여서
    釋提桓因 · 釋迦提婆라고도 하며, 天帝釋 · 天主 · 因陀羅라고도 한다. 불법과 불법에 귀의하는 사람을
    수호하고, 아수라의 군대를 정벌한다는 하늘의 왕이다.

전을 들어본 적이 없습니다.[1259] 제가 부처님께서 설하신 義趣를 이해하기로 만약 어떤 중생이 이 경법을 듣고서 믿고 이해하며 받고 지니며 읽고 외우는 사람은 반드시 그 법에 의심이 없음을 터득할 것인데, 하물며 여법한 설법[如說]을 수행하는 것이겠습니까. 그 사람은 곧 衆惡趣를 닫고 諸善門을 열어서 항상 제불의 호념을 받고, 外學을 다스리고 魔怨을 摧滅하며, 보리를 修治하고 도량에 편안하게 처하며, 여래소행의 자취를 따라서 실천할 것입니다.[1260]

세존이시여, 만약 받고 지니며 읽고 외우며 여법한 설법을 수행하는 사람이 있으면 제가 반드시 모든 권속과 더불어 공양하고 급사하며, 소재하는 취락과 성읍 · 산림과 광야에 이 경전이 있는 곳이라면 제가 또한 모든 권속과 더불어 그 법을 청수하기 위하여 함께 그곳에 도착하며, 경전을 믿지 않는 사람에게는 반드시 믿음을 발생하도록 하고, 이미 믿음을 일으킨 사람은 반드시 보호해줄 것입니다."[1261]

佛言; 「善哉, 善哉! 天帝! 如汝所說, 吾助爾喜. 此經廣說過去, 未來, 現在諸佛不可思議阿耨多羅三藐三菩提. 是故, 天帝! 若善男子, 善女人, 受持, 讀誦, 供養是經者, 卽爲供養去, 來, 今佛.

1259) '그때 … 없습니다.'에서 이것은 초구로서 법을 찬탄한 것이다. 『대품』 등에 광대하기 때문에 이에 딱히 들어맞는 것을 찾아보기 어렵다. 여기에서는 간추려서 그것을 생략한 까닭에 '미증유'라고 찬탄한다. 『대지도론』에서 다음과 같이 말한다. '지혜가 많다고 설하는 것은 출가자에 대한 것이고, 복덕이 많다고 설명하는 것은 재가인에 대한 것이다.' 지금은 이미 공덕을 설명한 것은 천주로서 칭탄하고 복덕을 닦을 것을 권장한 것이다.
1260) '제가 … 것입니다.'에서 이것은 人을 찬탄한 것이다.
1261) '세존이시여, … 것입니다.'에서 이것은 널리 수호하겠다는 서원을 결론지은 것이다.

부처님께서 말씀하셨다.

"훌륭하다. 참으로 훌륭하다. 천제여, 그대의 말처럼 나 여래는 그대의 조력을 기뻐한다. 이 경에는 과거·미래·현재 제불의 불가사의한 아뇩다라삼먁삼보리가 자세하게 설해져 있다.[1262] 이런 까닭에 만약 선남자·선여인이 이 경전을 받고 지니며 읽고 외우며 공양하면 곧 과거·미래·현재의 부처님께 공양하는 셈이다.[1263]

「天帝! 正使三千大千世界如來滿中, 譬如甘蔗, 竹筆, 稻麻, 叢林; 若有善男子, 善女人, 或[1264]一劫, 或減一劫, 恭敬尊重, 讚歎供養, 奉諸所安, 至諸佛滅後, 以一一全[1265]身舍利起七寶塔, 縱廣一四天下, 高至梵天, 表刹莊嚴; 以一切華香, 瓔珞, 幢幡, 伎樂微妙第一, 若一劫, 若減一劫, 而供養之. 於天帝[1266]意云何, 其人植福, 寧爲多不」

천제여, 바로 삼천대천세계에는 여래가 충만한데, 비유하면 마치 甘蔗·竹·筆·稻·麻·叢·林과 같다.

만약 어떤 선남자·선여인이 혹 一劫 동안 혹 滅一劫 동안 공경하고 존중하며 찬탄하고 공양하며 제여래를 편안하게 받들고, 제불이 입멸한 이후에 이르러서도 낱낱의 전신사리로써 칠보탑을 건립하되 세로와 가로가 一四天

1262) '부처님께서 … 설해져 있다.'에서 이것은 부처님의 서술이 성취됨을 설명한 것이다. 위에서 삼장이 성취되었는데, 즉 거기에 세 가지 뜻[意]이 있다. 이것은 法을 찬탄함을 서술한 것이다.
1263) '이런 … 셈이다.'에서 이것은 그 찬탄한 사람을 서술한 것이다.
1264) 或+(以)【宋】【元】【明】
1265) 全=令【聖】
1266) 於天帝=天帝於【元】【明】

下이고 높이가 범천에 이르게 찰토를 장엄하여 드러내며, 일체의 華香 · 瓔珞 · 幢幡 · 伎樂이 미묘하고 제일가는 것으로써 혹 一劫 혹 減一劫 동안 제불에게 공양한다고 하자.

천제의 생각은 어떠한가. 그 사람이 심은 복은 얼마나 많겠는가.”

釋提桓因言; 「多矣[1267], 世尊! 彼之福德, 若以百千億劫, 說不能盡」

석제환인이 말씀드렸다.
“많습니다. 세존이시여, 그 사람의 복덕은 설령 백천억 겁 동안 설해도 다함이 없을 것입니다.”

佛告天帝; 「當知是善男子, 善女人, 聞是不可思議解脫經典, 信解受持, 讀誦修行, 福多於彼. 所以者何? 諸佛菩提皆從是生; 菩提之相不可限量, 以是因緣福不可量」

부처님께서 천제에게 말씀하셨다.
“반드시 알아야 한다. 그 선남자 · 선여인이 이 불가사의해탈의 경전을 듣고서 믿고 이해하며 받고 지니며 읽고 외우며 수행한다고 하자. 그러면 이 복덕이 저 복덕[1268]보다 많다. 왜냐하면 제불의 깨침[菩提]이 모두 이 경전에

1267) 多矣=多【元】, =甚多【明】
1268) ‘이 복덕’은 ‘그 선남자 … 수행한다고 하자.’는 대목을 가리키고, ‘저 복덕’은 앞에서 언급한 ‘만약 어떤 선남자 … 공양한다고 하자.’의 대목을 가리킨다.

서 발생하였는데, 깨침의 相은 不可限量하여 이러한 인연으로써 복이 불가량하다."[1269]

佛告天帝;「過去無量阿僧祇劫, 時世有佛, 號曰藥王如來, 應供, 正遍知, 明行足, 善逝, 世間解, 無上士, 調御丈夫, 天人師, 佛, 世尊. 世界名[1270]大莊嚴, 劫曰莊嚴, 佛壽二十小劫; 其聲聞僧三十六億那由他; 菩薩僧有十二億. 天帝! 是時有轉輪聖王, 名曰寶蓋, 七寶具足, 主四天下. 王有千子, 端正勇健, 能伏怨敵.

부처님께서 천제에게 말씀하셨다.

"과거의 무량아승지겁 시대에 세간에 부처님이 계셨는데 명호가 藥王如來[1271]·應供·正遍知·明行足·善逝·世間解·無上士·調御丈夫·天人師·佛·世尊이고, 세계의 이름은 大莊嚴이며, 劫은 莊嚴이고, 佛壽는 이십소겁이었다. 그 성문승은 삼십육억 나유타 명이 있었고, 보살승은 십이억 명이 있었다.

천제여, 그때 전륜성왕이 있었는데 이름이 寶蓋였다. 칠보를 구족하고 사천하의 주재자였다. 왕에게는 천 명의 아들이 있었는데 端正하고 勇健하여 怨敵을 다스렸다.

1269) '천제여, … 불가량하다.'에서 이것은 반드시 격량해야 함을 변별한 것이다.
1270) 名=曰【宋】【聖】
1271) 『正法華經』 卷6 [藥王如來品], (大正藏9, pp.99上-107中) 참조.

「爾時寶蓋與其眷屬供養藥王如來, 施諸所安, 至滿五劫. 過五劫已, 告其千子; 『汝等亦當如我, 以深心供養於佛』於是千子受父王命, 供養藥王如來, 復滿五劫, 一切施安. 其王一子, 名曰月蓋, 獨坐思惟; 『寧有供養殊過此者』以佛神力, 空中有天曰; 『善男子! 法之供養勝諸供養』即問; 『何謂法之供養』天曰; 『汝可往問藥王如來, 當廣爲汝說法之[1272]供養』

그때 寶蓋와 그 권속이 약왕여래에게 공양하였는데 모든 편의를 五劫이 차도록 보시하였다. 오 겁이 지나자 그 천 명의 아들에게 말했다.

'그대들도 또한 반드시 나처럼 深心으로써 부처님께 공양해야 한다.'

이에 천 명의 아들이 부왕의 명을 받아 약왕여래에게 또한 오 겁이 차도록 일체의 편의를 공양하였다.[1273] 그 왕의 한 아들은 이름이 月蓋였다. 홀로 앉아서 '이것을 능가하는 공양은 무엇이 있을까.'라고 사유하였다. 부처님께서 신통력으로 허공에서 어떤 天이 말했다.

'선남자여, 법공양이 어떤 공양보다 뛰어납니다.'

그러자 곧 물었다.

'법공양이란 무엇입니까.'

天이 말했다.

'그대가 약왕여래에게 가서 물으면 장차 그대한테 자세하게 설법해줄 것입니다.'

1272) 〔之〕-【聖】

1273) '부처님께서 … 공양하였다.'에서 이것은 往古事를 인용하여 천제의 널리 수호하겠다는 서원을 결론지은 것이다.

「卽時月蓋王子行詣藥王如來, 稽首佛足, 却住一面, 白佛言; 『世尊! 諸供養中, 法供養勝. 云何爲法[1274]供養』佛言; 『善男子! 法供養者, 諸佛[1275]所說深經, 一切世間難信難受, 微妙難見, 清淨無染, 非但[1276]分別思惟之所能得. 菩薩法藏所攝, 陀羅尼印印之. 至不退轉, 成就六度, 善分別義, 順菩提法, 衆經之上. 入大慈悲, 離衆魔事, 及諸邪見. 順因緣法, 無我, 無人[1277], 無衆生, 無壽命, 空, 無相, 無作, 無起. 能令衆生坐於道場, 而轉法輪, 諸天, 龍神, 乾闥婆等, 所共歎譽. 能令衆生入佛法藏, 攝諸賢聖一切智慧. 說衆菩薩所行之道, 依於諸法實相之義. 明宣無常, 苦, 空, 無我, 寂滅之法[1278], 能救一切毀禁衆生; 諸魔外道及貪著者, 能使怖畏; 諸佛賢聖所共稱歎. 背生死苦, 示涅槃樂, 十方三世諸佛所說. 若聞如是等經, 信解受持讀誦, 以方便力, 爲諸衆生分別解說, 顯示分明, 守護法故, 是名法之供養. 又於諸法如說修行, 隨順十二因緣, 離諸邪見, 得無生忍; 決定無我無有衆生, 而於因緣果報無違無諍[1279], 離諸我所. 依於義, 不依語; 依於智, 不依識; 依了義經, 不依不了義經; 依於法, 不依人. 隨順法相, 無所入, 無所歸. 無明畢竟滅故, 諸行亦畢竟滅; 乃至生畢竟滅故, 老死亦畢竟滅. 作如是觀, 十二因緣, 無有盡相, 不復起見, 是名最上法之供養』」

즉시 월개왕자는 약왕여래에게 나아가서 부처님 발에 계수하고 물러나 한

1274) 爲法＝名爲法之【宋】【元】【明】
1275) (謂)＋諸佛【聖】
1276) 非但＝但非【聖】
1277) 〔無人〕－【聖】
1278) 〔之法〕－【宋】【元】【明】【聖】
1279) 諍＝爭【聖】

쪽에 머물러서 부처님께 사뢰어 말씀드렸다.

'세존이시여, 모든 공양 가운데서 법공양이 뛰어납니다. 법공양이란 무엇입니까.'

약왕부처님께서 말씀하셨다.

'선남자여, 법공양은 제불이 설한 깊은 경전으로[1280] 일체세간에서 믿기 어렵고 받기 어려우며 미묘하여 보기 어렵고 청정하여 염오되지 않아서 무릇 분별사유로 터득할 수 있는 것이 아니다.[1281] 보살법장에 들어 있는[1282] 다라니인으로 그것을 도장찍은 것이다.[1283] 불퇴전에 이르러[1284] 육바라밀을 성취하고, 뜻을 잘 분별하여 보리법에 수순하는 것으로 온갖 경전 가운데 최상이다. 대자비에 들어가서[1285] 衆魔事 및 諸邪見을 다스리는 것이다. 인연법[1286] · 무아 · 무인 · 무중생 · 무수명 그리고 空 · 無相 · 無作 · 無起에

1280) '그 왕의 … 경전으로'에서 이것은 바로 법공양을 설명한 것이다. '깊은 경전'은 方等了義로서 究竟의 경전을 말한다.

1281) '일체세간에서 … 아니다.'에서 '무릇 분별로 터득할 수 있는 것이 아니다'는 것은 분별지혜로 얻을 수 있는 것이 아님을 말한 것이다. '사유로 터득할 수 있는 것이 아니다'는 것은 요컨대 선정을 말미암아야 바야흐로 터득되는 것이다. 또한 요컨대 正觀을 말미암은 연후에 터득할 수 있는 것이지, 분별취상이나 사유로 터득되는 것이 아니다.

1282) '보살법장에 들어 있는'에서 이것은 대략 불법을 설명한 것인데, 무릇 二藏이 있다. 소승인을 위해 설한 것을 성문장이라고 말하고, 대승인을 위해 설한 것을 보살장이라고 말한다.

1283) '다라니인으로 … 것이다.'에서 다라니는 수행으로서 念과 智로써 체를 삼는다. 법을 기억하여 잊지 않는 것이 念이고, 법이 불생임을 아는 것이 智이다. 첫째는 聞持陀羅尼인데 敎를 持하여 잊지 않는 것이다. 둘째는 思義陀羅尼인데 義를 持하여 잃지 않는 것이다. 개변할 수 없는 까닭에 印이다. 또 해석하자면 持에도 多門이 있다. 이 대목은 실상의 총지이다. 곧 실상으로써 이 경전을 봉인한 것이므로 '깊은 경전'이라고 말한다. 총지는 지혜 또는 삼매의 뜻과 진언이라는 뜻의 두 가지 의미가 있다.

1284) '불퇴전에 이르러'에서 이것은 깊은 경전을 실천하면 반드시 不退轉의 경지를 얻는다.

1285) '육바라밀을 … 들어가서'에서 자비를 말미암은 까닭에 깊은 경전을 안다. 깊은 경전을 알면 반드시 자비에 들어가서 이 경전으로써 보살을 가르치고 중생을 化益하기 때문에 가히 자비에 들어가는 것이다.

1286) '衆魔事 … 인연법'에서 깊은 경전에 설해진 인연은 有無가 정해져 있지 않기 때문에 인연을 따른다.

수순하여 중생으로 하여금 도량에 앉아서[1287] 법륜을 굴리도록 하고, 諸天 · 龍神 · 乾闥婆 등[1288]이 함께 찬탄하고 칭송[歎譽]하도록 하며, 중생으로 하여금 佛法藏에 들어가서 제현성의 일체지혜를 섭수토록 하고, 衆菩薩이 실천하는 道를 설하여 제법실상의 뜻에 의지하도록 하는 것이며, 무상 · 고 · 공 · 무아 · 적멸의 법을 분명하게 펼쳐서[1289] 일체의 毁禁衆生을 구해주는 것이고,[1290] 諸魔와 外道 및 貪著하는 사람으로 하여금 怖畏를 느끼도록 하여[1291] 제불과 현성이 함께 칭탄하도록 하는 것이며, 생사고를 등지고 열반락을 보여주는 것은 시방과 삼세의 제불이 설한 것이므로[1292] 만약 이와 같은 경전을 듣고 믿고 이해하며 받고 지니며 읽고 외워서[1293] 방편력으로써 모든 중생을 위해 분별하고 해설하여 분명하게 현시해준다면 법을 수호하는 것이기 때문에 그것을 법공양이라고 말한다.[1294]

1287) '무아 … 앉아서'에서 이것은 첫째로 먼저 도량에 앉는데 바로 이것이 금강삼매에 들어가는 것이다. 둘째로 만약 만행을 통론하자면 모두가 도를 일으키기 때문에 도량이라고 말한다. 이 깊은 경전은 이들 두 가지 도량에 앉게끔 해준다.

1288) 八部神衆으로서 천룡팔부라고도 하는데, 불국토를 지키는 8명의 善神을 통칭하는 말이다. 신들이라는 의미로 八部衆 혹은 신이면서 장군이라는 의미로 八部神將이라고 부르기도 한다. 천룡팔부와 팔부중은 천신과 용신 외에 다른 6명의 신을 합친 신들을 묶어서 부르는 이름이라는 점에서 동일하다. 가령 여래의 팔부중은 天 · 龍 · 夜叉 · 乾達婆 · 阿修羅 · 迦樓羅 · 緊那羅 · 摩睺羅伽이고, 사천왕의 팔부중은 龍 · 夜叉 · 乾達婆 · 毘舍闍 · 鳩槃茶 · 薛荔多 · 富單那 · 羅刹이다.

1289) '법륜을 … 펼쳐서'에서 이것은 실상에 의거하지 않고 무상을 이해한 즉 常을 타파하고 無常에 집착하게 된다. 그러나 만약 실상에 의거하여 무상을 설한 즉 상을 타파하고 무상에 집착하지 않게 되는데 소위 설법을 펼치는 뜻을 설명한 것이다.

1290) '일체의 毁禁衆生을 구해주는 것이고'에서 이것은 四重罪(살생 · 투도 · 사음 · 망어)와 五逆罪(무간지옥에 떨어지는 다섯 가지의 큰 죄. 어머니를 죽임 · 아버지를 죽임 · 아라한을 죽임 · 부처님 몸에 피를 냄 · 승가의 화합을 깸)이다. 소승으로는 그것을 구원할 수가 없지만, 대승으로는 구제하지 못할 것이 없다.

1291) '諸魔와 … 하여'에서 외도는 見이고 탐착은 愛이다. 깊은 경전으로 그 愛와 見을 굴린 즉 愛와 見에 대하여 怖畏가 발생한다.

1292) '제불과 … 것이므로'에서 이상에서는 바로 法供養에서 法을 설명하였다.

1293) '만약 … 외워서'에서 이것은 여법한 수행을 설명한 것이다. 법회의 부처님 마음에 칭합된 것으로 공양을 말한다.

1294) '방편력으로써 … 말한다.'에서 이것은 여법한 수행[如行]을 설하여 모든 사람으로 하여금 道法을

또한 제법에 대하여 여법한 설법을 수행하고 십이인연을 수순하여 모든 사견을 벗어나서 무생법인을 터득하고, 결정적으로 我가 없고 衆生이 없어서 인연의 과보에 대하여 無違하고 無諍하여 모든 아소를 떠나 있으며,[1295] 義에 의지하고 語에 의지하지 않으며,[1296] 智에 의지하고 識에 의지하지 않으며,[1297] 了義經에 의지하고 不了義經에 의지하지 않으며,[1298] 法에 의지하고 人에 의지하지 않으며,[1299] 法相에 수순하여 들어갈 곳도 없고 돌아갈 곳도 없으며, 무명은 필경에 소멸하기 때문에 제행도 또한 필경에 소멸하고, 내지 필경에 소멸이 발생하기 때문에 老死도 또한 필경에 소멸한다고 이와 같이 관찰하면 십이인연은 더 이상 盡相이 없어서[1300] 다시는 見이 일어나

깨닫도록 해준 것이다. 이것은 또한 앞의 사람이 법신을 장양함을 드러낸 것이고 또한 佛心을 稱順한 것이므로 법공양이라고 말한다.

1295) '또한 … 있으며'에서 이것은 거듭 여법한 설법[如說]을 수행하는 것이 법공양임을 설명한 것이다.

1296) '義에 … 않으며'에서 語는 敎이고, 義는 理이다. 본래 敎로써 理를 설명하는데 마치 손가락을 인하여 달을 보여주는 것과 같기 때문에 반드시 理에 의지해야지 敎에 의지해서는 안된다.

1297) '智에 의지하고 識에 의지하지 않으며'에서 識으로써 집착하는 것은 情이고, 智로써 이치에 통달하는 것은 用이기 때문에 智에 의지해야지 識에 의지해서는 안된다.

1298) '了義經에 … 않으며'에서 智로써 義를 아는 것에는 了와 不了가 있기 때문에 반드시 요의경에 의지해야지 불요의경에 의지해서는 안된다.

1299) '法에 … 않으며'에서 법은 비록 사람이 홍포할지라도 사람은 반드시 모두 법에 의지하는 것은 아니다. 법에는 定楷가 있지만 사람에는 常則이 없다. 이런 까닭에 법에 의지하고 사람에 의지해서는 안된다. 또한 첫째는 종류의 차제인데, 먼저 法에 의지하고 人에 의지해서는 안된다는 것이다. 이것은 위의 해석과 같다. 둘째는 요의경에 의지하고 불요의경에 의지해서는 안된다는 것이다. 위에서는 비록 人을 떠나고 法을 취하였지만 무릇 법에도 了와 不了가 있다. 때문에 법에 이어서 不了를 간별하여 了를 취하도록 한 것이다. 셋째는 義에 의지하고 語에 의지해서는 안된다는 것이다. 理가 있고 敎가 있기 때문에 반드시 理에 의지해야지 敎에 의지해서는 안된다는 것이다. 넷째는 智에 의지해야지 識에 의지해서는 안된다. 識으로 所知하는 理는 가히 의지할 것이 못되지만, 智로 所知되는 理는 바야흐로 가히 의지할 수가 있다. 때문에 반드시 智에 의지해야지 識에 의지해서는 안된다는 것이다. 『大正藏』12, p.402上-中).(大正藏12, p.402上-中) 참조.

1300) '法相에 … 없어서'에서 滅은 곧 盡인데 지금 無盡이라고 말하였다. 그런데도 畢竟滅이라고 말한 까닭은 다음과 같다. '위에서는 허망에 상대하여 유생이라고 말했기 때문에 필경멸이었다. 그러나 십이인연은 본래 불생이기 때문에 지금은 無滅이다. 무멸이기 때문에 無盡이라고 말한다. 또한 위에서 말한 필경멸은 범부의 有生을 타파하였는데, 지금 無盡이라고 일컫은 것은 이승의 有滅을 배척한 것이다. 이 때문에 後句에서는 다시는 견을 일으키지 않는다[不復起見]고 말한다. 다시는 견을 일으키지 않는다는

지 않게 되는데, 그것을 최상의 법공양이라고 말한다."[1301]

佛告天帝;「王子月蓋從藥王佛聞如是法, 得柔順忍. 卽解寶衣嚴身之具, 以供養佛, 白佛言;『世尊! 如來滅後, 我當行法供養, 守護正法. 願以威神加哀建立, 令我得降[1302]魔怨, 修菩薩行』佛知其深心所念, 而記之曰;『汝於末後, 守護[1303]法城』天帝! 時王子月蓋, 見法淸淨, 聞佛授記, 以信出家, 修[1304]集善法; 精進不久, 得五神通, 逮[1305]菩薩道, 得陀羅尼, 無斷辯才. 於佛滅後, 以其所得神通, 總持, 辯才之力, 滿十小劫, 藥王如來所轉法輪[1306]隨而分布. 月蓋比丘以守護法, 勤行精進, 卽於此身, 化百萬億人, 於阿耨多羅三藐三菩提, 立不退轉; 十四那由他人, 深發聲聞, 辟支佛心; 無量衆生得生天上. 天帝! 時王寶蓋豈異人乎? 今現得佛, 號寶炎如來; 其王千子, 卽賢劫中千佛是也. 從迦羅鳩孫馱[1307]爲始得佛, 最後如來號曰樓至. 月蓋比丘, 卽我身是. 如是, 天帝! 當知此要, 以法供養於諸供養爲上爲最, 第一無比. 是故天帝! 當以法之供養, 供養於佛」

것은 위에서는 범부의 유생이라는 견해[生見]를 떠났지만, 지금은 이승의 소멸이라는 견해[滅見]을 일으키지 않는다는 뜻이다.'

1301) '다시는 … 말한다.'에서 이것은 법공양이 최상임을 결론지은 것이다. 법공양을 간별하는 것에 두 가지가 있다. 첫째는 만약 법에 대하여 分別見을 일으킨다면 그것은 최상의 법공양이 아니다. 둘째는 만약 법에 대하여 分別見을 일으키지 않는다면 그것을 최상의 법공양이라고 말한다.

1302) 降+(伏)【末】【元】【明】

1303) 守護=護持【聖】

1304) 集=習【末】【元】【明】

1305) 逮=具【元】【明】, =通【聖】

1306) 輪=轉【聖】

1307) 孫馱=村大【聖】

부처님께서 천제에게 말씀하셨다.

"왕자 월개가 약왕불로부터 이와 같은 설법을 듣고 柔順忍을 터득하여[1308] 곧 보배 옷과 장신구를 풀어서 부처님께 공양하고, 부처님께 사뢰어 말씀드렸다.

'세존이시여, 여래께서 입멸하신 이후에 저는 장차 법공양을 실천하여 정법을 수호하겠습니다. 바라건대 위신력으로써 자비의 건립을 더하여 저로 하여금 降魔怨을 얻게 하시고 보살행을 닦도록 해주십시오.'

부처님께서 그 深心으로 월개의 생각을 아시고 그에게 수기하며 말씀하셨다.

'그대는 말후에 法城을 수호하라.'

천제여, 그때 왕자 월개는 법의 청정함을 보고 부처님의 수기를 듣고서 믿음으로써 출가하여 선법을 修集하였다. 정진한 지 오래지 않아 오신통을 터득하고 보살도에 이르며 다라니와 끊임없는 변재를 터득하였다. 부처님께서 입멸하신 이후에 그가 터득한 신통력·총지력·변재력으로써 십 소겁이 차도록 약왕여래께서 굴린 법륜을 따라서 분포시켰다. 월개비구는 법을 수호하고 근행하고 정진함으로써 곧 그 몸으로써 백만억 명의 사람을 교화하여 그들로 하여금 아뇩다라삼먁삼보리에 들어가서 불퇴전하도록 확립하였다. 그리고 십사나유타 명의 사람으로 하여금 성문심·벽지불심을 깊이 발생하게 하였고, 무량한 중생이 천상에 태어나게 하였다.[1309]

1308) '부처님께서 … 터득하여'에서 이것은 법공양을 듣고 이익을 얻은 것이다. 心이 부드러워지고 智가 수순해져서[心柔智順] 실상을 堪受하지만 아직 무생에는 이르지 못한 것을 柔順忍位라고 말한다. 順忍에 두 가지가 있다. 첫째는 地前의 삼십심위(십주·십행·십회향)에 있는 경우이다. 둘째는 제육지 이하(환희지·이구지·발광지·염혜지·난승지·현전지)에 있는 경우이다. 무생의 경우에도 또한 두 가지가 있다. 첫째는 초지에 屆하는 경우 및 둘째는 제칠지에 屆하는 경우이다.

1309) '곧 보배 … 태어났다.'에서 위에서는 柔順忍을 얻음을 설명하였는데, 지금은 오신통을 획득함을 말한 것인데 소위 無生忍이다. 이로써 二忍을 갖춘 즉 여법한 설법을 수행하는데 이것을 법공양이라고

천제여, 그때 왕인 보개가 어찌 다른 사람이겠는가. 지금 부처님이 되어 출현하였는데 명호가 보염여래이고, 그 왕의 천명의 아들은 곧 賢劫의 千佛이 그들이다. 迦羅鳩孫馱[1310)]가 처음으로 佛이 된 것을 비롯하여 최후의 여래명호는 樓至이다. 월개비구는 곧 내 몸이 그였다.[1311)]

이와 같이 천제여, 반드시 알아야 한다. 중요한 것은 법공양이 모든 공양 가운데 최상이고 최고이며 제일로서 비교할 것이 없다. 이런 까닭에 천제여, 반드시 법공양으로써 부처님께 공양해야 한다."[1312)]

말한다. 다시 여법한 수행[如行]을 설하여 많은 사람들에게 悟道하도록 해주는데 이 또한 법공양이라고 말한다.

1310) 迦羅鳩孫馱(Krakuccanda)는 현재현겁의 최초불인 拘留孫佛이다.

1311) '천제여, … 그였다.'에서 이것은 古今을 회통한 것이다. 賢劫이란 淨居天이 겁초에 도래했을 때 보니 물 안에 千寶蓮華가 있은 즉 千佛出世가 있음을 알았기 때문에 그 劫을 善劫이라고 말하였는데, 賢은 즉 善이다. 樓至佛은 盧至佛·樓由佛·盧遮佛이라고도 하는데, 樓至는 범어로 Rucika이고, 의역하면 愛樂·啼哭·啼泣로서 賢劫의 천불 가운데 맨 마지막의 부처님이다.

1312) '이와 같이 … 한다.'에서 이것은 법공양이 뛰어남을 총결한 것이다.

維摩詰所說經囑累品第十四
유마힐소설경 촉루품[1313] 제십사

於是佛告彌勒菩薩言; 「彌勒! 我今以是無量億阿僧祇劫所集阿耨多
羅三藐三菩提法[1314], 付囑於汝. 如是輩經, 於佛滅後末世之中, 汝等
當以神力, 廣宣流布於閻浮提, 無令斷絶. 所以者何? 未來世中, 當有
善男子, 善女人, 及天, 龍, 鬼神, 乾闥婆, 羅刹等, 發阿耨多羅三藐三
菩提心, 樂于大法; 若使不聞如是等經, 則失善利. 如此輩人, 聞是等
經, 必多信樂, 發希有心, 當以頂受, 隨諸衆生所應得利, 而爲廣說.

이에 부처님께서 미륵보살에게 말씀하셨다.

"미륵이여, 나 여래는 지금 그 무량억아승지 겁 동안 쌓은 아뇩다라삼먁
삼보리법으로써 그대한테 부촉한다.[1315]

이와 같은 무리의 경전을 부처님께서 입멸하신 이후 말세에서 그대들은
장차 신통력으로써 염부제에 널리 펴서 유포하여 단절되지 않도록 하라. 왜
냐하면 미래세에 장차 어떤 선남자 · 선여인 그리고 천 · 용 · 귀신 · 건달

1313) 유통분에 두 부분이 있다. 첫째로 찬탄하는 부분은 위에서 마쳤다. 지금은 둘째로 이어서 촉루를
설명한다. 囑은 말하자면 付囑이고, 累는 곧 憑累이다. 付囑하고 憑累하여 법이 末葉까지 유통하여
군생이 신해하도록 해주는 것이기 때문에 촉루라고 말한다.
1314) 〔法〕-【聖】
1315) '이에 … 부촉한다.'에서 아난에게 부촉하지 않은 것은 아난에게는 신통력이 없어서 弘宣할 수가 없기
때문이다. 그리고 유마는 차토의 보살이기 때문에 그에게 부촉하지 않는다. 그리고 문수는 유행하여
정해진 방소가 없기 때문에 또한 부촉하지 않는다. 그러나 미륵은 여기에서 성불한 까닭에 신통력이
널리 통함으로써 미륵에게 功業을 성취시키려는 것이다.

바·나찰 등이 아뇩다라삼먁삼보리심을 발생하여 대승법을 좋아하더라도, 만약 이와 같은 무리의 경전을 듣지 못하게 되면 곧 善利를 상실하기 때문이다. 그러므로 이와 같은 무리의 사람들이 이러한 경전을 들으면 반드시 信樂心이 증장하고 希有心이 발생하므로 장차 頂受하여 모든 중생을 따라서 상응하는 이익을 얻도록 널리 설해야 한다.[1316]

「彌勒當知! 菩薩有二相. 何謂爲二? 一者, 好於雜句文飾之事; 二者, 不畏深義如實能入. 若好雜句文飾事者, 當知是爲新[1317]學菩薩; 若於如是無染無著甚深經典, 無有恐畏, 能入其中, 聞已心淨, 受持讀誦, 如說修行, 當知是爲久修道行.

미륵이여, 반드시 알아야 한다. 보살에게 두 가지 모습이 있다. 두 가지 모습은 다음과 같다. 첫째는 갖가지 언구와 글로써 꾸미는 것을 좋아하는 것이다. 둘째는 깊은 뜻에 대하여 두려워하지 않고 여실하게 能入하는 것이다. 만약 갖가지 언구와 글로써 꾸미는 것을 좋아하는 사람이라면 그는 바로 新學菩薩인 줄을 반드시 알아야 한다. 만약 이와 같이 심심한 경전에 대하여 염오되지 않고 집착하지 않으며 공포와 두려움이 없이 그 가운데 能入하여 듣고나서 마음이 청정하여 받고 지니며 읽고 외우며 여법한 설법[如說]을 수행한다면 그는 바로 久修道行인 줄을 반드시 알아야 한다.[1318]

1316) '이와 같은 … 설해야 한다.'에서 前句에서는 바로 미륵에게 부촉하였는데, 이 대목[此章]은 미륵이 弘宣해줄 것을 권장한 것이다.

1317) 新=雜【聖】[1, 2, 3]

1318) '미륵이여, … 알아야 한다.'에서 위의 二句는 홍선해줄 것을 부촉한 것이었는데, 지금은 이어서 법의 의궤에 통달함으로써 誠勸할 것을 설명한 것이다.

「彌勒! 復有二法, 名新學者, 不能決定於甚深法. 何等爲二? 一者, 所未聞深經, 聞之驚怖生疑, 不能隨順, 毀謗不信, 而作是言; 『我初不聞. 從何所來』二者, 若有護持解說如是深經者, 不肯親近, 供養, 恭敬, 或時於中說其過惡. 有此二法, 當知是爲[1319]新學菩薩, 爲自毀傷, 不能於深法中, 調伏其心.

미륵이여, 다시 두 가지 법이 있는데, 그것은 新學者가 심심한 법을 결정하지 못한다고 말한 것이다. 두 가지는 다음과 같다.

첫째는 아직 들어본 적이 없는 심심한 경전에 대하여 그것을 듣고 놀라고 두려워서 의심을 내고 수순하지 못하며 훼방하고 믿지 못하여 다음과 같이 말한다. '나는 처음부터 듣지 못했다. 어디에서 온 것인가.'

둘째는 만약 이와 같은 심심한 경전을 호지하고 해설하는 사람에 대하여 친근 · 공양 · 공경하는 것을 긍정하지 못하고, 어떤 때는 그 過惡[1320]을 설하기도 한다.

이 두 가지 법에 대하여 그 사람은 신학보살로서 스스로 毀傷하기 때문에 심심한 법으로도 그 마음을 다스릴 수 없다는 것을 반드시 알아야 한다. [1321]

1319) 〔爲〕-【元】【明】
1320) 過惡은 일반적으로 허물이 되는 나쁜 짓을 가리키지만, 여기에서는 예전에 저지른 악한 행위를 가리킨다.
1321) '미륵이여, … 알아야 한다.'에서 이것은 법을 받아들이는 사람에게 두 가지 허물이 있음을 쌍으로 설명한 것이다. 첫째는 법을 훼손하는 것이고, 둘째는 사람을 비방하는 것이다. 때문에 그것을 경계한다. 첫째로 처음 듣고서 놀라게 되고 그것을 찾아본 즉 의심하게 되며 끝내 다시 비방을 일으킨다. 무릇 이것이 법을 훼방하는 허물이다. 둘째로 사람을 비방한다는 것은 묻고 친근하며 공경하고 봉양하지 못하여 이에 그 사람의 과실을 설하는 것이다.

「彌勒! 復有二法, 菩薩雖信解深法, 猶自毀傷, 而不能得無生法忍. 何等爲二? 一者, 輕慢新學菩薩, 而不教誨; 二者, 雖解¹³²²⁾深法, 而取相分別. 是爲二法」

미륵이여, 다시 두 가지 법이 있는데, 보살이 비록 심심한 법을 믿고 이해할지라도 스스로 毀傷하여 무생법인을 터득하지 못하는 경우이다. 그 두 가지는 다음과 같다. 첫째는 신학보살을 경만하여 가르쳐주지 않는 경우이다. 둘째는 비록 심심한 법을 이해할지라도 取相分別[1323]하는 것이다. 이것이 두 가지 법이다."[1324]

彌勒菩薩聞說是已, 白佛言; 「世尊! 未曾有也. 如佛所說, 我當遠離如斯之惡, 奉持如來無數阿僧祇劫所集阿耨多羅三藐三菩提法. 若未來世善男子, 善女人求大乘者, 當令手得如是等經, 與其念力, 使受持讀誦, 爲他廣說. 世尊! 若後末世, 有能受持讀誦, 爲他[1325]說者, 當知皆[1326]是彌勒神力之所建立」

미륵보살이 그 설법을 듣고나서 부처님께 사뢰어 말씀드렸다.

1322) (信)+解【元】【明】
1323) 取相分別은 相에 집착하여 분별하는 것이다.
1324) '미륵이여, … 법이다.'에서 이것은 설법하는 사람에게 두 가지 과실이 있음을 쌍으로 설명한 것이다. 첫째는 外失을 설명한다. 비록 깊은 이해가 있을지라도 아직 마음으로 작용하지 못하여 자기를 높이고 남에게 아만을 부림으로써 聽人을 誨導하지 못하는 것이다. 둘째는 內失을 설명한다. 비록 깊은 법을 얻었을지라도 유소득의 이해를 짓기 때문에 取相分別하는 것이다.
1325) 他+(人)【宋】
1326) 〔皆〕-【宋】【元】【明】【聖】

"세존이시여, 미증유입니다. 부처님께서 설하신 것처럼 저는 장차 그와 같은 악[1327]을 멀리 떠나서 여래께서 무수아승지 겁 동안 쌓은 아뇩다라삼먁삼보리법을 奉持하겠습니다. 만약 미래세에 선남자·선여인으로서 대승을 추구하는 사람에게는 반드시 이와 같은 경전을 손에 쥐게 하고, 그에게 염력을 주어 받고 지니며 읽고 외우며 남에게 연설하도록 하겠습니다.

세존이시여, 만약 後末世에 받고 지니며 읽고 외우며 남에게 설하는 사람이 있다면 모두 그것은 미륵의 신통력으로 건립된 것임을 반드시 알 것입니다."[1328]

佛言; 「善哉, 善哉! 彌勒! 如汝所說, 佛助爾喜」

부처님께서 말씀하셨다.
"훌륭하다. 참으로 훌륭하다. 미륵이여, 그대가 말한 것처럼 나 여래[佛]는 그대의 조력을 기뻐한다."[1329]

於是一切菩薩合掌白佛; 「我等亦於如來滅後, 十方國土廣宣流布阿耨多羅三藐三菩提法[1330], 復當開導諸說法者, 令得是經」

1327) '그와 같은 악'은 신학자와 보살의 경우 각각 두 가지 허물을 가리킨다.
1328) '미륵보살이 … 알 것입니다.'에서 이것은 미륵이 부처님의 旨를 받아들인 것이다. '염력을 준다'는 것은 들은 법을 잊지 않도록 해주는 것이다.
1329) '부처님께서 … 기뻐한다.'에서 이것은 여래가 찬탄을 서술한 것이다.
1330) 〔法〕-【宋】【聖】

이에 일체보살이 합장하고 부처님께 사뢰었다.

"저희들도 또한 여래께서 입멸하신 이후에 시방국토에 아뇩다라삼먁삼보리법을 널리 펴서 유행시키고, 또한 장차 모든 설법하는 사람으로 하여금 이 경전을 얻도록 개도하겠습니다."[1331]

爾時四天王白佛言;「世尊! 在在處處, 城邑聚落, 山林曠野, 有是經卷, 讀誦解說者, 我當率諸官屬, 爲聽法故, 往詣其所, 擁護其人, 面百由旬, 令無伺求得其便者」

그때 사천왕이 부처님께 사뢰어 말씀드렸다.

"세존이시여, 어느 곳이든지 성읍·취락·산림·광야에 이 경권을 읽고 외우며 해설하는 사람이 있으면 제가 반드시 모든 권속을 거느리고 청법하기 위하여 그곳에 나아가서 그 사람을 사면으로 백 유순을 옹호하여 엿보지 못하도록 그 편의를 제공하겠습니다."[1332]

是時佛告阿難;「受持是經, 廣宣流布」

그때 부처님께서 아난에게 말씀하셨다.

"이 경전을 받고 지녀서 널리 베풀고 유포하라."

1331) '이에 … 개도하겠습니다.'에서 이것은 제보살이 弘宣할 것을 발원한 것이다. 미륵은 차토에서 유포하고, 제보살은 시방에 천양한다.
1332) '그때 … 제공하겠습니다.'에서 이것은 사왕천이 옹호해줄 것을 스스로 서원한 것이다.

阿難言; 「唯然[1333]! 我已受持要者. 世尊! 當何名斯經」

아난이 말씀드렸다.

"그러겠습니다. 저는 이미 중요한 점을 받고 지녔습니다.
세존이시여, 장차 이 경전의 제명을 무엇이라 불러야 합니까."

佛言; 「阿難! 是經名爲 『維摩詰所說』, 亦名 『不可思議解脫[1334]法門』, 如是受持」

부처님께서 말씀하셨다.

"아난이여, 이 경전의 제명은 '유마힐소설'이고, 또한 '불가사의해탈법문'
이라고도 말한다. 이와 같이 받고 지녀라."[1335]

佛說是經已, 長者維摩詰, 文殊師利, 舍利弗, 阿難等, 及諸天, 人, 阿修羅一切大衆, 聞佛所說, 皆大歡喜[1336].

부처님께서 이 경전의 설법을 마치자 장자 유마힐 · 문수사리 · 사리불 ·

1333) 〔然〕-【宋】【元】【明】【聖】
1334) 脫=說【聖】
1335) '그때 … 지녀라.'에서 이것은 시자에게 수지할 것을 명한 것이다.
1336) 歡喜＋(作禮而去)【宋】, ＋(信受奉行)【元】【明】, ＋(蓋聞陰陽無像能成万物和氣變化並一空門此則借方
而示不方方眞自以不方故今西方淨土涅萬行之黑土基菩提之白槃以此敬寫維摩經三軸斯善因資已丑
歲八月二十六日子時過往亡者穗積朝臣老此君永逝一期兩般不顧親屬所以生安養界同處欲相願共諸衆
生往生安樂國天平勝寶二年四月十五日)百二十七字奧書【聖】

아난 등, 그리고 제천 · 인 · 아수라의 일체대중이 부처님의 설법을 듣고 모두 크게 환희하였다.[1337)

維摩詰經[1338)卷下[1339)
유마힐경 권하

1337) '부처님께서 … 환희하였다.'에서 이것은 대중이 설법을 듣고서 즐거워하고 기뻐하며 믿고 받아들이며 받들고 실천하는 것이다.
1338) (所說)+經【宋】【元】【明】
1339) (第)+下【聖】

해제

1. 개요

『維摩經』의 완전한 명칭인『維摩詰所說經』은 달리『不可思議解脫經』·『維摩詰經』·『淨名經』·『佛法普入道門三昧經』·『說無垢稱經』이라고도 하는데, 반야부 계통 경전 이후에 성립된 경전으로서 般若皆空의 사상에 의거하여 대승보살의 실천을 보여준다.

비야리성의 장자인 維摩詰(Vimalakīrti)이 소승의 견해를 지니고 있는 불제자들을 일깨워 대승에 눈뜨게 하려고 방편으로 병을 보이고 문병을 유도하여 찾아온 그들에게 대승의 이념에 바탕한 보살행에 대하여 설법한다. 후대에 화엄종 · 삼론종 · 천태종 · 선종 등 널리 유통되었다.

後秦의 鳩摩羅什(Kumārajīva)이 406년에 長安의 逍遙園에서 번역하였는데 3권 14품이다. 현존의 한역이역본으로 吳의 支謙이 번역한『佛說維摩詰經』(維摩詰所說不思議法門之稱一名佛法普入道門三昧經) 2권본 14품, 唐의 玄奘이 번역한『說無垢稱經』6권본 14품 등이 있다.

2. 漢譯七部

① 後漢 靈帝 中平 5년(188) 嚴佛調 古維摩
② 吳 黃武 2년(223)부터 建興 연간(252-253)에 걸쳐 30여 년 동안 支謙이 번역한 18부경 가운데 2번째로 維摩詰經 2권이 들어 있음.〈현존〉
③ 西晉 惠帝 元康 원년(291)에 竺叔蘭이 毘摩詰經 3권
④ 竺法護 大安 2년(303) 維摩詰所說法門經
** 支敏度가 지겸과 축숙란과 축법호의 3본(전 5권)을 合綴하여 合維摩詰經

⑤ 東晉의 祇多密이 維摩詰經 4권

⑥ 後晉 弘始 8년(406) 常安大寺에서 사문 1200명 참여 維摩詰所說經 3권
번역〈현존〉

⑦ 唐 貞觀 연간(627~649) 당안 大慈恩寺 說無垢稱經 6권〈현존〉

3. 구성

① 會處의 구성

二處四會이다. 2처란 첫째는 암라원처이고, 둘째는 방장처이다. 암라원은 곧 부처님의 소주처이고, 방장은 보살의 주처이다. 또한 암라원은 출가자가 머무는 곳이고, 방장은 재가인이 머무는 곳이다. 또한 암라녀가 동산을 부처님에게 보시하여 정사를 건립한 것은 他業으로 일어난 것이고, 八未曾有室은 정명 자신이 법회를 엮어 일으킨 곳이다. 암라원은 성 밖에 있고, 방장은 성 안에 있다. 『법현전』에서는 그 거리가 3리인데 성의 남쪽에 있다고 말한다.

4회란 첫째는 암라원회이고, 둘째는 방장회이며, 셋째는 방장에 重集한 것이고, 넷째는 암라원에 再會한 것이다. 또한 비록 四會가 있지만 三時를 벗어나지 않는다.

첫째는 처음부터 [불이법문품]의 끝까지 食前의 說法을 설명한다. 둘째는 [향적불품]의 일품은 食時의 演教이다. 셋째는 [보살행품]부터 [견아촉불품] 끝까지는 소위 食後의 敷經이다.

또한 비록 四會가 있지만 處에 의거하면 무릇 三章이 있다.

첫째는 처음부터 [보살품] 끝까지 소위 실외의 설법이다. 둘째는 [문수사리

문질품] 이후 [향적불품]에 이르기까지 실내의 敷經이다. 셋째는 [보살행품]부터 이후에 다시 실외의 설법으로 돌아간다.

② **삼문의 구성**

三門에 대하여 법문의 성격을 보면 세 가지 차별이 있다.

첫째, 삼종병을 타파하는 문에 삼단이 있다.

하나는 처음의 두 품([불국품]과 [방편품])은 범부의 병을 타파한다. 둘은 [제자품]은 이승의 병을 타파한다. 셋은 [보살품]은 보살의 병을 타파한다.

둘째, 수행문에 삼단이 있다.

하나는 [문수사리문질품]부터 [불도품]에 이르기까지는 바로 보살의 실혜와 방편의 二行을 설명한다. 둘은 [불이법문품]에서는 二慧(실혜와 방편혜)가 不二의 이치를 말미암아 성취됨을 설명한다. 셋은 [향적불품]에서는 不二로부터 두 가지 작용[실혜와 방편의 二用]을 일으킴을 변별한다.

셋째, 수행을 성취하여 덕을 건립하는 문에 삼단이 있다.

하나는 [보살행품]은 佛事가 같지 않음을 설명하고, 무애행이 성취됨을 변별한다. 둘은 不盡의 不住부터는 善巧行의 성립에 대하여 설명한다. 셋은 [견아촉불품]에서는 本과 迹의 二身을 설명하는데 소위 과덕의 구경이다.

③ **십사품의 구성**

현존하는 구마라집 번역본과 지겸 번역본과 현장 번역본은 모두 14품이다. 대승의 거사 유마가 편협한 소승적 견해에 국집된 불제자를 일깨워 속히 豁然無碍한 대승적인 의식을 각성시켜주기 위하여 소위 선교방편으로 假病을 보여서 불제자들을 유도하여 심원한 대승의 지극한 이치를 설한 것이다.

제일 불국품은 경이 설해지게 된 배경이 제시되어 있다. 최초 암라수원에서 보적장자의 아들이 오백장자의 아들과 함께 등장하여 경건한 마음으로 각자 지니고 있는 칠보의 일산을 헌납하고 각자 품고 있는 문제를 술회하고 부처님께 법을 청한다. 일산을 받은 부처님은 오백 개의 일산을 합쳐서 하나의 큰 일산으로 만들어서 만유의 諸象을 다 덮는다. 이것은 오백장자 개개인이 품고 있는 문제를 해결하는 근거야말로 오직 자기가 무엇인가를 바르게 이해하는 것임을 상징한다. 따라서 부처님이 하나의 큰 일산 안에 불국토의 청정한 모습을 드러내자, 장자의 아들 보적은 게송으로 불덕을 찬탄하고 불국토가 청정한 까닭을 청문한다. 이에 부처님은 마음이 청정함을 따라서 불국토가 청정하다고 설한다. 그러자 사리불은 그렇다면 무슨 까닭에 此土는 사바세계인지 의아해하자, 부처님은 盲人의 비유를 들어서 차토는 본래청정함을 설한다.

제이 방편품은 유마거사의 덕을 설하고, 거사가 선교방편을 활용하여 병을 보여서 찾아온 사람들에게 세간이 무상함을 설한다.

제삼 제자품은 부처님은 유마가 병상에 있음을 듣고 제자들을 보내서 위문토록 한다. 먼저 사리불로부터 목련과 가섭과 수보리 등 성문제자들에게 명하지만 각자 이유를 들어서 사양한다.

제사 보살품은 다시 미륵과 광엄 등 보살들에게 명하여 명하지만 마찬가지로 각자 이유를 들어서 사양한다.

제오 문수사리분질품은 마침내 문수보살이 유마를 위문한다. 장소는 제이회 방장실이다. 이들 문답이 어떻게 전개될 것인가 궁금하여 제자 및 보살들이 모두 문수를 따라서 유마의 집으로 간다. 유마는 방장실을 비워두고 不來不去의 문제를 제기하여 병의 원인을 제거할 것을 말한다. 곧 보살의 병은 대자비로부터 일어난 것인데 중생을 위한 까닭에 보살의 병이 발생함을 설한다.

제육 부사의품은 본 경전의 本旨가 불가사의해탈경계임을 설한다. 우선

사리불이 방장이 텅 비어서 보살과 성문들이 앉을 평상이 없음을 의아해하자 유마가 법을 위해 왔는지 평상을 위해서 왔는지를 제시하여 한방 먹인다. 그리고 수미등왕여래한테 높이가 팔만사천 유순인 보좌 삼만이천 개를 빌려서 방장실에 들여놓지만 작은 방이 조금도 장애가 없다. 이것이 곧 불가사의해탈의 실현이다. 거사가 다시 수미의 대산이 겨자 속에 들어가고 대해의 물이 하나의 터럭 속에 들어감을 설하여 희유하고 기묘하며 불가사의한 모습을 보여준다.

제칠 관중생품은 보살이 중생을 관찰할 때 幻人을 보듯이 하여 중생의 실체에 집착하지 말 것을 설한다. 그러자 홀연히 한 천녀가 출현하여 天華를 비내리지만 보살의 몸에 달라붙지 않자, 그것이 不如法이라고 집착하는 성문의 옷에만 달라붙는다. 사리불이 옷에 붙은 천화를 떼어내지 못하자, 천녀는 분별차별의 結쬘이 곧 불여법임을 갈파한다.

제팔 불도품은 非道를 실천할지라도 佛道를 상실해서는 안됨을 설한다. 그리고 유마의 권속도 곧 반야이고 방편임을 설한다.

제구 입불이법문품은 모든 보살에 유마에게 不二의 절대경지에 대하여 설하였지만, 오직 문수만큼은 無言이고 無說이며 無示이고 無識이라고 설하여 언어도단임을 말한다. 최후로 유마는 단지 묵연하여 말이 없었는데 그 一默이야말로 뇌성과 같아서 불이의 妙理임을 全現시켜준다.

제십 향적불품은 향적불이 衆香國으로부터 香飯을 가져다 회중에게 베풀어 妙香攝化의 불가사의함을 관찰토록 한다.

제십일 보살행품은 장소가 다시 암라수원이다. 유마와 문수가 함께 부처님 계신 곳으로 나아가자, 아난이 중향국보살의 몸에서 나는 향기를 느끼고 질문하자 부처님이 설법한다. 곧 일체제불의 법문과 盡·無盡의 무애법문에 나아가서 널리 보살의 因行을 설명한다.

제십이 견아촉불품은 부처님과 유마가 佛身에 대하여 문답하여 여래의 몸은 일체를 초월한 眞身임을 설한다. 이후 사리불의 질문에 의하여 유마가 本地를 드러내는데, 유마는 아촉불의 정토인 묘희국으로부터 와서 그 迹을 차토에 보였음을 설한다.

제십삼 법공양품은 天帝釋에 대하여 이 경전을 수지하고 독송하는 공양의 大利에 대하여 설하고, 약왕여래와 월개왕의 舊緣을 설하여 深經을 了解하는 것이야말로 공양의 법공양임을 勸說한다.

제십사 촉루품은 부처님이 미륵에게 이 경전의 유포를 부촉하고, 다시 아난에게 명하여 경전을 受持하고 流傳할 것을 설한다.

권수로 보면 상권은 제1 [불국품]에서 제4 [보살품]까지이다. 중권은 제5 [문수사리문질품]부터 제9 [입불이법문품]까지이다. 하권은 제10 [향적불품]에서 제14 [촉루품]까지이다.

④ 삼분의 구성

三分으로 보면 서분은 제1 [불국품]에서부터 제4 [보살품]까지로 실외에서 설한 것이다. 정종분은 제5 [문수사리문질품]부터 제10 [향적불품]까지로 실내에서 설한 것이다. 유통분은 제11 [보살행품]부터 제14 [촉루품]까지로 실외에서 설한 것이다.

서분과 유통분에는 다시 두 부분이 있고, 정설분에는 세 부분이 있다.

서분은 如是 등 六事인데 소위 遺敎序와 證信序이다. 보적이 일산을 바치고 正宗을 발기하는 것을 發起序라고 말한다.

정설분의 세 부분은 다음과 같다.

첫째는 보적의 질문으로부터 [불도품]에 이르기까지는 二法門을 설명한다. 둘째는 [불이법문품]은 不二法門을 설명한다. 셋째는 [향적불품]부터 [견아촉불품]의 끝까지는 다시 二法門을 설명한다.

유통분의 두 부분이라는 것은 [법공양품]인데 소위 찬탄의 유통이고, [촉루품]의 일품은 부촉의 유통을 설명한 것이다.

4. 科段

〈開善寺 智藏〉

① 序分 : 4개 품(불국품 · 방편품 · 제자품 · 보살품)

② 正宗分 : 6개 품(문수사리문질품 · 부사의품 · 관중생품 · 불도품 · 입불이법문품 · 향적불품)

③ 證誠분 : 2개 품(보살행품 · 견아촉불품)

④ 流通分 : 2개 품(법공양품 · 촉루품)

〈莊嚴寺 僧旻 및 光宅寺 法雲〉

① 서분 : 4개 품(불국품 · 방편품 · 제자품 · 보살품)

② 정종분 : 6개 품(문수사리문질품 · 부사의품 · 관중생품 · 불도품 · 입불이법문품 · 향적불품)

③ 유통분 : 4개 품(보살행품 · 견아촉불품 · 법공양품 · 촉루품)

〈北地의 諸師〉

① 서분 - 불국품

② 정종분 · 11개 품(방편품 · 제자품 · 보살품 · 문수사리문질품 · 부사의품 · 관중생품 · 불도품 · 입불이법문품 · 향적불품)

③ 유통분 : 2개 품(법공양품 · 촉루품)

〈天台智顗〉

① 서분 – 불국품의 보적 게송(불국품)

② 정종분 · 보적의 게송 이하(불국품) · 11개 품(방편품 · 제자품 · 보살품 · 문
수사리문질품 · 부사의품 · 관중생품 · 불도품 · 입불이법문품 · 향적불품 · 보살
행품 · 견아촉불품)

③ 유통분 – 2개 품(법공양품 · 촉루품)

〈嘉祥吉藏〉

① 서설 · 처음부터 보적의 게송(불국품)

② 정종분 · 보적의 게송 이후 장행부터 – 불국품 · 방편품 · 제자품 · 보
살품 · 문수사리문질품 · 부사의품 · 관중생품 · 불도품 · 입불이법문
품 · 향적불품 · 보살행품 · 견아촉불품

   1)보적의 질문(불국품)부터 – 불도품 : 二法門을 설명

   2)불이법문품 : 不二法門을 설명

   3)향적불품 · 아촉불품 · 견아촉불품 : 다시 二法門을 설명

③ 유통분 · 법공양품 · 촉루품

〈聖德太子〉

一經三段 :

① 序說 – (菴羅會) –1)通序·····························불국품1

             –2)別序　⑴原起序·······(불국품1)

                   ⑵述德序·······방편품2

                   ⑶顯德序·······제자품3 · 보살품4

② 正說 –(方丈會) –1)·············化上根人·······문수사리문질품5 · 부사의품6

5. 내용

1) 제명의 근본

題名의 근본은 不二法門이다. 一道가 청정하기 때문에 '不二'라 말한다. 眞極으로 통하는 궤도이기 때문에 '法'이라 말하고, 지극히 오묘하여 허공까지 통하기 때문에 '門'이라 칭한다.

不二에도 무릇 세 단계가 있다.

첫째는 衆人이 不二라 말하지만 不二가 無言인 줄을 모르는 것으로 소위 下의 단계이다. 둘째는 문수의 경우에 비록 不二가 無言인 줄 알았지만 無言이라는 말이 남아 있는 것으로 소위 中의 단계이다. 셋째는 정명의 경우에 不二가 無言인 줄 비추어보아 不二라는 말조차도 없는 것으로 소위 上의 단계이다.

세 단계의 설명은 이치의 심천을 설명한 것이지 중생에 대응하는 가르침을 변별한 것이 아니다. 不二의 이치는 말하자면 부사의의 本門이고, 중생에 대응하는 가르침은 말하자면 부사의의 迹門이다. 본문이 없으면 수적이 있을 수가 없기 때문에 이치를 인하여 敎를 시설한 것이다. 그리고 적문이 없으면 본문을 드러낼 수가 없기 때문에 교에 의거하여 이치에 통하는 것이다. 문수는 곧 이치를 설했지만 언설이 없었기에 그 언설은 지극한 이치이건만 또한 이치라 칭할 수가 없고, 정명은 이치를 비추어보았지만 언설이 없었기에 그 이치에는 언설이 없어서 비로소 이치에 나아갈 수가 있었다. 이치에 계합된 무언이기 때문에 無言으로 말할 수가 있었고, 이치에 계합된 형상이기 때문에 無像으로 형상을 드러낼 수가 있었다.

衆人은 이치에 계합된 無言이 불가능한데 어찌 無言으로 말할 수가 있겠으며, 이치에 계합된 無像이 불가능한데 어찌 無像으로 형상을 드러낼 수가 있겠는가. 때문에 문수의 언설은 얕고 정명의 침묵은 심오하다는 세 단계로 논한 뜻이 여기에 있다.

2) 명칭의 해석
① 유마힐

이 경전이 내세우고 있는 제목에는 삼업이 불가사의함이 구족되어 있다. '維摩詰'이라고 標한 것은 能說人을 든 것으로 意業을 변별한 것이다. 다음으로 '所說經'이라 말한 것은 그 口業을 설명한 것이다. 다음으로 '不可思議解脫'이라 설명한 것은 그 身業을 序한 것이다. 이들 삼업은 곧 차제인데, 위에서 의업으로 근기를 살펴봄을 설명하고, 다음 구업으로 설법을 하며, 그 다음 신업으로 신통을 드러내었다.

외국어로 일컫은 毘摩羅詰에 대하여 첫째로 羅什과 僧肇는 淨名이라고 번역하였다. 둘째로 道生과 曇影은 無垢稱이라고 번역하였다. 셋째로 眞諦三藏은 '완전한 범본대로라면 마땅히 毘摩羅詰利帝라고 말해야 한다. '毘'는 말하자면 滅이 되고, '摩羅'는 垢가 되며, 吉(詰=)利帝는 鳴〈名〉이 되어 이들을 합쳐서 말하면 소위 滅垢鳴이다.'고 말한다.

羅什과 僧肇의 경우처럼 첫째는 所得을 따라서 이름으로 삼은 것이다. 다음으로 道生과 曇影의 경우처럼 둘째는 所離를 따라서 제목을 삼는다. 滅垢는 곧 所離와 같은데 명성이 천하에 소문나기 때문에 일컫자면 鳴이 된다.

정명의 성은 王(玉)씨이다. 별전에서는 성을 雷(雪)씨라고 말한다. 조부의 명칭은 大仙이고, 父는 娜(邪)提인데 번역하면 智慕(纂)이고, 어머니의 성씨는 釋씨인데 字는 喜(憙)로서 19세 때 결혼하였다. 그때 아버지의 나이는 23세였는데, 27세 때 提婆羅城에서 정명을 낳았다. 정명에게는 아들이 있는데 字가 善思로서 그 아버지의 풍모를 많이 닮았다. 여래가 미래에 작불할 것이라는 수기를 주었다.

② 소설경

다음으로 '所說經'의 용어를 해석한다. 정명은 묘덕이 안으로 충만하여 병에 의탁하여 教를 일으킨다. 때문에 '說'이라 말한다. '經'은 범본의 명칭에서는 '修多羅'인데, 무릇 다섯 가지 뜻이 있다.

첫째는 涌泉인데 義와 味가 무진하다. 둘째는 顯示인데 法과 人을 현시한다. 셋째는 出生인데 모든 뜻을 생출한다. 넷째는 繩墨인데 邪를 잘라내고 正을 취한다. 다섯째는 結鬘인데 제법을 貫穿한다.

이 땅에서는 옛날 번역에서 그것을 가리켜서 '綖'이라 하였다. 실[綖]은 사물을 能持하고 敎는 이치를 能詮한다. 또한 번역하면 '經'이다. 經은 法을 가르치고 常道를 가르친다. 그래서 제대로 그 뜻을 말미암아 해석하자면 몸[體]은 '法'으로써 모범을 삼고, 사물[物]은 개변되지 않는 것을 '常'이라 한다. 글[文]을 말미암아 이치를 깨치기 때문에 '由'라 일컫는다.

③ 부사의해탈

다음으로 '부사의해탈'을 해석한다. 부사의해탈이라는 명칭에는 세 가지 뜻이 있다.

첫째는 불이법문이다. 무릇 이것은 실상의 이치이다. 마음의 작용[心行]이 이미 단제되고 생각[意]으로도 사유[思]할 수가 없으며, 언설[言]도 또한 단멸된 즉 입으로 논의[議]할 수가 없는 것을 부사의라고 말한다.

둘째는 體가 불이의 이치를 말미암기 때문에 無二의 智가 있다. 無二의 智를 말미암기 때문에 適化에 無方할 수가 있다. 이미 道와 觀이 雙流한 즉 마음에 무공용이기 때문에 不思이면서 形을 드러낼 수가 있고 不議이면서 교를 연설하는 것을 부사의라고 말하고, 縱任해도 걸림이 없고 功用해도 구속됨이 없는 것을 해탈이라 일컫는다.

셋째는 안으로는 權實의 本이 있고 밖으로는 形言의 迹을 내보이며, 또한 하위보살과 이승과 범부가 측량할 수 없는 것을 부사의라고 말한다. 안팎으로[內外] 礙에 대하여 자재하고 해탈하는 것을 해탈이라고 일컫는다. 不思議의 體에는 단지 理만 있지만, 智와 敎는 體에 의거하여 立名한 것이다.

3) 종지

종지에는 무릇 네 가지 설이 있다.

① 어떤 사람은 말한다. 이 경전을 '부사의해탈'이라고 말한 것은 곧 부사의해탈을 가지고 종지로 삼기 때문이다. 그것은 마치 반야교학에서는 반야로써 종지를 삼고, 열반의 부류에서는 萬類를 다 그렇게 삼은 경우와 같다.

② 어떤 사람은 말한다. 이 경전은 二行을 가지고 종지로 삼는다. 二行이란 첫째는 성취중생이고, 둘째는 정불국토이다. 이 경전은 처음에 청정불국토에 대하여 설명하고, 나중에 성취중생에 대하여 변별한다. 이 경전[一部]은 처음부터 끝까지 모두 이 二行에 대하여 설명한다. 때문에 二行으로써 종지를 삼는다.

③ 어떤 사람은 말한다. 이 경전은 因果로써 종지를 삼는다. 무릇 인과에는 두 가지가 있다. 첫째는 정토인과이고, 둘째는 법신인과이다. 저 [불국품]에서는 청정국토의 인과를 설명하고, 저 [방편품] 등에서는 법신의 인과를 변별한다. 이 경전은 처음부터 끝까지 이 인과법에 대하여 왕성하게 담론한다. 때문에 인과로써 종지를 삼는다.

④ 길장은 말한다. 上來의 諸義는 그러한 주장이 없는 것은 아니지만 다만 사자상승일 뿐이다. 權實의 二智를 가지고 이 경전의 종지를 삼는다. 저 [법공양품]에서 '天帝가 부처님께 사뢰어 말씀드렸다. 저는 비록 부처님과 문수사리로부터 백천 가지 경전을 들었지만 일찍이 이처럼 불가사의하고 자재하게 신통하며 결정적인 실상의 경전을 들어본 적이 없습니다.'라고 말했다. 여기에서 실상이라는 명칭에 비추어보면 實慧이고, 신통을 드러낸 것은 方便慧라 말할 수가 있다. 때문에 二慧를 가지고 이 경전의 종지를 삼는다.

역주 유마힐소설경
維 摩 詰 所 說 經

2020년 6월 16일 초판 인쇄
2020년 6월 24일 초판 발행

역주인 | 김호귀
발행인 | 신원식

펴낸곳 | 도서출판 중도
　　　　서울 종로구 삼봉로81 두산위브파빌리온 431호
등　록 | 2007. 2. 7. 제2-4556호
전　화 | 02-2278-2240

값 : 25,000원

ISBN　979-11-85175-41-6-93220

이 도서의 국립중앙도서관 출판예정도서목록(CIP)은 서지정보유통
지원시스템 홈페이지(http://seoji.nl.go.kr)와 국가자료종합목록
구축시스템(http://kolis-net.nl.go.kr)에서 이용하실 수 있습니다.
(CIP제어번호 : CIP2020024567)